Dänemark
Nordseeküste

Hans Klüche

Gratis-Download: Updates & aktuelle Extratipps des Autors

Unsere Autoren recherchieren auch nach Redaktionsschluss für Sie weiter. Auf unserer Homepage finden Sie Updates und persönliche Zusatztipps zu diesem Reiseführer.

Zum Ausdrucken und Mitnehmen oder als kostenloser Download für Smartphone, Tablet und E-Reader.
Besuchen Sie uns jetzt!
www.dumontreise.de/daenemark-nordsee

short.travel/63[illegible]

DUMONT
Reise-Taschenbuch

Unterwegs an der dänischen Nordseeküste

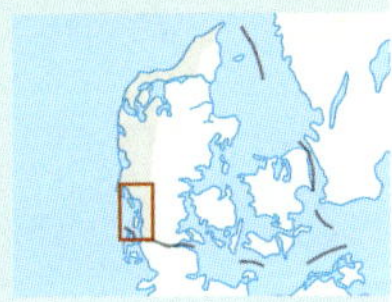

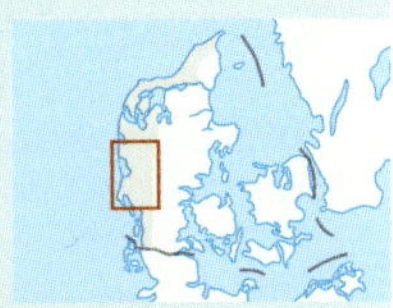

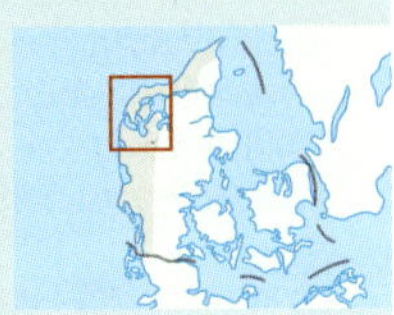

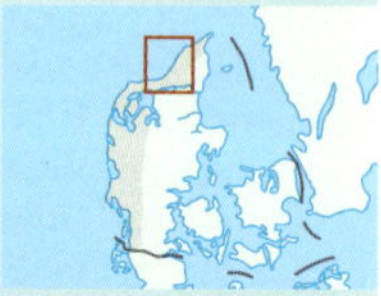

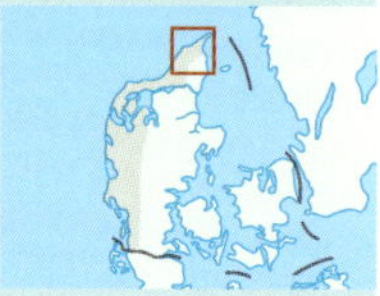

Auf Entdeckungstour

Karten und Pläne

s. hintere Umschlagklappe

▶ Dieses Symbol im Buch verweist auf die Extra-Reisekarte Dänemark Nordseeküste

Liebe Leserin, lieber Leser,

im Sommer 2014 erlebte Dänemarks Nordseeküste einen warmen und trockenen Hochsommer wie noch nie seit Beginn regelmäßiger Wetteraufzeichnungen. Blauer Himmel, strahlende Sonne, leichter Wind und viele ›tropische‹ Nächte – die Temperaturen sanken nicht unter 20 °C. Sogar die Wassertemperaturen der Nordsee lagen konstant in den 20ern. Karibisch ist das noch nicht, aber für Nordeuropa traumhaft. Ich kenne die dänische Nordseeküste auch anders, aufgewühlt von wütenden Winden im Herbst oder zart überdeckt von Seenebel im Spätsommer, wenn das Wasser wärmer ist als die kalte Morgenluft. Oder wie ich es liebe im Frühjahr, mit glasklaren, eiskalten Tagen, an denen man warm eingepackt stundenlang am Strand entlang geht und eine frische Luft genießt, die Lungen wie Geist frei macht für neue Taten.

Die Nordseeküste ist der Deutschen liebstes Dänemark. Für Dänen ist es ›Vestkysten‹, die Westküste, und entsprechend das Meer ›Vesterhavet‹, das Westmeer – alles nur eine Frage des Blickwinkels. Dänemarks Literaturnobelpreisträger von 1917, Henrik Pontoppidan, schrieb darüber in einem Buch, das für seine Heimat werben sollte: »Wie ein mächtiges Riff schiebt sich die dänische Halbinsel hinaus ins Meer. Die ewige Brandung der Nordsee schäumt an ihre Küste, und zwischen ihren weißen Flugsanddünen und auf ihren dunklen, weithin sich erstreckenden Heiden haben die wilden Weststürme ihren Tummelplatz.« Marketing geht heute anders – oder gab es damals noch nicht die grandiosen Sommer mit ewig blauem Himmel über endlos weißem Strandband und dieses wunderbare, blau schimmernde Licht, wenn heiße Sommertage in laue Abende übergehen?

Die dänische Nordseeküste mit Strand, Dünen, Ferienhäusern ist Erholung pur. Die Küste darauf zu reduzieren, greift aber zu kurz. Der Westen Dänemarks ist Abwechslung: Fachwerk trifft moderne Architektur, spannendes Edutainment fasziniert Kinder wie Eltern, Kunst von gestern und Gegenwart will entdeckt werden, ebenso Weltklasse-Mode und nordisch-nüchternes Design bei kultiviertem Shopping – ich liebe die Landschaft, ihre Menschen, ihre Kreativität und ihr entschleunigtes Leben. Lassen auch Sie sich darauf ein.

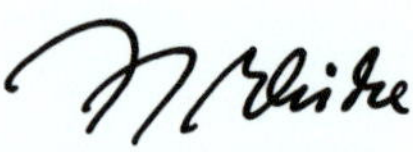

Am Strand von Løkken

Leser fragen, Autoren antworten

Dänemarks Nordseeküste – meine Tipps

Wo lerne ich die Küste schnell mal kennen?

Ganz im Südwesten, gleich hinter der Grenze: Rund drei Stunden ab Hamburg bei normalem Verkehrsfluss und man steht ohne eine Fähre oder einen Autozug benutzt und ohne Kurtaxe gezahlt zu haben auf der Insel Rømø, an einem der breitesten Strände Europas.

Prägend für die Region ist das Wattenmeer, seit 2010 Nationalpark und seit 2014 UNESCO-Welterbe, mit drei Inseln: **Rømø** über einen Damm, **Mandø** bei Ebbe über eine Piste durchs Watt und **Fanø** per Fährfahrt erreichbar.

Im Hinterland besuche ich das romantische **Møgeltønder** mit seinen royalen Spuren gern, ebenso die benachbarte Grenzstadt **Tønder.** Dort verkauft mein Lieblingsladen Möbeldesign auf Weltstadtniveau, meist bleibt es aber beim Schauen, während ich in **Blåvand,** wo Outlet-Shops 365 Tage im Jahr geöffnet haben, eigentlich immer ein Schnäppchen finde. Auch kulinarisch bietet der Südwesten Spannendes: Austern kann man in kalten Monaten etwa von Oktober bis Ostern im Watt suchen, so

Die dänische Nordseeküste zum Kennenlernen

Ribe Domkirke

viel man mag. Und in **Vester Vedsted** gibt's dazu Wein, der hinter den Deichen angebaut wird.

Meer, Strand, Dünen, Ferienhäuser – was gibt's sonst noch?

Ribe ist Dänemarks älteste Stadt mit sensationellen Wikingerzeit-Funden und einem majestätischen Dom. Das benachbarte **Esbjerg** ist im Verhältnis dazu blutjung und wirkt auf den ersten Blick spröde, überrascht dann aber im Detail: Die Innenstadt erinnert an eine Modellausstellung für Architekturstile und überall spürt man, wie sich Esbjerg bemüht, seine Rolle als ›Hauptstadt der Westküste‹ auch kulturell auszufüllen – die Mega-Skulptur »Mennesket ved Havet« unterstreicht das kraftvoll.

Herning und **Holstebro,** zwei Provinzstädte im Hinterland, punkten ebenfalls mit moderner Kunst: Hernings Museumsmeile im Vorort **Birk** stünde jeder Millionenmetropole gut zu Gesicht, und Holstebro stellt eine echte Giacometti-Skulptur offen vor sein altes Rathaus.

Schließlich ist da noch das mondäne **Skagen** ganz im Norden, ein internationaler Badeort, quicklebendig und schick, der in seinen Museen über die Skagen-Maler eine wichtige Kulturepoche des Nordens pflegt.

Ich bin gern aktiv, was kann ich machen?

Naheliegend ist Wassersport! **Ringkøbing Fjord, Nissum Fjord** und **Limfjord** sind Spitzenreviere für Wind- und Kitesurfer, mit wilden Winden, aber gutmütigen Wellen.

Erfahrene Surfer sind auf der Nordsee unterwegs, und in der Region Thy verehrt die Szene das kleine **Klitmøller** als Herz eines ›Cold Hawaii‹, das allen Spielarten ihres Sports vom Wind- und Kitesurfen über klassisches Wellen-

Radfahrerparadies Dänemark – perfekt bis ans Ende aller Wege

reiten bis zum trendigen Stand-up-Paddling beste Bedingungen bietet.

Und wenn Wasser nicht mein Ding ist?

Da gibt's gute, trockene Alternativen: Über die Strände von **Rømø** und **Fanø** oder entlang der **Jammerbucht** flitzen Strandsegler, Kite-Buggy- und Blokart-Fahrer – das nötige Gerät kann man leihen, Kurse und Einführungen machen. Ansonsten ist Dänemark ein Fahrradland. Kaum losgefahren stößt man auf gut ausgeschilderte Radwege. Eine der großen Radwanderstrecken Europas folgt als **Vestkystruten** über 560 km der Küste, und jüngst wurden über ein Dutzend Panoramarouten explizit für Rundfahrten entwickelt und markiert.

Ein ähnlich gut markiertes Wegenetz finden Wanderer, Jogger und Spaziergänger, es führt oft über schmale Dünenpfade oder gar über den Strand. Den nutzen zudem Reiter: Viele Pferdehöfe bieten Strandritte, meist auf Islandpferden.

Ist Dänemarkurlaub gleich Ferienhausurlaub?

Nein! Luxus-Hausboote wie am Ringkøbing Fjord stehen für eine neue Dimension des Ferienhauses, Komforthütten mit Meerblick oder über einen Angelsee gebaut für neue Campingerfahrungen.

Ich persönlich nutze bei Recherchereisen gern Danhostels, die ehemaligen Jugendherbergen, mit funktionalen Zimmern, viele mit eigenem Bad und WC. Die Frühstücksbuffets sind oft besser als in Hotels und einige finden sich in Top-Lagen, wie das Danhostel Ribe mit Blick auf Altstadt und Dom oder das Danhostel Hirtshals mit Panoramaaussicht auf Hafen und Meer. Wer Nostalgie und Charme großer Epochen mag, bucht ein Badehotel: Einige wurden in den letzten Jahren sehr luxuriös, andere einfacher, aber respektvoll gegenüber ihren Ursprüngen Ende des 19., Anfang des 20. Jh. restauriert.

Die schönsten Urlaubsregionen an der dänischen Nordseeküste

Wo ist das schönste Ferienhausgebiet?

Das kommt auf Vorlieben an. Im Südwesten sind die meisten ausländischen Gäste Deutsche, da ist es wie zu Hause. Je weiter man nach Norden kommt, desto internationaler wird es, da urlauben auch gern Schweden, Norweger und vereinzelt Färinger oder Finnen. Die sind allesamt ›nachtaktiver‹ als deutsche Gäste – abends ist da mehr los.

Von den Inseln ist **Fanø** dank der Fähre exklusiver als **Rømø**, das bei gutem Sommerwetter über seinen Damm Zehntausende Tagesgäste anzieht.

Mein Favorit ist die Nordseeküste von **Thy** mit Orten wie **Stenbjerg** (ganz ruhig), **Nørre Vorupør** (der munterste) oder **Klitmøller** (mit Surfer-Flair): Auf der einen Seite haben sie eine tolle touristische Infrastruktur, auf der anderen Seite findet man schnell einsame Flecken in Dänemarks größter Wildnis, dem **Nationalpark Thy**.

Delikatesse preiswert: Krabbenscheren

Warum lassen die Dänen Autos auf den Strand?

Autos auf dem Strand haben Tradition: Auf Fanø wurden in den 1920ern gar Geschwindigkeitsrekorde gebrochen – heute sind nirgendwo mehr als 30 km/h erlaubt.

Surfer und Strandsportler fahren gern bis ans Wasser, so können sie ihr Gerät mitbringen, und bei Stränden, die über einen Kilometer breit sind wie auf Fanø oder Rømø, ist es mit Kindern und all dem Prüddel, den die brauchen, die praktikabelste Lösung, überhaupt ans Wasser zu kommen. Ökologisch ist das nicht einmal schlecht, denn Strand ist weniger empfindlich als Dünen, in denen sonst Parkplätze angelegt werden müssten.

Man sollte sich aber der Risiken bewusst sein: Bachläufe, die über den Strand ins Meer münden, können nach Regenfällen anschwellen und unpassierbar werden, Passagen mit tiefem, weichem Sand zum gnadenlos Festfahren gibt's auch an weitgehend festen Strandabschnitten, und Fluten fallen manchmal höher aus als normal und überspülen die sonst sicheren Autostrände – Bergungskosten trägt der Fahrer und unter Umständen entfällt bei Schäden der Kaskoschutz.

Wer auf keinen Fall zwischen Autos am Strand liegen will, dem sei versichert: Es gibt viel, viel mehr Strand, an dem Autofahren nicht erlaubt oder nicht möglich ist, als Autostrände.

Wo bekomme ich als Selbstversorger frische Lebensmittel?

Wenn ich mit meiner Familie an der Nordseeküste Urlaub mache, kaufe ich Gemüse, Kartoffeln, Obst und Honig meist an einem der Treu-und-Glauben-Stände, die Bauern und Imker an ihren Hofzufahrten entlang der Landstraßen aufstellen. Dafür liegt immer Kleingeld im Auto, denn Wechselkassen gibt's fast nie.

Sehe ich irgendwo einen Kutter von Fangfahrt kommen, schaue ich nach, ob der Skipper direkt vom Boot verkauft, je kleiner das ist, desto größer die Chancen – inzwischen habe ich sogar gelernt, mit einem kompletten Fisch umzugehen, denn filetiert wird er mir beim Direktkauf nicht. Bin ich in Hvide Sande, steigere ich bei den Fischauktionen für Touristen gern mit – dort bekommt man den Fisch gegen ein kleines Trinkgeld sogar fachgerecht zerlegt.

Die historische Munitionsbahn im Bunkermuseum Hanstholm

Stören nicht die vielen Bunker aus dem Zweiten Weltkrieg?

Es gibt nur ganz wenige Küstenabschnitte, an denen Bunker das Bild prägen, anderswo sieht man einzelne und auf vielen, vielen Kilometern überhaupt keine. Die vorhandenen Bunker scheinen jedoch unkaputtbar und verschwinden nur, wenn sie durch Erosion im Meer oder im Sand versinken. Sie halten indes das Thema Zweiter Weltkrieg und Atlantikwall präsent. Bunkermuseen wie Tirpitz-stillingen bei Blåvand oder das größte seiner Art in Hanstholm sind vielbesuchte Attraktionen und Bunkerführungen sind oft ausgebucht. Auch finden viele Kunst- und Kulturevents um die befremdlichen Kriegsrelikte statt. Als 2013 einige Bunker gesprengt und beseitigt werden sollten, gab es heftige Debatten über ihre Bedeutung – dänische Historiker sehen in ihnen wichtige Zeugnisse der Geschichte des Landes.

Resultieren denn aus der Kriegszeit noch Ressentiments gegen Deutsche?

Nein. Dänen sind aber sensibel, wenn sie ihre Eigenständigkeit und ihre nationale Identität bedroht sehen. Das macht sie traditionell kritisch gegen die EU und ließ sie dort Sonderregeln durchsetzen: So dürfen Ausländer, die nicht im Lande leben, keine Häuser kaufen.

Wenn man als Deutscher heute bei Begegnungen mit Dänen permanent Deutsch redet, ohne zu fragen, ob der Angesprochene es versteht, oder wenn man Dänen erklärt, wie sie ihr Land, ihren Job, ihren Laden oder was auch immer besser machen können, dann weckt man Ressentiments, aber das hat mit der Besatzung im Zweiten Weltkrieg nichts mehr zu tun.

NOCH FRAGEN?

Die können Sie gern per E-Mail stellen, wenn Sie die von Ihnen gesuchten Infos im Buch nicht finden:

klueche@dumontreise.de

info@dumontreise.de

Auch über eine Lesermail von Ihnen nach der Reise mit Hinweisen, was Ihnen gefallen hat oder welche Korrekturen Sie anbringen möchten, würden wir uns freuen.

Entschleunigung am Abend:
Ballum Sluse, S. 98

Vier Riesen mit Meerblick: »Mennesket ved Havet« in Esbjerg, S. 132

Lieblingsorte!

Überraschendes Lebenselixier aus Westjütland: Stauning Whisky, S. 186

Picknick mit Aussicht:
auf dem Bulbjerg, S. 230

Symbol für dänische Idylle:
Gourmetlokal Sønderho Kro, S. 141

Schlanke Landmarke in den Dünen:
Blåvandshuk Fyr, S. 157

Die Reiseführer von DuMont werden von Autoren geschrieben, die ihr Buch ständig aktualisieren und daher immer wieder dieselben Orte besuchen. Irgendwann entdeckt dabei jeder Autor seine ganz persönlichen Lieblingsorte. Dörfer, die abseits des touristischen Mainstreams liegen, eine ganz besonderer Strandabschnitt, Plätze, die zum Entspannen einladen, ein Stückchen ursprünglicher Natur, eben Wohlfühlorte, an die man immer wiederkehren möchte.

Im Würgegriff der Naturgewalten:
Rubjerg Knude Fyr, S. 254

Sonnenuntergänge mit Kultpotenzial:
Solnedgangskiosken in Skagen, S. 286

Schnellüberblick

Vom Nissum Fjord zum Bulbjerg
Eine hauchdünne Nehrung trennt den Nissum Fjord von der Nordsee – Angler verehren seine Ufer. Weiter nördlich öffnet sich der Limfjord zur Nordsee, ein Binnenmeer quer durch Jütland. Schließlich Thy: rau, archaisch, irgendwie unfertig – Surfer schwärmen mit Liebe, aber auch Respekt von ›Cold Hawaii‹. S. 198

Von Blåvand bis Vedersø
Blåvand, Vejers, Grærup, Børsmose, Henne ... die beliebten Siedlungen im Westen locken mit Stränden und Dünen Jahr für Jahr Hunderttausende in Ferienhäuser und auf Campingplätze. Für Service, Kultur und Lebensart sorgen Kleinstädte wie Varde, Hvide Sande oder Ringkøbing. S. 148

Die Wattküste
Das Wattenmeer lebt im Rhythmus der Gezeiten. Mittendrin die Inseln Rømø, Mandø und Fanø mit grandiosen Stränden. Auf dem Festland wetteifern Dörfer und Städte um Besucher, allen voran das historische Ribe und als Kontrast das junge, nur auf den ersten Blick spröde Esbjerg. S. 82

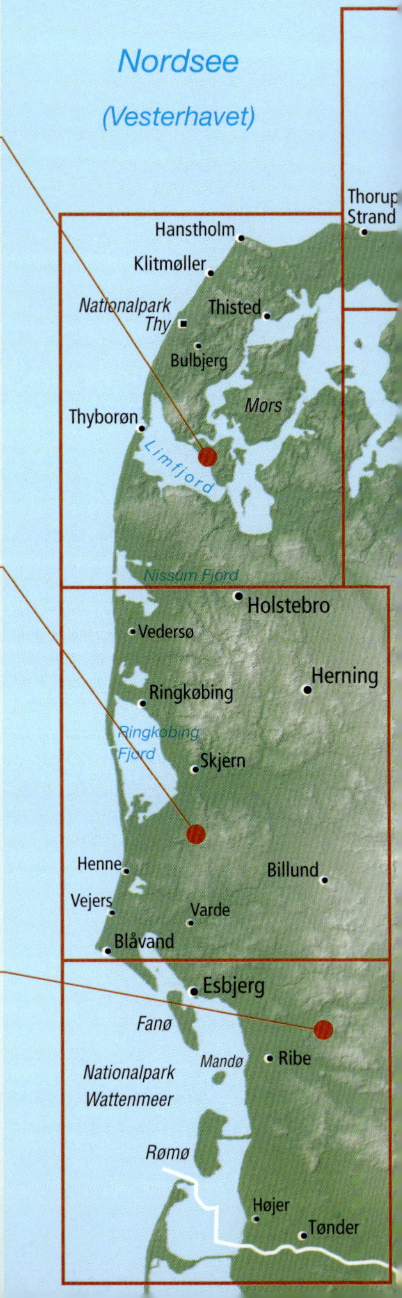

Tannis Bugt und Halbinsel Skagen
Kilometerlange Strände, Heiden und schattige Dünenforste, die den Sandflug stoppen sollen. Nur die Wanderdüne Råbjerg Mile darf ungehindert von der Nord- zur Ostsee ziehen. Ganz im Norden Grenen, Dänemarks Land's End – ein touristisches Pilgerziel. Davor Skagen: Leben trifft Lifestyle mit Werften, Fischfabriken, Gourmetlokalen und Treffs der Schönen und Reichen, die ihre Jachten und Autos aus Maranello oder Zuffenhausen zur Schau stellen. S. 266

Jammerbugt, Lønstrup und Hirtshals
Sandige Strände, abbrechende Klippen, Dünen – die Küste der Jammerbugt ist abwechslungsreich, manchmal spektakulär wie bei Lønstrup, wo ein Leuchtturm regelrecht auf der Kippe steht. Küstenorte sind mal romantisch wie besagtes Lønstrup, mal laut wie Løkken und Blokhus, mal pittoresk wie Thorup Strand mit den Kuttern der Strandfischer. S. 234

Reiseinfos, Adressen, Websites

Dänemarks Land's End Grenen: Auf 57° 45' 06" Nord verliert sich Dänemark im Meer

MONARK
MONARK

Informationsquellen

Infos im Internet

www.visitdenmark.de
Portal von VisitDenmark (s. rechts) mit Zugang zu landesweiten, auch regionalen und lokalen Informationen, u. a. mit Routenplaner, Buchungsfunktionen für Unterkünfte und Bestellformular für Broschüren (dt.).

www.tyskland.um.dk, www.oestrig.um.dk, www.schweiz.um.dk
Dänemarks diplomatische Vertretungen mit Informationen zu konsularischen Fragen, Einreise, Aufenthalts- und Einfuhrbestimmungen; dazu Informationen zu Land und Leuten (dt.).

www.denmark.dk
In soziale Netzwerke eingebundene Imagepflege des dänischen Außenministeriums mit Artikeln über Gesellschaft, Geschichte und Kultur, garniert mit News aus Politik, Königsfamilie, Wissenschaft und Sport (engl./teils dt.).

www.dk-forum.de
Munterer Austausch für Dänemarkfans über Orte, Urlaub, Kultur etc. (dt.)

www.dänemark.info, www.dansk.de
Private, kommerzielle Portale, meist mit Ferienhausvermittlung usw. (dt.)

www.dmi.dk/en
Wetter allgemein sowie Links zu 7-Tage-Vorhersagen im City bzw. Regional weather

www.facebook.com/groups/DanskeVestkyten
Hier postet der Autor dieses Buches Neuigkeiten über die Region entlang der dänischen Nordseeküste.

www.kongehuset.dk
Die königliche Webseite – was Sie immer schon über Margrethe II. und ihre Familie wissen wollten (dän./engl.).

Touristeninformationen

VisitDenmark
Touristeninformation für alle deutschsprachigen Länder: Glockengießerwall 2, 20095 Hamburg, Tel. 0180 532 64 63 (Mo–Fr 9–17 Uhr; erhöhte Gebühren!), daninfo@visitdenmark.com.

i-Büros im Land
Entlang der dänischen Nordseeküste haben alle bedeutenden Orte i-Büros, aber es gibt Unterschiede: Hinter **Turistinfo** verbirgt sich oft nur eine unbemannte Station mit Broschüren-Ständern und interaktivem Bildschirm, der im besten Fall noch per Webcam Kontakt zu einem Mitarbeiter in einer Zentrale erlaubt. Eine **Turistinformation** – weißes ›i‹ auf rotem Grund – informiert lokal/regional und hat vielerorts nur im Sommer geöffnet. Am besten ausgestattet ist ein **Turistbureau** – weißes ›i‹ auf grünem Grund – und hat ganzjährig zu ortsüblichen Geschäftszeiten geöffnet. Es informiert über seine Region ebenso wie über ganz Dänemark, verkauft für alle Regionen des Landes Eintrittskarten, Tickets für Fähren, Flüge, Busse und Bahnen und vermittelt Unterkünfte. Im Web findet man lokale und regionale i-Büros meist unter ›visit+Orts-/Regionalname + .dk / .de‹ wie www.visitesbjerg.dk / de. Im Reiseteil dieses Buches werden offizielle **regionale Webseiten** in der ›Infobox‹ am Anfang der Regionalkapitel genannt.

Karten

Eine Dänemark-Karte 1 : 500 000 mit guten Zusatzinfos – Strände, i-Büro-Adressen, Campingplätze und Jugendherbergen – stellt VisitDenmark (s. S. 18) kostenlos zur Verfügung.

Lese- und Filmtipps

H. C. Andersen ließ eigene Reiseerlebnisse an der dänischen Nordsee u. a. in ein weniger bekanntes Märchen einfließen: »Eine Geschichte aus den Dünen«. Seine Werke erscheinen in immer neuen Zusammenstellungen als gedruckte Ausgaben ebenso wie als E-Books.

Karen/Tanja Blixen ist weltberühmt durch ihren autobiografischen und mit Meryl Streep und Robert Redford verfilmten Roman »Jenseits von Afrika«. Die Verfilmung einer ihrer bekanntesten Novellen, »Babettes Fest«, wurde ebenfalls mit einem Oscar prämiert: Gourmetköchin Babette landet durch politische Wirren in einem kargen Dünendorf der dänischen Nordseeküste (in der literarischen Vorlage ist es die norwegische Küste), dessen fundamental-pietistische, jedem Genuss abholde Gemeinde durch die Französin bei einem Festmahl in einen kulinarischen Rausch versetzt wird – eine schöne DVD für einen Abend im Ferienhaus.

Die Olsenbande gab zwischen 1968 und 1998 einer Filmreihe mit 14 Krimi-Burlesken den Titel. Film Nr. 3 »Die Olsenbande fährt nach Jütland« von 1971 bringt die ewig scheiternden Kleinkriminellen Egon, Kjeld und Benny in die Gegend von Hanstholm, um aus einem Bunker einen Nazi-Goldschatz zu bergen. Die Reihe lockte im Osten Deutschlands Massen in die Kinos und besitzt dort bis heute Kultstatus. Alle Filme sind in der von Fans bevorzugten DEFA-Synchronisation auf DVD oder Blu-Ray erhältlich.

Krimi-Schauplatz Dänemark

Julie Hastrup lässt 2012 in ihrem Krimi-Debüt »Vergeltung« und 2016 in ihrem fünften Fall »Stiller Hass« die ambitionierte Kommissarin Rebekka Holm im beschaulichen Ringkøbing ermitteln – Pflichtlektüre für Krimifans, die hier Ferien machen: Im ersten Fall wird eine junge Frau bestialisch ermordet, im anderen geht es um einen düsteren Rachefeldzug. Derweil muss Rebekka ihre nicht leichte Vergangenheit und das schwierige Verhältnis zu ihrer Mutter aufarbeiten. Wie die Romanfigur stammt auch die Autorin aus Ringkøbing. Die drei weiteren Rebekka-Holm-Romane (zuletzt »Die Toten am Lyngbysee« 2014) spielen vorrangig in Kopenhagen und nur am Rande an der Nordsee. Auch die aktuell bekanntesten dänischen Krimi-Autoren nutzen andere Schauplätze als die Nordseeküste: Relativ nah sind das mörderische Aarhus und Jütlands Ostseeküste, wo **Elsebeth Egholm,** eine der besten Autorinnen des Nordic Crime, in sechs auf Deutsch erschienenen Dicte-Svendsen-Romanen eine Journalistin auf Verbrecherjagd schickt (zuletzt »Rachlust« 2011, weitere Titel noch unübersetzt). Außerdem stellte sie in zwei Spin-off-Thrillern Dictes in früher Jugend zur Adoption abgegebenen Sohn Peter Boutrup in den Mittelpunkt (»Eiskalt wie die Nacht« 2013, »Die Nacht der toten Seelen« 2014). Bestseller-Autor **Jussi Adler-Olsen** lässt derweil in sieben Thrillern den grantigen Kommissar Carl Mørck vom Dezernat Q der Kopenhagener Polizei zusammen mit skurril bis undurchsichtigen Mitarbeitern ungelöste Altfälle aufgreifen, die sich letztlich aber immer als brandaktuell erweisen – grandios »Erbarmen« (2009) und »Erlösung« (2011), zuletzt »Selfies« (März 2017).

Wetter und Reisezeit

Wechselhaftes Klima

Abwechslung prägt das Wetter der dänischen Nordseeküste, es sind aber auch über Tage stabile Wetterlagen möglich, schöne wie stürmische. Der Februar ist der kälteste Monat. Ab Mai steigen die Temperaturen, der Frühling kommt spät und ist kurz. Mai und Juni sind statistisch trocken mit den meisten Sonnenstunden, wärmer sind jedoch Juli und August mit Tagesdurchschnittstemperaturen um 20 °C und Spitzen von über 30 °C. Die Wassertemperatur im Meer übersteigt in guten Sommern die 20-Grad-Marke, heizt sich aber nur langsam auf – ein Bad in der Nordsee ist im Spätsommer angenehmer als im Frühsommer.

Im Herbst kann es klare, kühle Tage für Strandspaziergänge ebenso geben wie Weststürme mit tief fliegenden Wolken – dann ist man froh über die Sauna im Ferienhaus. Zum Jahresende sollte man eher mit nasskaltem Wetter als mit weißen Weihnachten rechnen.

Klimadiagramm Skagen

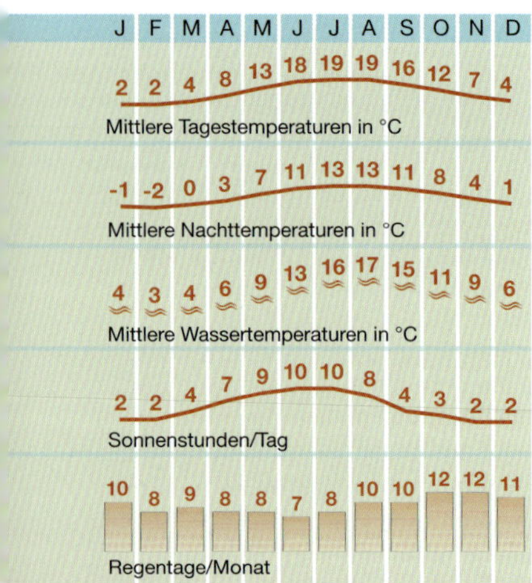

Saisonverlauf

Preise und Öffnungszeiten orientieren sich in erster Linie an den dänischen Ferien, die mit wenigen Abweichungen jedes Jahr gleich liegen.

Das touristische Jahr beginnt um den Jahreswechsel mit annähernden Hochsaison-Preisen für Ferienhäuser und Apartments. Eine Zwischensaison bringen die dänischen Winterferien in den Kalenderwochen 7 und 8 vor allem in gut ausgestatteten Ferienparks, ebenso die Osterferien. Mit denen beginnt für viele Attraktionen die Saison, einige öffnen hingegen erst um Pfingsten.

In sechs Wochen Sommerferien ab dem letztem Juni-Samstag läuft das Land touristisch auf Hochtouren mit höchsten Preisen und längsten Öffnungszeiten. Traditionell kulminieren alle auf Dänemark brandenden Urlaubswellen in Woche 29 (Mitte Juli), dann meldet fast das ganze Land *»alt optaget«* – alles besetzt. Schon Ende August werden Öffnungszeiten wieder kürzer, erste Attraktionen schließen im September, viele nehmen noch die dänischen Herbstferien in Woche 42 (Mitte Oktober) mit. Die ist für viele Museen und Attraktionen Schlussakkord der Saison fast wie im Hochsommer, weil dänische Familien diese Woche traditionell für Aktivitäten wie Museumsbesuche nutzen.

Häuser und Wohnungen kann man aber das ganze Jahr über mieten und es gibt auch überall ganzjährig geöffnete Boutiquen, Lebensmittelläden, Museen und Restaurants – nur muss man im Winterhalbjahr Ausflüge und Besuche sorgfältiger planen.

Packen für Dänemark

Dänemarks Nordseeküste erfordert keine Spezialkleidung, doch sollte Wasser- und Windundurchlässiges dabei sein sowie ein wärmender Pullover für den Abend. Zum Ausgehen reicht in der Regel leger-sportliches Outfit auch in der gehobenen Gastronomie.

Ein guter Sonnenschutz sollte auch außerhalb der Sommermonate nicht fehlen, denn bei erfrischendem Seewind merkt man oft zu spät, wie stark die Sonne ist. Im Herbst und Winter machen sich für lange Abende im Ferienhaus Gesellschaftsspiele sowie eine kleine Auswahl an Lieblingsmusik und -filmen gut – viele dänische Ferienhäuser besitzen CD- und DVD-Player.

Anreise und Verkehrsmittel

Einreisebestimmungen

Menschen: Dänemark ist ›Schengen-Land‹, hat im Rahmen der Flüchtlingskrise 2015/2016 aber wieder Grenzkontrollen eingeführt und bis Redaktionsschluss dieser Auflage immer wieder verlängert. Unabhängig von Kontrollen sind Bürger der EU und der Schweiz – auch Kinder – verpflichtet, Ausweispapiere mit sich zu führen. Bürger anderer Staaten müssen gültige Visabestimmungen beachten.

Tier: Hunde – ausgenommen Kampfhunderassen und Kreuzungen damit –, Katzen und Pferde können eingeführt werden, wenn sie durch einen Chip oder eine Tätowierung identifizierbar sind und Papiere wie ein EU-Heimtierausweis sowie vorgeschriebene Impfnachweise vorliegen. Ausführliche, offizielle Informationen auf der Seite der dänischen Botschaft www.tyskland.um.dk unter ›Reise & Aufenthalt‹, ›Reisen mit Tieren‹.

Ware: Für den persönlichen Gebrauch können die meisten Waren aus EU-Ländern unbeschränkt eingeführt werden, bei einigen gelten jedoch Richtwerte (ca. 10 l Hochprozentiges, 90 l Wein, 800 Zigaretten). Die private Einfuhr von Feuerwerkskörpern ist grundsätzlich verboten!

Anreise

Bei Reisen an Dänemarks Nordseeküste ist das Auto dominierendes Verkehrsmittel. Bahn, Bus und Flugzeug werden zur An- oder Abreise selten genutzt, meist nur, wenn beim Ferienhausurlaub jemand nachkommen bzw. früher zurückreisen muss oder bei der Anreise zu Fahrradurlauben.

Samstage mit Staugarantie

Samstag ist Hauptwechseltag in dänischen und norddeutschen Urlaubsdomizilen. Das sorgt an wichtigen Reisetagen zwischen Hamburg und den Feriengebieten für Staus in beiden Fahrtrichtungen. Wer z. B. als Camper flexibel ist, fährt besser in der Wochenmitte und Ferienhausmieter sollten einen Zwischenstopp bei An- und Abreise einlegen: Businesshotels in dänischen Städten locken gerade in Ferienzeiten oft mit Sonderangeboten oder man bucht ein Familienzimmer im Danhostel (s. S. 27) einer attraktiven Stadt, z. B. im historischen Ribe. Und auch um den LEGOLAND Park Billund gibt es reichlich Hotels, eine Familien-Herberge und einen Campingplatz mit Hütten.

Details zur Anreise in die verschiedenen Abschnitte der Küste finden Sie in den Infoboxen zu Beginn aller Kapitel im Reiseteil dieses Buches.

Margeritenroute
Schilder mit Margeritenblüten – Lieblingsblume von Königin Margrethe II. – auf braunem Grund markieren über 3500 km ›Schleichwege‹ durch Dänemark, gut 600 km davon entlang der Nordseeküste. Die Routen – in der Reisekarte dieses Buches markiert – passieren sehenswerte Kirchen, Schlösser, Herrensitze oder Vorzeitmonumente. Auf Dänisch gibt es viel Literatur dazu, auch online und als App (www.margueritruten.dk), auf Deutsch wurde das Material in den letzten Jahren aber vernachlässigt – auf der Margerite zu bummeln, lohnt jedoch immer!

... mit dem Auto
Ohne Staus ist man ab dem Elbtunnel bei Hamburg in ca. 2,5 Std. am Strand von Rømø oder in gut 5 Std. an Dänemarks Nordspitze in Skagen. Bis in die 2020er-Jahre bremst jedoch eine Großbaustelle nördlich Hamburg die Fahrt. Zur Info gibt's eine spezielle App: A7-Nord. Ist man in Dänemark, führen von den Autobahnen E 45 (in D die A7), E 20 (Kolding–Esbjerg) und E 49 (Aalborg–Hirtshals) gut ausgebaute Fern- und Nebenstraßen in die Urlaubsgebiete. Fährfahrten sind nur nach Fanø nötig (s. S. 145). Stauanfällige Nadelöhre im dänischen Autobahnnetz sind die Dreiecke der E 20/E 45 um Kolding und der Tunnel unter dem Limfjord bei Aalborg.

... mit Bahn und Bus
Dänemarks Nordseeküste ist ab Deutschland nur mit Umsteigen zu erreichen. Mit Ausnahme der Lokalbahn vom deutschen Niebüll nach Tønder, Ribe und Esbjerg fahren die wenigen durchgehenden Züge und Fernbusse durch Ostjütland. Dort steigt man in größeren Orten Richtung Nordseeküste auf innerdänische Fern- oder Regionalbusse bzw. -züge um. Preise und Fahrpläne für die Bahn auf www.bahn.de, für Busse – u. a. tgl. Berlin–Kolding–Vejle–Aarhus mit Zubringer ab Hamburg – auf www.abildskou.dk/tyskland, www.eurolines.de oder www.flixbus.de.

... mit dem Flugzeug
Verbindungen aus deutschsprachigen Ländern führen – meist mit Umsteigen in Kopenhagen – nach Billund (BLL, südliche bis mittlere Nordseeküste), Midtjyllands Lufthavn (KRP, Ringkøbing Fjord bis Thy) und Aalborg (AAL, Nordjütland), Direktflüge gibt es aktuell nur nach Billund. Wichtige Airlines: www.flysas.com (via Kopenhagen), www.lufthansa.com (via Kopenhagen, direkt Frankfurt–BLL), www.britishairways.com (direkt Düsseldorf und München–BLL), www.ryanair.com (direkt Berlin – BLL ab Okt. 2017).

Reisen in Dänemark

Autofahren
Verkehrsregeln und -zeichen entsprechen europäischem Standard. Generell gilt Tempo 50 in Ortschaften, 80 auf Landstraßen und 130 auf Autobahnen (Gespanne: 50/80/100 km/h). Verstöße werden mit hohen Geldstrafen geahndet, Ausländer müssen direkt zahlen. In Ortschaften ist schnell die Geschwindigkeitsschwelle überschritten, ab der die Polizei den Führerschein einbehält. Dänische Besonderheiten: Das Fahrlicht ist ganztägig Pflicht, an Autobahnauffahrten gilt das Reißverschlussverfahren, weiße Dreiecke (›Haifischzähne‹) auf der

Fahrbahn an Kreuzungen signalisieren: Vorfahrt gewähren.

Tankstellen gibt es reichlich, viele als reine Automatentankstellen, an denen man u. a. mit Kreditkarten zahlen kann. 92 Oktan entspricht ›Normal‹, 95 Oktan ›Super‹, 98 Oktan ›Super plus‹. Die Preise liegen je nach Stand der letzten Steuererhöhungen mal nördlich, mal südlich der Grenze höher (minutenaktueller Preisspiegel auf www.fdmbenzinpriser.dk). Autogas-Tankstellen sind rar (aktuell: www.gas-tankstellen.de).

Umweltplaketten *(Miljøzonemærke)* werden bisher nur für Lkw und Busse über 3,5 t in einigen Großstädten, u. a. in Aalborg, verlangt: http://ecosticker.applusbilsyn.dk/de.

Bei **Unfällen** mit dänischen Fahrzeugen, bei denen der Halter nicht feststellbar oder unversichert ist, hilft: DFIM, Tel. 41 91 90 69, www.dfim.dk (engl.). **Pannenhilfe** leisten private Firmen wie Dansk Autohjælp (Tel. 70 10 80 90) oder Falck (Tel. 70 10 20 30), nicht jedoch der Automobilclub FDM.

Öffentliche Verkehrsmittel

Der ÖPNV ist in drei großen regionalen Verkehrsverbünden mit abgestimmten Takt-Fahrplänen bis in ländliche Regionen organisiert; Onlinefahrplan (auch dt.) mit Buchungsoption: www.rejseplanen.dk. Bahn-Sparpreise (›Orange‹) gibt's selten für attraktive Verbindungen, flexibler sind Minigruppen- und Familientarife. Außerhalb der Städte transportieren Linienbusse, soweit Platz vorhanden, gegen geringe Gebühr Fahrräder, nicht besonders schonend auf Metallgestellen hinten am Fahrzeug.

Taxi

In größeren Orten bekommt man schnell ein Taxi, in einsamen Ferienhausgebieten mit längeren Warte-

Teure Knöllchen

510 DKK (ca. 70 €) kostet in Dänemark aktuell falsches Parken *(p-afgift oder kontrollafgift)*, in schweren Fällen wie unberechtigtem Parken auf Behindertenparkplätzen oder vor Ein- und Ausfahrten 1020 DKK (ca. 140 €). In Internetforen klagen Urlauber oft über ungewohnte Regeln: Auch auf **privaten Parkplätzen** z. B. von Einkaufszentren kann es Knöllchen aktuell bis ca. 750 DKK (ca. 100 €) geben, wenn man je nach Hinweisschild ohne gültigen **Parkschein** *(p-billet påkrævet)*, ohne **Parkscheibe** *(p-skivepåbud)* oder über die darauf angezeigte Zeit hinaus oder mit dem falschen Fahrzeug auf **Flächen für Fahrzeugtypen** wie Wohnmobile, Gespanne oder Elektrofahrzeuge parkt.

– **Generelles Park- und Halteverbot** 10 m vor und hinter Straßenkreuzungen, -einmündungen und -gabelungen; 5 m vor Zebrastreifen und Abfahrten von Fahrradwegen; an schmalen Straßen mit durchgezogener Mittellinie und sobald Straßen in Richtungsfahrbahnen aufgeteilt sind; an gelb markierten Bordsteinkanten. In geschlossenen Ortschaften ist Halten oder Parken ganz oder teilweise auf Bürgersteigen, Fahrradwegen, begrünten Rand- und Mittelstreifen u. ä. nur erlaubt, wenn dort Parkflächen ausdrücklich aufgemalt oder ausgeschildert sind.

– **Verkehrsberuhigte Zonen:** Parken nur in markierten Flächen.

– **Zusatzschilder für Sonderregeln:** Zeitangaben schwarz = Mo–Fr, schwarz in Klammern = Sa, rot = So/Feiertage.

– **Parkscheiben:** Ist kostenloses Parken zeitlich begrenzt, sind Parkscheiben Pflicht. Folgt auf eine gebührenpflichtige Zeitphase eine kostenlose, zeitlich begrenzte Parkzeit, ist die Parkscheibe auf die Ablaufzeit des Parkscheins einzustellen.

Vestkystruten: Dänemarks nationale Radroute 1 folgt über 560 km der Nordseeküste

zeiten – Rufnummern hängen in vielen Ferienhäusern aus. Eine 3 km Strecke kostet je nach Uhrzeit und Wochentag 80–110 DKK (Grund- u. Kilometergebühr), eine 30-km-Strecke ab ca. 500 DKK.

Radfahren

Entlang der Nordseeküste existiert ein dichtes Netz von Radwegen *(cykelsti, cykelvej)* über eigene Trassen, Nebenstraßen oder Damm- und Forstwege. Schilder zeigen ein weißes Fahrrad auf blauem Grund, die Nummer des Radweges sowie wichtige Entfernungen. Die ›Vestkystruten‹, dt. Nordseeküsten-Radweg, folgt weitgehend asphaltiert als ›Cykelrute 1‹ der Küste über 560 km vom Grenzort Rudbøl bis Skagen. Für Tagesausflüge von Familien gut geeignet sind aktuell 16 Panoramarouten, die kürzeste ist ca. 20, die längste etwa 50 km – den Start und Endpunkt kann man natürlich beliebig wählen. Das gilt auch für aktuell ebenfalls 16 markierte Mountainbiketrails. Details für alle: www.vestkystruten.dk (auch dt.). Mit der ›Cykelroute 12‹, Limfjordsruten, rund um den Limfjord, berührt ein weiterer Langstrecken-Radweg die Region (ca. 600 km, Abkürzungen sind möglich). Speziell an Radwanderer wendet sich das Bed+Bike-Konzept mit radfahrerfreundlichen Campingplätzen, Hotels, Herbergen und Landgasthöfen (Kro): Infos auf www.nordseeradweg.dk/bedplusbike.

Besonderheiten beim Radfahren: Zum Linksabbiegen fährt man nie in die Straßenmitte, sondern immer am rechten Fahrbahnrand über den ganzen Kreuzungsbereich und ordnet sich dann auf der anderen Seite in den Querverkehr ein. Das Heben einer Hand warnt auf Radwegen nachfolgende Radfahrer, dass man anhalten will.

Übernachten

Hotels

Doppelzimmer mit Bad/WC und Frühstück kosten in einfachen Hotels ab ca. 500 DKK/65 €, in der Mittelklasse ca. 750 DKK/100 € und in komfortablen bis luxuriösen Häusern ab ca. 1250 DKK/ 170 €. Vornehmlich auf Geschäftsreisende ausgerichtete Businesshotels im Hinterland, aber auch Hotels in einigen Hafenstädten, locken in Ferienzeiten und an Wochenenden gern mit Sonderangeboten.

Ein freiwilliges Klassifizierungssystem mit 1–5 Sternen orientiert sich an objektiven Ausstattungsmerkmalen, so müssen für drei Sterne alle Zimmer eines Hotels mit Bad/WC ausgestattet sein. Entlang der Nordseeküste sind viele der schönsten und romantischsten Hotels jedoch nicht klassifiziert, was weder gegen Qualität noch Atmosphäre spricht. Infos mit tagesaktuellen Sonderangeboten auf www.hotel.dk (auch dt.).

Dem landesweit aktiven Verband **Small Danish Hotels** (www.smalldanishhotels.com) sind knapp zwei Dutzend unabhängiger Häuser entlang der Nordseeküste angeschlossen, darunter Stadthotels, Schloss- und Gutshofhotels sowie traditionelle Landgasthöfe, die die Dänen Kroer – Einzahl Kro – nennen. Auf Kroer trifft man überall, gern in kleinen Orten oder entlang der Landstraßen. Hinter dem rechtlich ungeschützten Begriff können sich billige Kaschemmen ebenso wie Gourmettempel mit Luxuszimmern verbergen.

Ferienhäuser

Deutsche Urlauber verbringen statistisch etwa 90 % ihrer dänischen Nächte in Ferienhäusern. Die Mietpreise variieren nach Ausstattung und Reisezeit, oft gibt es fünf oder sechs Tarifperioden, die am Anfang und Ende durch Angebote wie ›3-Wochen-zum-2-Wochen-Preis‹ oder ›2-Wochen-zum-10-Tage-Preis‹ auch noch fließend gestaltet sind. Teuerste Zeiten sind Juli und früher August sowie um den Jahreswechsel (s. S. 20). Meist wird wochenweise mit Wechsel am Samstag vermietet, aber die Flexibilität der Vermittler wächst v. a. in der Nebensaison, weil der Markt es verlangt.

In der Nebensaison fallen Mieten auf etwa 35–40 %, in Einzelfällen unter 30 % der Hochsaisonpreise. Einen Teil dieser Ersparnis fressen die **Nebenkosten** auf. Strom – fast überall wird elektrisch geheizt – wird immer, Wasser selten gesondert abgerechnet. Außerhalb des Sommers können in Luxushäusern mit Pool ein paar hundert Euro pro Woche anfallen. Brennholz oder Briketts für Kaminöfen findet man in Ferienhausregionen an jeder Ecke, Treibholz vom Strand darf wegen des hohen Salzgehalts aber nicht in die Öfen!

Nebenkosten werden mit einer **Kaution,** die bei Ankunft oder mit der letzten Rate vor Reiseantritt zu zahlen

Klassisch, romantisch, elegant
Badehotels, von denen einige auf über hundert Jahre Tradition zurückblicken, boomen. Lange vernachlässigt, wurden mehrere in den letzten Jahren respektvoll renoviert, meist romantisch, zum Teil mondän. Klassiker der Moderne ist das Henne Mølle Å Badehotel (s. S. 165) und die Luxusklasse repräsentiert Ruths Hotel (s. S. 285) in Gammel Skagen.

Bettwäsche
In Ferienhäusern, Apartments und Hütten auf Campingplätzen gehören Bettwäsche und Handtücher niemals zur Standardausstattung, können aber geliehen werden (ca. 10–15 €/Garnitur). In Danhostel-Herbergen (s. S. 27) ist Bettwäsche nur in Premium-Tarifen einiger Top-Häuser enthalten, sonst muss man sie selbst mitbringen oder leihen (ca. 8–9 €/Pers.). Schlafsäcke sind überall verboten!

ist, verrechnet. Einige Vermittler verlangen von Mietern unter 21 Jahren sowie über Silvester erhöhte Kautionen. Die **Endreinigung** kostet je nach Hausgröße und -ausstattung 50–200 € und muss rechtzeitig bestellt werden; bei hochwertigen Häusern ist sie oft bei der Miete eingepreist und dann als ›Gratis Endreinigung‹ hervorgehoben.

Haustiere dürfen manchmal gar nicht, manchmal nur gegen Extragebühr in Ferienhäuser und -wohnungen, Kataloge und Buchungsportale geben Auskunft.

Vermittler

In Dänemark werden ca. 40 000 bis 50 000 private Ferienhäuser regelmäßig vermietet, meist durch Vermittler, die aber – schon rechtlich – nie Besitzer sind:

Lokale Vermittler sind oft inhabergeführt. Sie haben gute Kenntnis der Häuser und ihre Servicebüros agieren vor Ort mit ›kurzem Draht‹ zu den Eigentümern. Einige kooperieren bei Werbung und Online-Verkauf. So gehören entlang der dänischen Nordseeküste zu ›Feriepartner Danmark‹ zwölf eigenständige Büros mit rund 3000 Häusern (www.feriepartner.de, Tel. in D 040 54 77 95 46 oder 0800 358 75 28) und zu ›Nordsee Holidays‹ acht Büros mit über 4000 Häusern (www.nordsee-holidays.dk, Tel. +45 70 30 00 41). Objekte beider Zusammenschlüsse und weiterer lokaler Partner bündelt in Deutschland www.dansk.dk (Tel. 040 547 79 50) in seinem Portal.

Große Vermittler, einige davon europaweit aktiv, bieten Tausende Objekte aller Preisklassen, betreuen Kunden vor Ort aber noch mit eigenen Servicebüros, so Dansommer (www.dansommer.de) oder Novasol (www.novasol.de).

Internet-Vermittler wie www.cofman.de, www.danischeferienhauser.de, www.fejo.de oder die TUI-Tochter www.atraveo.de bündeln digital Häuser mehrerer Anbieter in ihren Portalen, so wie früher das Reisebüro an der Ecke verschiedene Kataloge vorlegte. So kommt es, dass mehrere Internet-Vermittler damit werben, 20 000, 30 000 oder gar 50 000 dänische Häuser im Angebot zu haben – sie bieten dieselben Objekte. Servicebüros vor Ort haben diese Internet-Vermittler nicht, im günstigsten Fall erwischt man bei einer telefonischen Nachfrage Dänemark-kompetente Mitarbeiter im Call-Center.

Ferienparks

Ferienparks bieten in der Regel Einkaufsmöglichkeiten, Restaurants, Fitness-/Wellness-Einrichtungen oder ein Spaßbad. Wohnungen in großen Blöcken oder Reihen- und Doppelhäuser sind üblich, freistehende Häuser selten. Ferienparks sind in puncto Mietzeiten und Wechseltag recht flexibel und locken außerhalb der Hochsaison gern mit Sonderangeboten für Kurzurlaube. Nicht alle haben ganzjährig geöffnet.

Entlang der dänischen Nordseeküste vermarktet **Danland** (www.danland.de) über ein Dutzend Anlagen, einige in schroffem Baustil der 1970/80er-Jahre. **Dayz Resorts** (www.dayz.dk) betreibt zwei Ferienparks nahe der Nordsee sowie einen am Limfjord, darunter **Dayz SeaWest** (s. S. 170), und **enjoy resorts** (www.enjoyresorts.dk) eine Anlage auf Rømø (s. S. 108) mit einer der besten dänischen Wellnessanlagen sowie einem international beachteten Golfplatz vor der Tür. Häuser und Wohnungen in Ferienparks können in der Regel auch über Ferienhausvermittler (s. o.) gemietet werden.

Privatzimmer

Bed & Breakfast, kurz B&B, werden Privatzimmer gern genannt, sogar wenn es kein Frühstück gibt. Touristenbüros vermitteln sie vor Ort, oder man schaut an der Straße nach einschlägigen Schildern mit Hinweisen auf ›Zimmer‹, ›B&B‹ oder ›værelser‹. Von den internationalen Portalen mit privaten Zimmern und Apartments ist www.wimdu.de gut aufgestellt, außerdem listen die dänischen Seiten www.net-bb.dk und www.bedandbreakfast.dk sowie für Ferien auf dem Bauernhof www.bondegaardsferie.dk und www.ecoholiday.dk Privatzimmer auf.

Danhostel (Herbergen)

Danhostels verstehen sich als Familienherbergen, werden aber auch viel von älteren Gästen ohne Kinder genutzt. Einzelne Betten im Mehrbettzimmer (ab ca. 180 DKK/ca. 25 €) gibt es kaum noch, dafür Einzel-, Doppel- und Familienzimmer.

Alle Danhostel sind mit 1–5 Sternen klassifiziert, ab 4 Sternen hat die Mehrzahl der Zimmer ein eigenes Bad/WC. Die Preise werden von jedem Haus individuell festgelegt und variieren je nach Standard und Saison, einige Top-Häuser bieten Zimmer mit gemachten Betten auf Hotelstandard.

Mit einer HiHostel Card (u. a. Jugendherbergsausweis von www.jugendherberge.de) bekommt man bei Buchungen über www.danhostel.dk, www.hihostel.com oder direkt bei den Häusern 10 % Rabatt. Außerdem gibt's damit Vergünstigungen bei vielen Attraktionen. HiHostel-Gästekarten kann man noch vor Ort kaufen (160 DKK/ca. 22 €, 1 Jahr gültig).

Frühstück kostet in der Regel extra (50–90 DKK/7–12 €) und übertrifft häufig gängigen Hotelstandard. Einige Häuser bieten zudem Mittag- und Abendessen, eine Küche zur Selbstversorgung ist trotzdem immer vorhanden.

Camping

Entlang der Nordseeküste finden sich über 100 vom Camping-Rat mit 1 bis 5 Sternen bewertete Campingplätze, darunter zwei 5-Sterne-Anlagen, die zu den besten Campingplätzen Europas zählen. 3 Sterne stehen für soliden Standard. Bewertet wird nach objektiven Kriterien, nicht nach subjektiven wie Atmosphäre oder Lage – so können auch 1- und 2-Sterne-Plätze sehr attraktiv sein und traumhaft liegen. Alle Plätze mit Suchmaske auf Deutsch auf der Seite des halbamtlichen dänischen Campingrådet www.daenischecampingplaetze.de.

Die Übernachtungskosten setzen sich aus dem Preis pro Person (Erw. ca. 50–100 DKK, Kinder 30–70 DKK), einer von Komfort und Saison abhängigen Stellplatzmiete (0–950 DKK) und evtl. Zuschlägen wie Strom zusammen. In der obersten Preisklasse liegen Luxus-Stellplätze mit ca. 300 m² Fläche sowie eigenem Bad-/WC-Häuschen und WLAN. Viele Campingplätze bieten Hütten von

›basic‹ nur mit Betten bis zu luxuriösen Mini-Ferienhäusern mit mehreren Zimmern, Küche, WC, Dusche, Whirlpool und Meerblick. Sie werden im Sommer fast nur wochenweise vermietet. Die einfachsten kosten kaum mehr als ein Stellplatz, die besten indes über 2000 €/ Woche, in der Regel inkl. Platzgebühr für alle Bewohner.

Vom Campingrådet anerkannte Plätze verlangen einen **Campingpass,** der eine Campinghaftpflicht einschließt. Den Camping Key Europe (110 DKK/ca. 15 €) kann man auch noch auf dem ersten dänischen Platz kaufen. Akzeptiert werden ferner ACSI Club ID und CCI (Camping Carnet International), u. a. über Automobilclubs zu beziehen.

Freies Campen mit WoMo

Freies Campen auf Rast- und Parkplätzen – außer sie sind dafür ausgewiesen – sowie in Dünen und auf Stränden ist verboten. An Zufahrten zu Strandparkplätzen unterstreichen oft Übernacht-Parkverbote diese Regeln. Wo Parken über Nacht erlaubt ist, sollte man nie Stühle, Markisen, Tische oder Unterlegkeile benutzen, dann wäre es schon unerlaubtes Campen. Wohnmobilisten, die Verbote ignorieren, müssen mit Strafen rechnen, z. B. für falsches Parken (s. S. 23). Kommt Umweltverschmutzung hinzu, kann eine Nacht schnell einige Tausend Euro kosten. Dänemarks größter Campingplatz-Verband ›DK-Camp‹ (www.dk-camp.dk) bietet für rundreisende WoMo-Touristen auf über 100 seiner rund 300 Mitgliedsplätze sogenannte DK-Stellplätze. Die liegen teils auf dem Gelände, teils ›vor der Schranke‹ und beinhalten für einen günstigen Basispreis (ab 100 DKK/ca. 13 € für Fahrzeug plus zwei Erw.) Zugang zu sanitären Anlagen, Frischwasser und Abfall-/Abwasserentsorgung. Extras wie Strom oder Swimmingpool-Nutzung können dazu gekauft werden. Mehr als 100 alternative WoMo-Übernachtungsplätze entlang der Nordseeküste listen www.stellplatz-danmark.dk und www.camper-parkering.dk auf. Das können Plätze neben einer Imbissstube sein, dessen Besitzer auf neue Kunden spekuliert, Wiesen an Bauernhöfen oder Parkplätze an Häfen mit Servicegebäuden, die auch Segler nutzen. Diese Plätze sind z. T. gratis, auf jeden Fall preiswert.

Freies Zelten

Das Gesetz erlaubt freies Zelten in staatlichen Wäldern, nicht jedoch an Stränden und in Dünen. Die Regeln: Nicht in Sichtweite von Häusern, Straßen oder Campingplätzen, keine Nutzung von Motorfahrzeugen, nur eine Nacht am selben Ort mit maximal zwei Minipackzelten für je 1–3 Personen. Offenes Feuer ist ausschließlich an eingerichteten Feuerstellen erlaubt, sonst dürfen nur Sturmkocher mit abgedeckter Flamme (Trangia o. Ä.) genutzt werden.

Darüber hinaus gibt es ausgewiesene **Naturlejrpladser** (Naturlagerplätze) in Wäldern, an Schulen, Bauernhöfen oder Vereinsheimen, viele sind gratis, mehr als 30 DKK (ca. 4,50 €) kosten sie nie. Einige haben einfachste, überdachte Unterschlüpfe, Feuerstellen und/oder WC. Alle stehen Wanderern, Radfahrern, Reitern sowie am Wasser Jollenseglern und Kanuten zur Verfügung, nicht aber Personen, die mit einem Motorfahrzeug unterwegs sind. Eine interaktive Karte zeigt Gebiete für freies Zelten sowie die Naturlagerplätze auf www.udinaturen.dk (›Overnatning‹ klicken, dort Details über Piktogramme aufrufen). Eine Druckversion »Overnatning i det fri« gibt's im dänischen Buchhandel für ca. 150 DKK oder in Deutschland bei www.geobuchhandlung.de (ca. 24,80 €).

Essen und Trinken

Fisch kommt frisch

Fisch ist an der Nordseeküste Muss wie Genuss. Hering taucht schon beim Frühstück auf, spätestens zum Frokost, mal süß mariniert, mal sauer, mal in kräftiger Kräuterlake oder in dicker Currysauce. Wer Aal mag, kann sich in kulinarischer Vielfalt ›aalen‹: Man bekommt ihn gekocht, geräuchert und gebraten, gesalzen oder gepökelt, in Aspik oder im Eierkuchen, gerollt oder in Bier mariniert – rund um den Limfjord ist er eine Spezialität.

Dorsch, früher Allerweltsfisch, dann wegen Überfischung Luxusgut und heute wieder häufiger, wird von Kennern geschätzt, traditionell käme er in Senfsauce auf den Tisch. Angler, Seewolf und Seehecht, Steinbeißer – der auch den Kaviar liefert – sowie schwarzer und weißer Heilbutt sind weitere Delikatessen aus Nordsee und Ostatlantik. Bei Schalentieren machen clevere Gastronomen gern einen Übersetzungsfehler: Den um Skagen viel gefangenen *jomfruhummer* findet man auf deutschsprachigen Speisekarten gern als Hummer, dabei ist er nur ein kleiner Verwandter und heißt im Deutschen korrekt Kaisergarnele oder Kaisergranat. Echten Hummer gibt es in dänischen Gewässern und Gourmetrestaurants auch – aber kaum unter 500 DKK/70 €.

Und noch eine Delikatesse vom Meer: Lamm

Lamm gilt in der gehobenen Küche als Delikatesse der Küste, wenn es auf den Salzwiesen, Deichen oder Marschen im Südwesten des Landes aufgewachsen ist: Als Marschlamm steht es auf Speisekarten und Handwerksschlachter bieten es an, wie Rømø Slagteren (s. S. 109). Auch ökologisch gezoge-

Fisch direkt am Hafen: Otto & Ani's Fisk in Havneby auf Rømø

Frokost zu Mittag?
Einige sprachliche Fallen

Wer den Tag mit einem *frokost,* wörtlich Frühstück, beginnt, hat ihn schon halb verschlafen: Frokost essen Dänen mittags. Das echte Frühstück heißt *morgenmad.* Diese Verschiebung folgte der Veränderung im Arbeitsalltag: Frokost war früher das zweite Frühstück, das man zu einer Zeit einnahm, in der heute viele erst mit der Arbeit anfangen. Konsequent rutschte das traditionelle Mittagessen auch nach hinten: *Middag* meint ein üppiges, gegebenenfalls festliches Abendessen, während *aftensmad,* Abendessen, ein kleines, abendliches Alltagsessen meint.
Und noch eine Falle: *Æblekage med flødeskum* bedeutet wörtlich übersetzt Apfelkuchen mit Schlagsahne, ist jedoch ein im Schälchen servierter Apfelkompott mit Krokant und Sahne überdeckt. Andererseits werden Fruchttorten, *tærte,* gern mit Crème fraîche serviert – Fremde reklamieren dann »Die Sahne ist sauer!«.

nes Schwein oder Ferkel – *gris* – erfreut sich in der modernen Gourmetküche großer Beliebtheit. Sonst dominieren in der Gastronomie Steaks die Fleischkarte, oft mit *hakkebøf,* Rinderhacksteak, als preiswertester Variante.

Wer's deftig mag, schaut nach *flæskesteg:* Schweinebraten mit Schwarte wird im Ofen kross gebraten, bis die mit Salz und Pfeffer eingeriebene Fettkruste zum Knabbervergnügen wird. Ein Alltagsgericht wären Frikadellen mit Kartoffeln unter geschmacksneutraler brauner Soße, garniert mit süßsauer eingelegten, hauchdünnen Gurkenscheibchen und Rote Bete. Dänen sind auch begeisterte Grillfans, Supermärkte liefern dazu im Sommer eine riesige Auswahl.

Frokost und Smørrebrød

Das Frokost am Mittag hat hohen Stellenwert und kann in der Gourmetklasse ein kulinarisches Erlebnis mit mehreren Gängen sein. Eine einfache Variante wäre ein Paket mit bis zu drei *smørrebrød,* Dänemarks legendären Butterbroten, jedes aus drei, vier oder mehr Bestandteilen komponiert – das Brot dient dem Zusammenhalt. Drei Smørrebrød füllen jeden hungrigen Magen. Sättigend ist auch jede *frokost anretning,* eine Platte mit kalten und lauwarmen Speisen wie Frikadelle, Schweinefilet, gebratenes Schollenfilet, verschiedene Sorten Hering und Krabben.

Klassiker

Legendär gegen den kleinen Hunger und an fast jedem Kiosk erhältlich sind Würstchen: puristisch kommen *pølser* nur in Begleitung von je einem Klecks Senf und Ketchup sowie einem pappigen Weißbrötchen, modern als Hot Dog mit Gurken sowie Röst- oder Rohzwiebeln garniert.

Kopenhagener oder Danish Pastry sind weit über Dänemark hinaus ein Begriff, nur dort muss man beim Bäcker *wiener brød,* Wiener Brot, verlangen. Einen Klassiker lassen sich Dänen gern von Ausländern vorsprechen: *rødgrød med fløde.* Sprachlich meist ein Gewürge, kommt Rote Grütze mit Sahne auf den Tisch.

Und Skål!

Dänen trinken nach der Statistik weniger Alkohol als Deutsche. **Bier** – dänisch *øl* und wie das Schmiermittel gesprochen – ist Alltagsgetränk. Viel liefert Brauereigigant Carlsberg, der auch das vermeintliche Konkurrenzbier Tuborg braut. Daneben erobern

›*mikrobryggerier*‹, kleine Brauhäuser, immer größere Marktanteile, je verrückter die Zutaten ihrer Spezialbiere, desto größer die Aufmerksamkeit – kaum eine Kneipe, die nicht das eine oder andere am Hahn hat (s. S. 74).

Wein ist in der gehobenen Gastronomie das Getränk zum Essen, Top-Restaurants bieten passende Weinmenüs. Dänischen Wein gibt es auch, aus Spitzenlagen im Osten des Landes in durchaus beachtlicher Qualität. Nahe Ribe wächst er sogar auf einem Weingut hinter Nordseedeichen (s. S. 111).

Nach dem Essen ›kippen‹ Dänen gern einen eiskalten *snaps,* der nach Kümmel schmeckt: **Akvavit.** Während vermeintliche dänische Weltmarken wie der mit Dill und Koriander verfeinerte Jubilæums Akvavit oder der Magenaufräumer Gammel Dansk, ein Kräuterbitter, inzwischen beim neuen Markeneigner in Norwegen gebrannt werden, versuchen sich immer mehr lokale Brennereien an Edelspirituosen vom Malt Akvavit über *Porse Snaps* bis hin zu Single Malt Whiskys am Ufer des Ringkøbing Fjords (s. S. 188). Angesagt sind zudem **Mixturen** aus Akvavit oder Wodka mit Kräutern, Früchten, Lakritz oder Menthol.

Und in Kneipen stolpert man manchmal über gewöhnungsbedürftige **Cocktails** wie ›*brandbil med udrykning*‹: Das Feuerwehrauto im Einsatz bringt Jägermeister, Wodka und Himbeersprudel im einem Glas zusammen – skåååål.

Aktivurlaub, Sport und Wellness

Angeln

Am und auf dem Meer braucht man den in ganz Dänemark gültigen Angelschein *(lystfisketegn)*, erhältlich in Post-Shops, i-Büros oder auf www.fisketegn.dk (auch dt.): 40 DKK/Tag, 130 DKK/Woche, 185 DKK/Jahr, gratis bis 18 und ab 65 Jahre. An einigen Binnenseen mit privaten Angelrechten sind zusätzliche Angelscheine nötig; umliegende i-Büros haben sie oder wissen, wo es sie gibt. Für ›put&take‹-Seen zahlt man nur Eintritt oder nach Fanggewicht.

VisitDenmark (s. S. 18) publiziert regelmäßig Info-Material mit Hinweisen zu Fanggebieten, Schutzbestimmungen, Hochseeangelfahrten. Gute Ferienhausvermittler haben spezielle Anglerhäuser im Angebot, mit Platz zum Reinigen der Fische, zum Unterstellen der Geräte sowie einer großen Kühltruhe zum Aufbewahren der Fänge.

Baden

›Blaue Flaggen‹ für gute Wasserqualität haben die meisten dänischen Nordseestrände.

An besonders beliebten Stränden sind von Ende Juni bis Mitte August täglich von ca. 11 bis 19 Uhr **Rettungschwimmer** stationiert, weithin erkennbar an rot-weißen Türmen (Standorte im Reiseteil, Abb. s. S. 32). Sie zeigen mit Flaggen, ob Baden verboten (rot), gefährlich (gelb) oder erlaubt (grün) ist. Grundsätzlich sollte man nicht allein schwimmen und besonders vorsichtig bei ablandigem Wind sein. Schwimmen Sie nie Gegenständen nach und passen Sie auf, dass auch Kinder das nie machen! Luftmatratzen, leichte Wasserbälle sowie Schwimmringe gehören nicht auf die Nordsee.

Zum **Notruf** und zu den bei Badeunfällen lebenswichtigen **Strandnummern** s. S. 40.

Sicher baden unter wachsamen Augen: Rettungsschwimmer am Tornby Strand

Richtiges Verhalten bei Meeresströmung

Revlehul oder *hestehul* nennen Dänen die an der Nordsee häufige Strömung, die im Deutschen steif, aber treffend ›Brandungsrückstrom‹ heißt. Solange man nicht in Panik gerät, ist sie nicht lebensgefährlich, denn sie tritt immer nur auf wenige Meter breiten Abschnitten auf, zieht nicht weit aufs Meer hinaus und nie in die Tiefe. Am besten lässt man sich ein Stück hinaustreiben und schwimmt, sobald die Strömung schwächer wird, zur Seite und dann zum Strand zurück, nie aber gegen die Strömung. Die ist vom Ufer oft zu erkennen, weil in einem Revlehul die Brandung schwächer oder gar nicht vorhanden ist und manchmal sogar das ausströmende Wasser deutlich zu sehen ist.

Golfen

Von weit über 100 Golfplätzen in Jütland liegen einige direkt an der Nordsee, etliche mehr im Hinterland. Die Umgangsformen sind leger, Green Fees kosten ab ca. 150 DKK (ca. 20 €). Immer mehr Pay&Play-Plätze entstehen, die man ohne die auf Clubanlagen üblichen Formalitäten nutzen kann.

Kajak- und Kanufahren

Die meisten Flüsse, die zur Nordseeküste fließen wie Vidå, Brede Å, Skjern Å und Uggerby Å, sind befahrbar (Kanuverleiher s. Reiseteil). Beliebtes Revier für Meerkajak-Fahren ist der Limfjord, an dessen Ufern es Basic-Lagerplätze (s. S. 28) für mehrtägige Touren gibt. Seakajaks vermittelt u. a. Morsø Turistbureau (s. S. 215).

Radfahren

Leihräder gibt es in jedem touristisch erschlossenen Ort, die i-Büros wissen, wo der nächste Verleiher ist. Erwachsenenräder kosten ab 50 DKK/7 € am Tag bzw. 300 DKK/40 € für die Woche, Kinderräder sind meist etwas günstiger, zunehmend sind auch E-Bikes im Angebot (ab 150 DKK/Tag). Weitere Infos zu Dänemarks Radwander- und familienfreundlichen Panoramarouten s. S. 24.

Reiten

Viele Reiterhöfe bieten Strand- und Dünenritte an, meist mit Island-Pferden (ab ca. 175 DKK/25 €/Std.). Adressen und Details dazu im Reiseteil dieses Buches.

Segeln

Zwar gilt Dänemark als Seglerparadies, das jedoch eher wegen seiner Ostseereviere. Nordsee und Skagerrak erfordern erfahrene Mannschaften, gute Navigationskenntnisse und seegängige Jachten. Eine formale Legitimation, ein Segelboot zu führen, wird nicht verlangt. Gut geeignet für Gelegenheitssegler sind Ringkøbing Fjord (s. S. 170) und Limfjord (s. S. 208).

Surfen und Strandsport

An Wind mangelt es selten. Auf der Nordsee bringt er oft einen beachtlichen ›white swell‹ mit, der von Wind- und Kitesurfern Erfahrung erfordert. Im Ringkøbing Fjord, Nissum Fjord und Limfjord gibt es jedoch auch ideale Anfängerreviere.

Wellensurfen wird vor Thy gepflegt, dort gilt Klitmøller als Europas ›Cold Hawaii‹ (s. S. 221), und nach einem Molenausbau hat sich auch Hvide Sande zu seinem beachtlichen Wavesurfing-Spot entwickelt (s. S. 184). An allen bekannten Surf-Spots gibt es Surfschulen sowie gut sortierte Shops und Verleiher für die Ausrüstung. Jeweils inkl. Brett- und Anzugleihe kosten Schnupperkurse im **Wellensurfen** ab ca. 300 DKK/42 €, im **Windsurfen** und **Stand up Paddel** (SUP) jeweils ca. 400 DKK/55 € und ein dreitägiger Anfängerkurs **Kitesurfen** inkl. Theorie ca. 2000 DKK/270 €.

Die breiten, festen Strände auf Rømø und Fanø sowie an der Jammerbugt sind Tummelplätze der Strandsegler und **Kitebuggy-Fahrer,** an einigen Orten werden zudem die ohne besondere Vorkenntnis zu ›segelnden‹ **Blokarts** verliehen (s. S. 77). **Paraglider** genießen indes die Thermik vor Steilküsten wie Lønstrup Klint (s. S. 253).

Wandern

Wälder und Dünenforste haben fast immer markierte Wanderwege, über die es Faltblätter mit Kartenmaterial gibt, erhältlich aus Infoständern an Zugängen oder in umliegenden i-Büros. Etliche gibt es in deutscher Übersetzung als »Wanderungen in den Staatlichen Wäldern« (Download: www.naturstyrelsen.dk/Udgivelser/Vandretursfoldere/Tysk).

Wellness

Wellness ist allein schon die frische Seeluft, spezielle Wellness-Hotels sind entlang der Nordseeküste jedoch noch selten. Die besten Wellness-Anlagen gehören zu einem Campingplatz (Hvidbjerg Strand Camping, s. S. 161) und einem Ferienpark (enjoy resorts Rømø, s. S. 108). Zeitlosen Luxus eines Badehotels und Wellness-Angebote vereint Ruths Hotel in Skagen (s. S. 285).

Feste und Unterhaltung

Sankthansaften

Auch wenn es oft anders geschrieben oder behauptet wird: Die Dänen feiern kein Mittsommer am 21./22 Juni, sondern zwei Tage später am 23. Juni Sankthansaften, ohne dass das ein gesetzlicher Feiertag wäre; der eigentliche Skt.-Hans-Tag ist der 24. Juni. Ist ein Strand in der Nähe, wird dort gefeiert und, wie in Dänemark üblich, viel gesungen. Im Mittelpunkt steht ein riesiges Feuer, auf dem eine Hexe aus Stroh verbrannt wird. Der Volksglaube lässt sie zum Bloksberg fliegen. Geradezu Kult sind Sankthans-Feuer in und um Skagen.

Pferdhändler, Krämer und Leierkastenmänner

Traditionelle Volksfeste sind die Vieh- und Trödelmärkte im Hinterland der Küste. Sie sind immer mit Viehhandel, großen Flohmärkten und etwas Kirmes verbunden, und immer gehören zu den Besuchern dieser Märkte auch einige der für Dänemark typischen Leierkastenmänner mit Zylinder und Frack und der Brust so voller Orden, Ehrenzeichen, Anstecker und Buttons, dass jeder verdiente Veteran der Sowjetarmee vor Neid erblassen würde.

Entlang der Küste sind die bekanntesten dieser Märkte der **Vilsund Marked** (s. S. 233) in der zweiten Julihälfte auf Thy, **Kloster Mærken** in Løgumkloster (s. S. 91) Mitte August, der **Ho Fåremarked** (s. S. 162) in der Kommune Blåvandshuk Ende August und am zweiten Wochenende im September der **Højer Fåremarked** (s. S. 97).

Tickets
Eintrittskarten für Kulturveranstaltungen verkauft u. a. Ticketmaster.dk sowohl über Partnerbüros, darunter viele i-Büros, als auch über die Hotline Tel. 70 15 65 65 und online auf www.ticketmaster.dk (dän./engl.).

Feiern, wo die Schiffe sind

Weniger traditionell, aber nicht minder munter sind sommerliche, maritime Feste in fast vielen Häfen, ob in Hvide Sande (Mitte Juli), Havneby auf Rømø oder Hirtshals (beide Anfang Aug.). sowie an den Landungsplätzen der Strandfischer weiter im Norden wie in Thorup (Ende Juni/Anfang Juli) oder in den kleinen Strandorten der Region Thy (Juli). Vom lokalen Hafenfest zu einem überregionalen Groß-Event hat sich das **Bork Havn Musikfestival** (Ende Juli/Anfang Aug., s. S. 177) gemausert, während andere Hafenfeste immer kulinarischer werden, wie das **Skaldyrsfestival** in Nykøbing Mors (s. S. 215) oder der **Fiskedag** in Thyborøn (s. S. 208).

Trachtenfeste

Für die schönsten Trachtenfeste Dänemarks muss man auf die Insel Fanø reisen: Die **Fannikerdage** am zweiten Juliwochenende in Nordby und der **Sønderhodag** am darauf folgenden Sonntag in Sønderho präsentieren viel Brauchtum, Musik, Tanz und vor allem die traditionellen Trachten der Insel, die nirgendwo sonst so gepflegt werden wie hier (s. S. 145).

Festkalender

April

Am letzten April-Wochenende angeln beim internationalen **Sildefestival** in Hvide Sande Lokalmatadore und Touristen Heringe um die Wette – Pokale und Preisgeld winken. (s. S. 185).

Mai

Der Monat beginnt mit Dänemarks größtem **Wikingermarkt** am Vikingecenter Lustrupholm bei Ribe (s. S. 127).

Juni

Alle drei Jahre wird in Tønder in der ersten Monatshälfte beim **Klöppelfestival** der alten Kunst der Spitzenklöppelei gehuldigt (s. S. 90, nächster Termin: 31.5.–2.6.2019).
International Kitefliers Meeting auf Insel Fanø: Mitte Juni s. S. 78.
Einen Sonntag Ende Juni/Anfang Juli hetzen Marathonläufer beim **North Sea Beach Marathon** über den Strand südlich von Hvide Sande (s. S. 185).

Juli/August

Fannikerdage und **Sønderhodag** Trachtenfeste auf Fanø: s. S. 145.
Vilsund Marked: s. S. 233.
Klassisch wird's beim **Vendsyssel Festival** Anfang Juli bis Mitte Aug. bei stimmungsvollen Konzerten vornehmlich in Stadt- und Landkirchen Nordjütlands (s. S. 256).
Dänemarks älteste Stadt hört Ende Juli dann modernere Töne beim **Ribe Jazz Festival** (s. S. 127).
Das **Bork Havn Musikfestival** bringt Ende Juli/Anf. Aug. Woodstock-Feeling an den Ringkøbing Fjord (s. S. 177).
Kaum sind die Rockfans weg, tummeln sich am 2. Augustwochenende friedliche wie furchterregende Wikinger auf dem **Wikingermarkt** am Bork Vikingehavn (s. S. 175).
Die Hafenstadt Esbjerg feuert zum Ende der dänischen Sommerferien Mitte Aug. neun Tage lang ein breit gefächertes Kulturprogramm als **Esbjerg Festuge** ab.
Daran schließt in der 2. Aug.-Hälfte das Kammermusikfestival **Esbjerg International Chamber Musik Festival** im Konservatorium der Stadt an (s. S. 136).
Kloster Mærken: Markt mit Kirmes s. S. 91.
Gegen Ende Aug. steht das viertägige **Tønder Festival** im Kalender aller Fans der Folk & Roots Music (s. S. 90).
Ho Fåremarked: Markt mit Kirmes s. S. 162.

September/Oktober

Rømø Dragefestival: drei Tage ab dem ersten Freitag im Sept. (s. S. 78).
Surfevent in »Cold Hawaii«: (s. S. 78) Im Sept. gab's schon Windsurfer World Cups, 2017 die SUP-Surf WM, aber was kommt 2018?
Højer Fåremarked: Volksfest, Mitte Sept. (s. S. 97).
Godtfolk Festival: Mitte Sept. auf Fanø: Straßenmusikerfestival (s. S. 145).
Das **Ravfestival** Ende Sept. in Vejers und Nachbarorten steht ganz im Zeichen des Bernsteins (s. S. 163).

November/Dezember

Ab Mitte Nov. versucht sich Tønder als **Julebyen** (s. S. 89), während Esbjerg mit einer großen **Eisbahn** auf seinen zentralen Platz Torvet (s. S. 130) lockt. Romantisch, aber nur wenige Tage geöffnet ist der **Weihnachtsmarkt** im Freilichtmuseum Hjerl Hede (s. S. 210).

Reiseinfos von A bis Z

Ärztliche Versorgung

Viele Orte im Hinterland, seltener aber Ferienhaussiedlungen an der Küste, haben Ärztehäuser *(lægehus)*, in denen Allgemeinmediziner praktizieren, die als Familienärzte auch für Kinder zuständig sind, Kinderärzte wie auch andere Fachärzte gibt es kaum. Gut ist die zahnärztliche Versorgung.

Außerhalb normaler Sprechzeiten (Mo–Fr ca. 8–16 Uhr) stehen ärztliche Notdienste *(lægevagten)* bereit. Telefonnummern hängen üblicherweise in Ferienhäusern aus und sind regional: Nordjütland Tel. 70 15 03 00, Mitteljütland Tel. 70 11 31 31, Südjütland Tel. 70 11 07 07.

Krankenhäuser *(sygehuse)* sind zu wenigen Regionalkliniken konzentriert, ergänzt durch kleine ›Akutklinikker‹, ›Sundhedshuse‹ oder ›Sundhedscenter‹ in Kleinstädten zur Notfallversorgung. Es kann also durchaus sein, dass die nächste Unfallstation *(skadestue)* 30 oder 40 km entfernt liegt – wo, erfährt man in dringenden Fällen über Notruf 112.

Apotheken *(Apotek)* gibt es auffällig weniger als in Deutschland, meist nur eine oder zwei pro Stadt. In kleineren Orten hat allenfalls ein Supermarkt einen ›Handverkauf‹ *(Håndkøbsudsalg)* mit ein paar rezeptfreien Medikamenten auf Lager und der Option, rezeptpflichtige Medikamente dorthin liefern zu lassen.

Gefährliches Getier

Kreuzottern *(hugorm)* in Dünen und Heidegebieten sind scheu, klein, haben wenig Gift und beißen nur, wenn sie überrascht werden. Sollte das einmal passieren, ist es außer bei Hypersensibilität nicht bedrohlich. Trotzdem sollte man versuchen, das Gift auszusaugen, sich wenig bewegen und einen Arzt aufsuchen.

Petermännchen *(fjæsing)* sind Fische mit Giftstacheln, die sich in flachem Wasser in den Sand eingraben. Tritt man, was sehr selten passiert, beim Baden darauf, ist der Stich schmerzhaft und hat Schwellungen zur Folge; Hypersensibilität kann einen Schock auslösen. Da das Gift nicht hitzebeständig ist, hilft es, den betroffenen Fuß in möglichst heißes Wasser zu stellen.

Feuerquallen *(brandmand)* verursachen brennende, später juckende Bläschen. Nach einem Kontakt befinden sich auf der Haut noch intakte Nesselkapseln, die sich nicht entladen sollten. Am besten schabt man die Stellen mit einem Messer oder einer Kreditkarte vorsichtig ab. Schmerz- und juckreizstillende Salben helfen.

Diplomatische Vertretungen

Botschaften und Konsulate helfen Staatsangehörigen ihrer Länder in Notfällen, wenn alle Mittel zur Selbsthilfe ausgeschöpft sind; Kosten und Auslagen werden zurückgefordert.

Deutsche Botschaft: Tel. 35 45 99 00, Notfälle Tel. 40 17 24 90, www.kopenhagen.diplo.de.

Österreichische Botschaft: Tel. 39 29 41 41, www.bmeia.gv.at/botschaft/kopenhagen.html. Notfall-Telefon außerhalb der normalen Dienstzeiten: 21 72 79 41.

Schweizer Botschaft: Tel. 33 14 17 96, www.eda.admin.ch/copenhagen.

In konsularischen Angelegenheiten: Konsularcenter Stockholm, Tel. +46 8 676 79 00, nordischestaaten@eda.admin.ch; 24-Std.-Helpline in der Schweiz: Tel. +41 800 24 73 65.

Eintrittspreise

Das ist dänische Familienförderung: Staatliche Museen wie Kommandørgården auf Rømø (s. S. 105) kassieren von einem Erwachsenen mit Kind weniger als von einem Erwachsenen allein. Und Kinder unter 18 Jahren dürfen gratis in alle staatlich geförderten Museen (außer Sonderausstellungen). Dort wo sie Hauptzielgruppe sind, wie in Freizeitparks, zahlen Kinder oft schon ab 12 Jahren fast oder ganz Erwachsenenpreise, nur unter drei Jahren gibt's freien Eintritt. Sonst sind auch Familientarife verbreitet, meist ab 2 Erw. mit 2 Kindern.

Elektrizität

Stecker und Spannung entsprechen deutschen Normen. Ungewohnt: Kippschalter sichern Steckdosen.

Feiertage

Neben Neujahr *(Nytår)*, Karfreitag *(Langfredag)*, Ostersonntag und -montag *(Påske)*, Christi Himmelfahrt *(Kristihimmelfartsdag)*, Pfingsten *(Pinse)*, Heiligabend (ab Mittag, *Juleaften*), 1. und 2. Weihnachtstag *(Jul)* und Silvester (ab Mittag, *Nytårsaften)* sind auch Gründonnerstag *(Skærtorsdag)* und Der Große Bettag (4. Freitag nach Ostern, *Stor Bededag)* gesetzliche Feiertage.

Der Tag der Arbeit am 1. Mai und der Verfassungstag (5. Juni, *Grundlovsdag)* sind oft arbeitsfrei mit Sonderplänen im ÖPNV sowie verkürzten Öffnungszeiten von Geschäften.

FKK

Im Prinzip reicht am Strand für Männer und Frauen eine Badehose. Die auszuziehen wird meist toleriert, aber nicht immer gern gesehen. Es gibt dezidierte FKK-Strände und Campingplätze; strandguiden.dk (dän./dt.).

Geld

Die Dänen haben ihre Krone (DKK) behalten, die ist eng an den Euro gebunden: 1 € = 7,45 DKK, 1 DKK = 0,13 €. Kleinste Münze ist die zu 50 Øre, Teil-

Rot-weiße Flaggenliebe

Bei jeder sich bietenden Gelegenheit hängen die Dänen ihren geliebten *Danebrog,* die Flagge mit dem weißen Kreuz auf rotem Grund, in den Wind, vor öffentlichen Gebäuden ebenso wie vor privaten, nie jedoch vor Sonnenauf- oder nach Sonnenuntergang: Geflaggt wird bei lokalen Ereignissen wie Hochzeiten, Beerdigungen oder Stadtfesten, an offiziellen Flaggentagen wie den gesetzlichen Feiertagen, einem halben Dutzend zusätzlicher Gedenktage wie dem Befreiungstag am 5. Mai (Ende der deutschen Besatzung 1945) und an Geburtstagen aller volljährigen Mitglieder der königlichen Familie inklusive angetrauter Prinzessinnen. Schließlich hat das Militär auch noch eigene Flaggentage zur Erinnerung an wichtige Schlachten.

Der Danebrog fiel der Legende nach am 15. Juni 1219 während der Schlacht von Lyndanisse in Estland vom Himmel und gab den Dänen Kraft, eine drohende Niederlage in einen Sieg zu verwandeln. Historisch belegt ist das Tuch ab dem späten 14. Jh., offizielle Reichsflagge ist es ab dem späten 15. Jh.

beträge werden bei Barzahlung gerundet. Überall an der Nordseeküste nehmen Geschäfte Euroscheine zum Kurs 1 € = 7–7,25 DKK, die Geldrückgabe erfolgt jedoch meist in Kronen.

Kreditkarten (immer Visa/Mastercard, selten American Express/Diners) sind üblich, aber viele Geschäfte, Hotels, Lokale und Tankstellen schlagen Gebühren, die ihnen die Kreditkartenfirmen abnehmen, auf die Rechnung auf. Geldautomaten für Maestro– und VPay– (früher EC-Karte) sowie Kreditkarten sind häufig, Kosten beim Abheben hängen von den Konditionen Ihrer Bank ab. Wichtig: Erscheint bei Bargeldabhebungen die Frage, ob man in Landeswährung oder EURO abrechnen will, ist die Abrechnung in Landeswährung in der Regel günstiger! **Bargeld** tauschen dänische Banken (lokal stark variierende Öffnungszeiten) zu günstigerem Kurs als Banken in Deutschland, erheben dafür aber pro Tausch eine Gebühr von 35–60 DKK (ca. 5–8 €).

Hygge ist so gemütlich

Die ›hygge‹ ist ein Merkmal dänischen Lebens. Wer das einfach mit ›Dänische Gemütlichkeit‹ übersetzt und auf eine bestimmte Form von Geselligkeit oder auf einen bestimmten Einrichtungsstil reduziert, liegt falsch. Hygge ist viel individueller: Eine Familie kann zum Geburtstag der Oma im Garten grillen, dabei Bier und Gammel Dansk kreisen lassen und gemeinsam Lieder singen – was Dänen wirklich gern machen. Zum Abschied werden alle sagen: ›Das war hyggelig.‹ Wenn die Jüngeren aus diesem Kreis am folgenden Wochenende zu einem Open-air-Konzert pilgern, dort im Gras liegen, Rockmusik hören und Tüten kreisen lassen, werden sie wieder sagen: ›Das war hyggelig.‹

Heiraten

Haben beide Partner Pässe und Geburtsurkunden parat und waren beide noch nie verheiratet, ist eine Eheschließung binnen 24 Std. möglich. Zuständig ist die Kommune, in der man Urlaub macht, i-Büros kennen Ansprechpartner und besorgen Termine. Trauen dürfen *entweder* Bürgermeister *oder* Pfarrer der dänischen Volkskirche.

Kommerzielle Büros organisieren alles inkl. Fest und Aufenthalt, z. B. Wedding Island auf Fanø mit Optionen zum Heiraten auf dem Strand (Tel. in DK 20 77 73 33, www.wedding island.dk).

Hunde

Hunde dürfen kostenlos oder gegen geringe Gebühr in viele Ferienhäuser (s. S. 26), aus hygienischen Gründen aber nicht in Restaurants (ausgenommen Blindenhunde).

An Stränden gilt von Mai bis September Leinenpflicht, die tolerant gehandhabt wird, solange Mensch-Hund-Begegnungen friedlich ablaufen, außerdem können die Vierbeiner in speziellen Hundewäldern frei toben.

Im Internet kursieren Horror-Fake-Stories über tödliche Polizeiwillkür gegen Hunde von Touristen. Dahinter steckte eine Kampagne gegen ein Gesetz, das Zucht und Haltung von Kampfhunden radikal einschränkt. Fakt ist: Nie wurde ein Hund von Urlaubern zwangsweise eingeschläfert! Foren seriöser Hundehalter loben Dänemark immer als ideales ›Hunde-Urlaubsland‹.

Kinder

Viele Attraktionen richten sich vornehmlich an Kinder. Neben den klassischen Freizeitparks wie LEGOLAND Park (s. S. 172) oder Fårup Sommerland (s. S. 247) boomen geradezu kommerziell betriebene Outdoor-Spielplätze mit Fußballgolf, aufgepepptem Minigolf, Kletteranlagen, Labyrinthen, Baumkronen-Parcours oder Ähnlichem, gern im bäuerlichen Hinterland der Küste gelegen und nur selten teurer als 100 DKK pro Person.

Sonst haben Museen Kinderabteilungen, Restaurants bieten Kindergerichte *(børneretter)* und der öffentliche Transport ist günstig (meist zwei Kinder bis 12 Jahre pro Erw. gratis). In vielen Urlaubsorten werden zudem Kinder- und Familienprogramme auf Deutsch angeboten – das kann Bonbonmachen sein oder auch eine Wattwanderung; i-Büros kennen alle Programme.

Kommunikation

Dänemark kennt beim **Telefon** außer bei Sondernummern nur Rufnummern mit acht Ziffern ohne Vorwahlen, die immer komplett gewählt werden müssen. Dänemarks Landesvorwahl ist +45. Für Gespräche ins Ausland wählt man 00 oder das +-Zeichen und die Landesvorwahl (D = 49, A = 43, CH = 41). Bei Anrufen in Länder mit Ortsvorwahl entfällt die Anfangs-0.

Auskunft (teuer): Inland Tel. 118 (gratis online: www.118.dk), Ausland Tel. 113.

Münztelefone gibt es kaum noch, und wenn, dann geben sie eingeworfenes Geld nicht zurück, falls kein Gespräch zustande kommt. Seit Juni 2017 sind Roaminggebühren innerhalb der EU abgeschafft, sodass man in Dänemark zu gleichen Tarifkonditionen telefoniert, simst und surft wie zu Hause. Einschränkungen gibt es nur noch im Rahmen der Fair-Use-Regeln, die Missbrauch durch übermäßige oder dauerhafte Nutzung einer SIM Karte im Ausland verhindern sollen.

Aufpassen sollte man auf seine Höchstgrenzen für die mobile **Datennutzung**. Dänemark zählt weltweit zu den Ländern mit dem besten **Internet-Zugang**. Die Netzabdeckung für mobiles Internet – meist bis LTE-Standard – ist gut, kann in entlegenen Ferienhausgebieten oder wegen saisonaler Überlastung in Urlaubsregionen aber trotzdem langsam sein. WLAN (in Dänemark Wifi) ist in Bibliotheken, Unterkünften, Cafés, i-Büros, Verkehrsmitteln und Ferienhäusern sowie auf Campingplätzen meist verfügbar, oft gratis oder man zahlt einen Pauschalbetrag für die Dauer des Aufenthalts. Starterpakete mit dänischer SIM-Card ohne Vertragsbindung für mobilen Netzzugang gibt's in Telefon-Shops schon ab ca. 50 DKK, sie können per Kreditkarte ›nachgeladen‹ werden. Überblick: mobilt-bredband.dk (dän.).

Medien

Deutschsprachige Zeitungen und Zeitschriften gibt es am Erscheinungstag an Kiosken und in Supermärkten. Auch »Der Nordschleswiger«, Tageszeitung der deutschsprachigen Minderheit (s. S. 57), bringt viel Aktuelles inklusive Sport aus Deutschland.

Radiostationen aus Norddeutschland sind im Süden auf UKW gut zu empfangen. Ferienparks und Hotels speisen oft deutschsprachige Fernsehprogramme in ihre Hausanlagen und viele Ferienhäuser haben Satellitenempfang mit deutschen Programmen. Einige Lokalradios senden in der Saison deutschsprachige Touristenprogramme – Frequenzen und Sendezeiten kennen die i-Büros.

Notruf

Notruf: 112
(Polizei, Feuerwehr, Krankenwagen)
Notfall am Strand: An Strandzugängen zeigen grün-weiße Schilder Buchstaben-Ziffern-Codes (z. B. C 047) mit denen Rettungskräfte Strandabschnitte lokalisieren können – am besten auf dem Weg zum Strand merken!
Sperrnotruf für Mobilfunk-, Maestro-, V-Pay- und Kreditkarten: +49 116 116 oder +49 30 405 04 05 09.

Öffnungszeiten

Die Kernöffnungszeiten in Dänemark sind Mo–Fr 10–17.30 und Sa bis 14 Uhr. Dank liberaler Gesetze haben Läden in den Urlaubsorten abhängig von der Saison bis zu sieben Tage die Woche oft bis in den späten Abend geöffnet. Bäckereien, Kioske, Minimärkte an Tankstellen sowie Campingplatz- und Ferienpark-Shops – die man auch benutzen darf, wenn man nicht in der entsprechenden Anlage wohnt – bieten ebenfalls ein breites Sortiment bei überlangen Geschäftszeiten.

Post

Das Porto für Postkarten ebenso wie für Briefe bis 100 g (!) in EU-Länder beträgt aktuell 25 DKK (über 3 €!), bis 500 g kosten 50 DKK, bis 2000 g 100 DKK. Sendungen sollten einen blauen Aufkleber mit ›A Prioritaire‹ tragen. Post-Shops ähneln Schreibwarenläden, sonst gibt es Postschalter meist in Supermärkten.

Rauchen

Rauchen ist im öffentlichen Raum einschließlich Lokalen und Hotels stark eingeschränkt, Ausnahmen gelten für sehr kleine Bars, Kneipen und Clubs.

Reisen mit Handicap

Viele Unterkünfte, Attraktionen und Verkehrsmittel sind auf Bedürfnisse behinderter Menschen eingerichtet und können mit einem offiziellen Qualitätslogo für barrierefreien Zugang werben. Auf www.godadgang.dk (auch dt.) findet man die Kriterien und eine Suchmaschine für zertifizierte Einrichtungen. Weitere Infos auf www.visitdenmark.de/barrierefrei.

Sicherheit

Dänemark ist sicher, aber nicht kriminalitätsfrei. Der Satz »tøm bilen, for tyven gør det« warnt an vielen Parkplätzen und spricht für sich: »Leere Dein Auto, bevor der Dieb es tut.«

Alleinreisende Frauen sind keinen besonderen Risiken ausgesetzt. Mit dem aus Mitteleuropa gewohnten Maß an Vorsicht kommt man gut zurecht.

Souvenirs

Keramik, Kerzen, Studioglas und Bernstein werden in Kunsthandwerkerateliers und -boutiquen auch außerhalb der Orte angeboten.

Markenprodukte des Danish Design insbesondere Haushaltsgeräte und -accessoires wie die von Eva Trio, Georg Jensen und Stelton oder Porzellan von Royal Copenhagen bekommt man selbst in Kleinstädten – immer gut sortiert sind Läden der Kette ›Inspiration‹.

Designermöbel gibt es oft billiger als südlich der Grenze und z. B. ab Tønder (s. S. 89) liefern Möbelgeschäfte günstig auch in die deutschsprachigen Länder aus.

Edelste Souvenirs von der Küste wären Hi-Fi-Geräte von Bang & Olufsen aus Struer (s. S. 209).

Für legere **Mode** stehen dänische Label wie ›Sand‹, ›Cottonfield‹, ›In-Wear‹, ›Matinique‹ oder ›Jackpot‹ und Dank häufiger Sonderangebote *(udsalg)* findet man sogar Schnäppchen. Zudem verhökern Outlet-Shops in vielen Küstenorten – große Auswahl in Havneby und Lakolk auf Rømø sowie in Blåvand und Hvide Sande – Outdoormode deutscher wie internationaler Marken aus älteren Kollektionen mit hohen Rabatten.

Trinkgeld

Trinkgeld ist keine Pflicht, kann aber, so wie man es von zu Hause gewohnt ist, für guten Service gegeben werden.

Truppenübungsplätze

Es gibt in den Dünen- und Heidegebieten an der Nordsee u. a. im Hinterland von Blåvand/Vejers oder im Südteil des Holmsland Klit Truppenübungsplätze. In der Saison halten sich die Militärs zurück, in der Nebensaison muss man mit Einschränkungen rechnen (Daten: www.forsvaret.dk/OKSBL auch dt.). Informationstafeln warnen auch auf Deutsch am Rande von Sperrzonen. Andererseits erfreuen sich Tage der offenen Tür in den Kasernen großer Beliebtheit auch bei deutschen Touristen.

Umgangsformen

Umgangsformen sind nur von wenigen Konventionen geprägt. ›Du‹ ist die gängige Anrede, aber niemals Zeichen von Verbrüderung oder gar Anmache. Auch wenn an der dänischen Nordseeküste viele Dänen Deutsch sprechen, sollte man nicht jedes Gespräch sofort auf Deutsch beginnen, ohne zu fragen, ob der Gegenüber es auch kann.

Reisekasse und Spartipps

Da auf Waren und Dienstleistungen 25 % Mehrwertsteuer liegen, ist Dänemark im Prinzip teuer, aber man kann sparen: Eher günstig als kulinarisch anspruchsvoll servieren Discount-Restaurants Hauptgerichte für ca. 6–12 €, auch deftige Tagesgerichte *(Dagens ret)* in Hafenrestaurants liegen meist unter 10 €. Tee, Kaffee, frischer Fisch oder Fischkonserven sind traditionell günstig. Steuersenkungen brachten sogar Qualitäts-Spirituosen und Zigaretten auf deutsches Niveau. Beim Bier gibt es extreme Preisunterschiede zwischen Premium- und Designer-Bieren, die im Supermarkt ab 3 € pro Flasche und in Lokalen schon mal 8–10 € das Glas kosten, und Standard- oder Billigbier, von dem die 30er-Kiste im Angebot ab ca. 12 € zu bekommen ist. Sonderangebote funktionieren von Hosen und T-Shirts bis Grillfleisch, Milch und Wein über Mengenrabatte wie ›1 Paket Grillfleisch 59 DKK, nimm 4 zahl 120 DKK‹. Ich fand schon Wein für 129 DKK die Flasche, zwei kosteten 100 DKK – der Rabatt wird an der Kasse erst abgezogen, wenn die erforderliche Menge eingescannt ist! Ungewohnt auch Käse-Angebote: Abgepackte Stücke gibt es gern zum Festpreis, die Stücke fallen aber höchst unterschiedlich aus, das eine vielleicht 600 g, das daneben 800 g Fazit: Masse macht Dänemark billiger. Sparen kann man auch beim Einkauf an den Ständen entlang der Landstraßen, wo Bauern oder Gartenbesitzer anbieten, was aktuell wächst. Dafür sollte man Kleingeld parat haben, Wechselkassen sind selten.

In einem Punkt ist Dänemark unschlagbar billig: Kurtaxe ist unbekannt, jeder hat freien Zugang zu Stränden und Seeufern.

Panorama – Daten, Essays, Hintergründe

Rund 50 000 Ferienhäuser stehen in Dänemark für Urlauber bereit

Steckbrief Dänemarks Nordseeküste

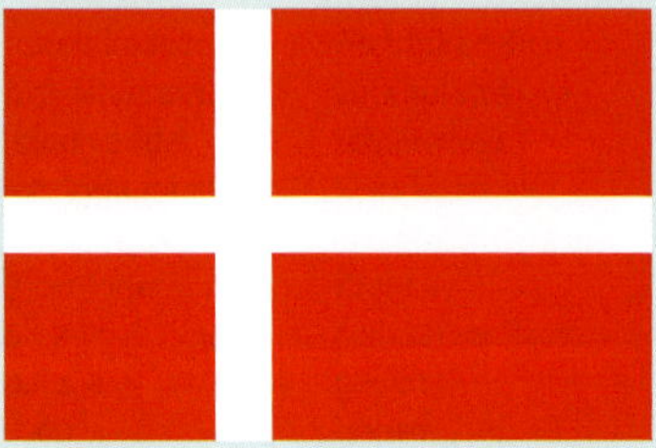

Daten und Fakten

Einwohnerzahl: 680 000 (Dänemark gesamt: 5,7 Mio.)
Bevölkerungsdichte: Entlang der Küste ca. 65 Einw./km^2 (Dänemark gesamt: 133 Einw./km^2)
Größte Städte: Esbjerg (72 200 Einw., Dänemarks fünftgrößte Stadt), Herning (48 500), Holstebro (35 400), Hjørring (25 650), Varde (13 800) und Thisted (13 250)
Inseln der Region: Rømø (128 km^2, 590 Einw.), Mandø (8 km^2, ca. 43 Einw.) und Fanø (56 km^2, 3300 Einw.) sowie Mors im Limfjord (363 km^2, 20 600 Einw.)
Amtssprache: Dänisch
Währung: Dänische Krone (DKK)
Zeitzone: Mitteleuropäische Zeit (MEZ) mit Sommerzeit (MESZ)
Vorwahl: 0045

Geografie und Natur

Die Nordseeküste (dän. Vestkysten) der Halbinsel Jütland (dän. Jylland) ist gut 400 km lang: im Süden das Wattenmeer, in der Mitte Haffs und im Norden große Buchten. Der Limfjord teilt die Halbinsel in 23 872 km^2 kontinentales Süd- und Mitteljütland sowie 4685 km^2 Nordjütland – faktisch eine Insel, aber kaum so wahrgenommen.

Die Lage der Küste auf 54–57,5° Nord bewirkt im Sommer kurze helle Nächte, aber keine Mitternachtssonne. Dänemarks Hauptstadt Kopenhagen liegt von den Küstenorten der Nordsee ca. 300 km Landweg ab Esbjerg, ca. 500 km ab Skagen entfernt.

Die Küste bekam ca. 6000 v. Chr. Konturen, als eine durchgehende Landmasse von Schweden bis England durch den Anstieg des Meeres überflutet wurde. Später sorgten Strömungen für das sanft geschwungene Strandband von heute. Nordjütland, während der letzten Eiszeit unter Gletschern begraben, steigt peu à peu aus dem Meer – je weiter man nach Norden reist, desto jünger das Land. Während sich der Norden hebt, sinkt der Süden; diese Landsenkung förderte die Bildung des Wattenmeers.

Geschichte und Kultur

Schiffskatastrophen und Sturmfluten sind wichtige Ereignisse regionaler Geschichte, die aber untrennbar von der des Gesamtstaates ist, vor allem im Grenzgebiet zu Deutschland. Dort entstand im frühen Mittelalter an der Kreuzung wichtiger Handelswege Dänemarks älteste Stadt Ribe. Weiter im Norden erlebte der Limfjord zur Wikingerzeit einen Boom als Sammelplatz jener Flotten, mit denen Dänemarks Macht in Ostengland etabliert und später gesichert wurde. Unübersehbar sind Bunker und Geschützstellungen des Atlantikwalls aus dem Zweiten Weltkrieg an Stränden und in Dünen.

Kulturell ist die Region von der Nähe zum Meer geprägt mit bäuerlichen Akzenten auf den Strandhöfen Mitteljütlands oder auf den Warften in der Marsch. Eine Kunstepoche prägte die Region Ende des 19. Jh., als mit der Malerschule in Skagen der Impressionismus nach Dänemark kam.

Staat und Politik

Dänemark ist konstitutionelle Erbmonarchie mit Margrethe II. (geb. 1940, seit 1972 Königin) als Staatsoberhaupt. Im Parlament *folketing* sind seit etlichen Wahlperioden 7 bis 10 Parteien vertreten, in der Regel regieren Minderheitskoalitionen. Wahlen sollen alle vier Jahre stattfinden, doch kann der Regierungschef (dän. *statsminister)* jederzeit Wahlen ansetzen.

Seit Juni 2015 regiert Lars Løkke Rasmussen mit schwachen Minderheitsregierungen, anfangs nur mit der eigenen rechtsliberalen Venstre (34 von 179 Abgeordneten), seit November 2016 in Koalition mit Neoliberalen (13) und Konservativen (6). So ist die derzeitige Regierung wie die vorangegangene von der rechtspopulistischen Dansk Folkeparti (37) abhängig. Größte der fünf Oppositionsparteien sind die Sozialdemokraten (46). Kommunal wählt man entlang der Nordseeküste meist rechtsliberal: Venstre stellt dort in den 14 Großgemeinden elf Bürgermeister, die Sozialdemokraten drei.

Wirtschaft und Tourismus

Dänemark ist dank der Gas- und Ölfunde in der Nordsee reich. Die globale Wirtschaftskrise nach 2008 war merkbar, aber nicht dramatisch. Den Arbeitsmarkt prägen hohe Jobzufriedenheit, große Mobilität, soziale Sicherheit und ein hoher Beschäftigungsgrad von Frauen und älteren Menschen.

Tourismus ist entlang der Nordseeküste wichtiger Erwerbszweig neben der auf wenige Häfen konzentrierten Fischerei. Zudem boomt die Versorgung der Offshore-Gas-, Öl- und Windenergiegewinnung. In der Region sind zwei weltbekannte Unternehmen zu Hause: Windkraftanlagenbauer Vestas am Ringkøbing Fjord und HiFi-Geräte-Hersteller Bang & Olufsen in Struer am Limfjord.

Bevölkerung, Sprache und Religion

Ca. 87 % der dänischen Gesamtbevölkerung sind von Geburt Dänen, davon werden 15 000 bis 20 000 der deutschen Minderheit in Südjütland zugerechnet; dort ist Deutsch anerkannte Minderheitensprache.

Etwa 77 % der Gesamtbevölkerung gehört der evangelisch-lutherischen Folkekirke an, die in der Verfassung als Staatskirche verankert ist. Die Zahl regelmäßiger Kirchgänger ist gering, jedoch gibt es innerhalb der Folkekirke eine entlang der Nordseeküste starke pietistische Erweckungsbewegung. Katholiken (landesweit 0,6 %) und Muslime (4,2 %) rekrutieren sich meist aus Migrantenkreisen.

Geschichte im Überblick

Frühgeschichte

Ab 4000 v. Chr. In der Jüngeren Steinzeit – in Dänemark Bauernsteinzeit – werden erste Menschen sesshaft und legen Dolmen, Kammer- und Ganggräber an. Auch in der Bronzezeit ab ca. 1800 v. Chr. entstehen manchmal regelrecht landschaftsprägende Grabhügel.

500 v. Chr. –793 n. Chr. Die Eisenzeit erlebt eine keltische (bis etwa zur Geburt Christi), eine römische (bis ca. 400 n. Chr.) und eine germanische Periode, aus letzterer stammen die bedeutendsten Funde dieser Epoche, die Goldhörner von Gallehus.

793–1066 In der Wikingerzeit wird Dänemarks älteste Stadt Ribe bedeutendes Handelszentrum und Mitte des 9. Jh. Tor für die Christianisierung des Landes. Gorm den Gamle, der ca. 940–50 in Mitteljütland herrscht, wird Stammvater der dänischen Monarchie, sein Sohn Harald Blauzahn (ca. 950–985) eint ein erstes gesamtdänisches Königreich.

Mittelalter

1074–1412 Politisch wirre Zeiten prägen den Übergang zum Mittelalter – die Kirche gewinnt an Macht. Später vereint Margrete I. (1375–1412) die Kronen Dänemarks, Norwegens und Schwedens in der Kalmarer Union – Dänemark ist auf dem Höhepunkt seiner Macht.

1448–60 Mit Christian I. (1448–81) kommt ein ›Oldenburger‹ auf den Thron. Die Ritterschaft im Grenzgebiet wählt ihn auch zum Herzog von Schleswig und Grafen von Holstein, doch muss er schwören, dass beide Gebiete ›auf ewig ungeteilt‹ sein sollen.

1534–37 Aus bürgerkriegsähnlichen Zuständen geht Christian III. als Sieger hervor. Kaum auf dem Thron, führt er die Reformation durch und lässt allen Besitz der zuvor mächtigen Kirche konfiszieren.

Von der Renaissance zum Goldenen Zeitalter Dänemarks

1560–1720 Niederlagen in mehreren Kriegen lassen Dänemark schrumpfen und Schweden zur regionalen Großmacht aufsteigen. Eine Sturmflut am 11./12. Oktober 1634 fordert in Südjütland Tausende Menschenleben und geht als ›Große Manntränke‹ in die Geschichte ein. Andere Küstenregionen leiden unter zunehmendem Sandflug.

1800–47 Dänemark steht in den Napoleonischen Kriegen auf der Verliererseite. Vor Jütland havarieren mehrere britische Schiffe, Weihnachten 1811 ertrinken nahe Thorsminde fast 1400 Seeleute. Gegen die wirtschaftliche Depression nach dem Staatsbankrott 1814 stemmt sich Dänemark mit dem Goldenen Zeitalter seiner Kunst und Geisteswissen-

Sandflug zerstörte an der Küste bäuerliche Strukturen und trieb viele Männer zur See, wie der Grabstein eines Kapitäns auf Rømø zeigt

schaften. In Hanstholm wird 1843 der erste Leuchtturm der dänischen Nordseeküste fertig; bis 1906 entstehen insgesamt sechs.

Konflikte mit Deutschland

1848–1914 Unblutig endet 1848 der Absolutismus, nur nicht im Grenzgebiet zu Deutschland: Deutsche Kreise wollen eine Verfassung für Holstein und Schleswig sowie den Anschluss an den Deutschen Bund, Dänen eine gemeinsame Verfassung für Dänemark und Schleswig – der Erste Schleswigsche Krieg 1848–50 endet im Patt.

1863 dehnt Dänemark seine Verfassung formal auf Schleswig aus und verliert durch den folgenden Krieg 1864 Schleswig und Holstein an Preußen, ca. 175 000 dort lebende Dänen eingeschlossen. Als ›Kompensation‹ für die Landverluste werden Heide- und Feuchtgebiete urbar gemacht und als Ersatz für verlorene Nordseehäfen entsteht Esbjerg.

1914–20 Dänemark übersteht den Ersten Weltkrieg neutral, jedoch sterben 6000 Dänen aus Schleswig in deutschen Uniformen. 1920 initiieren die Siegermächte dort ein Referendum, das die bis heute gültige Grenze festlegt. Auf beiden Seiten bleiben Minderheiten.

1940–49 Am 9. April 1940 besetzt die Wehrmacht Dänemark, lässt dem Land aber eine innere Autonomie, bis ein Volksaufstand im August 1943 die Zusammenarbeit beendet. An der Nordseeküste entstehen Tausende Bunker und Stellungen des Atlantikwalls auch unter Beteiligung dänischer Firmen und Arbeiter – nach der Befreiung am 5. Mai

Königlicher Auftritt in der Møgeltønder Kirke: Prinz Joachim und seine ältesten Söhne

1945 kommt es zu Übergriffen auf die ›Kollaborateure‹. Nach Kriegsende räumen deutsche Kriegsgefangene, viele zwischen 15 und 18 Jahre alt, über 1,4 Mio. von der Wehrmacht an der Küste ausgelegte Mienen. Von den ca. 2–3000 eingesetzten Jugendlichen starben ca. 1000 durch Explosionen. Zeitgleich überschwemmen Flüchtlinge aus deutschen Ostgebieten Dänemark. Bis 1949 werden sie in Lagern untergebracht, das größte lag nördlich Esbjerg bei Oksbøl (s. S. 154).

Dänemark in der Gegenwart

1953–72 Eine Verfassungsreform 1953 erlaubt die weibliche Thronfolge. 1955 garantiert die ›Bonn Kopenhagener Erklärung‹ den Minderheiten beiderseits der deutsch-dänischen Grenze die Wahrung ihrer Kultur. Margrethe II. wird 1972 Königin.

Ab 1973 Dänemark tritt 1973 der EWG bei, jedoch bremst die Bevölkerung oft gegen den Willen der Regierungen mit Volksabstimmungen den weiteren Einigungsprozess – u. a. haben sich die Dänen bis heute dem Euro verweigert.

1995 Als Prinz Joachim, zu diesem Zeitpunkt Nr. 2 der dänischen Thronfolge, heiratet, werden als Volksgeschenk im Königreich 13 Mio. Kronen für die Renovierung von Schloss Schackenborg in Møgeltønder gesammelt. Das Schloss nutzt Joachim heute mit seiner zweiten Frau, Prinzessin Marie, nur noch sporadisch, aber sowohl die Hochzeit mit ihr als auch die Taufen der beiden gemeinsamen Kinder 2009 und 2012 fanden in der Dorfkirche von Møgeltønder statt.

1998	Die Eröffnung der Brücken-Tunnel-Verbindung über den Großen Belt verkürzt Auto- oder Zugfahrten zwischen West- und Ostdänemark um 1–2 Std. – von Esbjerg nach Kopenhagen fährt man noch ca. 3 Std.
2005/06	Von Islamisten inszenierte Proteste gegen Mohammed-Karikaturen in der Zeitung Jyllands-Posten stürzen Dänemark in die schwerste politische Krise seit dem Zweiten Weltkrieg.
2007	Eine Gebietsreform reduziert die Zahl der Kommunen im Land von 275 auf 98, 14 davon entlang der Nordseeküste.
2008–10	Mit dem 2008 offiziell eröffneten Nationalpark Thy und dem 2010 eröffneten Nationalpark Wattenmeer liegen zwei der bisher drei dänischen Nationalparks an der Nordseeküste.
Sept. 2011	Nach Neuwahlen führt bis 2015 erstmals eine Frau die dänische Regierung, die Sozialdemokratin Helle Thorning-Schmidt.
2012	Der Radklassiker Giro d'Italia startet in Herning. Die 2. Etappe führt an der Nordseeküste entlang. Nach letzter systematischer Minensuche auf der Halbinsel Skallingen wird Dänemark 67 Jahre nach Ende des Zweiten Weltkriegs für minenfrei erklärt.
2014	Im Juni wird das dänische Wattenmeer UNESCO-Welterbe.
2015	Neuwahlen im Juni bringen dem rechts-konservativen Block die Mehrheit. Der Venstre-Politiker Lars Løkke Rasmussen führt bei Redaktionsschluss dieser Auflage eine schwache Minderheitskoalition, geduldet von der rechtspopulistischen Dansk Folkeparti. Auch ohne Regierungsverantwortung erreichen die Rechten eine Verschärfung des Ausländerrechts und die Wiedereinführung von Grenzkontrollen im Rahmen der Flüchtlingskrise (Anfang 2017 noch in Kraft!).
2017	Der dänische Film »Unter dem Sand« über die Räumung deutscher Minen entlang der dänischen Nordseeküste 1945 durch blutjunge deutsche Kriegsgefangene erreicht die finale Nominierung für Hollywoods Fremdsprachen-Oscar.
ab 2018 bis ca. 2029	Der 18 km lange Tunnel unter dem Fehmarnbelt auf der Strecke Hamburg–Kopenhagen soll nach den Querungen am Großen Belt (1998) und am Øresund (2000) Dänemarks drittes Infrastrukturprojekt der Megaklasse werden und auch den Fernverkehr via Jütland entlasten. Aktuell bremst Widerstand von Umweltschützern auf deutscher Seite den Baubeginn.

Auf der Wippe – die Entstehung der dänischen Küstenlandschaften

Auf dem Höhepunkt der letzten Eiszeit schoben sich vom skandinavischen Urgesteinschild die Eismassen bis zu einer Hauptstillstandslinie in Mitteljütland vor – auf die heutige Geografie übertragen von der Flensburger Förde nordwärts bis kurz vor den Limfjord, von dort nach Westen zum Bovbjerg. Dessen Steilküste ist nichts anderes als ein Anschnitt der gewaltigen Endmoräne, die die Gletscher vor sich aufgeschoben hatten.

Nach Westen flossen gigantische Schmelzwassermassen ab und hinterließen ein flaches, sandiges und karges Land. Nur dort, wo Geestinseln den Wassermassen standhielten, und dort, wo sich später durch Marschbildung neuer Boden aufbaute, ist das Land von Natur aus fruchtbar. Die Mündungsgebiete der Gletscherströme wurden bei steigendem Meeresspiegel zu großen Buchten. Später formten Meeresströmungen die klassische Ausgleichsküste, jenes sanft geschwungene Band der Strände von heute. Das legte sich vor die Buchten, bildete dort Nehrungen wie die Landzunge Holmsland Klit am Ringkøbing Fjord und macht sie zu klassischen Haffs – das ›Fjord‹ im Namen ist irreführend.

Zuvor bestand eine durchgehende Landmasse von Schweden bis England. Ein Abschmelzen des Eises im Norden und der Anstieg des Meeresspiegels ab etwa 6000 v. Chr. formte erste Konturen Jütlands. Besonders das Land nördlich des Limfjord, das während der Eiszeit unter Gletschern lag, ist ein junger, längst nicht vollendeter Teil Dänemarks.

Zusammengewachsen

Nach dem Abschmelzen der Gletscher hatte der Tourist der frühen Steinzeit im nördlichen Jütland unzählige Möglichkeiten für einen Inselurlaub im ›Li-

torinameer‹. Ein Archipel aus älteren Moräneninseln reichte bis zu einer Linie zwischen den heutigen Städten Hirtshals und Frederikshavn. Die Halbinsel Skagen war da noch Meeresboden, der sich in den folgenden Jahrtausenden um 13 m anheben musste, um sie in die gegenwärtige Form zu bringen.

Die verschiedenen Inseln wurden landfest – sogar Laien können alte Küstenlinien im Landesinneren der Regionen Thy, Han Herred und Vendsyssel erkennen. Schaut man auf die Küste, dann sind alle flachen Abschnitte Neuland aus den letzten 8000 Jahren, während Reste alter Moräneninseln als Ecken und Kanten herausragen: Die 50 m hohe Kalkklippe Bulbjerg auf der Grenze zwischen Thy und Han Herred gehört dazu, ebenso die Anhöhen, auf denen die Städte Hanstholm und Hirtshals liegen.

Abgesunken

Während sich der Norden Jütlands langsam aus dem Steinzeitmeer hob, sank der Süden in die Tiefe. Vom Nissum Fjord zieht sich eine Achse nach Südosten, die die Trennlinie zwischen Landhebung und Senkung markiert: Hier liegt eine geologische ›Wippe‹ auf. Im Süden hatte diese Landsenkung die Bildung des Wattenmeers zur Folge. Dass dort keine große Bucht in das Land ragt, ist einem biologischen Prozess zu verdanken, der ähnlich schnell Land aufbaut, wie der Untergrund absinkt: die natürliche Marschbildung.

Sandzunge Grenen bei Skagen: Hier wächst Dänemark immer weiter nach Norden

Sandflug verhindern, Strände sichern – Küstenschutz in Dänemark

Råbjerg Mile: eine Düne, auf der das freie Herumwandern ausnahmsweise erlaubt ist

Sandflug mit seinen oftmals zerstörerischen Auswirkungen stellte über Jahrhunderte ein drängendes Problem an der dänischen Nordseeküste dar. Das großflächige Pflanzen von Strandwäldern brachte ab dem 19. Jh. Linderung, aber auch heute noch gilt es jeden Tag, Küste, Strände und Dünen zu schützen – rund 100 Mio. Kronen pro Jahr gibt Dänemark dafür aus.

Die Landhebung und das Absinken des Meeresspiegels durch eine Zwischeneiszeit im 17. Jh. setzte an der Küste ungeheure Sandmengen frei – Sandflug wurde zur Geißel der Küstenregionen. Er traf auf ein Land, dessen schützende Vegetation durch Abholzen und Beweidung seit der Wikingerzeit gelitten hatte und für den Bau von Schlössern und Schiffen in der ersten Hälfte des 17. Jh. einen nicht mehr zu verkraftenden Aderlass erlebte. Etliche Dörfer und viel Land versanken unter Dünen, Landstriche entvölkerten.

Erst ab Mitte des 19. Jh. wurde der Sandflug durch systematisches Anpflanzen großer Dünenforste wirksam bekämpft. Diese *klitplantager* gehören wie Strand und Dünen zu den Merkmalen der dänischen Nordseeküste. Dabei werden fremde Nadelhölzer angepflanzt, die auf den kargen Sandböden überleben können: Bergkiefern aus Mitteleuropa spielten die Pioniere, später kamen ökonomisch attraktivere Kiefernarten wie Sitkafichten aus Amerika hinzu. Anfang des 20. Jh. war der Sandflug eingedämmt, trotz Europas größter Dünenareale entlang der Nordsee.

Die Dünen selbst werden unterschieden in weiße Dünen und schon bewachsene graue Dünen. Die weißen Dünen sind Sandmassen in Bewegung. Sie werden, wo nötig, mit anspruchslosen Pflanzen befestigt, vor allem mit Strandhafer. Dafür müssen die Dünen mühsam geformt werden, um dem Wind alle Angriffsflächen zu nehmen. Verdorrte Äste und Zweige, die oft in Dünenmulden liegen, sind somit keine wilden Deponien für Gartenabfälle, sondern Versuche, den Sand zu binden. In eindrucksvollen Fällen unterbleibt die Stabilisierung bewusst, weil das Naturschutzgesetz auch Wanderdünen ein Existenzrecht garantiert. So darf die größte ihrer Art, die Råbjerg Mile, ungehindert über die Halbinsel Skagen kriechen.

Imposant, aber untauglich: Buhnen

Schon vor der Küste fängt deren Schutz an. Früher galten weit ins Meer ragenden Buhnen – Dänen nennen sie ›höfde‹ – aus Stein oder Betonblöcken als Nonplusultra der Küstenbefestigung. Die erste entstand 1875 vor dem Bovbjerg und etwas weiter nördlich ragt von der Südspitze der Halbinsel Agger Tange die längste rund 800 m ins Meer hinaus. So prägen rund 100 Buhnen die dänische Nordseeküste, doch inzwischen sieht man sie kritisch, ihre Wirkung als unzureichend, manchmal kontraproduktiv. In Strömungsrichtung lagert sich zwar vor den Buhnen Sand ab, aber in ihrem Windschatten entsteht eine auffällige Erosion, die nicht gewollt ist und sich in einigen Fällen unvorteilhaft auf das natürliche Strömungssytem entlang der Küste auswirkt. Die einzigen, die davon profitieren, sind Surfer, wie man bei starkem Südwestwind zum Beispiel an der Buhne von Nørre Vorupør bestaunen kann.

Aktuell sichert das dänische Kystdirektoratet bestehende Buhnen nur noch, baut aber keine neuen. Man setzt beim Küstenschutz lieber auf Sandaufspülungen, um verlorene Küstenmasse zu ersetzen – vor allem dort, wo bei Sturmfluten Durchbrüche erwartet werden oder Gebäude konkret gefährdet sind. Durch diese seit den 1980er-Jahren benutzte und kaum ins Auge fallende Methode konnte der Küstenschwund auch in den gefährdetsten Abschnitten weitgehend gestoppt werden, zuvor holte sich das Meer in einigen Abschnitten bis zu 10 m Land pro Jahr.

Schützen auch Sie die Dünen!
Dünenpflege ist ein mühsames Geschäft, das Urlauber nicht zerstören sollten, allein schon aus Respekt vor der dezenten Art dänischer Behörden, den Dünenzugang zu reglementieren: Sie sprechen weit weniger Verbote aus als z. B. deutsche Küstenschützer. Halten Sie sich an Zugangsbeschränkungen! Trampeln sie keine Pfade neben vorhandene, auch wenn man dort nur mühsam vorwärtskommt! Graben Sie nicht in Dünen (Lebensgefahr!) und rutschen Sie nicht die Sandhänge hinunter! Weisen Sie Ihre Kinder auf diese Regeln und Gefahren hin! In den Dünen ist jede Form von Feuer und Campieren verboten. Nach dänischem Naturschutzrecht stehen die Küstendünen selbst, der gesamte Vorstrand und ein 300 m breiter Streifen landeinwärts unter Schutz.

Verklärt, verzerrt, verfilmt – die Wikingerzeit

Der 8. Juni 793 ist für Westeuropa ein historischer Paukenschlag. Allein der Mönch Alcuin schreibt davon, wie sich Drachenboote auf den Strand der Insel Holy Island vor Nordenglands Küste schieben und wilde Männer herausspringen, wie sie sein Kloster Lindisfarne plündern und in Schutt und Asche legen, wie sie die alten Mönche erschlagen und die jungen als Sklaven mitnehmen. Die Wikingerzeit hat begonnen.

Die Männer aus dem Norden haben eine schlechte Presse, denn es sind meist des Schreibens Kundige aus dem Kreis der Opfer, die ihr Auftreten festhalten. Und nirgends, wo Wasser in der Nähe ist, sind Siedlungen oder Städte sicher, nicht in England, nicht in Irland, nicht in Frankreich, nicht am Mittelmeer oder entlang der großen Flüsse. Hamburg und London sind betroffen, ebenso Köln und Paris.

Manches vom Bild der raubeinigen Hooligans wird aber erst viel später zementiert. Nazis stilisierten sie zu Vorzeige-Ariern und die braune Szene missbraucht Elemente ihrer Kultur bis heute. Und dann die hanebüchenen Hörnerhelme: Wagners Bühnenbildner soll sie für die Urpremiere des »Ring« erfunden haben, Hollywoods Filmemacher setzten sie dann ihren Wikingern aus Effekthascherei auf, später der Komikzeichner Dik Browne seinem liebenswert schrecklichen Hägar oder Runer Jonsson dem Kinderidol Wickie.

Die einzigen nachgewiesenen Hörnerhelme der nordischen Geschichte trugen jedoch kleine Kultfiguren aus der Bronzezeit, als Opfergaben in Moore gelegt – gut 1800 Jahre bevor echte Wikinger zuschlugen. Von denen hätte keiner einen solchen Helm aufgesetzt, vor allem nicht im Kampf: Ein Helm soll die gegnerische Klinge vom Kopf ableiten und nicht, von den Hörnern auf die Kopfmitte geführt, zum Schädelspalter machen.

Berufung Wikinger

Über kaum ein Phänomen europäischer Geschichte existiert so viel Un- und Halbwissen. So gibt es kein Volk der Wikinger. Wikinger ist Beruf, allenfalls Berufung. Männer fahren unter einem Schiffsführer – oft Söhne aus gutem Haus – auf Wiking. Sie rekrutieren sich aus nordgermanischen Stämmen im Gebiet der heutigen Königreiche Dänemark, Schweden und Norwegen, später sitzen auch Geistesverwandte aus den keltischen Ländern mit im Boot. Die Schiffe sind allein oder in kleinen Verbänden unterwegs, erst gegen Ende ihrer Epoche formieren sie sich zu großen Flotten. Da sind es schon die zusammenwachsenden Königreiche des Nordens, die mobilisieren.

Keine andere Epoche wird in Dänemark so lebendig gepflegt wie die Wikingerzeit

Auch wenn sich in Dänemark Museen, Freilichtspiele, historische Märkte und Erlebniszentren oft mit einem ›Wikinger‹ im Namen präsentieren, wäre die Bezeichnung ›Nordleute‹ richtiger, wenn allgemein die Menschen im Norden gemeint sind, nicht nur die Krieger in den Schiffen. Längst zeigen Funde, dass sie große Baumeister, Künstler und Kunsthandwerker hervorbrachten, von Literaten ganz zu schweigen, die mit den Sagas frühe Weltliteratur schufen. ›Nordleute‹ berücksichtigt auch die Frauen, die zwar nicht auf Wiking gingen, aber in der damaligen Gesellschaft eine bedeutende Rolle spielten. So nennen mittelalterliche Schriften zum Beispiel Entdeckerinnen und Führerinnen ganzer Einwanderertrecks nach Island, die vielen Männern in ihrem Gefolge sagten, wo es langging.

Wikingerzeit erleben
Zahlreiche Museen, Geschichtszentren und Events entlang der Nordseeküste bieten die Möglichkeit, die Welt der Wikinger näher kennenzulernen:
Museet Ribes Vikinger: Modern konzipiertes Schwerpunktmuseum in Ribe (s. S. 118)
Ribe VikingeCenter: Erlebniscenter mit Schwerpunkt Handel (s. S. 124) bei Ribe; großer Wikingermarkt am ersten Mai-Wochenende mit Auftaktprogramm die ganze Woche zuvor
Bork Vikingehavn: Erlebniscenter zur maritimen Seite der Wikingerzeit (s. S. 175); Wikingermarkt am 2. August-Wochenende
Aggersborg: Dänemarks größte Ringburg aus der Wikingerzeit (s. S. 242)
Lindholm Høje: Gräberfeld aus der späten Eisen- und Wikingerzeit im Norden von Aalborg (s. S. 246), dort ein Museum zum Thema; Wikingermarkt Ende Juni/Anfang Juli

Entdecker, Siedler, Händler

Nordleute tauchen lange vor dem 8. Juni 793 an fremden Küsten auf und kommen auch später noch in friedlicher Absicht. Sie leben im Norden Schottlands neben der angestammten Bevölkerung, besiedeln zuvor vom Abendland nicht wahrgenommene Inseln im Nordatlantik, betreten fünf Jahrhunderte vor Kolumbus Nordamerika oder reisen als Händler über die russischen Flüsse bis zum Kaspischen Meer. Grundlage all dieser Aktivitäten sind ihre seefahrerischen Fähigkeiten und Schiffe, die allen zuvor bekannten Typen überlegen sind.

Von dänischem Boden aus fahren Nordleute vor allem an die Küsten des Frankenreichs und nach England. Dort wird ihr Einfluss so groß, dass es für einige Jahrzehnte ein vereinigtes Königreich von Ostengland und Dänemark gibt. Mit dessen Zerfall Mitte des 11. Jh. neigt sich die wilde Wikingerzeit dem Ende zu. Jetzt bindet lukrativer Handel die Nordleute in die europäische Mittelaltergemeinschaft ein. Und sie sind Christen geworden, da überfällt man keine Klöster mehr.

Über das genaue Ende lässt sich streiten, länger als bis 1066 setzt niemand die Wikingerzeit an. Wer gern auch einen Paukenschlag als Ende der Epoche braucht, weist auf die Schlacht von Stamford Bridge, in der angelsächsische Truppen – darunter viele assimilierte Dänen – ein norwegisches ›Wikingerheer‹ besiegten.

Nordschleswig oder Südjütland – deutsch-dänische Grenzgeschichte

Wer vor dem Ersten Weltkrieg nach Sylt reiste, nahm von Hamburg Altona die Preußische Staatsbahn über Husum nach Tondern, stieg auf die Nebenstrecke zum Fähranleger Hoyerschleuse um und setzte mit dem Raddampfer zur Insel über – einen Pass brauchte man nicht, man blieb im Deutschen Reich. Zu der Zeit gehörten neben Sylt – dänisch Sild – auch Föhr, Amrum und Rømø zum preußischen Landkreis Tondern.

Tondern – das heute dänische Tønder – hatte bis weit ins 20. Jh. eine mehrheitlich deutschgesinnte Bevölkerung. Bei dem Referendum, mit dem die Siegermächte 1920 die Grenze zwischen Deutschland und Dänemark neu zogen, stimmten über Dreiviertel der Einwohner in der Stadt für den Verbleib im Deutschen Reich – doch Tondern war Teil einer Abstimmungszone, in deren großen ländlichen Gebieten die Mehrheit für die Wiedervereinigung mit Dänemark votierte.

1000 Jahre Stress

Vorausgegangen waren über 1000 Jahre Grenzstreitigkeiten und mehrere Kriege: Erste Grenzbefestigungen jütischer Stämme gegen ihre südlichen Nachbarn am legendären Danewerk sind auf Mitte des 8. Jh. datiert. Im frühen Mittelalter einigen sich dann dänische und deutsche Herrscher auf die Eider als Grenze ihrer Machtbereiche, nördlich wird das Herzogtum Schleswig dänisches, südlich Holstein deutsches Lehen. Heiratsdiplomatie bringen beide Gebiete im 13. Jh. in eine Hand. Als Mitte des 15. Jh. der letzte Schauenburger auf dem Doppelthron kinderlos stirbt, wählt die Ritterschaft in den Herzogtümern Dänenkönig Christian I. zum Nachfolger, doch muss er schwören: ›Schleswig und Holstein bleiben auf ewig ungeteilt zusammen‹ – ein Schwur, der viel Blut kosten soll.

Käufe, Erbschaften und Mitgiften machen die politische Karte Schleswigs schnell zu einem Flickenteppich gräflicher, herzoglicher, königlicher, reichsunmittelbarer oder gemeinschaftlich verwalteter Gebiete. Deutsch entwickelt sich zur Sprache der Oberschicht, Dänisch sprechen ›die Ungebildeten‹ vom Lande im nördlichen Teil Schleswigs. Christian VIII. verordnet 1840, dass Dänisch Amtssprache in allen mehrheitlich dänischsprachigen Gemeinden wird – Beginn eines höchst emotionalen Sprachkampfes. Der bringt nebenbei etwas hervor, was heute rund um den Globus Teil des Alltags vieler Menschen ist: Volkshochschulen. Die erste weltweit gründen dänisch gesinnte Kräfte um den Pfarrer N. F. S. Grundtvig 1844 in Sønderjylland, um dort das Bildungniveau der dänischen Bevölkerung zu heben.

Der Chauvinismus des 19. Jh. verschärft die Situation: Die bürgerliche Verfassung, die Frederik VII. im Juni

Wenn Sylt zu Hering wird
Ob man sich in Sønderjylland – ›Südjütland‹ – oder in Nordschleswig befindet, ist keine Frage der Koordinaten, eher der Blickrichtung: Die dort lebenden Dänen meinen mit Sønderjylland den gleichen Landstrich wie die Angehörigen der deutschen Minderheit mit Nordschleswig. Die Geschichte hat den Süden Dänemarks nicht nur mit Blut durchtränkt, sondern auch zweisprachig gemacht, und wie die Region tragen beiderseits der Grenze Orte, Flüsse, Inseln und Hügel einen deutschen und einen dänischen Namen. Meist ähneln sie sich wie Tønder und Tondern oder Rømø und Röm, manchmal braucht man etwas Kombinationsgabe wie bei Ribe und Ripen, Skærbæk und Scherrebek, Vidå und Wiedau oder, südlich der Grenze, bei der Insel Sylt bzw. Sild – eigentlich das dänische Wort für Hering.

1849 unterschreibt, gilt für das Königreich, nicht für die Herzogtümer. Deutschgesinnte in Schleswig und Holstein fordern eine gemeinsame Verfassung sowie den Anschluss an den Deutschen Bund. Ihr Aufstand führt zum Ersten Schleswigschen Krieg 1848 bis 50, der am 25. Juli 1850 auf der Heide von Idsted nördlich der Stadt Schleswig in der blutigsten Schlacht endet, die Nordeuropa je erlebt mit weit über 6000 Toten und Verwundeten. Historiker vermerken einen dänischen Sieg, aber es ist eher ein Patt. Frederik VII. bleibt in den Herzogtümern absoluter Regent.

1863 die nächste Eskalation: Die Regierung in Kopenhagen lässt den gerade gekrönten Christian IX. ein Gesetz unterzeichnen, das die dänische Verfassung auf Schleswig, aber nicht auf Holstein ausdehnt. Unter Federführung von Kanzler Bismarck setzen Preußen und Österreich den Dänen ein Ultimatum zur Rücknahme. Das ist schon zeitlich unerfüllbar. Es gibt Krieg. Dänemark ist chancenlos, zumal die anderen skandinavischen Königreiche die erhoffte Unterstützung versagen. Die Herzogtümer Schleswig und Holstein werden deutsch. Mit dem Land geraten etwa 175 000 dänisch gesinnte Menschen unter preußische Herrschaft, ein Drittel verlässt das Herzogtum, viele Richtung Amerika.

Der Krieg und die Gebietsabtretung prägen indirekt sogar die Landschaft in Dänemarks Westen: ›Was außen verloren ging, muss innen gewonnen werden‹ ist die Losung, mit der Heidegebiete urbar gemacht, Feuchtgebiete trocken gelegt, der Sandflug an der Küste bekämpft und Esbjerg, heute größte Stadt der dänischen Nordseeküste, gegründet werden.

Ein Hintertürchen im Friedensvertrag kommt nach dem Ersten Weltkrieg zum Tragen: Ein Referendum prüft 1920 die nationale Zugehörigkeit Schleswigs. Als Resultat rutscht die Grenze nach Süden auf den bis heute gültigen Verlauf mitten durch das alte Herzogtum Schleswig. Auf beiden Seiten bleiben Minderheiten.

Deutsche Dänen, dänische Deutsche

Den deutschstämmigen Nordschleswigern nördlich und der dänischen Bevölkerungsgruppe südlich der Grenze garantieren seit 1955 die Regierungen Deutschlands und Dänemarks mit der ›Bonn Kopenhagener Erklärung‹ die

Wo früher Kriege tobten, wird heute zusammengearbeitet: deutsch-dänisches Tourismusprojekt im Grenzland

uneingeschränkte Wahrung ihrer politischen und kulturellen Integrität – ein bis heute weltweit als vorbildlich geltender Minderheitenschutz: Die Zugehörigkeit soll nur durch individuelle Empfindungen bestimmt sein und darf ethnisch nicht geprüft werden. So gibt es nur Schätzungen, wie viele Menschen den Minderheiten tatsächlich angehören: ca. 15 000 bis 25 000 Deutsche auf dänischer und etwa 50 000 Dänen auf deutscher Seite der Grenze. Für die Parteien der beiden Volksgruppen gelten bei Wahlen keine Sperrgrenzen. Das brachte im Juni 2012 den Südschleswigschen Wählerverband (SSW) der dänischen Minderheit im Rahmen der ›Dänen-Ampel‹ sogar mit einer Ministerin in Schleswig-Holsteins Landesregierung.

Die kleinere Schleswigsche Partei sitzt aktuell in den Räten der vier Großkommunen nördlich der Grenze. Sie verdoppelte bei Kommunalwahlen von 2005 bis 2013 die Zahl der für sie abgegeben Stimmen und will im November 2017 auch bei den Wahlen zum Regionsrat – vergleichbar Kantonratswahlen in der Schweiz – antreten. Bei Parlament und Regierung in Kopenhagen ist die Volksgruppe mit einem ›Deutschen Sekretariat‹ repräsentiert. Beide Minderheiten finanzieren aus öffentlichen Mitteln Schulen, Kindergärten und Bibliotheken sowie ihre Tageszeitungen: Der deutschsprachige »Der Nordschleswiger« aus Aabenraa und die zweisprachige »Flensborg Avis« überleben so trotz kleinster Auflagen.

Die Grenzregion im Web

Deutsche in Nordschleswig:
www.nordschleswig.dk
Dänen in Südschleswig:
www.syfo.de
Nordschleswig beim Folketing:
www.tysksekretariat.dk
Die Zeitungen der Minderheiten:
www.nordschleswiger.dk,
www.fla.de

Von Mond und Sonne getrieben – Gezeitenwelt Watt

Das Wattenmeer, Kinderstube und Speisekammer für viele Fische, Vögel und maritime Säuger unserer Breiten, steht als einer der bedeutendsten Naturräume Europas in allen drei Anliegerstaaten unter besonderem Schutz. In Dänemark ist es der dritte Nationalpark im Lande.

Produktiver als der Regenwald

Die extrem breiten Strände der Inseln Rømø und Fanø begrenzen zusammen mit der Halbinsel Skallingen diese Gezeitenwelt gegenüber dem offenen Meer. Zwischen ihnen hindurch strömt

Hauptsache die Gummistiefel sind dicht: Wattwanderung bei Rømø

das Wasser der Nordsee, das zweimal täglich das Watt überspült und es zweimal täglich wieder freigibt. Diese Dynamik sorgt für eine ungeheuer große Produktion kleinster Pflanzen und Tiere, die am Anfang der maritimen Nahrungsketten stehen; die Nahrungsproduktion eines Quadratmeters Wattenmeer übersteigt in vielen Fällen die des Regenwaldes, und kein Dünger der Welt kann einen Acker so fruchtbar machen.

Von diesem reich gedeckten Tisch leben Würmer, Muscheln und Kleinkrebse – in jedem Quadratmeter können mehrere Tausend Tiere existieren. Bei Niedrigwasser kommen die Vögel und bedienen sich: Ein Säbelschnäbler vertilgt 3000 Borstenwürmer am Tag, ein Austernfischer bis zu 300 Muscheln. Und mit der Flut kommen unzählige Fische, die hier ihre Brut- und Kinderstube haben, aber auch ihren Mittagstisch. Auf die Fische wiederum warten am Rande der großen Durchflüsse, der ›Tiefs‹, die Säugetiere, die dieses Revier als Lebensraum nutzen: Seehunde und Kegelrobben.

Den Rhythmus gibt der Mond

Etwa zwölf Stunden und 25 Minuten dauert eine Tide von einem Niedrigwasser (dän.: *lavvande)* zum nächsten. Ebbe – also die gesamte Phase des

Watt is watt im Watt

Ebbeweg: Um Niedrigwasser nutzbarer Weg durchs Watt
Flutsaum: Algenreste, Muscheln usw. zeigen die maximale Wasserhöhe auf dem Strand
Hochsand: Bei normalen Hochwassern nicht überspülte Sandbank
Kentern: Wechsel zwischen Ebbe und Flut
Lahnungen: Minidämme, die durch Bindung von Sedimenten die Marschbildung einleiten sollen
Marsch: Fruchtbarer Landstreifen aus Meeresablagerungen an Gezeitenküsten
Priel: Wasserlauf im Watt
Salzwiesen: Grünflächen direkt am Meer, die Gischt und Überflutungen ausgesetzt sind
Tennen: Abflüsse bei natürlicher Marschbildung
Tief: Tiefe Ströme im Watt, durch die der größte Wasseraustausch erfolgt

Das Watt erleben
Ausstellungen zum Thema Wattenmeer bieten u. a. Tøndermarskens Naturcenter an der Vidå Sluse (s. S. 96), Naturcenter Tønnisgård auf Rømø (s. S. 105) und Vadehavscentret Vester Vedsted (s. S. 111). **Wattwanderungen** u. a. zum Austernsuchen (ca. Oktober bis Ostern) organisieren das Naturcenter Tønnisgård ab Rømø und das Vadehavscenter Vester Vedsted um Mandø sowie Sort Safaris (s. S. 95) im südlichen Wattenmeer.

ablaufenden Wassers – und Flut – die komplette Phase auflaufenden Wassers vom niedrigsten zum höchsten Wasserstand, dem Hochwasser *(højvande)* – verändern sich Tag für Tag. Motor sind Anziehungskräfte des Mondes und der Sonne. Sie ziehen mit ihrer Masse das Wasser der Weltmeere an.

Hochwasser herrscht auf der dem Mond zugewandten Seite der Erde sowie – aufgrund der Fliehkraft – auf der gegenüberliegenden; Niedrigwasser existiert dagegen an den Seiten, die im Winkel von 90 Grad dazu stehen. Reihen sich Sonne, Mond und Erde bei Neu- oder Vollmond in einer Linie, verstärkt sich dieses Phänomen zur Springtide mit den höchsten Hochwassern. Steht die Sonne im rechten Winkel zur Linie Erde–Mond, schwächt sie es zur Nipptide mit niedrigem Hoch-, aber höchstem Niedrigwasser ab.

Im Prinzip läuft eine Gezeitenwelle um die Erde, modelliert durch Inseln und Kontinente. In der Nordsee schwappt sie wie ein Schwenkarm, der gut 300 km nordwestlich Rømø aufgehängt ist, zuerst an der englischen Ostküste südwärts, biegt vor dem Kanal nach Osten, streicht durch das niederländische und deutsche Wattenmeer und folgt schließlich der dänischen Nordseeküste nach Norden. Je weiter nördlich man sich dort befindet, desto später kommt die Flut. Tidenkalender *(højvandskalender)* sind deshalb immer nur lokal gültig! Auch der Tidenhub verändert sich durch geografische Besonderheiten, vor allem trichterförmige Buchten wie die Deutsche Bucht verstärken die Effekte. Auf offener See beträgt der mittlere Tidenhub etwa 40 cm, im dänischen Wattenmeer 1,5–2 m – Peanuts im Vergleich zum Weltrekord von 14 m im Mittel und 21 m bei Springtiden in der Fundy Bay an der kanadischen Ostküste.

Der Blanke Hans

Zu allen berechenbaren Faktoren kommt das Wetter. West- und Nordweststürme drücken ungeheure Wassermassen vom Atlantik in die Nordsee und können dort 4 bis 5 m auf das normale Hochwasser ›drauflegen‹.

Die Liste der Sturmfluten ist lang, die meisten Opfer – beide Male fünfstellige Zahlen – forderten die ›Großen Manntränken‹. Die erste brach 1362 über die Küste herein und ließ u. a. das sagenumwobene Rungholt von der Landkarte verschwinden, die zweite kam am 11. Oktober 1634. Damals gab es schon seit fast hundert Jahren Deiche, aber sie hielten nicht. Heute liegt die Deichkrone bei 7,45 m über dem Meeresspiegel, das reichte am 3. Dezember 1999, als bei Ribe mit 5,12 m der bisher höchste Sturmbonus aller Zeiten gemessen wurde. Sorgen macht indes die Häufigkeit der Sturmfluten. Lagen früher lange Perioden dazwischen, so langt der Blanke Hans heute statistisch 2,2 Mal pro Jahr zu.

Schnäpel, Schweinswale und Schwarze Sonnen – die Fauna

Der Name ›Nordseeschnäpel‹ könnte von Loriot stammen, aber sein Schicksal ist nicht lustig. Der Lachsverwandte mit dem charakteristisch hochgezogenen Näschen ist eine der am stärksten bedrohten Fischarten Europas. Früher in allen Flüssen zu Hause, die ins europäische Wattenmeer münden, wird er jetzt im Südwesten Dänemarks mit Millionenaufwand gerettet.

Rettet dem Schnäpel die Kinderstube!

Der ›Snæbel‹, wie er in Dänemark heißt, braucht die Flüsse zum Laichen und das Wattenmeer zum Leben. Seit 2005 wurden über 100 Mio. Kronen eingesetzt, um durch Renaturierung von Varde Å, Sneum Å, Ribe Å und Vidå seine Lebensbedingungen zu verbessern. 13 Sperren, Umleitungen und Staustufen wurden entschärft, denn der Snæbel ist ein schlechter Schwimmer und erst recht kein Springer, der Lachsleitern hinaufwandert. Das alles gab ihm 130 km Flussläufe zurück, von denen er vorher durch Menschenhand ausgeschlossen war.

Letztendlich ist der Schnäpel aber nur Symbolfigur für das bedeutendste Naturschutzprojekt des Nationalparks Vadehavet: Die Renaturierung der Flüsse gibt vielen Tier- und Pflanzenarten verlorene Lebensräume zurück, vom Lachs bis zum Storch. Insgesamt sind rund 100 der etwa 230 Fischarten der Nordsee in ihrem dänischen Teil heimisch, sprich, sie laichen hier.

Und kein Schwein interessiert sich für ihn

Bedroht ist auch der Schweinswal, mit kaum mehr als 1,5 m Länge der kleinste Wal der Weltmeere – Dänen nennen ihn ›Marsvin‹. Er ist in allen nördlichen Meeren heimisch und zieht in dänischen Gewässern Junge auf. Ungewollt macht er Dänemark zu einer der größten Walfangnationen der Welt: Meeresbiologen schätzen, dass jedes Jahr 3000–4000 dieser Säuger als Beifang in Fischernetze geraten und verenden. Da ihr Fang in der EU verboten ist, dürfen sie nicht verwertet werden.

Man muss Dänemark zugutehalten, dass es führend bei der Forschung ist, wie sich der Beifang von Schweinswalen verhindern lässt, und dass es Ergebnisse dieser Forschung regelmäßig in die Praxis umsetzen lässt: Akustische Warnbojen an Netzen sind Pflicht und die besonders gefährliche Stellnetzfischerei wurde reduziert.

Gejagte Jäger

In dänischen Gewässern lebt über ein Dutzend Haiarten bis hin zum 10 m groß werdenden, planktonschlürfenden Riesenhai. Die meisten Arten sind deutlich kleiner, keine knabbert Menschen an, eher umgekehrt, selbst wenn sie als bedroht gelten: Der optisch am ›haimäßigsten‹ wirkende Heringshai wird direkt bejagt, der Dornhai gern als Beifang mitgefischt. Er liefert eine Spezialität, die als ›Geräucherter Bauchlappen vom Dornhai‹ wohl schwer zu vermarkten wäre, als ›Schillerlocken‹ aber als Delikatesse gilt.

Flugkreuz Wattenmeer

Augenfälligste Bewohner wie Gäste der dänischen Nordseeküste sind jedoch Millionen von Vögeln. Vor allem See- und Watvögel, aber auch große Raubvögel, darunter Adler, sieht man kreisen und das nicht nur über dem Ørnereservatet, der Adlerwarte von Tuen (s. S. 270).

Vogelbeobachtungsplätze
Feuchtgebiete, flache Seen, Strandwiesen – Gebiete für Vogelbeobachtungen gibt es viele, oft mit komfortablen Beobachtungsständen und -türmen. Sieben Gebiete entlang der Nordseeküste sind zudem als RAMSAR-Reservate geschützt, darunter das Wattenmeer, der südliche Ringkøbing Fjord mit Tipperne als Highlight (s. S. 169) und Vejlerne (s. S. 237). Beliebter Beobachtungsplatz zu Vogelzugzeiten ist auch der Rømø-Damm (s. S. 103) im Nationalpark Wattenmeer. Organisierte Vogelexkursionen auch zur ›Schwarzen Sonne‹ (Sort Sol) bieten Vadehavscentret Vester Vedsted (s. S. 111), Naturcenter Tønnisgård (s. S. 105) und der private Anbieter Sort Safari (s. S. 95).

Auch für die Aviafauna ist das Wattenmeer lebensnotwendiger Rast- und Speiseraum. Vor allem für Vögel, die in arktischen und subarktischen Regionen ihre Brutgebiete und im mittleren und südlichen Europa oder im nördlichen Afrika ihre Winterquartiere haben, wären die jährlichen Züge undenkbar ohne das ›Auftanken‹ in dieser Speisekammer. Grob geschätzt machen im dänischen Wattenmeer jährlich etwa 10 Mio. Vögel Station.

Wenn Stare zu Stars werden

Manchmal sorgen Vögel, die Laien eher als gewöhnliche Bewohner unserer Breiten wahrnehmen, für Sensationen, so die Stare über den Marschen Südjütlands. Ihr Tanz der ›Schwarzen Sonne‹, im Dänischen ›Sort Sol‹, gilt als eines der größten Naturschauspiele der Erde: Zwei-, drei-, vielleicht fünfhunderttausend Stare kreieren ein wundersames Luftballett über ihren Schlafplätzen in den Schilfgürteln der Marschseen. Maximal eine halbe Stunde lang werfen sie zu den Strahlen der Abendsonne Figuren an den Himmel: Dämonen. Engel. Rauchschwaden. Dann fließende Schleier wie bei einem Nordlicht in negativer Belichtung. Irgendwo muss eine Jury sitzen und Noten geben: 6.0 – 6.0 – 5.9 – 5.9 – 6.0. Jede Sekunde ein anderes Bild, synchronisiert mit Abertausenden von Flügelpaaren – nüchtern betrachtet könnte man von typischem Schwarmverhalten sprechen. Wenn Raubvögel sich ins Getümmel stürzen, werden die Bewegungen schneller, aber nicht weniger präzis. Und wer hört schon die Schreie der Opfer.

Eine Kür der Schwarzen Sonne

Lernen mit Spaßfaktor – Edutainment für Klein und Groß

Ob der Rochen wohl unten auch so flach ist, wie er von oben aussieht?

Der kleine Lennart Johan ist in seinem Element: Skeptisch beäugt von seinen Cousinen Nele und Marie schlägt er Wellen, treibt sie immer kräftiger an und lässt aus einer langen Dünung kleine Brecher werden, die an den Scheiben der Simulationsanlage entlanglaufen. So macht Lernen Spaß!

Die Kinder verbringen mit ihren Eltern einen Nachmittag im **Kystcenter** von Thyborøn (s. S. 206) – anfassen, mitmachen, experimentieren ist erwünscht, eigentlich Pflicht. Sogar Sandstürme können die Kids auslösen oder Trawler durch ein großes Becken mit einer maritimen Landschaft steuern. Die Strandküste, die real gleich hinter dem Center greifbar nah ist, steht im Mittelpunkt dieses Erlebniszentrums. Die Natur der Region wird multimedial, interaktiv und vor allem spielerisch für alle Sinne fassbar gemacht – Edutainment. Erwachsene können nicht verhehlen, noch etwas zu lernen und die Kinder sind begeistert, weil sie das Gefühl haben, in erster Linie zu spielen. Dass sie nebenbei etwas über Gesetze und Phänomene der Natur lernen, nehmen sie kaum wahr – warum auch, es sind doch Ferien.

Überall entlang der dänischen Nordseeküste stößt man auf ähnlich ambitionierte Projekte. Oft steckt eine Errungenschaft des Sozialstaates dahinter, die Überschüsse erwirtschaftet und das Geld für den ›Bau ferienrelevanter Attraktionen‹ für Familien mit Kindern unter die Leute bringen muss: Arbejdsmarkets Feriefond, die gesetzliche Urlaubsgeldkasse.

Gleich neben dem Kystcenter darf man in **JyllandsAkvariet** (s. S. 206) Nordseehaie im Streichelbecken kraulen – bisher haben alle, die den Mut dazu hatten, ihre fünf Finger wieder komplett aus dem Wasser herausbekommen. In Hirtshals präsentiert **Nordsøen** (s. S. 262) ebenfalls einheimische Haie, aber auch Robben und manchmal sogar beeindruckende Mondfische in einem der größten Salzwasseraquarien Europas, umgeben von vielen Mitmachstationen für junge Besucher – Meeresschutz und Meeresnutzung sind hier Themen.

Skagens Elemente und das Watt

Wasser, Sand, Wind und ein faszinierendes Licht prägen die Landschaft an der Nordspitze Dänemarks und mit diesen vier Elementen der Skagener Natur befasst sich das **Naturcenter Skagen Odde** (s. S. 274) intensiv. Es ist nebenbei auch ein architektonisches Kleinod, ein Entwurf des dänischen Stararchitekten und Vaters der Sydney Opera Jørn Utzon – ein Wüstenfort, existent, aber nicht aufdringlich oder gar störend inmitten einer archaischen Landschaft.

Eine gänzlich andere Küstenlandschaft vermittelt das Anfang 2017 um ein spektakuläres Reetdachgebäude erweiterte **Vadehavscentret** in Vester Vedsted (s. S. 111). Hier dreht sich alles um das Wattenmeer und seine Bewohner. Das Thema Zugvögel nimmt großen Raum ein und in einem Multimediaraum erlebt man das schauerliche Gefühl, wie eine Sturmflut über diese maritime Halbwelt hereinbricht. Gesorgt wird auch für den direkten Zugang zum Objekt. Fast täglich gibt es Exkursionen ins Wattenmeer oder auf die vorgelagerte Insel Mandø.

Dem steht das **Naturcenter Tønnisgård** auf Rømø (s. S. 105) in nichts nach, wenn es die Vielfalt der Wattenmeerinsel vermitteln will.

Mit dem Profi durch die Natur
Da kann ein Förster im Dünenforst Zusammenhänge zwischen Baumbewuchs und Sandflug erläutern, ein Meeresbiologe erklärt im Watt die Bedeutung dieses Ökosystems für unsere Nordsee, jemand hilft Kräuter für einen Aufgesetzten zu suchen oder im Spätsommer passt ein Pilzkenner auf, dass sein Gefolge das nächste Abendessen überlebt: Überall an der dänischen Nordsee bieten qualifizierte *naturvejleder* Dienste an, fast immer auch in deutscher Sprache. Alle i-Büros kennen Themen, Termine und Treffpunkte.

Schmuck vom Strand – Bernstein

Wenn ein stürmischer Wind die letzte Flut auf die Küste gepeitscht hat und wenn sich das Meer dann bei Ebbe zurückzieht, dann schleichen Männer, Frauen und Kinder an Dänemarks Nordseestränden entlang, den Blick fest auf den Boden gerichtet. Sieht dort etwas wie ein kleiner brauner Stein aus, wird es Objekt heißer Begierde: ›Ist das Bernstein?‹

›Nein, das ist ein kleiner brauner Stein!‹ ist wohl in den meisten Fällen die Antwort. Am Abstand zum Wasser kann man die Erfahrung der Sammler ablesen: Wer nah am Wasser geht, dort wo die Wellen immer noch über den Sand spülen, ist eher Anfänger. Bernstein ist nämlich leicht, wiegt nur etwa ein Drittel dessen, was der cognacfarbene Feuerstein auf die Waage bringt, nach dem sich Laien so oft bücken.

Bernstein richtig finden

Die Erfahrenen orientieren sich an Muschelresten, alten Holzstücken und Seetangbüscheln, die den Höchststand der letzten Flut markieren. Hier stochern sie in Hinterlassenschaften des Meeres herum, und wenn ihnen etwas interessant erscheint, reiben sie es an den Kleidern oder klopfen es vorsichtig gegen die Zähne. Das sind Basis-Tests: Bernstein klingt weicher als Stein, schlägt man ihn gegen die Zähne, er lädt sich durch Reiben an Wolle elektrostatisch auf und zieht dann Haare an – unser Wort ›Elektrizität‹ stammt vom altgriechischen Wort für Bernstein ›elektron‹ – und Anschleifen setzt aromatisch harzigen Duft frei. Den erzeugt auch der Feuertest: Bernstein, dessen deutscher Name auf ein

mittelalterliches Wort für ›Brennstein‹ zurückgeht, brennt mit aromatischem Duft, wo Plastik nur noch stinkt.

Recht neu, unter echten Sammlern aber verpönt, ist der Einsatz von UV-Lampen bei nächtlichem Suchen: Bernstein, soweit er äußerlich nicht zu verschmutzt ist, fluoresziert unter dem ultravioletten Licht. Ausgebuffte Profis suchen aber nicht einmal auf dem Strand, sondern im Winter bei ruhiger See mit hüfthohen Watstiefeln und Keschern ausgerüstet im Wasser. Bei rund 5 °C hat salziges Meerwasser ein ähnliches spezifisches Gewicht wie Bernstein, dann schwebt er im Meer.

Begehrt seit der Steinzeit

Das erstarrte, nicht etwa versteinerte Harz ist eine Erinnerung an die graue Vorzeit. Im Tertiär, vor über 30 Mio. Jahren, tropfte es aus einer Baumwunde. Oft blieben auf dem Tropfen Insekten kleben und wurden dann eingeschlossen. Stücke mit erkennbaren Fliegen, Mücken, Käfern oder sogar kleinen Amphibien sind bei heutigen Sammlern sehr begehrt. Aber Bernstein fasziniert Menschen schon seit der frühen Steinzeit. Älteste

Andreas Wörner bearbeitet in seiner Rav-Værkstedet in Mygdal Bernstein

Schmuckstücke im Kopenhagener Nationalmuseum stammen aus der Zeit zwischen dem 8. und 5. Jahrtausend v. Chr. Es sind mit Netzmustern verzierte Steine und kleine Skulpturen, die Tiere zeigen, denen die Jäger der damaligen Zeit nachstellten.

Bernstein finden, sehen, kaufen

Naturführer bei Strandexkursionen, z. B. auf die gigantischen Sandbänke rund um Mandø (s. S. 112) haben für eins davon meist den richtigen Riecher, Bernstein zu entdecken. Laien werden oft an den Stränden von Rømø, Fanø und vor Blåvand fündig.

Das **Esbjerg Museum** (s. S. 131) besitzt eine große Bernsteinsammlung mit Natur- und bis zu 10 000 Jahre alten Schmucksteinen. Das früher in Oksbøl beheimatete **Ravmuseet**, eines der besten Spezialmuseen zum Thema in Europa, wird im Juni 2017 Teil des neuen Museumscenter Tirpitz in Blåvand (s. S. 159) und beleuchtet dort Bernstein aus allen Blickwinkeln.

Das Hinterland von Henne Strand ist eine Hochburg der Bernsteinschleifer (s. S. 166). Favorit des Autors ist **Rav-Værkstedet** (s. S. 271) in Mygdal in Nordjütland, wo Andreas Wörner mit innovativen Ideen zeigt, wie modern Bernstein-Schmuck sein kann.

Im Netz ist die Seite www.ambertop.de eines Bernstein-Enthusiasten eine wahre Fundgrube zum Thema – wo und wie man echten Bernstein findet, erkennt und von Fälschungen oder Pressbernstein unterscheidet.

Als der Handel in Europa in Gang kam, insbesondere mit Kupfer und Zinn aus England oder deutschen Mittelgebirgen, war Bernstein die Ware, die der Norden zum Tausch anbieten konnte. Ohne ihn wären wohl Bronze- und Eisenzeit erst mit Jahren Verzögerung nach Dänemark gekommen.

Seine Popularität hat Bernstein bis heute bewahrt. Klarer Bernstein im Farbspektrum von Honig bis Cognac ist der bekannteste, aber längst nicht der einzige: Es gibt orangefarbenen, braunen und gelbweißen Bernstein, ganz selten sogar fast schwarzen und Kenner schätzen helle, durchsichtige Stücke. Selten aber ist er klar, meist milchig und undurchsichtig und v. a. im Rohzustand hinter einer rauen Oberfläche verborgen. Erst Schleifen und Polieren macht ihn zum Schmuckstück. Diese Vielfalt der Erscheinungsformen erschwert es Amateursuchern, Bernstein von Steinen oder von Glas, das länger im Meer gelegen hat, zu unterscheiden.

Nicht fälschungssicher

Bei der Verarbeitung verändert man durch Hitze – ca. 180 bis 200 °C – bei gleichzeitigem Druck Struktur und Farbe, beseitigt Lufteinschlüsse und Trübungen und verstärkt die natürlich selten vorkommenden ›Sonnenflinten‹, kleine Sprünge im Inneren des Steins, die ihn funkeln lassen und ihm damit mehr Charakter geben. Unter erhöhtem Druck kann man zudem aus Bruchstücken, Resten und minderwertigen Steinen ganz neue Stücke, ›Pressbernstein‹, formen und natürlich gibt es Versuche, mit Kunstharz und anderen Kunststoffen Bernstein gänzlich zu fälschen. Aber keine Sorge, in den Bernsteinschleifereien entlang der dänischen Nordseeküste ist das kein Thema.

Vom Fisch zu Öl, Wind und Wellen – Arbeitsplatz Nordsee

Während der traditionelle Erwerbszweig der Küste, die Fischerei, darbt, hat die Öl- und Gasförderung vor der Nordseeküste Dänemark ohne viel Aufsehen in den Club der Ölförderländer katapultiert. Fast in Sichtweite der Bohrtürme produzieren Windkraftanlagen in einem der größten Offshore-Energieparks der Welt nachhaltige Energie und in Hanstholm experimentieren Ingenieure mit der nächsten Generation: Die Kraft der ewig anrollenden Nordseewellen soll zur Stromgewinnung genutzt werden.

Die Fischerei an der dänischen Nordseeküste musste seit den 1980er-Jahren eine radikale Schrumpfkur hinnehmen. Fangquoten zum Schutz der Bestände und Abwrackprämien für Kutter reduzierten die Zahl der Berufsfischer und der Arbeitsplätze an Land drastisch. Die verbliebene Fischerei, Fischhandel und Fischverarbeitung konzentrierten sich auf immer weniger Standorte wie Hvide Sande, Thyborøn, Hanstholm, Hirtshals und Skagen.

Gestiegene Weltmarktpreise für Qualitätsfisch, erste Erfolge beim Bestandsschutz und die hervorragende Infrastruktur geben der verbliebenen Branche wieder ein Auskommen, auch weil Kutter und Trawler aus allen Teilen Europas in den dänischen Nordseehäfen ihre Quotenfänge anlanden und sie in dortigen Auktionen vermarkten lassen.

Aber ein Wandel ist nichtsdestotrotz überall spürbar – nirgendwo jedoch so drastisch wie in Esbjerg. Westjütlands größte Stadt besaß in den 1980er-Jahren einen der bedeutendsten Fischereihäfen Europas. Heute wird dort allenfalls noch von Hobbyanglern Fisch an Land gebracht, und wenn in der großen Auktionshalle im Sommer für die Touristen Fisch versteigert wird, ist dies inszeniert – der Auktionator und sein Team kommen von auswärts und bringen den Fisch aus einem anderen Hafen mit.

Statt Fischkutter und Trawler dümpeln in den Hafenbecken die typischen Versorgungsschiffe der Offshore-Ölindustrie, auf den Kaianlagen liegen Bauteile von Windkraftanlagen, in einer Reparaturwerft werden Bohr- und Versorgungsplattformen gewartet und über Stadt und Hafen hinweg pendeln Helikopter vom städtischen Flughafen zu den Produktionsanlagen für die Öl-, Gas- und Windenergie – tausende Arbeitsplätze entstanden neu. Dänemark ist heute nach Norwegen und Schottland Europas drittgrößter Öl- und Gasförderer.

Strom vom ›Teufels Horn‹

Seit dem Sommer 2002 fahren die Versorgungsschiffe der Ölindustrie auf ihrem Weg zu den Förderplattformen nordwestlich von Esbjerg an der nächs-

Strom für 350 000 Haushalte: die Offshore-Windparks von Horns Rev

ten Generation der Energiegewinnung vorbei: Auf der einst von Seeleuten als ›Teufels Horn‹ gefürchteten Sandbank Horns Rev produzieren 14 km vor der Küste 80 Windkraftanlagen des Havmøllepark Horns Rev 1 Strom für rund 150 000 Haushalte. 2009 konnte Kronprinz Frederik einen noch größeren Windpark 30 km vor Blåvands Huk eröffnen: Horns Rev 2, dessen Windräder bei klarem Wetter vom Strand aus gesehen gerade noch über den Horizont linsen. Die 91 Anlagen stehen verteilt auf 35 km² Meeresfläche und kommen auf eine Nennleistung von 209 MW – Strom für weitere 200 000 Haushalte.

Und schon ist in diesem Seegebiet ein weiterer Offshore-Energiepark in Planung, Horns Rev 3 mit einer Leistung von 400 MW. Allein diese Anlage wird Dänemark und damit unserer Erde helfen, jährlich etwa 450 000 t CO_2 und 10 500 t SO_2 einzusparen.

Je nach notwendigem Fundament, das 25 m tief in den Boden gerammt wird, wiegt jede der Hightech-Windmühlen 440 bis 490 t und ragt gut 110 m über den Meeresspiegel auf. Und damit bei den regelmäßigen Wartungs- und Kontrollbesuchen kein Notfall mit der Notdurft auftritt, besitzt jede Anlage auch eine Toilette. Was vom Strand aus wie Ölbohrplattformen mitten zwischen den Windkraftanlagen aussieht, sind Umspannwerke sowie, bei Horns Rev 2, eine Wohnplattform für betreuende Techniker.

Während Dänemark mit dieser CO_2-neutralen Energiegewinnung sein hohes Umweltengagement demonstrieren will, kritisieren Tierschützer die Windmühlen im Meer als lebensgefährlich für Vögel. Aber alles hat zwei Seiten: Neue Forschungen wollen belegen, dass Offshore-Windparks mit ihren künstlichen Steinhaufen um die Fundamente der Anlagen die Vielfalt der Meeresfauna fördern und dass dank der Einschränkungen für die Fischerei in den betreffenden Seegebieten auch die Bestände vieler Fischarten und sogar der Schweinswale wachsen.

Die bestehenden und der noch zu bauende dritte Horns-Rev-Offshore-Energiepark sollen Dänemark helfen, den ehrgeizigen Plan zu realisieren, bis 2020 die Hälfte des nationalen Stromverbrauchs mit Windenergie zu decken. Einige Regionen entlang der Nordseeküste haben dieses nationale Ziel längst überschritten, allen voran Thy ganz im Nordwesten. Es war eine der ersten Regionen weltweit, die mehr Windstrom produzierte, als vor Ort benötigt wurde, und den Überschuss exportieren konnte.

Da an Land die optische und akustische Belastung durch die Türme mit den ausladenden Rotoren aber an die Grenze des Erträglichen stößt und Anlagen der erste Generationen teilweise ersatzlos rückgebaut werden, entstehen immer mehr Windkraftanlagen offshore in dänischen Gewässern. Solche Offshore-Anlagen sind auch schon seit den 1980er-Jahren bekannt, aber keine an so exponierter Stelle im offenen Meer und keine mit solchem Investitionsvolumen wie die Windparks vor Blåvands Huk. Eine Ausstellung im alten Leuchtturmwärterhaus des Blåvandshuk Fyr berichtet über Bau und Betrieb (s. S. 158), weitere Infos findet man auf der Website kraftwerke.vattenfall.de/horns-rev.

Die nächste Welle für den Strom

Auf Dänemarks sturmumtoster Nordwestecke geht die nachhaltige Energiegewinnung in die nächste Runde. DanWEC – Danish Wave Energy Center – macht das Städtchen Hanstholm, dessen Hafeneinfahrt für extreme Wellen- und Strömungsverhältnisse berüchtigt ist, zu Dänemarks Forschungszentrum für Wellenenergie. Deren Potenzial gilt als mindestens so groß wie das der Windenergie. Zwar zeigen einige Wracks offensichtlich untauglicher Testmodelle, dass es noch viel Forschungsbedarf gibt, aber immer wieder werden real gewordene Visionen an den Hafenmolen oder vor der Küste Praxistests unterzogen.

Und wenn wieder alles schief geht, trösten sich die Verantwortlichen mit Erfahrungen aus den Kindertagen der Windkraftnutzung: Auch die fing klein an und erlebte Rückschläge. Wenn in den nächsten Jahren der Hafen erweitert wird, soll er beide Techniken vereinen: Die neue Mole wird ein Wellenkraftwerk in sich aufnehmen und oben drauf entstehen Windkraftanlagen. Der Hafen soll damit in Zukunft so viel erneubare Energien produzieren, wie er verbraucht. Führungen werden angeboten (s. S. 228).

Nordisk Folkecenter for Vedvarende Energie

Wer sich für das Thema erneuerbare Energien interessiert: Im Süden der Region Thy dokumentiert das Nordisk Folkecenter for Vedvarende Energie (s. S. 217) die Möglichkeiten, Energie aus regenerativen Quellen zu gewinnen. In einem Freigelände zeigt es u. a. eine Sammlung früher Windkraftanlagen – Ähnlichkeiten mit modernen Windkraftwerken scheinen eher zufällig.

Think global, drink local – neues Brauen

Sie wollen am Abend im Ferienhaus ein Bier – ›en øl‹ wie es in Dänemark heißt – trinken und stehen im Supermarkt in der Getränkeabteilung. Palettenweise gibt es das untergärige Pilsner, Dänemarks Standardbier, sicher auch Classic, etwas dunkler, süßer und malziger als Pilsner, ein Biertyp, der aus England stammt, aber Wiener Bier heißt. Und fast jeder Supermarkt hat ein Regal mit Spezialitäten, da wird es richtig spannend.

Porter steht bestimmt dort, dunkel vom gerösteten Malz, in Dänemark untergärig gebraut und meist hochprozentig. Guldøl oder Luxusøl sind stärkere Pilssorten, Hvedeøl kennt man als Weizenbier, Ale gern britisch bitter und mit deutlicher Hopfennote, Bock nach deutschen Vorbildern oder Klosterbiere, wie die Belgier sie gern brauen. Dänemarks Brauer kreieren fast täglich Neues und kein Reinheitsgebot bremst sie. So gibt es Biere mit Schokolade, Holunderblüten, Johanniskraut oder Sanddorn. Auf der anderen Seite legen sie viel Wert auf Qualitätszutaten und weisen genau darauf hin, mit welchen exklusiven Hopfen und Malzsorten sie die Geschmacksnuancen ihres ganz speziellen Bieres hinbekommen haben.

Der Brauhausboom beginnt 1990

Als in Kopenhagen 1990 ein erstes Brauhaus die Zapfhähne aufdreht, beginnt, was dänische Bierliebhaber die Bierrevolution nennen und für eine ungewohnt große Vielfalt an Biersorten sorgt. Über die Qualität wachen Konsumenten: Die Danske Ølenthusiaster bewerten regelmäßig neue Sorten und prämieren jedes Jahr die besten ›Neuerscheinungen‹ sowie die Brauerei des Jahres.

Sogar der allmächtige Carlsberg-Konzern musste reagieren: Er baute sein Stammhaus in Kopenhagen zum Handwerks-Brauhaus um und braut dort immer neue Spezialbiere ganz im Stil der kleinen Brauhäuser. Zuvor dominierte der Globalplayer mit seinen Massenbieren den nationalen Markt fast wie ein Monopolist, den vermeintlich größten Konkurrenten Tuborg hatte er schon 1970 geschluckt.

Brauhaus des Volkes: Thisted Bryghus

Ganz im Nordwesten Jütlands bot das winzige Thisted Bryghus dem mächtigen Brauerreich ähnlich wie das kleine gallische Dorf von Asterix und Obelix immer die Stirn und überstand alle Konzentrationsphasen des Marktes in Unabhängigkeit. Die 1902 gegründete Brauerei ist im Besitz von gut 2000 ortsansässigen Aktionären. Große Konzerne haben praktisch keine Chance, eine der begehrten Aktien zu übernehmen, denn die werden meist innerhalb der Familie von Generation zu Generation weitergegeben. Zur jährlichen Aktionärsversammlung, die vor Ort als vierte *højtid*, als vierter großer Feiertag neben Ostern, Pfingsten und Weihnachten, gilt und bei der ein Teil der Dividende eher ausgeschenkt den ausgeschüttet wird, kommen die meisten Aktionäre persönlich.

Das bodenständige Management definiert das ›primäre Verbreitungsgebiet‹ seiner Biere bescheiden: In Thy, Han Herred und auf der Limfjord-Insel Mors bekommt man es in jedem Laden und in fast allen Lokalen. Auf dem Heimatmarkt spielen die Brauer gern die Karte des Lokalpatriotismus: Thy Pilsner heißt ihr Mainstream-Bier auf Thy und weil bei der uralten Rivalität zwischen den Thyboer und den Morsingboer ein Thy Pilsner auf der Insel Mors nicht gut ankäme, heißt dasselbe Bier dort einfach Morsø Pilsner. Und für alle Lokalpatrioten rund um den Limfjord gibt es noch das kräftige, dunkle Limfjords Porter.

Der Bierboom hat aber auch in Thisted Kessel wie Kreativität angeheizt. Gut zwei Dutzend Biere stehen meist im Lager und man hat den Sixpack neu erfunden: sechs unterschiedliche Bierspezialitäten in der Geschenkbox. Tradition haben ›Jahreszeitbiere‹ wie ›Høst‹ (Herbst), ein Bier zum Erntedank, bei dem alle gängigen Kornsorten verwendet werden, oder süffigsüße Oster- und Weihnachtsbiere, gern in verschiedenen Alkoholstärken: Julebryg mit 7,9 % für Männer, Julefnug mit 5,8 % für Frauen und

Julefred aus 100 % ökologischen Zutaten für alle Ökos. Zudem pflegt Thisted Bryghus traditionelle Methoden: Beim Stenøl werden 800 °C heiße Lavasteine in die Maische gelegt. Darauf karamellisiert die Bierwürze. Legt man die Steine später in die Reifetanks, geben sie ihren Geschmack langsam ans Bier ab.

Bierwürze vom Betriebsausflug

Absolute Spezialitäten sind Porse Øl und Porse Guld, Biere so herb wie das Land mit Gagel gebraut. Die herb-aromatisch schmeckenden Blätter des wild wachsenden Strauchs dienten im Mittelalter auch in deutschen Landen als Biergewürz armer Leute, ehe sich reiche Brauer mit dem Reinheitsgebot von 1516 den Markt sicherten und teuren Hopfen als allein selig machende Bieringredienz vorschrieben.

Einzigartig ist wohl, wie sich das Thisted Bryghus mit Gagel versorgt: Traditionell sammeln alle Mitarbeiter die jungen Blätter des Strauchs bei Betriebsausflügen in den Dünen der Umgebung. Danach wird die Bierwürze mit Alkohol aufgesetzt und nach einem Monat ist der Extrakt zum Brauen fertig. Weil das Bier aus Thisted so erfolgreich ist, gibt es inzwischen mehrere dieser Betriebsausflüge pro Saison.

Wenn Sie jetzt vor einem dänischen Bierregal stehen, beweisen Sie Mut zu neuen Geschmackserlebnissen: *Think global, drink local.*

Mein Tipp

Brauhäuser und Brauereien an der dänischen Nordseeküste
Eine Übersicht über dänische Brauereien und Brauhäuser bietet die Website www.bryggerier.dk/de/brauereien.html. Einige Empfehlungen:
Ribe Bryghus ApS: Hobby-Brauerei mit einer Handvoll Ale-Sorten (Ribe, Skolegade 4 B, www.ribebryghus.dk)
Fanø Bryghus: Brauhaus mit Gastronomie auf der Insel Fanø (s. S. 145)
Mylius-Erichsen Bryghus: Herbe Biere werden neben der Auktionshalle von Hvide Sande gebraut und sind um den Ringkøbing Fjord in vielen Lokalen und Shops erhältlich (www.me-bryghus.dk).
Ølleriet Håndgjow: Hofbrauerei in Hurup Thy mit innovativen Bieren, u. a. mit Sanddorn und Johanniskraut (Bjerregårdsvej 10, Heltborg, www.haandgjow.dk). Verkauf lokal in Sydthy
Restaurant Bryggen: Das kleine Hafenbrauhaus in Thisted produziert das ultimative Bier zu den perfekten Steaks, die es serviert (s. S. 233).
Løkken Bryghus: Frische Biere für den Sommer an der Küste – mit Gastronomie (Løkken, Kjelgaards Plads 5, www.loekkenbryghus.dk)
Bryghuset Vendia: Zur deftigen Küche gibt es u. a. ein kräftiges, dunkles ›Schwartzbier‹ (Markedsgade 9, Hjørring, www.bryghusetvendia.dk).
Skagen Bryghus: Populäres Brauhaus mit viel Livemusik zum Bier (s. S. 285)

Vom Wind getrieben – Trendsport an Dänemarks Stränden

Kilometerbreite, feste Strände auf den Wattinseln Rømø und Fanø oder weit im Norden auf dem Festland zwischen Blokhus und Løkken locken Strandsegler, Blokart-Fahrer, Kitebuggy-Piloten, Kitewing-Flieger und Landkiter zum Spiel mit dem Wind. Und vor dem Strand flitzen Kite- und Windsurfer übers Wasser oder reiten Bord-Surfer die Wellen ab vor ›Cold Hawaii‹, der meist windumtosten Küste von Thy.

Segeln und Surfen an Land

Man muss nicht gleich um die halbe Welt fliegen, um Erfindungen aus dem Trendsport-Eldorado Neuseeland auszuprobieren, es reichen zweieinhalb Stunden mit dem Auto ab Hamburg bis an Rømøs gigantischen Strand: Blokarts sind dort so ein typisches Kiwi-Ding mit etwa gleich großem Spaß- wie Sportfaktor. Tom Maas bringt die superleichten Strandsegler mit seinem Verleih ›Windriders.dk‹ (s. S. 110) auf Rømøs Sydstrand. Selbst Laien ohne Segelerfahrung kommen unter seiner rustikal-flapsigen Anleitung nach wenigen Minuten mit den dreirädrigen Flitzern und ihrem einen Segel gut zurecht – im Prinzip lassen sie sich wie Liegeräder steuern und mit ähnlicher Bodennähe ist man auch unterwegs, spritzendem Sand und strahlender Sonne ausgesetzt.

Bei anderen Innovationen ist mehr Körperbeherrschung und längeres Training vonnöten. Aus Finnland kommen Kitewings: Windsurfen ohne nass zu werden. Hier muss man auf einem Board balancieren und dabei den Wind in den Händen halten – das Segel mit seinem starren Rahmen ist nirgendwo festgemacht. Als Boards dienen zweirädrige Dirtsurfer oder die von amerikanischen Snowboardern als Sommergerät entwickelten, vierrädrigen All-Terrain- und Landboards – gut eine Stunde Training sollte reichen, um erste Erfolge zu erzielen (Abb. s. S. 79).

All-Terrain-Bretter mit Rädern sind auch Utensilien beim Kite-Landboarding, dem Kitesurfen auf Land, das die größten Sprünge erlaubt.

Per Zugdrachen über den Strand

Größer ist das Gerät, mit dem Kite-Buggy-Fahrer von großen Lenkdrachen gezogen über den Strand jagen – die meist dreirädrigen Hightech-Flitzer sind noch eine Kiwi-Erfindung der Drachenbauer-Legende Peter Lynn. Hier müssen Anfänger zuerst einmal lernen, im Sitzen die mehrere Meter breiten Power-Kites, die Zugdrachen, zu beherrschen und in die ideale Position im Windfenster zu bringen, in der man genug Zug für die Vorwärtsbewegung bekommt.

Events im und mit dem Wind

International Kitefliers Meeting Fanø: Das Drachenfestival Mitte Juni über weite Teile des Weststrandes der Insel Fanø ist mit rund 5000 Drachenpiloten eines der größten und buntesten Festivals seiner Art weltweit (www.kitefliersmeetingfanoe.de, s. S. 145).

Rømø Dragefestival/Kitefliers Meeting: Spektakuläres, dreitägiges Drachenfest auf dem Strand vor Lakolk immer ab dem ersten Freitag im September, samstags Nachtfliegen (www.danskdrage klub.dk, s. S. 110).

Surfevents in »Cold Hawaii«: Immer im September traf sich von 2009 bis 2016 die Weltelite der Windsurfer in Klitmøller zu einem PWA World Cup. 2017 kommen SUP-Cracks zur einer Weltmeisterschaft. Und 2018? Auf Anfrage bei den Machern vor Ort hieß es nur: Es wird ein Event geben, wir wissen nur noch nicht was! Auf www.coldhawaii.com sollte es stehen (s. S. 225).

Im Surfer-Paradies ›Cold Hawaii‹

Eine boomende Variante, sich von den windgefüllten Matten ziehen zu lassen, ist Kitesurfen auf dem Wasser, grob gesagt eine Kombination aus Windsurfen und Paragliding. Es ist so schnell populär geworden, weil es etwas leichter zu lernen ist als Windsurfen und weil die Ausrüstung, allem voran das Board, kompakter ist. Hochburgen für Kite- wie Windsurfen sind der Ringkøbing Fjord mit seinen ›zarteren‹ Wellen als auf der offenen Nordsee und die Region Thy nördlich des Limfjord – Nordeuropas Antwort auf Hawaii, nur ein paar Grad kälter. Dort schlägt im Dorf Klitmøller – Kosename ›Klitte‹ – das Herz jenes ›Cold Hawaii‹, als das sich Thy mit seinen rund 30 Surf Spots vermarktet. In der Bucht nördlich des Dorfes baut sich bei West- oder Westnordwest-Winden eine steile Brandungswelle auf, ideal für wilde Sprünge.

Erreichen die Wellen Logo- oder gar Masthöhe, trauen sich nur noch die Besten aufs Brett, ziselieren Luftsprünge und Salti in die Bran-

Trendsport auf Rømø: mit Kitewings ein ›Wettrennen‹ gegen die Sylt-Fähre

dungsgischt. An solchen Tagen wird das Ufer, wo sonst bunte Boote für ein mediterranes Ambiente sorgen, zur Tribüne für eine staunende Menge. Und es ist in Cold Hawaii nicht nur Kite- und Windsurfen angesagt, auch klassisches Board-Surfen – Mensch, Board, Welle.

Nicht nur im Herbst: Bunte Drachen im Wind

Und irgendwie ist es auch ein Sport, auf jeden Fall ein faszinierendes und bei starkem Wind auch durchaus körperlich anstrengendes Spiel mit dem Wind, wenn man selbst auf dem Boden bleibt und nur einen großen Drachen steigen lässt. Vor allem die breiten Inselstrände von Rømø und Fanø locken dazu nicht nur Laien, sondern zu den Drachenfestivals oder Kite-Flyer-Meetings, wie sie angesichts der internationalen Bedeutung heißen, die gesamte europäische Szene. Dann fliegen Kraken, Hummer, Krebse und auf die Größe mehrstöckiger Häuser aufgeblähte Comicfiguren zusammen mit Engelchen und Teufelchen oder Zahnbürsten und Henkersknoten um die Gunst der Zuschauer – ein kunterbuntes Spektakel im Himmel wie auf Erden.

Unterwegs an Dänemarks Nordseeküste

Breite und oftmals endlos scheinende Strände laden zu langen Spaziergängen ein

Das Beste auf einen Blick

Die Wattküste

Highlights!

Møgeltønder: Zwischen dem Prinzenschloss Schackenborg und der Dorfkirche verläuft Dänemarks romantischste Dorfstraße. S. 91

Rømø Strand: Der kilometerbreite Nordseestrand der Insel ist in Europa einzigartig. S. 103

Nationalpark Wattenmeer: Der dänische Teil ist der kleinste des europäischen Wattenmeeres und seit 2010 als Nationalpark geschützt. S. 110

Ribe: Dänemarks älteste Stadt mit historischem Zentrum rund um den Dom entstand im 8. Jh. S. 115

Auf Entdeckungstour

Mandø und Koresand: Die Wattinsel ist nur bei Niedrigwasser zu erreichen, ebenso ihr Anhängsel Koresand – eine Mini-Sahara mit Seehunden. S. 112

Ribe Domkirke: Der Kirchenbau ist modern ausgeschmückt, und ein Aufstieg auf den Bürgerturm verschafft überraschenden Weitblick. S. 120

Kolding: In der alten Grenzstadt auf der Ostseeseite Jütlands fusioniert die Burgruine des mittelalterlichen Königsschlosses mit modernster Architektur; das Kunstmuseum Trapholt zeigt Gegenwartskunst auf internationalem Niveau. S. 146

Kultur & Sehenswertes

Wikinger: Das Museum Ribes Vikinger und das Zeitreise-Center Ribe VikingeCenter entführen in Skandinaviens bekannteste Geschichtsepoche. S. 118, 124

Kunst: Dänische Kunst des 19. und 20. Jh. zeigt das Ribe Kunstmuseum; moderneren Zeiten widmet sich das Esbjerg Kunstmuseum. S. 119, 130

Zu Fuß & mit dem Rad

5-Tage-Radtour: Zwei Inseln und das Hinterland des Wattenmeeres beiderseits der Grenze werden erkundet: von Niebüll über Ribe, Rømø nach Sylt. Praktisch: Die An- und Abreise kann mit der deutschen Bahn erfolgen. S. 94

Wandern oder Radfahren in der Ballum Enge: Vom Sperrwerk Ballum Sluse aus erschließen Wege die Ballum Enge, diese typischste aller Marschen im Südwesten Dänemarks. S. 100

Genießen & Atmosphäre

Bummeln in Ribe: Nirgendwo sonst entlang der dänischen Nordseeküste spaziert man so romantisch durch eine Altstadt wie in Ribe. Rund um den Dom oder entlang des Flusses Ribe Å kann man sich ein Restaurant oder Café von ganz nostalgisch bis total edel aussuchen. S. 125

Abends & Nachts

Klassik bis Clubbing in Esbjerg: Die spröde wie schöne Hafenstadt bietet wilde Wochenend-Nächte im Nachtclub des Dronning Louise und besitzt Event Locations für Musik von Metal bis Klassik: Kulturhaus Tobakken, Musikhuset Esbjerg und das Syddansk Musikkonservatorium. S. 136

Viel Land hinter Deichen und drei Inseln im Watt

Das europäische Wattenmeer, das sich vom holländischen Den Helder fast 500 km entlang der Nordseeküsten dreier Staaten bis Blåvands Huk nördlich von Esbjerg erstreckt, gilt als eines der wertvollsten Ökosysteme der Welt. Der dänische Teil von der Grenze nach Deutschland bis nördlich der Hafenstadt Esbjerg ist der kleinste, aber auch er steht seit 2010 als Nationalpark unter ganz besonderem Schutz.

Hinter den Deichen breitet sich flaches, gutes Bauernland aus, dem Meer abgerungen und immer wieder vor ihm verteidigt. Dazwischen, von weither sichtbar, Dörfer und kleine Städte: Tønder ist ein charmantes Einkaufsparadies mit barocker Note gleich hinter der Grenze und das benachbarte Møgeltønder ein romantisches Dorf mit Prinzenschloss. Die drei Inseln Rømø, Mandø und Fanø begrenzen mit scheinbar unendlichen Stränden

Infobox

Internet

nordsee.sydvestjylland.com: gesamte Wattküste
www.vadehav.dk/de: Nationalpark Wattenmeer
romo.dk/de: (inkl. Tønder)
visitfanoe.dk/de, www.visitribe.de, www.visitesbjerg.de: deutschsprachige, lokale Webseiten

Regionale Künstler und Kunsthandwerker

In den kleinen Marschorten stößt man auf viele Künstler und Kunsthandwerker, die dem Verein ›Kunst og kunsthåndværk langs Vadehavet‹ angehören. Eine Übersicht ihrer Galerien gibt es auf www.vadehavskunst.dk.

Anreise und Weiterkommen

Auto: Von der Grenze bis Rømø: A 7/E 45 bis Abfahrt 75, dann Straßen [8], [11] und [401] zur Küste. Ribe: A 7/E 45 bis Abfahrt 70, dann Straße [24].
Esbjerg und Fanø: A 7/E 45 bis Autobahnkreuz Kolding Vest/Abfahrt 64 und dann über die E 20.
Bahn/Bus: Wichtigste Bahnhöfe sind Tønder, Ribe und Esbjerg mit Verbindungen inkl. Fahrradtransport ab Niebüll an der Bahnstrecke Hamburg–Sylt (www.neg-niebuell.de). Esbjerg ist ab Deutschland auch mit Umsteigen in Lunderskov oder Kolding erreichbar.
Flugzeug: Flughafen Billund mit Direktflügen ab Deutschland und weiteren Verbindungen via Kopenhagen (s. S. 22); der günstiger gelegene, internationale Flughafen Esbjerg bietet zur Zeit nur Flüge in andere Ölstädte oder per Helikopter auf Nordseeplattformen.

Ausflüge

Ab Esbjerg stdl. IC-Züge via **Kolding** (ca. 40 Min., s. Auf Entdeckungstour S. 146) und **Odense** (ca. 90 Min.; H. C. Andersen-Erinnerungen) nach **Kopenhagen** (ca. 3 Std.), letzte IC-Rückfahrt ab Kopenhagen erfolgt ca. 21 Uhr.

das Wattenmeer zur offenen Nordsee, jede geprägt von der rauen Natur und einer traditionsreichen Küstenkultur. Ribe mit seinem ehrwürdigen Dom kann man getrost in die Reihe der schönsten historischen Städte Europas einreihen, während das spröde Esbjerg als Versorgungsstadt an den dänischen Offshore-Öl- und Windenergie-Aktivitäten in der Nordsee gut verdient. Bewohnern wie Besuchern setzt es ein Kulturangebot vor, das man von einer jungen Stadt dieser Größe nicht unbedingt erwartet.

Tønder-Marsch ▸ C 14

Dort, wo das Wattenmeer auf festes Land trifft, entstehen Marschen. Land baut sich auf und wächst. Dazwischen entsteht ein Netz von Abflüssen, die Tennen, und lässt eine natürlich entstandene Marsch wie ein weit verzweigtes Flussdelta aussehen. Diesen Prozess kann der Mensch fördern oder künstlich in Gang setzen.

Marschland ist naturgemäß feucht, aber auch fruchtbar – ideale, fette Viehweiden. Schützen Deiche das Marschland, wird es zu Kogland. Erste Deiche in der Tønder-Marsch entstanden 1553–56 entlang der Vidå von Tønder über das Grenzdorf Rudbøl bis Højer, die jüngsten vom Hindenburgdamm über die deutsch-dänische Grenze bis Emmerlev Klev 1981.

Aber wie sehr der Mensch sich auch bemüht, immer bleibt das Risiko, dass der Blanke Hans sich Haus, Hof, Land und manchmal sogar das Leben holt. Wahrscheinlich schwappte eine Sturmflut an der dänischen Nordseeküste indirekt sogar bis ins Römische Reich: Als mitursächlich für die Völkerwanderung der Cimbern und Teutonen um 120 v. Chr. gilt eine Sturmflut, die damals die deutsche Bucht traf. 120 v. Chr., 1362, 1374, 1412, 1436, 1615, 1634, 1727, 1825, 1874, 1881, 1904, 1909, 1911, 1923, 1958, 1962, 1976, 1981, 1990, 1999, 2002, 2005, 2006, 2007, 2008, 2013, 2016, – das sind nur die Jahre mit großen Sturmfluten. Vielerorts sind die höchsten Wasserstände an Flutsäulen abzulesen, im Dom von Ribe sogar an einer der Säulen – gut 1,70 m stand 1634 das Wasser über dem Kirchenboden.

Dem Wasser stellt sich auch kaum etwas entgegen, denn die landschaftlichen Höhepunkte sind ungemein flach: »Schön ist das Land, kein Hindernis verstellt den Blick« schreibt Egeberg Jensen 1922 in seiner Heimathymne über die Tønder-Marsch. Karten zeigen um Tønder nur einstellige Höhenangaben, manchmal steht sogar ein Minuszeichen davor. Da ahnt man, wie markant sich Orte aus dieser Landschaft herausheben, vor allem, wenn sie wie Tønder den 47,5 m hohen Turm der Kristkirke als Landmarke aus ihrer Mitte aufragen lassen.

Tønder ▸ D 14

Tønder hat zwar nur etwa 7600 Einwohner, bietet als Zentrum der Region im äußersten Südwesten Jütlands und als wichtige Einkaufsstadt im Grenzland jedoch weit mehr, als man bei dieser Größe erwartet. Handel war immer eine Stärke der Stadt, und auch wenn das Meer heute über 10 km entfernt ist, besaß sie vor dem Bau der ersten Deiche einen florierenden Hafen mit Zugang zur Nordsee.

Der Verlust dieses Hafens ließ sich verschmerzen, man nutzte Rudbøl, später Højer als Ersatz. Ab dem frühen 17. Jh. bis ins 19. Jh. hinein machte dann Spitze die Stadt reich, enge Handelsbeziehungen zu Holland hatten die Mode aus Flandern

Wehe, er schwingt die siebenschwänzige Katze: der Kagmanden in Tønder

in die Marschen gebracht. Zwischen zehn- und fünfzehntausend Frauen und Mädchen klöppelten in Heimarbeit, ruinierten dabei ihre Rücken und ihre Augen. Die jüngsten waren fünf Jahre alt, viele wurden später von der Schule ferngehalten und mit erniedrigenden Strafen zum Produzieren täglicher Mindestmengen gezwungen. Die Einnahmen reichten trotz aller Mühen allenfalls als Zubrot für die Familie, fehlte ein Hauptverdiener, war es nicht genug. Alleinstehende und vor allem allein erziehende Klöpplerinnen füllten Anfang des 19. Jh. die Armenhäuser der Region.

Den Löwenanteil an den luftigen Textilien verdienten die Händler aus Tønder, die ein Monopol besaßen. Sie importierten den notwendigen Flachszwirn aus Flandern und schickten Handelsvertreter mit den fertigen Spitzen auf Reisen. Alte Gerichtsakten belegen, wie rigoros sie ihre Position verteidigten. Klöpplerinnen wurden sofort angeklagt, verkauften sie Ware an ›Fremde‹ oder machten gar ›Raubkopien‹ von einem Muster.

Drøhses Hus

Storegade 14, Tel. 74 72 49 90, Di–Fr, Juni–Aug. auch Mo 11–17, Sa 10–14 Uhr, 50 DKK/ab 18 Jahre, Kombi-Tickets s. S. 90

Vom Reichtum der Spitzenhändler zeugen Patrizierhäuser aus der Zeit des Barock und der Renaissance mit prächtigen Portalen entlang der heutigen Fußgängerzone. Dazu gehört das 1672 gebaute Drøhses Hus mit einer Dependance des Museum Sønderjylland (s. u.). Das zeigt hier regelmäßig Ausstellungen rund ums Klöppeln und greift dabei auf seine große Sammlung regionaler Klöppelarbeiten zurück.

In den Gassen zwischen Fußgängerzone und der Vidå dann die Kehrseite: kleine Häuschen mit Erkern an der Straße, hinter deren Fenstern Frauen das Tageslicht so lange wie möglich für ihre knifflige Arbeit nutzten – ›schönstes‹ Beispiel ist die Uldgade.

Torvet

Ein sehenswertes Ensemble historischer Bauten säumt den Marktplatz **Torvet.** Auffälligster Bau ist das Haus Østergade 1 von 1668, besser bekannt als **Det Gamle Apotek** (s. S. 89). Zwar ist der alte Apothekenraum rechts vom Eingang noch erkennbar, aber in erster Linie beherbergt das Haus heute einen florierenden Souvenir- und Kunstgewerbehandel. Schwerpunkt ist Julepynt, wie die Dänen Weihnachtsdeko nennen. Rund ums Jahr füllt sie einen Raum, spätestens ab November überschwemmt sie das ganze Gebäude und dann betreibt hier sogar der Weihnachtsmann ein Sonderpostamt.

Gegenüber zeigt das älteste Haus der Stadt, **Klosterbagerens Hus** von ca. 1520, einen spätgotischen Giebel. Wo im Mittelalter Mönche entbehrungsreich lebten, versorgt heute das Klostercafeen Touristen mit Kaffee, Kuchen und Frokost-Tellern (s. S. 89). In einer Ecke des Platzes mit Blick auf das alte Rathaus sollte ein Mann in roter Uniform auf hohem Sockel stehend eine siebenschwänzige Katze schwingen. Doch wird dem **Kagmanden,** Nachbildung der einzigen erhaltenen Staupe-Figur Dänemarks, die Peitsche so oft geklaut, dass sie ihm nur noch zu besonderen Anlässen in die Hand gegeben wird. Solche hölzernen ›Büttel‹ mahnten in alten Zeiten die Bürger an Recht und Ordnung, eine Botschaft, die offensichtlich nicht mehr richtig verstanden wird. Das Original von 1699 ist im Museumzentrum von Tønder (s. u.) zu sehen.

Über die Häuser ragt der Turm der **Kristkirke.** Ihr Inventar aus Barock und Renaissance spiegelt den Reichtum der Stadt in diesen Epochen wider. Ungewöhnlich für dänische Kirchen ist der Lettner, die Sängerempore, die den Chor vom Schiff trennt. Während die Gläubigen auf eine Bilderreihe mit biblischen Motiven schauen, erfreut sich der Geistliche auf seiner Seite an zwölf Frauenbildern – die Tugenden und die Jahreszeiten.

Museum Sønderjylland Tønder

Kongevej 51, Tel. 74 72 89 89, www.museum-sonderjylland.dk, Di–So, Juni–Aug. auch Mo 10–17 Uhr, 70 DKK/ab 18 Jahre. Kombi-Tickets s. S. 90

Tønder besaß im Mittelalter eine Burg, die Mitte des 18. Jh. abgerissen wurde. Nur das Torhaus blieb und dient als Empfang für drei hiesige Abteilungen des regionalen Museumsverbunds »Museum Sønderjylland«.

Die jüngste Abteilung ist in jeder Hinsicht herausragend: Der 40 m hohe **Wasserturm,** seit 1902 auf dem Gelände, wurde zu einem achtgeschossigen Ausstellungsgebäude umgebaut und zeigt ausschließlich Stühle des 1914 in Tønder geborenen Möbeldesigners Hans J. Wegner. Seine bekannteste Arbeit, schlicht »Der Stuhl« genannt und unter John F. Kennedy im Oval Office des Weißen Hauses berühmt geworden, ist dort ebenso zu sehen wie rund 40 weitere Wegner-Stühle, viele davon bis heute produzierte Klassiker. Der Besuch des Turms bietet zudem herrliche Ausblicke über die Marsch.

Kulturhistorie Tønder besitzt neben wertvollen Möbeln und schöner Spitze auch viele Exponate lokaler Silberschmiedekunst, dem zweiten Standbein des wirtschaftlichen Erfolgs der Stadt. Dazu kommt die größte Sammlung friesischer und holländischer Fliesen außerhalb der Niederlande; die Fliesen sind durch intensiven Handel entlang der Nordseeküste in die Region gekommen.

Das **Kunstmuseet i Tønder** begrüßt Besucher mit einer beeindruckenden blauen Rotunde und zeigt vor allem dänische Kunst des 20. Jh. Emil Nolde ist dort ebenso vertreten wie Asger Jorn und Per Kirkeby. Einen Schwerpunkt bildet der dänische Surrealismus der 1930er- und 1940er-Jahre.

Zeppelin- og Garnisonsmuseum

Gasværksvej 1/Ribe Landevej, Tel. 74 72 72 54, www.zeppelin-museum.dk, Mai–Okt. Sa/So 11–16 Uhr, 50 DKK, 15 DKK/7–12 Jahre

Im Norden der Stadt stutzt man: Was hat Tønder mit Zeppelinen zu tun? Einiges: Im Ersten Weltkrieg, als Tønder noch Tondern hieß und deutsch war, betrieb die kaiserliche Marine hier eine ihrer größten Luftschiffbasen. Die gigantischen Fluggeräte erforderten adäquate Bauten. Der größte von drei Hangars mit dem klangvollen Namen TOSKA maß 242 m in der Länge, 73 m in der Breite und 42 m in der Höhe.

Unter damaligen Luftschiffern war TOSKA berüchtigt: Drei der ›Zigarren‹ mit ihrer hochbrennbaren Gasfüllung eckten beim Bugsieren an und gingen in Flammen auf, zwei fielen in der Halle einem britischen Bombenangriff am 19. Juli 1918 zum Opfer.

Für Tønder bedeutete der Angriff das Ende der Luftschiffära, die weitgehend intakten Hallen wurden bald nach Kriegsende demontiert, nur die Fundamente sind noch zu sehen. Geblieben sind Versorgungsgebäude, so auch Teile des ehemaligen Wasserwerks, die das Zeppelinmuseum jetzt nutzt. Gezeigt werden neben Fotos und Ausrüstungsgegenständen auch alte Uniformen sowie Modelle der Luftschiffbasis.

Übernachten

Komfortabel und zentral – **Hotel Tønderhus:** Jomfruestien 1, Tel. 74 72 22 22, www.hoteltoenderhus.dk (Small Danish Hotels s. S. 25). Mit gutem Restaurant. DZ ab ca. 1000 DKK.

All-in-one – **Tønder Sport- og Fritidscenter – Camping – Danhostel – Autocamper:** Sønderport 4, Tel. 74 72 35 00, www.tsfc.dk. Weitläufige Anlage über eine Vidå-Brücke ans Zentrum angebunden. Mit Danhostel-Herberge (DZ mit Bad/WC ab Bad 450 DKK, Familien-Zi. bis 6 Pers.), ganzjähriger Campingplatz auch mit Hütten (ab 450 DKK/Tag) und mit einfachen Stellplätzen für Autocamper (je nach Saison 100–125 DKK). Egal wie man wohnt, ein Schwimmbad-Eintritt im Sportpark ist gratis!

Essen & Trinken

Beim Gourmetkoch in der Stube – **Stigs Restaurant:** Sønderlandevej 3, Tel. 74 72 00 46, Mo, Do, So/Fei geschl., nur abends und nur mit Reservierung. Bei Küchenchef Stig Henriksen passen kaum mehr als zwanzig Gäste ins Wohnzimmer, und so ist das Dinieren immer eine persönliche Begegnung mit dem Spitzenkoch. Er bereitet mit hohem kulinarischen Anspruch jeden Tag ein mehrgängiges Menü zu, hechelt aber nicht jedem neuesten Gourmet-Trend nach.

Tapas kann Sønderjysk – **Johannes Kaffebar:** Storegade 12, Tel. 74 72 20 22, www.johanneskaffebar.dk, Mo–Fr 10–17.30, Sa 10–15 Uhr. Direkt an der Fußgängerzone kann man ›mal eben‹ ein paar lokale Leckereien genießen wie Tapas à la Südjütland oder à la Wattenmeer mit Aufschnitt bzw. Fischspezialitäten aus der Region oder auch nur ein Solei zum Bier – originell (60–160 DKK).

Altes Haus, einfache Küche – **Klostercafeen:** Torvet 11, Tel. 74 72 65 22, www.klostercafeen-toender.dk, tgl. 10–17 Uhr, im Winter So geschl. Die Lage mitten im Ort und das historische Ambiente machen den besonderen Reiz aus. Neben Kaffee und Kuchen gibt's typische Frokost-Gerichte wie ›Stjerneskud‹ mit zwei Sorten Fischfilet und Krabben auf Toast oder Teller mit vier Sorten eingelegtem Hering (ca. 80–120 DKK).

Teuflisch guter Kaffee – Café Engel: Frigrunden 3, Tel. 74 72 70 80. ›Hyggeliges‹ Café an einem ruhigen Altstadtplatz mit richtig gutem klassischem Kaffee zum Flatrate-Preis (25 DKK), viel Selbstgebackenem und zum Lunch mit gesunden Bio-Sandwiches (ca. 90 DKK) – ein Wohlfühlcafé und Herzensangelegenheit der Besitzerin Mona Engel! Geöffnet ist, wenn sie ihre Flagge vor die Tür stellt, so etwa von 10 bis 17 Uhr.

Einkaufen

Designklassiger und andere Möbel – Möbelhäuser in Tønder liefern Waren überall in Deutschland aus (inkl. Montage) und sind trotzdem oft günstiger als Geschäfte südlich der Grenze. Auf Klassiker der Moderne, darunter alle lieferbaren Wegner-Stühle (s. S. 87), ist **Møbelhuset II** (Vestergade 35–39, Tel. 74 72 20 81, www.mobelhuset2.dk) in der Fußgängerzone spezialisiert.

Schuhe zu Schnäppchenpreisen – **ECCO Premium Outlet Bredebro:** Storegade 9, 6261 Bredebro, Tel. 74 71 00 28, Mo–Fr 9.30–18, Sa 9.30–14 Uhr. In Bredebro, einem unscheinbaren Kaff an der Hauptstraße [11] etwa auf halbem Weg zwischen Tønder und dem Rømø-Damm, startete 1963 eine kleine Schuhfabrik, die heute unter dem Namen ECCO ein Global Player ist, aber dem Ort mit einem Outlet-Shop verbunden blieb: Aktuelle Kollektion zum ›Listenpreis‹, 2. Wahl und Modelle aus älteren Programmen in großer Auswahl wesentlich günstiger.

Weihnachtsschmuck ganzjährig – **Det Gamle Apotek:** Østergade 1, Tel. 74 72 51 11, www.det-gamle-apotek.dk, Mo–Fr 10–17.30, Sa/So 10–16 Uhr. Krimskrams ohne Ende und Weihnachtsengel im Juli – auch wenn das nicht jedermanns Sache ist.

Shopping-Events – Die Kaufmannschaft in Tønder sorgt für viele verkaufsfördernde Aktionen, wie verkaufsoffene Sonntage oder ›Open by Night‹-Abende (Läden bis 22 Uhr geöffnet). Im Sommer gibt's samstags zur Mittagszeit Livemusik auf Torvet, Mitte Juli wird es nostalgisch beim **›Gammeldags Gågademarked‹** und von Mitte November bis zum Fest weihnachtet es sehr in der **›Julebyen Tønder‹** mit dem Aufmarsch der Weihnachtsmänner, dem Weihnachts-Volkslauf **›Santa run‹** und einem kleinen Weihnachtsmarkt (www.tonderjul.dk).

Aktiv

Kanutouren auf der Vidå – **Vidå Kanoudlejning:** Tel. 40 31 95 14 , www.vidaa-kano.dk. Ein- bis dreitägige Kanuwanderungen sind auf der Vidå und ihren Zuflüssen möglich, im Westen bis zur alten Højer Sluse. Verleih ab 250 DKK/Tag plus eventueller Transport (250 DKK/pro Strecke).

Infos & Termine

Tønder Infocenter: Storegade 2–4 (am Torvet), 6270 Tønder, romo.dk/de.

Fællesbillet: 120 DKK, 14 Tage gültig für alle Abteilungen des Museum Sønderjylland u. a. in Tønder und Højer (s. S. 97), www.museum-sonderjyl

land.dk. Günstig sind auch Kombi-Tickets Museum Sønderjylland Tønder s. S. 87) plus Drohses Hus (s. S. 86) 80 DKK oder plus Nolde Museum Seebüll (s. S. 96) 90 DKK.

Heiratsparadies Tønder: Über 2000 ausländische Paare geben sich jedes Jahr in der Großkommune Tønder das ›Ja‹-Wort, manche am Strand von Rømø (s. S. 103), andere im romantischen alten Rathaus von Højer (s. S. 97) oder an der Schlossruine Trøjborg (s. S. 100). Zuständig ist überall das Tønder Kommune Standesamt, Wegners Plads 2, Tel. 74 92 97 09, tonderweddings.com/de. Mehr zum Heiraten in Dänemark s. S. 38.

Tønder Festival: Ende Aug., International angesehenes Folk & Roots Music Festival auf mehreren Bühnen. Programm und Praktisches auf der Website tf.dk, Tickets auf tonderfestival.billetten.dk. Stand 2017: 4-Tage-Ticket ca. 1400 DKK/Erw., Kombi-Tickets gibt es für Campingplatz oder Hütten plus Eintritt.

Klöppelfestival: Alle drei Jahre (2019, 2022) in der ersten Junihälfte gibt es Workshops, Ausstellungen und eine Messe rund um die Klöppelkunst (www.kniplings-festival.dk).

Løgumkloster ▸ D 14

Die Kleinstadt Løgumkloster, gut 15 km nordöstlich von Tønder, entstand um ein 1173 gegründetes Zisterzienserkloster und lag in sturmflutsicherer Höhe auf einer Geestinsel am Rande des Marschlandes. Løgumkloster erlebte wie Tønder vom 16. bis ins 19. Jh. einen Klöppelboom, blieb aber immer eine Stadt der Kirche. Vom ursprünglichen Kloster sind nur ein Teil des Ostflügels mit einer Sakristei und dem restaurierten Kapitelsaal sowie die nach den Ordensregeln schlichte, aber dennoch beeindruckende Kirche erhalten. Der zweistöckige Renaissanceanbau auf der Westseite der Kirche, heute ein Priesterseminar der dänischen Volkskirche, hatte mit dem Kloster nichts zu tun, sondern wurde 1614 als Jagdschloss für die Gottorfer Herzöge gebaut.

Kong Frederik IX's Klokkespil

Glockenspiel; Sølstedgårdvej,
5–6 automatische Spielzeiten tgl.,
Zeiten auf www.royalcarillon.dk, dort auch aktueller Konzert-Kalender

Erst einige Jahrzehnte alt sind das benachbarte Refugium (s. Übernachten) und der nahe gelegene Turm mit 49 Glocken, die kleinste 16 kg, die größte 1,8 t schwer. Diese nutzt die angesehene Kirchenmusikschule von Løgumkloster, eine von vieren weltweit, an der man die Kunst des Glockenspiels lernen kann – der Turm wird regelmäßig manuell bespielt, Konzerte sind eine echtes Ereignis.

Museet Holmen

Østergade 13, Tel. 74 74 41 65,
www.museetholmen.com,
bei Ausstellungen Do–So 12–17 Uhr,
40 DKK/ab 16 Jahre

Mitten im Ort fällt ein weißgetünchtes, langgestrecktes Hofgebäude auf, das heute ein Museum beherbergt, das gerade dabei ist, eine Sammlung von Kunst mit religiösen Bezügen aufzubauen. Darüber hinaus macht es regelmäßig mit anspruchsvollen, überregional bedeutenden Ausstellungen auf sich aufmerksam.

Familientreff der Kirmesleute

Bei so viel Kirche wundert man sich über die enge Verbundenheit des Städtchens zum fahrenden Volk. Dafür steht die **Gauklerstatue** von Alice Buchhave am alten Markt. Eine der drei Figuren stellt einen der in Dänemark typischen Leierkastenmänner mit Zylinder und Frack dar. Neben ihm steht Anders Bork Hansen, der ›Schaustellerpfarrer‹, der Anfang der 1960er-Jahre die Tradition der Gauklergottesdienste zum Auftakt des **Kloster Mærken** begründete. Dieses Volksfest – ursprünglich Sct. Bartholomæus Markt – rund um einen traditionellen Pferdemarkt ist für Dänemarks Schaustellerzunft eine Art Familientreffen: drei bunte Tage und Nächte im August mit Floh-, Vieh- und Jahrmarkt und einem großen Feuerwerk am letzten Abend (immer am Wochenende vor dem dritten Di im Aug.).

Übernachten

Christlich – **Løgumkloster Refugium:** Refugievej 1, 6240 Løgumkloster, Tel. 74 74 33 01, www.loegumkloster-refugium.dk. Ein von den Grundsätzen der evangelisch-lutherischen Volkskirche Dänemarks geprägter Ort für Menschen, die abschalten wollen; Vollpension je nach Zimmerstandard und -belegung 845–1045 DKK/Pers.

Aktiv

Kanutouren auf der Brede Å – **Løgumkloster Kanoudlejning:** Tel. 70 25 22 12, www.tohytt.dk (dän.). Auf ca. 35 km Länge kann die Brede Å vom Lemmosevej (ca. 8 km nördl. der Stadt) bis zur Ballum Sluse (s. S. 98) mit Kanus befahren werden, den Kanuverleih organisieren örtliche Pfadfinder ehrenamtlich! Bei Westwind ist das Teilstück Bredebro–Ballum Sluse nur erfahrenen Kanufahrern zu empfehlen! Verleih 225 DKK/Tag plus eventuelle Reinigung und Transport (100–250 DKK je nach Start-/Zielpunkt).

Gallehus ▸ D 14

Verlässt man Tønder nach Westen über die Straße [419], liegt bald rechter Hand die Bauernschaft Gallehus. Dort stolperte am 20. Juli 1639 die junge Kristine Svendsdatter, die Klöppelarbeiten nach Tønder bringen sollte, über einen glänzenden Metallgegenstand, der aus der Erde ragte: Das größere der beiden Goldhörner von Gallehus war gefunden. 95 Jahre später kam wieder durch Zufall ein zweites, etwas kleineres Goldhorn ans Tageslicht. Die mit Tierdarstellungen überzogenen Kultgegenstände zeugten von einem eigenständigen, hoch entwickelten Kunsthandwerk schon zur germanischen Eisenzeit im Norden Europas.

Dafür zeigte 1802 der zwielichtige Juwelier Niels Heidenreich wenig Sinn: Er klaute die Goldhörner aus der Königlichen Kunstkammer in Kopenhagen, einer Vorläuferin des Nationalmuseums, schmolz sie ein und machte daraus Schmuck und Falschmünzen. Alle Exemplare der Goldhörner, die heute in historischen Museen Dänemarks gezeigt werden, sind Rekonstruktionen nach Zeichnungen. An die Fundstellen bei Gallehus erinnern Gedenksteine (Guldhornsvej 9, 6270 Tønder).

Møgeltønder! ▸ D 14

Schloss Schackenborg

Schackenborg 2, 6270 Tønder. Ein Besucherzentrum im alten Pferdestall ist in Planung; Termine für Besichtigungen des Schlossparks sowie eventueller Führungen und Kulturveranstaltungen im Schloss kennt das Tønder Infocenter (s. S. 89)

Am Ortseingang von Møgeltønder versteckt sich hinter viel Grün das Barockschloss Schackenborg. Reichsfeld-

Slotsgade in Møgeltønder: Dänemarks schönste Dorfstraße von Linden gesäumt

herr Hans Schack ließ es in den frühen 1660ern bauen, nachdem er zuvor die Ländereien zum Dank für Verdienste in Kriegen gegen Schweden von Frederik III. als Lehen bekommen hatte. Das Gut entwickelte sich prächtig und galt zeitweilig als eines der reichsten im Königreich. Schackenborg besaß das verbriefte Recht auf Ausbeutung der begehrten Austernbestände im dänischen Wattenmeer, das damals mit kleinen Unterbrechungen von Nordstrand bei Husum bis Fanø reichte – eine Lizenz zum Gelddrucken nennt man so etwas heute. Die Delikatesse Sylter Royal, die immer noch vor Sylt in Aquakulturen gezogen wird, erinnert an diese königlichen Austern. Zehnmal wurde der Besitz in der Familie vererbt, immer von einem Hans auf einen Otto Didrik und umgekehrt, dann blieb der elfte Lehnsgraf Hans Schack kinderlos. Er verwaltete bis 1993 das Gut, hatte es aber schon 1978 Prinz Joachim vermacht, damals gerade neun Jahre alt und noch die Nr. 2 unter Dänemarks Thronanwärtern.

Prinz Agronom

Graf Schack folgte damit den Prinzipien mittelalterlichen Lehnsrechts: Das Lehen fiel mangels direktem Erben an die Krone zurück. Prinz Joachim wurde auf seine Rolle als Gutsherr gut vorbereitet: Er ist studierter Agronom und führte ab Mitte der 1990er-Jahre den Betrieb. 2014 verlegte Prinz Joachim mit seiner Familie den Hauptwohnsitz von Møgeltønder nach Kopenhagen. Schloss Schackenborg wurde an eine Stiftung verkauft, an der neben Mäzenen aus der Wirtschaft auch der Prinz beteiligt ist und zusammen mit seiner Frau Marie die Schirmherrschaft innehat. Nach dänischen Presseberichten waren Besitzerwechsel und Umzug wohl eine ökonomische Notbremse, denn das Gut galt als verschuldet: So wurde Joachim wirtschaftliche Probleme los, behielt sogar noch einiges Land und bekam für den Rest mitsamt Schloss einen beachtlichen Kaufpreis.

Neue Zeiten

Joachim kann Schackenborg weiterhin nutzen als eine Art groß geratenes Ferienhaus, in dem er mit der Familie regelmäßig etwas Zeit verbringt, ganz im Stil der dänische Royals, die auf all ihren Schlössern in der Provinz immer wieder Präsenz zeigen. Darüber hinaus soll Schackenborg zukünftig aber auch als exklusives Konferenzzentrum dienen. Ohne Zweifel profitiert Møgeltønder vom königlichen Glamour: Als Joachim 1995 seine erste Prinzessin heiratete – Alexandra Manley, Marketingspezialistin mit britisch-chinesisch-österreichischem Background – wurden für das bei royalen Ereignissen dieser Art übliche Volksgeschenk im ganzen Land 13 Mio. Kronen gesammelt, mit dem die barocken Parkanlagen von Schackenborg rekonstruiert und das Schloss renoviert wurden. Exakt diesen Betrag brachte Prinz Joachim übrigens 19 Jahre später als seinen Beitrag in die neue Schloss-Stiftung ein.

Eine ganz normale Familie

Nachdem Joachim mit Alexandra 1999 und 2002 zwei Söhne bekommen hatte, war der Gutsherr von Schackenborg bei den Dänen zeitweilig populärer als sein Bruder Kronprinz Frederik, der da noch mit schnellen Autos und schnellen Beziehungen Schlagzeilen machte. Aber nach dessen Märchenhochzeit mit der Australierin Mary Donaldson 2004 wurde Frederik ›seriös‹, während es der ›dröge‹ Joachim in der Kopenhagener Party-Szene krachen ließ. Seine Ehe mit Alexandra wurde 2005 geschieden, sie verließ Møgeltønder und wurde zur Gräfin ›degradiert‹, als sie wieder heiratete. Die Prinzen aus der Ehe mit Joachim leben mit ihr und ihrem neuen Partner, mit dem Ex teilt sie das Sorgerecht – eine ganz normale dänische Familie.

Neues Glück für Møgeltønder

Im Mai 2008 heiratete der inzwischen durch die Kinder seines Bruders auf Platz 6 der Thronfolge zurückgefallene Joachim die Französin Marie Cavallier und bekam mit ihr 2009 einen Sohn, 2012 folgte eine Prinzessin. Møgeltønder bekam viele positive Schlagzeilen, denn die Hochzeit und beide Taufen fanden in der Ortskirche statt. Zwischen der und dem Schloss verläuft Dänemarks schönste Dorfstraße, die **Slotsgade,** eine romantische Lindenallee mit holprigem Kopfsteinpflaster und gesäumt von reetgedeckten Erkerhäusern in friesischem Stil. Direkter Nachbar des Schlosses ist der **Schackenborg Slotskro** (s. S. 95), dessen Restaurant weit über Südjütland hinaus bekannt ist.

Møgeltønder Kirke

Sønderbyvej 24, Tel. 74 73 81 89, tgl. 8–16 Uhr außer bei kirchlichen Handlungen

Die Kirche, in der Dänemarks älteste spielbereite Orgel den Ton angibt, war zu katholischer Zeit dem Heiligen der Seefahrer, Skt. Nikolaj geweiht. Im Kern romanisch und in der Gotik erweitert, bekam sie Anfang des 16. Jh. einen wuchtigen Westturm, der über lange Zeit auch Seezeichen war.

Bis 1970 gehörte die Kirche zum Schloss und somit den Grafen Schack. Die sorgten über die Jahrhunderte für eine üppige Ausstattung. Ältestes Stück im Inneren ist ein Taufstein aus dem 12. Jh., über dem vollbusige Meerjungfrauen zusammen mit den Evangelisten einen Renaissancehimmel zieren, der rund ein halbes Jahrtausend jünger ist. Ansonsten überzieht ein Bildermeer aus verschiedenen Epochen Wände, Decken und Gewölbe der Kirche und erzählt heilige Geschichten wie von der Schöpfung, von Jesu Leidensweg und dem Jüngsten Tag.

Die Kalkmalereien im Chor stammen aus dem 16. Jh., erlebten aber im späten 19. Jh. das Schicksal vieler

Mein Tipp

Hochprozentiges vom Prinzen
Die Idee stammt von Prinz Joachim: ›Egesnaps‹, der Kornbrand von ›De 5 Gaarde‹, soll bei jedem Schluck das reife Korn und die Sonne des dänischen Sommers herausschmecken lassen. Ein Stab aus Eichenholz in der Flasche gibt ihm Farb- und Geschmacksnuancen, die sich andere Spirituosen aus dem Holz der Fässer holen, in denen sie gelagert werden. Und auf jeder Flasche stehen GPS-Koordinaten, wo in Schloss Schackenborgs Wäldern der Baum wuchs, aus dem der Eichenstab stammt.
Inzwischen werden auch Wodka, Gin und ein Bitter unter dem Markennamen Schackenborg gebrannt – alle »Nach einer Anregung Seiner Königlichen Hoheit Prinz Joachim«. Die Zutaten wuchsen auf den Äckern von fünf Gütern, die gemeinsam als ›De 5 Gaarde‹ Qualitätslebensmittel vertreiben von Mehl über Grillhähnchen bis zu Designer-Bieren. Im Dänischen lässt sich ihr Konzept auf die griffige Formel ›fra jord til bord‹ – vom Acker auf den Tisch – bringen: Alle Rohwaren stammen von den fünf beteiligten Gütern, darunter Schackenborg, und sie kontrollieren den Herstellungsprozess nach den Prämissen: hochwertig und möglichst schonend. Produkte von ›De 5 Gaarde‹ gibt es in vielen dänischen Supermärkten, die Schnäpse in ausgesuchten Weinhandlungen und der gehobenen Gastronomie.

Fresken im Lande: Sie wurden ohne sonderliche Rücksicht auf das Alte restauriert. Der Kunstmaler und Restaurator August Wilckens malte sich gleich selbst ins Bild, auf einer Blume im Rankenwerk sitzend. Eine weitere Restaurierung nach 1970 führte die Kirche soweit möglich auf den Zustand Mitte des 18. Jh. zurück.

Radtour im Grenzland

Länge/Dauer: 5 Tage, ca. 200 km. Start/Ziel: Bahnhof Niebüll/Bahnhof Westerland (Sylt), beide mit der Deutschen Bahn (Fahrradmitnahme) gut zu erreichen. Kurzversion: Ribe (Tag 3; Bahnanreise mit Fahrradtransport via Niebüll s. S. 84) – Westerland. Terrain: weitgehend flach. Fährüberfahrt Rømø–Sylt Fahrrad inkl. Fahrer ca. 10 €, www.syltfaehre.de

1. Tag: Niebüll – Nolde Museum – Rudbøl/Grenze – Højer – Møgeltønder – Tønder (ca. 50 km): Nach einem Besuch im Nolde Museum (s. S. 96) noch auf deutscher Seite erreicht man Dänemark im Grenzdorf Rudbøl, dann geht's via Vidå Schlusen und durch das idyllische Højer (s. S. 97) mit seinem Marschmuseum nach Møgeltønder (s. S. 91) mit Prinzenschloss und Dänemarks schönster Dorfstraße. Übernachtung dort romantisch im Schackenborg Slotskro oder in der nahen Barockstadt Tønder (s. S. 85).

2. Tag: Tønder – Løgumkloster – Ribe (ca. 56 km): Durch Dänemarks einzigen ›Urwald‹ Draved Skov, der sich seit der letzten Eiszeit kaum verändert hat, und über die Klosterstadt Løgumkloster (s. S. 90) erreicht man am Ribe VikingeCenter vorbei Dänemarks älteste Stadt Ribe (s. S. 115). Sie bietet genug, um extra Sightseeing einzuschieben.

3. Tag: Ribe – Vester Vedsted – Brøns – Ballum/Skærbæk (ca. 45 km): Aus Ribe fährt man direkt zu den Deichen im Westen, wo die Rundfahrt auf Dänemarks ›National Cykelrute 1‹ (s. S. 24) trifft und ihr nach Süden folgt. In Vester

Vedsted (s. S. 110) warten das Wattenmeer-Zentrum, aber auch ein Weingut und in Brøns Dänemarks zweitgrößte Dorfkirche mit Kalkmalereien aus dem 16. Jh. auf Besucher. Die Tagesetappe endet an der Ballum Sluse (s. S. 100), wo man direkt nebenan im Slusekro übernachten könnte, oder in der nahen Ortschaft Skærbæk. Alternativ fährt man noch über den 10 km langen Rømø-Damm, um am nächsten Tag mehr Zeit auf der Wattinsel zu haben.

4. Tag: Skærbæk/Ballum – Toftum – Rømø Havneby (ca. 30 km): Fahrt über den Rømø-Damm, dann zum Nationalmuseets Kommandørgården im Norden der Insel Rømø (s. S. 103), später südwärts nach Havneby über Inselradwege oder alternativ mit grober Bereifung und später sorgfältigem Putzen (Salzwasser!) über die Piste auf dem Rømø Strand.

5. Tag: Fähre Havneby – List (Sylt, 45 Min.) – Bahnhof Westerland (ca. 17 km).

Übernachten, Essen

Gasthaus des Schlosses – **Schackenborg Slotskro:** Slotsgaden 42, 6270 Møgeltønder, Tel. 74 73 83 83, www.slotskro.dk, tgl. ab 12 Uhr. Nostalgisch knarrende und nicht immer königlich-komfortable Zimmer und Suiten im Haupthaus und Nachbarhäusern an der Slotsgade (ca.1350–1950 DKK, Rabatt bei Online-Buchung s. o.). Die Gourmet-Küche serviert mittags Frokost-Klassiker ab ca. 130 DKK, abends werden gern Menüs genossen, ab ca. 420 DKK bei drei Gängen, günstiger ist das volkstümlichere Sonntagsmenü.

Einkaufen

Möbel, Antiquitäten & viel mehr – **Butik Slotsgaden:** Slotsgaden 14, Tel. 22 14 02 76, slotsgaden.dk. Eine Scheune voller, voller ... ja was eigentlich? Landhausmöbel, Antiquitäten, Trödel, Krimskrams, dänischen Souvenirs, Kerzen. Und ein gemütliches Café gibt's auch noch.

Radtour im Grenzland

Aktiv

Naturexkursionen – **Sort Safari:** Slotsgaden 19, Tel. 73 72 64 00, de.sortsafari.dk. Hauptbüro des größten Anbieters von Naturexkursionen wie die zu den berühmten Vogeltänzen auf und über den Marschwiesen (s. S. 64): Sort Sol (Schwarze Sonne = Stare), Hvid Sol (Weiße Sonne = Schwäne) und Grå Sol (Graue Sonne = Gänse); auch Adler- und Seehundsafaris sowie Helgolandfahrten.

Von der Grenze bis nach Højer ▸ D 14

Altes Marschland mit typischen Warfthöfen sieht man beim Schlenker von Møgeltønder über Rudbøl nach Højer.

Rudbøl

In Rudbøl teilt die deutsch-dänische Grenze die Dorfstraße, auf der Ostseite gehören die Häuser zu Deutschland, auf der Westseite zu Dänemark. Und wenn gerade kein Auto kommt, können Sie sich sogar grenzüberschreitend aufstellen: Die Grenzsteine mit den Buchstaben D für Dänemark und DRP für Deutsches Reich Preußen, die seit 1920 diese Linie markieren, sind im Asphalt zu erkennen (s. S. 57).

Nolde Museum Seebüll

Seebüll 31, D-25927 Neukirchen, Tel. aus DK +49 4664 98 39 30, www.nolde-stiftung.de, März–Nov. tgl. 10–18 Uhr, 8 €, Kombi-Tickets s. S. 90

Kunstgenuss kennt keine Grenzen: Nur 3 km südlich von Rudbøl liegt auf der Warft Seebüll jenes Wohn- und Atelierhaus, das Emil Nolde als Alterssitz nach eigenen Entwürfen errichten ließ und das mit jährlich wechselnden Ausstellungen aus dem reichen Nachlass des Künstlers für die Allgemeinheit geöffnet ist. Nolde kommt am 7. August 1867 in der damals preußischen, ab 1920 dänischen Bauernschaft Nolde östlich von Tønder als Emil Hansen zur Welt, der Vater Friese, die Mutter dänischsprachig. Ab 1902 macht er den Namen seines Geburtsortes zum Künstlernamen und wird zu einem der bedeutendsten europäischen Expressionisten. Als 1920 durch die Rückgabe Nordschleswigs an Dänemark sein Hof Utenwarf zwischen Møgeltønder und Rudbøl nördlich der neuen Grenze liegt, nimmt Emil Nolde die dänische Staatsbürgerschaft an und behält sie bis zu seinem Tod. Jedoch zieht er 1926 aus Frust über die Entwässerung der Vidå-Auen mit seiner dänischen Frau Ada auf die deutsche Seite der Grenze und bleibt dort sogar, als er während der Nazizeit zum ›entarteten Künstler‹ abgestempelt Berufsverbot hat.

Vidå-Sperrwerke

Die Straße folgt dann von Rudbøl nach Højer der Vidå auf den ältesten Deichen, die hier Mitte des 16. Jh. entstanden. Westlich von Højer, wo der Fluss durch Sperrwerke kontrolliert in die Nordsee mündet, kann man ihre Nachfolger sehen. Neue Deiche wurden 1861 fertig, die ältere **Højer Sluse** regelt den Durchfluss der Vidå und wenige Schritte landeinwärts dokumentiert am Ufer des Flusses das frei zugängliche Freilichtmuseum **Bådfolk ved Vidåen** Lebens- und Arbeitsbedingungen der Fischer, die auf den Flüssen und Seen des Marschlandes ihr Auskommen hatten (Slusevej 25, 6280 Højer).

Vor der Højer Sluse liest man von einer Sturmflutsäule die höchsten Wasserstände ab, die hier gemessen wurden. Noch 1976 trieb ein Hochwasser mit Pegelstand von 4,92 m über Normal Null 20 000 Menschen aus der Tønder-Marsch auf die etwas höhere gelegene Geestinsel im Norden. Das gab den Anstoß für den Bau des jüngsten Deichsystems mit einer Deichkrone von 7,45 m über Normal Null. Dabei entstand hinter den neuen Deichen im Margrethe Kog ein 260 ha großer, künstlicher Salzwassersee als Naturschutzgebiet, der im Rhythmus der Tiden voll läuft und sich wieder leert. So behielten Küstenvögel den Lebensraum, den sie bei Deichbauten sonst oft verlieren.

Gleich neben der **Vidå Sluse** bietet **Tøndermarskens Naturcenter** mit einer kleinen, unbemannten Schautafel- und Dioramen-Ausstellung Einblicke in das

Ökosystem auf beiden Seiten der Deiche (Slusevej 2, Højer, April–Okt. tgl. 10–17 Uhr, gratis). Übrigens entspricht das Dänische ›sluse‹ im Deutschen zwar auch einer Schleuse, meint an der Vidå aber ein Sperrwerk – Schiffe werden hier nicht durchgeschleust. Aufgabe des Sperrwerks ist es, unter normalen Bedingungen die Vidå ungehindert ins Watt strömen zu lassen, aber bei Gefahr dicht zu machen und das Mündungsloch im Deich zu schließen.

Højer ▸ D 14

Die Kleinstadt Højer zeigt mit ihren Friesenhäusern und -höfen viel ländliche Idylle, sogar das alte **Rathaus** ist reetgedeckt und als romantischer Trauungsort begehrt (Kirkegade 1–3, zu ›Heiraten‹ s. S. 90). Ansehnlich auch **Hindrichsens Gaard,** ein dreigeschossiger Kaufmannshof im Haubarg-Stil aus dem 18. Jh. mit wuchtigem Reetdach in der Nørregade, und nicht weit entfernt die Højer Mühle, 1857 im holländischen Stil gebaut und mit 25 m Höhe die größte ihrer Art in Nordeuropa. Bis 1970 wurde hier professionell Korn gemahlen, inzwischen beherbergt die **Højer Mølle,** eine Abteilung des Museum Sonderjylland zum Leben in der Tønder-Marsch, zu den Deichen und den Sturmfluten (April–Okt. Di–So, Juli–Sept. auch Mo 11–17 Uhr, 50 DKK/ab 18 Jahre, Kombi-Tickets s. S. 90).

Übernachten

Beim Marschbauern – **Marskens Bondegårdsferie:** Hohenwarte, Siltoftvej 2, 6280 Højer, Tel. 74 78 93 83, www.hohenwarte.dk. Im Stil einer Familienherberge, 31 Zimmer vom Einzel- bis zum 6-Bett-Zimmer, die meisten mit eigenem Bad/WC und als Bonus noch etwas Bauernhof-Feeling. DZ mit Frühstück ca. 620 DKK ohne Bad, ca. 670 DKK mit Bad; Mittag-, Abendessen und Lunchpakete optional, Reit- und Pferdewagentouren möglich. Auch WoMo-Stellplätze ab 125 DKK.

Einkaufen

Deftiges – **Slagterbutik Højer Pølser:** Søndergade 1, Tel. 74 78 22 31, Mo–Fr 9–17, Sa 9–12 Uhr. Fabrikverkauf der Wurstfabrik aus den Marschen, deren Produkte in ganz Dänemark verkauft werden.
Wolle veredelt – **Hanne i Højer:** A. R. Kjærbysvej 8, Tel. 74 78 20 78, www.hanne-i-hojer.dk, Di–So 9–17 Uhr. Die Textildesignerin Hanne Sönnichsen veredelt Wolle der Marschschafe zu Textilien auf der Grenze zwischen Kunst und Kleidung; in ihrer Galerie verkauft sie auch anderes, hochwertiges Kunsthandwerk von Kollegen anderer Sparten.

Termine

Højer Internationale Træskulptur Symposium: Mitte Juni werden für gut eine Woche rund ein Dutzend Künstler eingeladen, um jeweils einen Eichenstamm zu bearbeiten; am letzten Tag werden die Objekte versteigert, Details: www.symposium.dk.
Fåremarked: Am 2. Wochenende im Sept. findet der Schafmarkt statt, ein traditionsreiches Volksfest rund um einen Viehmarkt.

Von Højer zum Rømø-Damm ▸ C/D 13/14

Nördlich von Højer hebt sich eine Geestinsel aus dem flachen Einerlei, eine kaum merkliche Anhöhe aus Sand und Kies, die schon während der

Lieblingsort

Entschleunigung an der Ballum Sluse ▶ C 13
Eine echte Entschleunigung des Alltags erlebe ich an lichten Sommerabenden auf dem Deich neben dem alten Schleusenhaus von Ballum, wenn die Sonne langsam über Rømø ins Meer sinkt und die Vögel kreischend ihre letzten Runden drehen. Ich sitze nur wenige Meter über der Halbwelt aus Meer und Land, aber hier reicht das für Gipfelgefühle. Vor mir das Wattenmeer, landeinwärts die Marschen und hinter mir der Ballum Slusekro mit seiner ›hyggeligen‹ Krostue (s. S. 101). Aber Hallo! Hier ist nicht das Ende der Welt. Wenn ich Freunden sage, wann ich hier bin, kann ich ihnen sogar per Webcam zuwinken: www.ballumby.net/turisme/webcam.

letzten Eiszeit als Insel zwischen den Schmelzwasserströmen hervorlugte, aber mit Höhen von über 20 m hier fast schon ›alpin‹ wirkt. Folgt man der Küstenstraße [419] nach Norden, bietet sich neben der romanischen **Kirche von Hjerpsted** ein großartiger Ausblick auf das Wattenmeer und Dänemarks einzige, langsam verschwindende Hallig **Jordsand.**

Schlossruine Trøjborg

▶ D 14

Trøjborgvej 23, 6261 Sønder Vollum
Eine alternative Route, als Margeritenroute (s. S. 22) markiert, verläuft weiter landeinwärts vorbei an der Schlossruine Trøjborg, umrahmt von historischen Wallgräben. Hier stand schon im 14. Jh. eine Burg. Sie gehörte zeitweilig einer der mächtigsten Frauen der europäischen Geschichte, Margrete I., die damit die Macht der Krone in Südjütland festigen wollte. Ein späterer Neubau im Stil der Renaissance erlebte noch eine Renovierung zur Blütezeit des Barock, aber 1854 wurde das Schloss aufgegeben und der Abriss eingeleitet. Der endete abrupt und ließ die malerische Ruine zurück, als eine für den Abtransport der Steine notwendige Brücke über den Wallgraben einbrach.

Wander- und Radtour in der Ballum Marsch ▶ D 13

Start/Ziel: Ballum Sluse, 6261 Bredebro. Länge je nach Variante: 7,6–11 km Gelände: flach
Vom Sperrwerk **Ballum Sluse** (s. Lieblingsort S. 98) aus, wo es Parkmöglichkeiten gibt, erschließen Wege zum Wandern oder Radfahren die **Ballum Enge.** Diese typischste aller Marschen im Südwesten Dänemarks ist fast 600 ha groß, absolut flach und seit Jahrhunderten begehrtes Weideland, durchschlängelt von der in den 1980er-Jahren renaturierten Brede Å. Die findet an der Ballum Sluse ihren Weg durch die Deiche ins Wattenmeer. Ein paar Schritte entfernt bietet der **Ballum Slusekro** Stärkung in friesischem Ambiente.

Vom Kro folgt man ein kurzes Stück der Straße nordwärts, dann stehen rechts zwei windbetriebene Förderpumpen: **Møllekilen** versorgte früher ein Grabensystem zum Tränken des Viehs mit Süßwasser aus dem **›døde arm‹,** einem Seitenarm der Brede Å. Nebenan informiert im alten Møllehuset eine Miniausstellung über Natur und Geschichte der Marsch. Und dann ist da die Sturmflutsäule. Auf deren Spitze überrollt eine Monsterwelle ein Haus: Der Untergang des Dorfes Misthusum bei der großen Mandränke – beängstigend hoch auch der Ring der Sturmflut 1999. Eine schmale Fußgängerbrücke quert den ›toten Arm‹ zu den Wegen weiter östlich.

Die Marsch ist hier nicht absolut flach: Friesen schütteten im Mittelalter acht Warften auf und gründeten das Dorf **Misthusum.** In der ›Großen Manntränke‹ 1634 kamen fast alle Bewohner um. Von dieser Katastrophe erholte sich die Siedlung nie, wurde aber erst 1814 ganz aufgegeben. Aus Steinen alter Häuser entstand das **Markmandens Hus** auf einer der Warften. Es diente früher dem Markmand als Unterkunft, der im Sommer für Bauern aus Ballum Vieh auf den Marschweiden hütete.

Über **›Den Svorne Vej‹** geht oder radelt man auf Skærbæk zu und erreicht den Ort am **Hjemsted Oldtidspark** (s. S. 101). Um den ›Schwur-Weg‹ rankt sich eine düstere Sage: Einst schworen hier elf Männer bei Gott, ein Wegerecht zu haben, weil sie auf ›eigenem Boden‹ stünden. Dabei hatten alle nur Erde vom eigenen Acker in die Schuhe gepackt. Alle elf kamen bei der Mandränke ums Leben und wurden ruhelose Wiedergänger. Ein Mann begegnete den Untoten und berichtete, sie hätten laut geschrien: ›Zwölfe waren wir und Elfe schwuren, alle zusammen wir zur Hölle fuhren‹. Erst eine junge Frau gab ihnen die ewige Ruhe, indem sie elf potenzielle Selbstmörder von ihrem Plan abbrachte.

Der ruhigste Weg vom Wendepunkt am Oldtidspark führt zurück über denselben Weg, alternativ nimmt man den wenig befahrenen Hjemstedvej Richtung **Rømø-Damm** und benutzt dann je nach Windstärke den Weg auf oder hinter dem Deich zurück zur **Ballum Sluse.** Den ganzen Rundweg kann man abkürzen, nutzt man kurz nach dem Markmændens Hus den Wanderweg ›Æ' Markmandssti‹ geradewegs zum Hjemstedvej – inklusive Rückweg über den Deich ist diese Runde ca. 7,6 km lang.

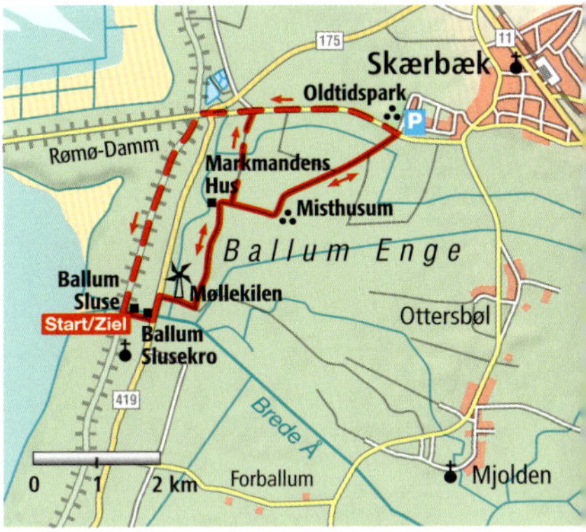

Wander- und Radtour in der Ballum Enge

Übernachten, Essen

Das einzige Haus weit und breit – **Ballum Slusekro:** Ballum Sluse 1, 6261 Bredebro, Tel. 74 75 11 79, www.ballum slusekro.dk. Der klassische Kro serviert deftige, dänische Kost, gern mit Sahne gekocht, (Frokostgerichte ab 75 DKK, Hauptgerichte abends ca. 150–200 DKK). Die fünf Zimmer sind gemütlich, teilen sich aber Bad/WC. Sie sind begehrt von Ornithologen, die sich hier wahrlich mitten in einem Paradies fühlen (DZ ca. 600–800 DKK; s. a. Lieblingsort S. 98).

Skærbæk ▸ D 13

Skærbæk ist der Festlands-Einkaufsort für die Ferieninsel Rømø, hier gibt es mehr Geschäfte und drei Supermärkte. Außerdem lockt bei schlechtem Wetter das **Skærbæk Fritidscenter,** ein großes Kultur-, Sport- und Freizeitzentrum mit Hallenbad, Bowlinganlage und ordentlicher Familien-Gastronomie (Storegade 46, www.kursus-fritids center.dk).

Hjemsted Oldtidspark

Hjemstedvej 60, Tel. 74 75 08 00, Mai–Okt. mind. Di–Sa 10.30–16, Sommer und Woche 42 länger und tgl.; aktuelle Zeiten auf www.hjemsted.dk, Erwachsene je nach Saison 65–95 DKK, 45–55 DKK/3–13 Jahre

Am Rande Richtung Ballum Enge erlaubt der Hjemsted Oldtidspark Zeitreisen in die Eisenzeit. Ein unterirdisches Museum präsentiert Funde, die man hier in den 1970er-Jahren gemacht, aber weitgehend unter Glasböden in der Erde belassen hat. Rundherum lebt mit vielen Aktivitäten für Kinder in einem Eisenzeitdorf die Epoche wieder auf, in der die Römer Europa beherrschten. Damals lebten die Menschen hier abseits des historischen und kulturellen Rampenlichts, aber nicht kulturlos. Ende Juni bis Ende August toben hier römische und germanische Soldaten

0
2
4
Juvre Sand
Militärisches Sperrgebiet
JUVRE ENGE
JUVRE
Thadesvej
Vesrervej
Toftum Gamle Skole
Nørreland
BOLILMARK
TOFTUM
Juvrevej
Areal Wind- und Kitesurfer
Tvismark Plantage
NØRRE TVISMARK
Rømødæmningen
175
Vesterhavsvej
Havnebyvej
LAKOLK
TVISMARK
Lakolk Sø
Råbjergvej
Prilen
Småfolksvej
KONGSMARK
Vadehavet
Kirkeby Plantage
Esbjerg Sø
Spidsbjerg
Walfängergräber
Kromosevej
Sønderland
KIRKEBY
175
siehe Detailkarte
Autofreie Zone
Grammarksvej
Vråby Plantage
Stagebjerg
Stagebjergvej
Havsand Lå
ØSTERBY
Start/Ziel
Langdalsvej
Nørre Frankel
Sønderbyvej
Engvej
HAVNEBY
Havsand
Rimmevej
Dyssebjergvej
Kite-Buggy-Areal
MØLBY
Vestergade
Sønderstrandvej
Strandsegler Areal
Sønderstrand
DÄNEMARK
DEUTSCHLAND
Sylt
0
400
800
Vadehavet
ØSTERBY
Norre Frankel
Engvej
Sønderbyvej
SØNDERBY
Rømø Turistbureau
Nordre Havnevej
Vestergade
Skansen
HAVNEBY
Anlege Syltfähr

Rømø

Sehenswert
1 Rømødæmningen
2 Lakolk
3 Sønderstrandvej
4 Nationalmuseets Kommandørgård
5 Hvalbenshegn
6 Naturcenter Tønnisgård
7 Kirchhof von Kirkeby
8 Skansen

Übernachten
1 enjoy resorts Rømø
2 Hos Else og Keld
3 Rim Rømø
4 Feriepartner Rømø
5 Rømø Holidays
6 Lakolk Strand Camping

Essen
1 Holms
2 Otto & Ani's Fisk
3 Hattesgård

Einkaufen
1 Rømø Slagteren
2 Lakolk Butikscenter

Aktiv
1 Rømø Golf Links
2 Rømø Lege- & Hesteland
3 Rømø Lege- & Labyrint-park
4 Rømø Cykler
5 Windriders.dk
6 Kommandørgårdens Islændercenter

Wanderung durch die Vråby und die Kirkeby Plantage, s. S. 104

herum. Highlight ist dann tgl. um 14 Uhr der Abschuss einer römischen Katapultwaffe. An einem Abend der Woche wird sie gar mit Brandmunition abgefeuert. Aber bitte keine Missverständnisse: Die Römer, die dort agieren, haben mit den Bewohnern der nahen Insel Rømø – deutscher Name: Röm – nichts zu tun, die heißen Rømser.

Rømø ▸ C 13/14

Rømø ist seit Ende der 1940er-Jahre über den gut 9 km langen Rømø-Damm mit dem Festland verbunden und damit als einzige Insel im europäischen Wattenmeer jederzeit mit dem Auto erreichbar. Dies lockt an schönen Sommertagen bis zu 100 000 Tagesbesucher aus weitem Umkreis, die sich zu den Gästen gesellen, die auf der Insel Quartier haben – etwa 1,2 Mio. Übernachtungen pro Jahr weist die Statistik aus. Platz haben trotzdem alle auf fast 130 km², im Westen von einem der breitesten Strände der Welt gesäumt – über 2 km Sand erstrecken sich an einigen Stellen zwischen Dünen und Meer.

Rømø hat nur wenig mehr als 600 feste Einwohner, die verstreut über die ganze Insel leben. Ein nennenswerter Ort hat sich erst in jüngster Zeit im Süden entwickelt: Havneby. Auf jeden Fall sind die Rømser praktisch rund ums Jahr gegenüber ihren Gästen in der Minderzahl. Auf dem größten Campingplatz ihrer Insel könnte jeder Einzelne einen eigenen Stellplatz belegen, und es wären immer noch weit über hundert frei.

Rømødæmningen 1

Das Erlebnis Rømø beginnt bereits bei der Fahrt über den Rømø-Damm. Bei Hochwasser schwappen rechts und links Wellen ans Fundament, bei Niedrigwasser werden Bemühungen sichtbar, mit Lahnungen dem Watt noch mehr Land abzuringen. Während der Vogelzüge im Frühjahr und Herbst ist der Damm ein populärer Platz zur Beobachtung der gefiederten Invasoren. Und passen Sie dann auf: Sollte der Fahrer des Wagens vor Ihnen Ornithologe sein, müssen Sie jederzeit mit abrupten Bremsmanövern rechnen!

Rømø Strand !

Überquert man vom Damm kommend die Insel nach Westen, fährt man bei **Lakolk** 2 auf den Strand. Wer mit dem Auto direkt ans Wasser will, biegt nach Norden ab. Richtung Süden sind

Kraken, Krabben, Kriechtiere: buntes Getümmel am Himmel beim Rømø Dragefestival

autofreie Areale mit Holzpflöcken markiert. Nur eine teilweise durchs Wasser führende und längst nicht bei jedem Tidenstand sichere Piste führt fast 10 km am Rande der Dünen entlang, bis sie auf die Strandzufahrt vom **Sønderstrandvej** 3 trifft. Davor sind auf dem flachen Sandwatt, das bei hohen Wasserständen jedoch volllaufen kann (!), Areale für Kite-Buggy-Fahren, Strandsegeln und Blokart-Fahren markiert. Bei passendem Wetter bieten mobile Verleihstationen (s. S. 110) notwendige Sportgeräte inkl. Einführungen.

Von der Zufahrt quert eine Fahrspur den mehrere Kilometer breiten Strand bis ans offene Meer zu einem Badeabschnitt, an dem oft alle Hüllen fallen. Vorsicht aber: Je näher man dem Wasser kommt, desto weicher ist der Sand – hier fuhren sich schon viele fest! Zwischen den Zufahrten in Lakolk und am Sønderstrand sieht man, wie der Strand wächst und neue Dünenketten im Westen entstehen – dort findet man auch noch einsame Plätze.

Wanderungen durch das Hinterland

Länge: 3 bzw. 4 km, Parkplätze am Start/Ziel: s. Inselplan s. S. 103 (rot), detaillierte Infos mit Karte in Deutsch online beim Naturstyrelsen (s. S. 33, Printausgabe auch beim i-Büro)

Hinter dem Strand liegen an einigen Stellen bis zu drei Dünenketten hintereinander, dazwischen Strandsümpfe und kleine Seen. In diesen wertvollen Biotopen wachsen seltene Pflanzen, sogar Enziane, und brüten viele Vögel, vor allem Watvögel. Weiter östlich breitet sich Heide aus, spärlicher Wald, Marschland, und bald darauf ist die Insel überquert, das Watt beginnt. Im mittleren Teil von Rømø erschließen Wanderwege die archaische Landschaft.

Die Route im **Vråby Forst** (gelb markiert, 3 km) führt vom Parkplatz am Langdalsvej durch eine hügelige Dünenlandschaft, bepflanzt mit Bergkiefern, um Sandflug zu unterbinden. Der 18 m hohe **Stagebjerg** am Ostrand des Wäldchens sorgt für den Überblick, auch Richtung Wattenmeer.

Etwas länger ist die Route im **Kirkeby Forst,** gut zu verbinden mit einem Besuch bei den **Walfängergräbern** von Kirkeby (s. S. 106). An diesem Rundweg verschafft der **Spidsbjerg** gute Aussichten, eine fast 20 m hohe Düne. Zwischen beiden Forsten liegt ein typisches Heidegebiet, durch das ein Weg beide Routen verknüpft.

Nationalmuseets Kommandørgård 4

Juvrevej 60, Toftum, Tel. 74 75 52 76, www.natmus.dk, Mai–Sept. Di–So 10–17, 14 Tage um Ostern u. Okt. Di–So 10–15 Uhr, 50 DKK/ab 18 Jahre, mit 1 Kind 40 DKK, Café mit Gartenplätzen

Sand weht mal mehr, mal weniger seit Jahrhunderten über Rømø. Im 16. und 17. Jh. war es besonders schlimm. Landwirtschaft, zuvor Lebensgrundlage, wurde unmöglich. Die Rømser wichen aufs Meer aus, fanden Gefallen daran und wurden begehrte Seeleute. Viele fuhren als Schiffsoffiziere und Kapitäne unter fremden Flaggen, bevorzugt unter der holländischen, auf Walfang im nördlichen Eismeer. Auch die Thadens aus Toftum waren Kapitäne und wurden reich damit. Ihr prächtiger Hof im Norden der Insel, den sie Mitte des 18. Jh. bauen ließen und bis 1950 kaum verändert im Familienbesitz behielten, steht unter den Fittichen des dänischen Nationalmuseums. Zum Hof gehört die wenige Schritte entfernte **Toftum Gamle Skole,** eine Zwergschule, in der von 1784 bis 1874, also bis in Rømøs preußische Zeit hinein, ehemalige Kapitäne Kinder der Umgebung unterrichteten – ob Seemannsgarn Hauptfach war?

Walknochen

In der Scheune des Kommandørgård kann man sich von der Beute der Walfänger ein Bild machen, dort hängt ein Pottwal-Skelett. Das Tier wurde aber nicht erlegt, es war Opfer einer Walstrandung auf dem Weststrand von Rømø, wo 1996 und 1997 insgesamt 27 Pottwale verendeten, einzelne bis zu 25 t schwer. Wale stranden immer wieder an den Küsten der Nordsee, in so großer Zahl aber seit mehr als 200 Jahren nicht. Liegen Pottwale auf Grund, werden sie bei Ebbe von ihrem eigenen Gewicht zu Tode gedrückt. Warum die jungen Walbullen in die für sie tödlich flachen Gewässer von Rømø schwammen, ist bis heute ungeklärt: Der fatale Irrtum kann ihnen im Nordmeer bei der Futtersuche passiert sein, dann schwammen sie einem Instinkt folgend konsequent nach Süden, aber auch Giftstoffeinleitungen oder die ›akustische Verschmutzung‹ der Nordsee können Ursachen sein. Die Walknochen, die man in Juvre knapp 1 km nördlich der Kommandørgården auf ungewöhnliche Art angeordnet sieht, sind indes wirklich alte aus der Walfängerzeit: Der **Hvalbenshegn** 5 ist ein Gartenzaun, 1772 aus Unterkieferknochen von Walen gebaut, weil damals Holz Mangelware war.

Naturcenter Tønnisgård 6

Havnebyvej 30, Tvismark, Tel. 74 75 52 57, www.tonnisgaard.dk, Mitte März–Okt. Mo–Fr 10–16, sonst Mo–Mi 10–15 Uhr, Dez./Jan. ausgewählte Tage s. Website; Ausstellung 22 DKK/Erw., 11 DKK/4–13 Jahre; Exkursionen und Arrangements nach Programm ab 75/30 DKK

Teile eines weiteren Pottwal-Skeletts der Strandungen in den 1990ern liegen vor dem Sekretariat des Nationalparks Wattenmeer in Tvismark, das sich das reetgedeckte Dach eines über 200 Jahre alten Kapitänshofes mit dem Naturcenter Tønnisgård teilt, dort wird neben Rømøs Natur auch Kulturgeschichte vermittelt. Parallel zur permanenten Ausstellung veranstaltet Tønnisgård rund ums Jahr Exkursionen überall auf Rømø, viele mit deutschsprachigen Guides. Deutsche Gäste lieben offensichtlich das Martialische ebenso wie das Kulinarische: Bunkertouren sind der Hit, aber auch Wattwanderungen und Austernsuche, die meist nördlich des Hafens von Havneby stattfinden (s. Mein Tipp S. 107).

Kirchhof von Kirkeby 7

Havnebyvej 152, Kirkeby, Kirche tgl. 8–16 Uhr, Friedhof immer

Weitere Erinnerungen an die Walfängerzeit zeigt der Friedhof von Kirkeby: An der Nordmauer erinnern reich verzierte Gedenksteine an verstorbene oder verschollene Kapitäne. Es war Usus, sich schon zu Lebzeiten einen solchen Kommandørsten im Ausland, gern in Holland, bei bekannten Steinmetzen schlagen zu lassen. Nur die Todesdaten blieben offen, was bei genauem Hinschauen auffällt, denn sie sind selten so sorgfältig gearbeitet wie der Rest. In der Sct. Clemens Kirke mitten zwischen den Gräbern hängen prächtige Votivschiffe, von Kapitänen in Seenot versprochen und dann gespendet, wenn sie es gerade noch einmal schafften, dass ihr Grabstein nicht aufgestellt werden musste.

Havneby

Die Hafenstadt Havneby hat erst in jüngster Zeit ein kleines Zentrum um den modernen Shopping- und Apartment-Komplex **Skansen** 8 bekommen, Lichtjahre von Fischerdorfromantik entfernt. Was Urlauber lockt, sind Mode- und Outlet-Shops sowie das i-Büro der Insel. Außerdem sind Hafen und Deich-Promenade nah. Der wenig idyllische **Hafen** wurde Anfang des 21. Jh. für die Versorgung der Offshore-Energiegewinnung ausgebaut. Das brachte Arbeitsplätze und viele Mitarbeiter wohnen zeitweise auf der Insel. Havneby wirkt jetzt rund ums Jahr munterer, Lokale und Geschäfte haben über den Winter geöffnet. Die Kaianlagen sind sogar groß genug, kleinere Kreuzfahrtschiffe aufzunehmen. Heftig umstritten ist ein geplanter Heliport im Süden der Insel, von dem bis zu 4000 Hubschrauberflüge pro Jahr zur Unterstützung der Offshore-Arbeiten starten und landen sollen.

Die Inselhauptstraße endet am Anleger der Syltfähre, die von hier nach List ablegt, direkt hinein in die dortige Livestyle-Meile von Gosch-Sylt. Am Nordrand von Havneby finden kleinere Kinder im **Rømø Lege- & Hesteland** 2 alles, was sie lieben: Streichelzoo, Spaßbad, Wasserrutsche, Kletterburg, Hüpfkissen, Bötchen- und Kutschfahrten sowie Ponyreiten (Borrebjergvej 15, www.kommandoergaarden.dk; ganzjährig. Alle Aktivitäten sind nur Juli–Aug. zugänglich, davon hängen Öffnungszeiten und Preise ab: 10.30/11/11.30–16/18/20 Uhr, 65/85/115 DKK/3–69 Jahre). In den Westen von Havneby lockt **Rømø Lege- & Labyrintpark** 3 mit Open-air-Spielen und Aktivitäten für Kinder und Erwachsene wie Hindernis-Parcours und Labyrinthe, in denen man ohne GPS den Weg finden muss (Engvej 5A, Mobil-Tel. 20 46 14 61, www.rlp.nu, Ostern bis Woche 42 Hochsaison und um Feiertage tgl., sonst ausgewählte Tage, 50/60 DKK, 225 DKK/Familien 2+2).

Übernachten

Rømø hat Tausende von Ferienhäusern, aber nur wenige Hotel-, Pensions- und B & B-Zimmer. Ungewöhn-

Mein Tipp

Gourmet-Genuss für lau: Austern aus dem Watt

Es ist ein kalter Herbsttag Anfang November. Eisig der Wind, strahlend blau der Himmel, glasklar die Luft mit ungeheurem Weitblick über das Wattenmeer. Unsere kleine Wattwanderer-Gruppe mit der Deutsch sprechenden Mareike und der ›Austern‹-Spezialistin Helen vom Naturcenter Tønnisgård (s. S. 105) hat sich nur ein paar hundert Meter durch das schlammige Watt gearbeitet, da wird der vorher glatte Boden immer unruhiger. Genauer hingeschaut ist er übersät mit Austern aller Größen und Formen. Helen lässt uns suchen, möglichst kleine und einzelne Muscheln, nicht so sehr die großen Klumpen, zu denen einige Austern zusammengewachsen sind. Und dann holt sie ihr Messer heraus, eins von der ganz kräftigen Art, denn die Austern leisten Widerstand, ihre Schalen sind hart. Wer will, kann jetzt schlürfen: Zwar hat keiner Zitronen dabei, aber frischer gehts nicht. Helen zerstreut auch alle Bedenken: Die Austern, die hier massenhaft liegen, sind Migranten aus dem Pazifik, wahrscheinlich aus einem gescheiterten Zuchtversuch ungewollt ausgewildert. Biologen befürchten, dass sie sogar heimische Muschelarten bedrohen und so gilt: Je mehr gegessen werden, desto besser für die Natur des Wattenmeeres.

Wer Austern im Watt auf eigene Faust suchen will, sollte die Tidentabelle beachten, um nicht von der Flut überrascht zu werden. Außerdem sollte man die Faustregel befolgen: Austern von den Herbstferien bis Ende April genießen, den Rest des Jahres liegen lassen! Bei hohen Temperaturen können sie nämlich durch giftige Algen und Bakterien belastet sein. Austern, die im Sommer in Fischläden und Restaurants angeboten werden, stehen unter ständiger Kontrolle und sind daher unbedenklich.

Mein Tipp

Luxusferienpark mit Golf und Wellness

Beim ersten Besuch im **enjoy resorts Rømø** 1 habe ich gefremdelt: Für den optischen Gesamteindruck hätte ich den Architekten mit Blick auf sein Werk ein Jahr bei Wasser und Brot eingekerkert – von Ferne wirkt die Anlage mit ihren 200 reetgedeckten Reihenhäusern und deren wuchtigen Kaminen wie eine Fabrik. Für die Innenausstattung möchte ich aber einen Orden verleihen. Die ist von klassisch dänischem Design geprägt, mit hochwertigen Markenprodukten bestückt, und obwohl die Nachbarn in Partylaune waren, drang kein Lärm durch die Wände. Zudem bietet die Anlage im Zentralgebäude einen Delikatessenshop und ein Restaurant der gehobenen Klasse mit grandioser Aussicht auf einen der besten Links-Golfplätze Skandinaviens direkt vor der Tür: **Rømø Golf Links** 1 (18-Loch u. 9-Loch Pay & Play, Greenfee je nach Wochentag ca. 250–300 DKK). Das Ganze wird ergänzt durch Bowlingbahnen, Fitnessraum, Hallenbad und eine luxuriöse Wellnessanlage mit Dampf- und Hitzesaunen, Aroma- Dampfbädern und viel Platz in den Entspannungszonen. Und einen richtig guten Spiel- und Bolzplatz für Kids gibt es auch. Die Preise liegen je nach Saison bei ca. 4500–11 000 DKK/ Woche für maximal 4 Erw. und 4 Kinder. Außerdem gibt es unzählige Angebote für Wellness-, Golf- oder Aktiv- und Miniferien. Großes Plus: Das ganze Jahr gelten flexible An-/Abreisetage (enjoy resorts Rømø, Vestergade 31, Havneby, Tel. 74 75 56 55, www.enjoy resorts.dk).

lich ist die Dichte an Ferienparks bzw. Ferienhaussiedlungen im Süden um Havneby. Die meisten Häuser dieser Anlagen gehören Privatpersonen und die können sie vermieten, über wen sie wollen. So passiert es, dass verschiedene Häuser eines Ferienparks jeweils exklusiv in Katalogen mehrerer Ferienhausvermittler auftauchen. Wichtig für Camper: Von 21–7 Uhr ist es außerhalb der Campingplätze auf Rømø verboten, in Fahrzeugen zu übernachten oder mit Wohnmobilen oder -wagen, die zur Übernachtung hergerichtet sind, zu parken.

Luxusferienpark – **enjoy resorts Rømø** 1: s. Mein Tipp.

Urgemütliche Pension – **Hos Else og Keld** 2: Havnebyvej 110, Kongsmark, Tel. 74 75 51 06, www.hoselseogkeld.dk. Auf dem Bauernhof werden schon seit fünf Generationen Gäste aufgenommen und bewirtet, die Zimmer sind einfach, aber individuell, z. T. mit eigenem Bad/WC; das Frühstück ist reichlich und es gibt eine Gästeküche. DZ 600–675 DKK, Rabatt ab dem 4. Tag; Unterstell- und Weidemöglichkeit für Pferde (Box 100 DKK, Weide 50 DKK/Tag).

Ferienpark – **Rim Rømø** 3: Vestergade 159, Havneby, Tel. 74 75 57 75, www.rim-romo.dk. Ferienpark mit Dorfcharakter, Außen- und Innenpools, Minigolf und über 200 Häusern/Wohnungen, auch Kurzaufenthalte möglich.

Ferienhäuser – **Feriepartner Rømø** 4: Feriepartner Rømø, Nørre Frankel 1, Havneby, Tel. 74 75 51 30, www.feriepartner.de/roemoe Ferienhaus-Vermittlung des i-Büros. **Rømø Holidays** 5: Lakolk Butikscenter 20, Lakolk, Tel. 74 75 52 75, www.romo-holidays.dk. Beide lokalen Ferienhausvermittler haben sowohl freistehende Ferienhäuser als auch Häuser und Wohnungen in den Ferienparks der Insel im Angebot.

Camping groß und munter – **Lakolk Strand Camping** 6: Lakolk, Tel. 74 75

52 28, www.lakolkcamping.dk, Ostern bis Mitte Okt. Gleich hinter den Dünen und am Lakolk Butikscenter (s. u.) mit rund 800, relativ kleinen Stellplätzen – in der Saison sehr lebhaft. Auch Hütten mit oder ohne Bad (ab ca. 550 DKK/Tag) und günstige WoMo-Stellplätze ab 140 DKK/2 Pers.

Essen, Einkaufen

Fischgeschäft, Räucherei & Restaurant – **Holms** 1: Nordre Havnevej 1, Havneby, Tel. 74 75 50 66, www.holmsrogeri.dk, Restaurant Saison tgl. 11–20/21, Fischladen tgl. 10–17 Uhr. Winter oft Mo oder Mo u. Di geschlossen. Fischladen und Räucherei mit großer Auswahl an heimischen wie exotischen Fischen und Schalentieren. Das Restaurant bietet eine gute Fischküche, zum Frokost auch Einfaches wie Fischfrikadellen, Fischsuppe oder Heringsbrötchen (ab ca. 60 DKK). Mitte Februar bis November gibt es Fr, in der Saison auch So das beste Fischbuffet weit und breit (ca. 230 DKK, Hauptgericht ab ca. 100 DKK).

Fischgeschäft, Räucherei & Imbiss – **Otto & Ani's Fisk** 2: Havnepladsen (am Hafen), Havneby, Tel. 74 75 53 06, tgl. 10–16/17 Uhr. Große Auswahl, aber längst nicht alle Fische kommen aus der Region! Gebraten, gedämpft, geräuchert gibt es Fisch und Krabben mit einfachen Beilagen auch zum Sofortessen in- und outdoor vom Heringsbrötchen (35 DKK) bis zur Fisch- und Krabbenplatte für zwei (250 DKK).

Antiquitäten, Trödel & Selbstgebackenes – **Hattesgård** 3: Hattesvej 17, Tvismark, Tel. 73 75 52 11, www.hattesgaard.dk. Im Antiquitäten- und Trödelladen stehen die Tische und Stühle zum Verkauf, die Gäste des Cafés gerade benutzten: Hattesgård ist originell, urgemütlich und die selbstgebackenen Brote, Cakes und Kuchen sind der Wahnsinn – wer auf Diät ist, ist hier falsch oder leidet! Und keine Sorge, falls die Polizei vor der Tür steht: Der Hof ist auch Standort der Inselwache!

Einkaufen

Hier gibt es Marschlamm – **Rømø Slagteren** 1: Prilen 2, Kongsmark, Tel. 29 90 75 16, ca. Ostern–Okt. u. Dez. je nach Saison 5–7 Tage die Woche. Ein Qualitätsschlachter mit Leib und Seele liefert Fleisch und Wurstwaren aus lokaler Produktion, u. a. wunderbares Marschlamm, das auf Salzwiesen am Rande des Watts und auf den Deichen graste.

Hier gibt es alles – **Lakolk Butikscenter** 2: Vesterhavsvej, Shops tgl. mindestens 10–17, Hochsaison teils bis 20 Uhr. Neben der Zufahrt zum Lakolk-Strand, angrenzend an den größten Campingplatz im dänischen Wattenmeer und mit gigantischem Parkplatz, bietet diese grell-bunte Mischung im amerikanischen Vorstadt-Stil günstige Outlet-Shops, Boutiquen, Lebensmittelläden, einen bestens sortierten Kite-Shop, Sommer-Discos, Cafés, Eisdielen, Restaurants und Imbiss-Lokale der Kategorie ›Menü-auf-Foto-über-Tresen‹, die eher niedere kulinarische Gelüste befriedigen. Äußerst populär an grauen Tagen ist **Rømø Lys** (romolys.dk), eine Kerzengießerei, in der man selbst Kerzen kreieren kann.

Aktiv

Baden – **Lebensretterstation:** Vor der Strandzufahrt **Lakolk** (s. S. 103). Unbewachter, aber populärer Badeplatz mit vielen Nacktbadern am Sønderstrand quer ab der dortigen **Zufahrt.** An vielen anderen Stellen ist Baden möglich außer in explizit ausgewiesenen Wind- und Kitesurferarealen.

Golfen – 1 **Rømø Golf Links** s. S. 108

Kinder – **Rømø Lege- & Hesteland 2** u. **Rømø Lege- & Labyrintpark 3** s. S. 106
Fahrrad- und Tretmobilverleih – **Rømø Cykler 4**: Nørre Frankel 1B, 6792 Havneby – Rømø, Tel. 88 93 50 40, www.romocykler.dk. Tagespreise ab 60 DKK/Erwachsenenrad und 45 DKK/Kinderrad plus Zubehör (Helme, Anhänger etc.), Tretmobile für 2–10 Pers. ab 75 DKK/Std., E-Bikes ab 185 DKK.
Strandsport – **Mobile Stationen 5**: z. B. für Strandsegeln auf Rømø Sønderstrand (u. a. Sylt Event, www.windriders.dk, Tel. in D 0049-4651-460 99 99) abhängig von Wind und Wetter, ca. 200 DKK/Std. Details tagesaktuell im i-Büro in Havneby. Verleih von Blokarts (s. S. 77) bei Rømø Cykler (s. o.) ab 555 DKK/Tag.
Reiten am Strand und im Watt – **Kommandørgårdens Islændercenter 6**: Havnebyvej 201, Østerby, Tel. 74 75 51 22, www.kommandoergaarden.dk. Reiterhof eines Hotel- und Ferienparks, der auch für fremde Gäste offensteht. Ausritte mit Islandpferden von 2–8 Std. Dauer auf Rømøs Strand und Heiden sowie nach Mandø und Koresand.
Seehunde beobachten – **Sæl Safari:** s. Sort Safari (S. 95). Mit einem Kutter zu Robbenbänken vorläufig ab List auf Sylt inkl. Fähre ab Havneby, Mai–Sept. bis 3 x pro Woche, 235 DKK, 195 DKK/bis 13 Jahre.

Infos

Rømø Turistbureau: Nørre Frankel 1, Havneby, 6792 Rømø, Tel. 74 75 51 30, romo.dk/de.
Rømø Dragefestival/Kitefliers Meeting: Alljährlich ab dem ersten Fr im Sept., s. S. 78.
Syltfaehre.de: Havneby – List auf Sylt je nach Saison 5–9 Überfahrten tgl., ca. 45 Min., Tel. in D 0461 86 46 01, www.syltfaehre.de; Familie 2+2 h/z ca. 30 €, mit Pkw ab 71 €.

Nationalpark Wattenmeer!

▶ B/C 11–14

Das Wattenmeer ist mal wogende Wasserfläche, mal schlammiges Land. Motor dieses ständigen Wechsels sind die Gezeiten: 6 Std. 12 Min. nach dem niedrigsten ist der höchste Wasserstand erreicht, wieder 6 Std. 12 Min. später der niedrigste – und das Spiel beginnt von vorn. Das Wattenmeer prägt die Küste im äußersten Südwesten Dänemarks, ist seit 2010 von der deutsch-dänischen Grenze bis in den nördlichen Winkel der Ho Bugt größter Nationalpark des Landes und seit 2014 zusammen mit dem deutschen und niederländischen Watt UNESCO-Welterbe. Es ist Brutstätte, Kinderstube und Tischlein-Deck-Dich für einen großen Teil des maritimen Lebens unserer Breiten, und auch die Vogelwelt Europas und Nordafrikas würde ohne dieses Ökosystem so nicht existieren.

Man sieht das Wattenmeer vor den Deichen, man sieht es von meinem Lieblingsplatz an der Ballum Sluse (s. S. 98) und vom Rømø-Damm, man sieht es an der Ostküste von Fanø und von der Promenade in Hjerting, nirgendwo aber kommt man ihm so einfach nah, erlebt die Ursprünglichkeit der einzigartigen Landschaft in ihrer scheinbaren Unendlichkeit so überwältigend wie auf einer Fahrt bei Niedrigwasser über den Meeresboden oder über den rauen Låningsvej nach Mandø und noch intensiver bei einer Tour bei Niedrigwasser auf die riesigen Sandflächen um die kleine Insel herum (s. S. 112).

Vester Vedsted ▶ C 13
In dem Dorf südlich des historischen Ribe widmet sich ein modernes Wissenscenter dem Thema

Wattenmeer, hier starten Trecker-Busse Richtung Mandø, und auch die ›Straßen‹ durchs Watt zu dieser ungewöhnlichen Insel beginnen hier. Etwas erwartet man jedoch hinter den Deichen in diesem windigen Westen Dänemarks kaum: Das **Vester Vedsted Vingård.** Das Weingut kuschelt sich im Windschatten eines Wäldchen und hat eine echte französische Note, seit die Tochter des Weinbauern einen jungen Franzosen auf den Hof brachte. Die gut 10 000 Rebstöcke sind indes robuste, wenig bekannte Arten wie Rondo, Cabernet Cortis, Solaris und Muscaris – die meisten moderne Züchtungen des staatlichen Weinbauinstituts Freiburg. Aber nicht nur die Weine locken in das Öko-Café des Weinguts, auch der Hofladen mit Spezialitäten aus der Region, vieles selbstgemacht wie Kräuterschnäpse und Aufgesetzte und fast alles biologisch (Vedsted Vej 64, Mobil-Tel. 31 24 65 87, ganzjährig an Wochenenden Fr 12–17, Sa/So 10–17, Juli–Aug. auch Do 14–17 Uhr, sowie Führungen mit Weinprobe, Details: www. vvingaard.dk).

Vadehavscentret ▶ C 13

Okholmvej 5, Vester Vedsted, 6760 Ribe, Tel. 75 44 61 61, www.vadehavscentret.dk, Okt.–April tgl. 10–16, Mai–Sept. 10–17 Uhr, 100 DKK, 50 DKK/4–12 Jahre, Exkursionen 2–5 Std. ca. 75–325 DKK

Das Wattenmeer-Zentrum, das sich als ›Tor zum UNESCO Weltnaturerbe‹ versteht, wurde nach kompletter Neugestaltung und Erweiterung um einen wegen seiner Architektur international beachteten Reetdach-Bau Anfang 2017 wiedereröffnet. Mit modernsten Museumkonzepten hilft es seinen Besuchern, die maritime Welt aus Land und Meer jenseits der nahen Deiche wirklich zu verstehen. So lernen Kinder wie Erwachsene gleichermaßen das Watt kennen, welche Würmer, Schnecken, Muscheln, Fische und Vögel dort leben und welche Bedeutung es als Kinderstube und Esszimmer für die Meeresfauna der Nordsee oder als Rastplatz bei den Vogelzügen hat. Zudem erlebt man in einer Multimedia-Inszenierung, wie eine Sturmflut über die Küste hereinbricht. Naturführer des Zentrums bieten Watt- und Seehundexkursionen, Touren zum Austernsammeln und zur Beobachtung der Schwarzen Sonne (s. S. 64).

Ebbevej und Låningsvej ▶ C 12/13

Vom Vadehavscentret ist es nur ein Katzensprung zu den Deichen, zum echten Wattenmeer und zu den tidenabhängigen Wegen zur Insel Mandø. Solange der Wasserstand es erlaubt, fahren Treckerbusse über den blanken Meeresboden hinüber – der **Ebbevej** wird durch hochaufragende Besen markiert.

Eine Alternative, die man mit dem eigenen Fahrzeug benutzen darf, ist der **Låningsvej,** eine aus grobem Schotter aufgeschüttete Piste, die bei Hochwasser ebenfalls bis über Dachhöhe eines Pkw unter Wasser steht. Wenn Sie die Tour Ihrem Wagen zumuten, ist es Pflicht, sich über sichere Fahrzeiten im Vadehavscentret, im Mandø Brugs oder im i-Büro von Ribe (s. S. 127) zu informieren.

Immer wieder werden Fahrzeuge von der Flut überrascht, oft mit Totalschaden und Bergungskosten verbunden, für die meist keine Versicherung aufkommt. Windverhältnisse und Wasserstände (Nipptiden rund um Halbmond = hohes Niedrigwasser, Springtiden bei Voll- oder Neumond = Wasser kommt sehr schnell und sehr hohes Hochwasser) lassen keine festen Regeln zu! Auf sicherer Seite ist man in einem der er- ▷ S. 114

Auf Entdeckungstour: Im Takt mit den Tiden – Insel Mandø und der Koresand

Wer die bewohnte Insel Mandø und ihr wüstenähnliches Anhängsel Koresand besuchen will, muss sich auf den Takt der Tiden einlassen – sie bestimmen das Wann. Wer jedoch hinausfährt, erlebt eine ungewöhnliche Inselgemeinschaft, kann Bernstein finden und Robben in ihrer Welt beobachten.

Reisekarte: ▶ C 12/13
Anreise: ab Vester Vedsted auf dem Festland am sichersten mit Treckerbussen (s. S. 115)
Planung & Info: Exkursionen ab/bis Festland mit Treckerbus ca. 4–5 Std. inkl. Aktivitäten auf Mandø oder im umliegenden Watt

Mandø ist nur über zwei archaische, tidenabhängige Wege, Ebbe- und Låningsvej, zu erreichen. Nur 31 Menschen leben aktuell noch auf der Insel im ewigen Takt von Ebbe und Flut. Die bestimmen, wann man zum Einkaufen nach Ribe kann, wann zum Arzt, wann zur Schule, wann die Post kommt und wann man sich von einem Rendezvous wieder aufmachen muss.

Zentrum des Insellebens ist der Inselladen **Mandø Brugs** (s. S. 114) – für Besucher Servicebüro und für Einheimische nonvirtueller Chatroom. Das Wattenmeer ist Thema der frei zugänglichen Ausstellung im **Klithus Mandø,** während das **Mandø Museum** im reetgedeckten Skipperhaus Mandø Huset neben dem Mandø Brugs seine volkskundliche Inselsammlung immer dann zeigt, wenn einer der ehrenamtlichen Museumswärter Zeit hat, aufzumachen.

Mandø liegt anders als Rømø und Fanø mitten im Watt. An den kleinen Inselstrand im Westen, wo in den Dünen eine Sturmflutsäule Katastrophenfluten anzeigt, lecken Wellen somit nur in einem kleinen Zeitfenster um Hochwasser, sonst breitet sich bis zum Horizont ein Schlick- und Sandwatt aus.

Austern und Seehunde

Das Watt endet im Norden am **Knudedyb,** einer tiefen Rinne zum Wasseraustausch des Wattenmeeres zwischen Fanø und Mandø. Durch dieses Tief strömen zweimal am Tag gigantische Wassermassen, darin Abertausende von Fischen. Für Seehunde ist das ein Schlaraffenland und so hat sich in jüngster Zeit eine große Kolonie der Meeressäuger hier etabliert. Die Tiere lassen sich bei Wattwanderungen gut beobachten, viele aalen sich auf dem Sand, hin und wieder schiebt sich ein Körper ins Wasser. Wer keine Angst vor der Kälte der Nordsee und neugierigen, ungewohnten und sehr nah kommenden Badegefährten hat, kann sogar mit ihnen schwimmen. Benny mit seinen Pferdewagen (s. S. 114) macht Touren in diesen Teil des Wattenmeeres, auch zum Suchen von Austern, die sich hier immer weiter ausbreiten. Auf keinen Fall aber sollten Ortsunkundige allein dieses Wattgebiet erkunden.

Wüste im Meer

Das gilt genauso für **Koresand.** Die gut 25 km² große Sandwüste südwestlich von Mandø wird nur bei extremen Hochwassern überspült. Das geschieht jedoch oft genug und so konnte sich auf dem Hochsand nie eine nennenswerte Flora festsetzen. Weil eine weitere Rinne zwischen Koresand und Mandø mindestens bei jedem Hochwasser, manchmal auch bei hohen Niedrigwassern überflutet wird, macht sich die Mini-Sahara regelmäßig selbstständig.

Die gängige Form, Koresand zu erleben, ist auf einem Leiterwagen hinter einem leistungsstarken Trecker. Fast 10 km kann der von Mandø aus auf Rømø zufahren. Faszinierend der Wechsel der Eindrücke: mal unendliche Sandwüste, dann wieder rauschendes Meer. Vom Fahrer angeleitet findet man bei fast jeder Fahrt Bernstein. Mitten im Nichts signalisieren dann Schilder »bis hier und nicht weiter«. Das schützt eine Seehundkolonie am Rande des **Juvre Dyb,** dem Tief zwischen Koresand und Rømø. Für die Passagiere heißt es aussteigen, Ferngläser raus und schauen. Immer wieder schwimmen Tiere am Ufer entlang bis auf Höhe der Zuschauer und tauschen gern die Rollen zwischen Beobachtern und Beobachteten.

wähnten Treckerbusse, die ab Vester Vedsted zur Insel fahren.

Mandø ▶ C 13
Die erste ›Große Manntränke‹ 1362 machte Mandø als Insel von Fanø selbstständig und die zweite 1634 verschlang das alte Inseldorf, ein neues wurde an seinem heutigen Platz angelegt. Auch der ist nur relativ sicher: Die ersten Inseldeiche aus dem 19. Jh. brachen 1911 und 1923, ein neuer von 1937 riss 1981 gleich an mehreren Stellen auf.

Heute trotzen den Bedingungen mit einem Leben im Takt der Tiden ganzjährig nur noch wenige Menschen – als diese Zeilen geschrieben wurden, waren es exakt 38. Seit 1994 die Grundschule geschlossen wurde, müssen die Kinder von Mandø jeden Morgen mit dem Mandøbus nach Vester Vedsted zum Unterricht – aktuell sind es drei: Ist zum eigentlichen Schulbeginn gerade Hochwasser, sind sie entschuldigt, bis der Mandøbus durchkommt. Dabei gehen alle gern in die Schule, denn da hat man einmal andere Spielkameraden als die Vettern und Cousinen von der Insel – alle Kinder sind miteinander verwandt.

Übernachten, Essen

Gleich hinter den Dünen – **B & B Mandø:** Mandø Byvej 7, Tel. 75 44 64 34, www.bb-mandoe.dk. Umgebauter alter Hof gleich hinter den Westdünen mit sechs Wohnungen für bis zu vier Gäste inkl. Kochgelegenheit, die ohne feste Wechseltage gemietet werden können. Je nach Personenzahl 650–900 DKK/Tag, Frühstück optional (60 DKK/Pers.).
Kro-Tradition – **Mandø Kro:** Mandø Byvej 26, Tel. 61 66 56 75, www.mandoekro.dk, Mai–Mitte Okt. Die deftige Kro-Küche serviert Inseltypisches und klassische Frokost-Gerichte, in der Hochsaison auch Frokost-Buffets. An Sommerwochenenden wird zudem abends gekocht. Die Zimmer sind einfach und günstig: ca. 700 DKK mit Frühstück; Wochenendpakete mit Halbpension sind eine gute Option!
Wohnen, Wellness, Wissen – **Klithus Mandø:** Vestervej 1, Tel. 75 44 53 54, www.klithusmandoe.dk. Ab etwa Ostern–Okt. Klithus, Dünenhaus, ist ein Mix aus Kulturhaus, Landschulheim, Hotel und Cafeteria. Sogar eine Naturaustellung übers Watt gibt's. Die nordisch-funktionalen Zimmer in einem Seitenflügel haben Bad/WC und die im Erdgeschoss Terrassen (ab 700 DKK, Frühstück extra). Urig ist die open-air Wellness-Abteilung mit Sauna und Whirlpool in den Dünen!
Bodenständig kulinarisch – **Café Smagen af Mandø:** Midtvej 7 (s. u. Mandø Event). Klein, originell eingerichtet, aber kulinarisch anspruchsvoll mit dem, was die Insel hergibt wie Austern oder Marschlamm. Mittags gibt's spannende Frokostteller mit Wattenmeer-Leckereien im Antipasti-Stil (150 DKK), abends mehrgängige Menüs ab 350 DKK – angesichts der wenigen Plätze sollte man reservieren!
Mädchen für alles – **Mandø Brugs:** Tel. 75 44 51 02, mandoebrugs.dk. Laden für alles, Vermittlung von ein paar Ferienhäusern sowie das Betreiben des 2-Sterne-Campingplatzes, der auch Hütten (450 DKK/Tag, ab ca. 1500 DKK/Woche) bietet und Biwak-Plätze mit festem Dach (40 DKK/Nacht).

Aktiv

Einfach bis dekadent – **Mandø Event:** Midtvej 7, Tel. 23 25 53 75, www.mandoevent.dk. Benny, Mann für fast alles, ist ein Original und bietet Pferdewagentouren über die Insel sowie in das nördlich gelegene Watt, abgestimmt auf Überfahrten des Mandø Bussen (s. Infos). Optionen sind Vogel- und Seehundbeobachtungen (200/100 DKK) – Mutige können gern mit den Seehunden schwimmen. Bei niedrigen Wassertemperaturen wird die Austernsuche inkl. Ausrüstung (Handschuhe, Austernmesser) sowie einem Gläschen Champagner für die Großen (320/220 DKK) angeboten. Jeder Gast darf gern ein paar Austern mit nach Hause nehmen. Darüber hinaus stehen auch Inselführungen zu Fuß (ca. 75 Min. 50 DKK, 25 DKK/5–11 Jahre) und Reisepakete mit Unterkunft und Touren auf dem Programm.

Koresand-Touren – **Mandø Kro & Traktorbusser:** Tel. 61 66 56 75, www.mandoekro.dk. Mitte Mai–Mitte Okt., ca. 2 Std., 100 DKK/Erw., 75 DKK/Kinder; ab Mandø Kro.

Infos

i-Büro Ribe: (s. S. 127) ist offiziell zuständig. Auf der Insel ist die minimalistische ›**Mandø Turistinformation**‹ immer zugänglich: Mandø Byvej 21, mandoeturist.dk. Postalisch gehört die Insel zu 6760 Ribe.

Nationalpark Wattenmeer: www.nationalparkvadehavet.dk

Mandø Bussen: Tel. 75 44 51 07, www.mandoebussen.dk, 60 DKK/Erw., 40 DKK/bis 11 Jahre, Rabatt bei Online-Buchung und Bezahlung mindestens am Vortag. Der offizielle Inselbus (rot-blau) mit Haltestellen am Vadehavscentret und am Mandø Brugs fährt ganzjährig.

Mandø Traktorbus: Tel. 75 44 59 12, www.mandoekro.dk, 60 DKK/Erw., 40 DKK/bis 11 Jahre. Saison-Bus (grün) mit Haltestellen am Mandøvej 31 in Vester Vedsted und am Mandø Kro.

Ribe ! ▶ D 12

Geschichte

Die Ursprünge dieser ältesten Stadt Dänemarks liegen im frühen 8. Jh. n. Chr. noch vor der Wikingerzeit. So fand man 2015 bei Ausgrabungen einen als Urne genutzten Keramikkrug, der um das Jahr 700 aus dem Frankenreich nach Ribe kam. Die Stadt entwickelte sich schnell um den Kreuzungspunkt zweier Handelswege zwischen Nord- und Südeuropa sowie von der Nord- zur Ostsee. So kamen über Ribe viele neue Moden, Techniken und Trends nach Skandinavien, auch das Christentum.

Ansgar, der Missionar des Nordens, baute hier in den 850er-Jahren seine erste bescheidene Holzkirche in der Welt der nordischen Götter. 2015 huldigte ihm die Stadt auf dem neu gestalteten Domplatz mit einer fünf Meter hohen Bronzeskulptur des Künstlers Hein Heinsen. Auffällig: Ansgars Füße sind völlig realistisch, aber je weiter man nach oben blickt, desto verfremdeter ist die Figur. Knapp 100 Jahre nach Ansgars erstem Kirchenbau war Ribe Bischofssitz. Den ersten Purpurträger erschlugen die Anhänger des alten Glaubens noch, aber bald hatte sich der neue mit 13 Gotteshäusern in der Stadt etabliert und in neun Klöstern wirkten u. a. Dominikaner, Franziskaner, Johanniter und Benediktinerinnen.

Auch die Krone war ab Mitte des 12. Jh. mit einem Königshof präsent und im frühen 14. Jh. entstand Burg Riberhus. Als die Glanzzeit der Stadt zu Geschichte wurde, gingen die Schlossmauern im 17. Jh. nach Stadtbränden und Sturmfluten in Ribes Häusern auf – die geschundenen Bürger nutzten sie als Steinbruch. Zurück blieben **Riberhus Slotsbanke** 1 – Wälle, Gräben und wenige Fundamente – sowie Erinnerungen an eine

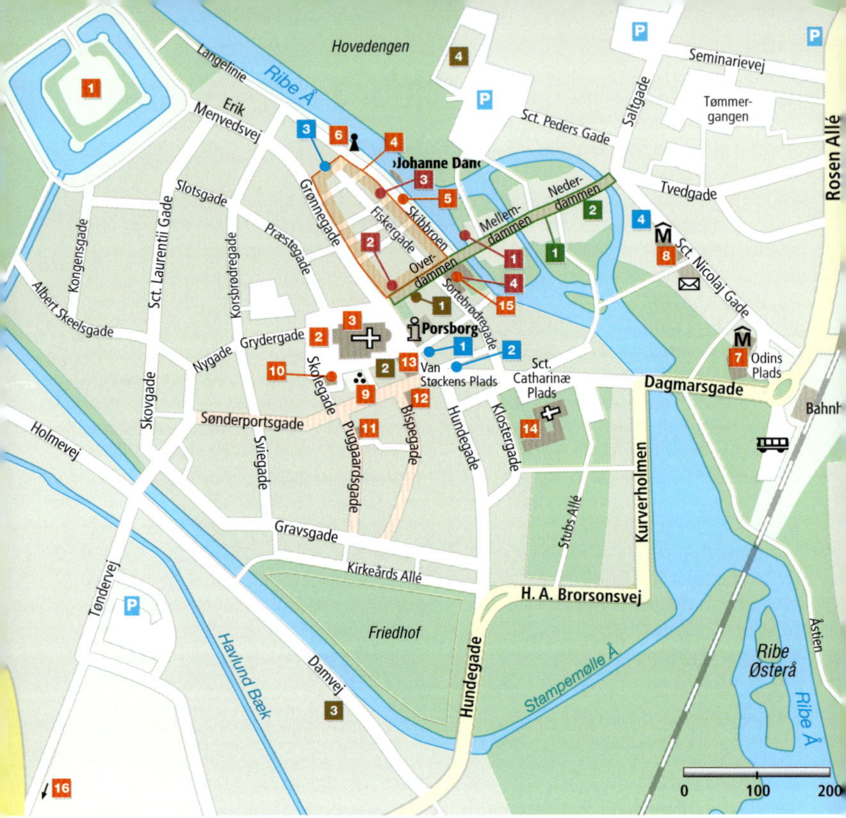

der beliebtesten Frauengestalten der dänischen Geschichte.

Dagmar, Königin der Herzen

Sie kam als Königstochter Dragomir aus Böhmen, heiratete 1205 in Ribe Dänenkönig Valdemar Sejr und wurde nach modernen Maßstäben eine Königin der Herzen. Nach der Hochzeitsnacht verlangte Dagmar, wie sie in Dänemark heißt, zur Morgengabe von ihrem Valdemar die Abschaffung der Kettenhaft im Lande. Und dieser Linie blieb sie treu, hatte immer ein Ohr für die Schwachen und Armen.

Diese Güte und Milde machten sie beim Volk beliebt wie keine andere Königin des Mittelalters, und bis heute ist das traurige Lied von ihrem frühen Tod 1212, »Dronning Dagmar ligger udi Ribe syg« (Königin Dagmar liegt krank in Ribe), ein oft gesungenes Volkslied. Es berichtet vom Nonstop-Ritt ihres Valdemar quer durch Jütland an ihr Totenbett und von dem Wunder, das dann geschah: Dagmar starb in den Armen einer Freundin, als der König gerade in die Stadt ritt. So wurde er mit der Nachricht empfangen, dass sie schon tot sei. Als Valdemar an ihren Leichnam trat, erwachte Dagmar aber noch einmal, richtete sich von der Bahre auf und sagte ihm ein letztes Lebewohl.

Jeden Tag um 12 und um 15 Uhr klingt das Dagmar-Lied als Glocken-

Ribe

Sehenswert
1 Riberhus Slotsbanke
2 Domplatz
3 Ribe Domkirke
4 Fiskergade
5 Skibbroen
6 Sturmflutsäule
7 Museet Ribes Vikinger
8 Ribe Kunstmuseum
9 Kannikegården
10 Hans Tausens Hus
11 Tårnborg
12 Maren Spliids Hus
13 Det Gamle Rådhus
14 Sct. Catharinæ Kirke og Kloster
15 Quedens Gård
16 Ribe VikingeCenter

Übernachten
1 Hotel Dagmar
2 Den Gamle Arrest
3 Ribe Byferie
4 Danhostel Ribe Vandrerhjem

Essen & Trinken
1 Kolvig Café og Restaurant
2 Weis' Stue
3 Sælhunden
4 Café Quedens

Einkaufen
1 Fußgängerzone
2 Postgaarden – Butik & Café

Abends & Nachts
1 Stenbohuset
2 Strygejernet
3 Kulturhaus Brorsonsminde
4 Café Valdemar

spiel vom Bürgerturm des Doms. Und auch sonst ist Dagmar präsent, etwa auf dem Sandsteinrelief aus dem frühen 13. Jh. über der Katzenkopftür des Gotteshauses. Jüngeren Datums ist die Skulptur auf den alten Wällen von Riberhus. Sie zeigt die junge Dagmar, wie sie, im Bug eines Schiffes stehend, in ihre neue Heimat kommt – eine Arbeit aus dem Jahr 1913 von Anne-Marie Carl Nielsen.

Schicksalsschläge

Die Reformation beendete die Aktivitäten der Kirche und der königliche Hof stellte seine Reisetätigkeit ein – ausgerechnet Kopenhagen, am anderen Ende des Reiches, wurde Haupt- und Residenzstadt. Sandflug nahm Ribe dann den direkten Zugang zum Meer. Alle Waren mussten von nun an vor der Küste umständlich von Hochseeschiffen auf Wattschuten umgeladen werden. Dazu kamen Sturmfluten, Stadtfeuer, Kriege: 1580 brannten 213 Häuser nieder, 1634 stand das Wasser meterhoch in der Stadt. Nach der Markierung auf der Sturmflutsäule am Hafen müssen es 6 m über Normal gewesen sein, im Dom zeigt eine Kerbe an der Säule hinter der Kanzel einen Stand von knapp 2,5 m über dem Boden. Nach dem verlorenen Krieg gegen Preußen 1864 fand sich das dänische Ribe dann plötzlich im letzten Winkel des Königreichs wieder, vom Meer an einer und von preußischem Gebiet an zwei Seiten umschlossen – in Rejsby, 10 km südlich von Ribe, steht neben der Straße [11] noch der preußisch-dänische Grenzstein.

Die Rivalin wächst heran

Und als wäre das alles nicht genug, wurde ab 1868 gerade einmal 25 km entfernt Esbjerg aus dem Dünenboden gestampft. Binnen weniger Jahre lief die junge Stadt am Meer der alten in den Marschen den Rang ab, hat heute gut zehnmal so viele Einwohner und zu allem Ärger der Ripenser machte die Gebietsreform 2007 das bis dato selbstständige Ribe zu einem Teil der Kommune Esbjerg. Etwas bewirkte die Stagnation: Neues konnte nicht bezahlt werden, so blieb das Stadtbild geschlossen bewahrt wie nirgendwo sonst in Dänemark und selbst auf europäischer Ebene kann

Ribe sich mit anderen historischen Städten messen. Seit rund 100 Jahren wird aktiv Denkmalschutz betrieben, seit den 1960er-Jahren kann praktisch keine Fassade und kein Dach in der Altstadt mehr verändert werden – 110 Häuser sind geschützt.

Das alte Ribe

Domplatz 2

Wird im historischen Kern der Stadt doch einmal etwas verändert, versucht man alte Bausünden zu beseitigen, wie beim neu gestalteten **Domplatz** der Mitte 2013 fertig wurde. Straßen und hässliche Stützmauern, die die majestätische **Ribe Domkirke** 3 (s. Entdeckungstour S. 120) geradezu in einem Loch isolierten, sind verschwunden und der jetzt stufenlose, schalenförmige Platz betont die Kirche als Mittelpunkt der Stadt. Dazu ein genialer Kunstgriff: Die Pflasterung mit mehr als 100 000 Granitsteinen greift den Boden im Inneren des Doms auf. Hinter dem Chor strecken an dem kleinen, im Sommer von munteren Straßencafés belegten Seitenplatz zwei ehemalige Kaufmannshöfe schmucke Backsteinfassaden in die Höhe. Den einen, Porsborg, belegt das i-Büro, den anderen Dänemarks ältestes **Hotel Dagmar** 1. Beide gehören zu Ribes ›Neubauviertel‹ aus der Zeit direkt nach dem großen Stadtbrand 1580.

Auf der anderen Seite der hier beginnenden Fußgängerzone lockt ein Haus aus dem späten 16. Jh. zur Einkehr: das Restaurant **Weis' Stue** 2. Es wirkt mit seinem fein gegliederten Fachwerk zwar älter als sein Gegenüber, ist aber jünger. Ribes Nachtwächter sammelt auf dem Platz vor Weis' Stue und Dagmar im Sommer allabendlich die Gefolgschaft, die mit ihm einen Stadtrundgang macht (s. S. 126).

Fiskergade und Skibbroen

Von der Fußgängerzone biegt die **Fiskergade** 4, die ›Fischerstraße‹, in ein altes Wohnviertel einfacherer Leute ein. Zusammen mit den Querstraßen, deren Namen alle auf *slippe*, ›Gässchen‹, enden, erlebt man hier den fotogensten Teil Ribes.

Parallel zur Fiskergade verläuft am Ufer der Ribe Å **Skibbroen** 5, die ›Schiffbrücke‹, Ribes kleiner Binnenhafen. Das grobe Kopfsteinpflaster füllt sich von Mitte Mai bis Ende August jeden Mittwoch mit den Ständen eines bunten Blumen-, Obst- und Flohmarktes, und vor dem gemütlich-rustikalen Wirtshaus **Sælhunden** 3, dem ›Seehund‹, stehen Bänke und Tische für Gäste bereit. Am Kai liegt die **›Johanne Dan‹**, der Nachbau eines ›Ewer‹, eines ursprünglich aus Friesland stammenden Wattseglers mit extrem flachem Rumpf und großen Seitenschwertern.

Am Westende der Skibbroen schaudert man beim Anblick der **Sturmflutsäule** 6, wie hoch das Wasser schon in der Stadt stand: 1904 wurden nur die Füße nass, aber bei den oberen Markierungen war wirklich heftig Land unter, ganz besonders 1634.

Auf der Stadtseite von Skibbroen kann man die hier in drei Armen über Wehre hinabschießende Ribe Å nach Norden queren in das augenscheinlich jüngere Viertel der Stadt. Nur augenscheinlich jünger, denn etwa dort, wo die Sct. Nicolaj Gade verläuft, gab es schon zur Wikingerzeit eine Budengasse von Händlern.

Museet Ribes Vikinger 7

Odins Plads, Tel. 76 16 39 60, www.ribesvikinger.dk, Juli/Aug. Do–Di 10–18, Mi 10–21, sonst tgl. 10–16 Uhr, Nov.–März Mo geschl., 70 DKK/ab 18 Jahre

Was die Spatenzunft ständig aus Ribes Erde holt, bildet den Fundus des

Museums, das bisher auf Wikingerzeit und Mittelalter fokussiert war. Den Erkenntnissen der Ausgrabungen folgend entwickelt es sich weiter, will sich in naher Zukunft wohl als Ribe Museum neu erfinden. Vieles wird dort in Erlebniswelten mit Nachbauten mittelalterlicher Alltagsszenen und in virtuellen Zeitreisen präsentiert und ein Aktivitätsraum, in dem man anfassen, anziehen und ausprobieren darf, wendet sich nicht nur direkt an Kinder, sondern befasst sich auch mit deren Leben um etwa 1400.

Ribe Kunstmuseum 8

Skt. Nicolai Gade 10, Tel. 75 42 03 62, www.ribekunstmuseum.dk, Di–So 11–16 , Juli–Aug. tgl. 11–17 Uhr, 75 DKK/ab 18 Jahre

Konservativeren Museumstraditionen folgt das Kunstmuseum der Stadt. In klassizistischem Ambiente zeigt es eine herausragende Sammlung mit Malerei und Skulpturen des 19. und frühen 20. Jh. vom Goldenen Zeitalter über die Porträtmalerei und die Skagenmaler bis zu den klassischen Modernisten. Zudem präsentiert es Sonderausstellungen, die über den eigenen Schwerpunkt hinausgehen.

Kannikegården 9

Der Brand einer alten Baumwollfabrik am Südrand des Domplatzes verschaffte Archäologen Zugang zu Ribes Vergangenheit – ein sensationeller Glücksfall in solch einer historischen Stadt. Von Menschen geschaffene Kulturschichten summierten sich auf gut 3,5 m zwischen ursprünglicher und heutiger Bodenoberfläche. Fünf Entwicklungsphasen von der Prä-Wikingerzeit bis ins 18. Jh. ließen sich nachweisen. Gefunden wurde das älteste christliche Gräberfeld in Dänemark aus einer Zeit gut 100 Jahre vor der bisher angenommenen Christianisierung des Landes Mitte des 10. Jh. Bis ins 11. Jh. fanden Beisetzungen in dieser Schicht statt, belegt durch eine Münze, die in einem der Gräber entdeckte wurde, geprägt um 1030 in London. Aus dieser Phase stammt auch das Fragment eines verzierten Runensteins, der inzwischen im Museet Ribes Vikinger (s. S. 118) zu sehen ist – nie zuvor gab es einen vergleichbaren Fund so weit im Westen Dänemarks. Mitte des 11. Jh. stand ein Holzhaus auf dem Gelände und Funde von Münzen, Bernsteinperlen und Spielsteinen dokumentieren den Wandel von der Wikingerzeit – in Dänemark Frühgeschichte – bis zum Mittelalter. Im 12. Jh. wurde dann einer der ältesten bisher im Norden nachgewiesenen Ziegelsteinbauten errichtet, das Refektorium, sprich der Speisesaal, eines Klosters für die Kanoniker, die Chorherren. Im Dänischen heißt das ›Kannikegården‹ und den Namen trägt jetzt das neue Gemeindezentrum, das so über den ausgegrabenen Fundamenten steht, dass man diese durch bodentiefe Fenster von allen Seiten sehen kann. Direkt in den Raum kommt man jedoch nur mit Stadtführungen (s. S. 126). Das außergewöhnliche Gebäude mit tief heruntergezogenem spitzen Dach und den speziell gebrannten Ziegeln aus vulkanischem Ton bildet ein gelungenes Ensemble mit den historischen Bauten im Umfeld, das 2017 für den europäischen Architektur-Oscar, den Mies von der Rohe Preis nominiert wurde.

Die Gassen der Pfeffersäcke, Kuttenmänner und Purpurträger

In den Straßen und Gassen südlich von Dom und Fußgängerzone wie Sønderportsgade, Puggaardsgade und Bispegade war Ribes Upperclass zu Hause. Das **Hans Tausens** ▷ S. 123

Auf Entdeckungstour: Alte Mauern, moderne Kunst – der Dom von Ribe

In der Romanik begonnen, in der Gotik vollendet: Ribes Dom 3 prägt die Stadt, weithin sichtbar sind seine so unterschiedlichen Türme. Die ersten Baumeister kamen aus dem Rheinland und aus Holland, orientierten sich an Bauten ihrer Heimat, aber übersahen den weichen Boden: Die Statik der Kathedrale krankte permanent. Innen beeindrucken Spuren aus neun Jahrhunderten Kulturgeschichte bis zur Moderne.

Cityplan: s. S. 117

Planung: Torvet, Tel. 75 42 06 19, www.ribe-domkirke.dk, tgl. min. 11–15, April u. Okt. 11–16, Mai–Sept. 10–17/17.30 Uhr, Turmbesteigung u. Dom-Museum: 20 DKK, 10 DKK/ Kinder

Dauer: Besichtigung u. Turmbesteigung 1–1,5 Std., Museum zzgl. ca. 30 Min.

Der neu gestaltete **Domplatz** 2 gleicht gut 2,5 m Gefälle vom Sockel der umliegenden Häuser zu den Domportalen hinunter aus: Die Ribe Domkirke steht in einer Senke, dabei wurde sie einst auf eine Warft gebaut, drei Meter über dem umliegenden Gelände. Während die Stadt von Kulturschicht zu Kulturschicht wuchs, sank der schwere Bau in den weichen Grund mit katastrophalen Folgen für die Statik: Türme und Teile des Querschiffs brachen ein. Der kantige Bürgerturm aus rotem Backstein ersetzte 1333 einen zuvor in die Christmette gekrachten Vorgängerbau, 1593 fiel seine Spitze ab. Das markante Flachdach von heute war Notlösung, weil Geld für den Wiederaufbau fehlte. Auch der perfekt romanische Marienturm auf der Südseite ist nur ein Nachbau aus dem frühen 20. Jh.

Die verschiedenen Dombauphasen zeigt eindrucksvoll ein interaktives Modell im **Dom-Museum (1)** auf der Empore über dem südlichen Seitenschiff, ansonsten dokumentiert es in überschaubarem Rahmen die Geschichte des Doms und des frühen Christentums in Dänemark.

Hohe Kunst: Die Katzenkopftür

Das Querschiff entstand als erster Abschnitt über dem Chor der Vorgängerkirche, so ließ die sich länger nutzen. Über dem Türsturz des Südportals, der **›Katzenkopftür‹ (2),** zeugt das mit filigranen Details der Kreuzabnahme in den harten Granit gearbeitete Relief vom hohen Niveau romanischer Kirchenkunst in Jütland. Das dreieckige, figurenreiche Sandsteinrelief darüber zeigt Maria und Jesus im Mittelpunkt. Der Gekrönte, der Maria ein Kreuz reicht, ist König Valdemar Sejr, neben ihm seine zweite Frau Berengaria von Portugal und kleiner unter ihm die legendäre Dagmar (s. S. 116). Die Figur, die Jesus an der Hand hält, ist Valdemars Ältester aus der Ehe mit Dagmar, der 1231 bei einem Jagdunfall starb. Neben Berengaria ein weiterer Thronfolger mit Krone, der älteste der drei Söhne, die Valdemar mit ihr hatte und der als Erik Plogpennig Mitte des 13. Jh. wenige Jahre König war, ehe er einem Brudermord zum Opfer fiel. Ganz unten an diesem Portal stehen die beiden äußeren Säulen auf menschenfressenden Löwen, Symbol für den seelenverschlingenden Satan, der jetzt unter dem Druck der Kirche steht. Das große **Westportal (3)** schloss um 1225 die erste Dombauphase ab. Die wuchtigen Türen stammen indes aus dem frühen 20. Jh. und öffnen sich nur bei kirchlichen Anlässen, touristische Besucher müssen einen Eingang ins südliche Seitenschiff nehmen.

Stilmix

Im Inneren mischen sich Stile: Romanisch sind Arkaden und Triforium, darüber Fenster mit Spitzbögen der Frühgotik, die auch das Gewölbe prägt. Die Ausstattung wirkt bescheiden: Mit der Reformation ging viel altes Interieur verloren und mit einer Renovierung 1882 bis 1904, die sich am mittelalterlichen Aussehen orientierte, auch Details aus Renaissance und Barock.

An die schlimmste Sturmflut in den Marschen, die große Manntränke 1634, erinnert eine **Markierung (4)** an der vordersten Säulenreihe – gut zweieinhalb Meter hoch stand das Wasser im Kirchenschiff. Dieselbe Säule trägt zum Mittelschiff hin eine **Renaissance-Kanzel (5)** des fünischen Meisters Jens Asmussen. Hohe Schnitzkunst belegt auch das **Chorgestühl (6)** aus den letzten Jahren vor der Reformation.

Blasphemie in der Chorapsis?

Nun muss man in die Mitte des Doms treten, um den Mut zur Moderne wirken zu lassen. In den 1980er-Jahren durfte der CoBrA-Künstler Carl Henning Pedersen (s. S. 194) die **Chorapsis (7)** neu gestalten. Allein die Idee ließ konservative Geister aufschreien: ›Blasphemie!‹ Pedersen schuf sieben bunte Wandmosaike mit fabelartigen biblischen Motiven, brachte farbenfrohe Fabelwesen als Kalkmalerei ins Deckengewölbe und verpasste den Glasfenstern einen Farbenrausch. Noahs Arche segelt als Dreimaster im Wikingerdesign und ein blaues Einhorn stakst mit Krebsbeinen durch eines der Mosaike, ein anderes steht als Kalkmalerei zentral über dem Altar – im Mittelalter ist das Einhorn als Jesus-Symbol nicht unbekannt. Das Zetern der Kritiker ist längst verstummt und die Zukunft wird zeigen, ob moderne Kunst in so ehrwürdigem Rahmen dauerhaft Platz hat.

Das ganz Alte

Kontrast bietet ein **Nischengrab (8)** im nordöstlichen Winkel des Querschiffs mit Fragmenten frühester Kalkmalerei. Drei Bischöfe der ersten Stunde sind hier beigesetzt, darunter der 1043 gestorbene Odinkar: Ein Mann Gottes mit heidnischem Namen – was kann den Wechsel von den alten Göttern zu dem einen neuen besser symbolisieren?

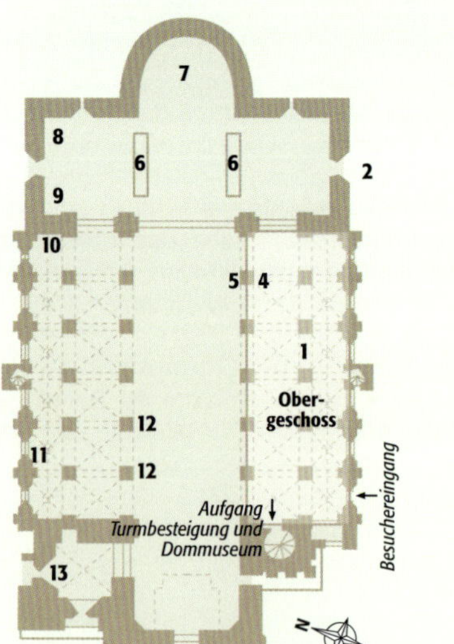

Eine **Grabplatte aus schwarzem Marmor (9)** und ein schlichter Sandsteinsarkophag weiter links stammen vom ältesten Königsgrab im Dom: Christoffer I., Sohn von Valdemar Sejr und Berengaria. Auf der anderen Seite der Wand zeigt eine große **Grabplatte** Ribes letzten katholischen **Bischoff Ivar Munk (10)** in Pracht und Protz – das war der Kirchenpomp, gegen den die Reformation rebellierte. Typisch für Grabplatten, mit denen sich reiche Ripenser im Dom verewigten, ist die für **Jørgen Hansen und seine Frau (11)** an der Nordwand – Ostindienfahrer Hansen ließ sich lässig auf einen Globus gestützt abbilden. Von den ehemals vielen Wandmalereien sind zwei aus dem frühen 16. Jh. auf blankem Stein an Säulen im Mittelschiff erhalten, eine **Madonna mit Kind** sowie **die Apostel Bartholomäus und Andreas (12).**

Marschblick aus 50 m Höhe

Der **Bürgerturm (13)** überragt den Rest des Doms. Hinauf geht es im Zick-Zack über Treppen, Gänge, Plattformen und eine Balustrade mit perfektem Blick ins Mittelschiff. 248 Stufen sind zu schaffen, ein paar in Tuchfühlung zu den Glocken – Pech für den, der vorbeikommt, wenn es gerade 12 Uhr schlägt. Die Belohnung: Ein Blick aus 50 m Höhe über Stadt und Marschen, und am Horizont zeigt sich das Meer. Den Überblick nutzten auch Ribes Wächter, die unter der Aussichtsplattform ein Kämmerlein hatten, um nach Feinden, Feuern und Fluten Ausschau zu halten. Und kamen Feinde bis in die Stadt, dann diente das Haus Gottes auch schon mal als Festung und der Bürgerturm als Artillerie-Stellung: 1645 bekamen schwedische Truppen, die sich in Riberhus (s. S. 115) verschanzt hatten, von dort die Kugeln um die Ohren.

Hus 10 E, Ecke Domplatz/Skolegade, in dem der Lutherschüler und Reformator Dänemarks, Hans Tausen, Mitte des 16. Jh. ein Jahrzehnt lebte, die **Tårnborg** 11 (Puggaardsgade) von ca. 1550, die eher an einen ländlichen Herrensitz denn an ein Stadthaus erinnert, und der für die Straße namengebende **Puggaard** von ca. 1400, heute Teil einer Schule, sind herrschaftliche Bauten, die den Stadtbrand 1580 überstanden. Alle drei dienten im Laufe der Zeit immer wieder Kirchenoberen als Domizil.

Die Angst der damals Herrschenden vor der dunklen Seite der Macht belegt eine Gedenktafel am **Maren Spliids Hus** 12 an der Ecke Sønderportsgade/ Bispegade: »Hier wohnte Schneider Laurids Spliid, dessen bedauernswerte Frau Maren am 9. November 1641 auf dem Galgenhügel von Ribe wegen Hexerei verbrannt wurde.« Marens Fall erregte Aufsehen, weil die Beschuldigte – übrigens von einem Mitbewerber ihres Mannes denunziert – zum gehobenen Bürgertum der Stadt gehörte, sich das Verfahren über Jahre hinzog und der abergläubische Christian IV. intervenierte – leider zu Marens Ungunsten.

Det Gamle Rådhus 13

Von Støckens Plads 6, Tel. 76 88 11 22, Mitte Mai–Mitte Sept. Mo–Fr, Juni–Aug. tgl. 13–15.30, Mi ganzjährig 11–15.30 Uhr, 20 DKK

Das alte Rathaus kam erst 1709 in Gemeindebesitz, hatte da aber schon mehr als 200 Jahre auf dem markanten Treppengiebel, den lange Zeit ein Storchenpaar als Heimstatt nutzte – eine Nistplattform wartet jedes Frühjahr auf neuen Bezug. Bis zur Kommunalreform 2007 galt das Gebäude als ältestes Rathaus Dänemarks, jetzt dient es noch für Empfänge und als romantischer Rahmen für Trauungen s. S. 38). Ob sich Brautleute vor dem Ja-Wort allerdings zur Vorbereitung auf spätere Rosenkriege den alten **Schuldkerker** ansehen, dürfte fraglich sein: Er dient als Minimuseum und zeigt neben mittelalterlichen Waffen vor allem Folterwerkzeug und Henkerutensilien.

Sct. Catharinæ Kirke og Kloster 14

Sct. Catharinæ Plads, Tel. 75 42 05 34, Di–So 10–16 Uhr, nicht während kirchlicher Handlungen

Außer dem Dom blieb nur wenig aus der Blütezeit des Katholizismus erhalten, ausgenommen die Sct. Catharinæ Kirke mit angeschlossenem Kloster. 1228 von Dominikanermönchen gebaut, stürzten die beiden ersten Klosterbauten an dieser Stelle über Bodensenkungen zusammen. Die jetzigen Gebäude mussten in den 1970er-Jahren aufwendig gestützt werden: Der ganze Komplex wurde mit überdimensionalen Wagenhebern, die man unter das freigelegte Fundament geschoben hatte, wieder gerade gerückt. Durch die Kirche gelangt man in den Innenhof mit dem alten Kreuzgang.

Quedens Gård 15

Die Dominikaner, wegen ihrer schwarzen Kutten Sortebrøderne, Schwarze Brüder, genannt, gaben auch der schmalen Gasse den Namen, auf der man von der Sct. Catharinæ Kirke direkt zurück zur Fußgängerzone gelangt. An ihrer Nordseite reicht der Quedens Gård tief in den Häuserblock hinein, imponierendes Beispiel eines großbürgerlichen Stadthofs der Renaissance. Die Fachwerkteile entlang der Sortebrødregade entstanden nach dem Stadtbrand 1580, das massive Vorderhaus, in dem inzwischen ein munteres Café und Kulturhaus, **das Café Quedens** 4 residiert, gut 200 Jahre später.

Der hintere Teil des Quedens Gård steht unter den Fittichen der Museen der Kommune Esbjerg und wird aktuell für Schulprojekte zur Geschichte genutzt. Künftig soll der Komplex aber auch wieder für eine breite Öffentlichkeit zugänglich werden. So ist ein Hexenmuseum geplant, da Ribe aufgrund des Hexenprozesses um die Schneidersfrau Maren Spliid (s. S. 123) außergewöhnliche Dokumente zu dem Thema in den Archiven hat. Und man will einen Sohn der Stadt würdigen, auf den Ribe stolz ist: Jacob August Riis (1849–1914) wuchs in der Sortebrødregade in einfachsten Verhältnissen auf, emigrierte in die USA und wurde dort zum Vater sozialdokumentarischer Fotografie und Reportagen sowie zu einem engen Berater und Freund des Präsidenten Theodore Roosevelt.

Außerhalb der Stadt

Ribe VikingeCenter 16

Lustrupvej 4, Tel. 75 41 16 11, www.ribevikingecenter.dk, Ende April–Juni und Ende Aug.– 42. Woche Mo–Fr 10–15.30, Hochsaison tgl. 11–17 Uhr, 120 DKK/ab 14 Jahre, 60 DKK/Kinder. Events s. S. 127

In der Tradition ›lebender Museen‹ steht 2 km südlich der Stadt dieser rekonstruierte Handelsplatz der Wikingerzeit, der zeigt, wie Ribe in seinen Anfängen war. Hier erlebt man Menschen dieser Epoche nicht als hörnerhelmtragende Rüpel, sondern als Handwerker, Händler und Hobbyjäger, als Bäcker, Bauern und Baumeister. Für Kinder wird Geschichte altersgerecht erlebbar. Sie können mit Pfeil und Bogen hölzerne Wildschweine oder Hirsche jagen, auf echten Islandpferden reiten oder Münzen schlagen. Ganz Mutige dürfen den Profis bei den Falknervorführungen zur Hand gehen, einen dicken Lederhandschuh überstreifen und eine der Vogelarten darauf landen lassen, mit denen schon die Nordleute vor 1000 Jahren zur Jagd gingen.

Übernachten

Dänemarks ältestes Hotel – **Hotel Dagmar 1:** Torvet 1, Tel. 75 42 00 33, www.hoteldagmar.dk. 50 individuelle, romantische Zimmer. DZ mit Frühstück ab 1275 DKK, auch Golf-, Gourmet- oder Miniferienpakete.

Alter Knast – **Den Gamle Arrest 2:** Torvet 11, Tel. 75 42 37 00, www.dengamlearrest.dk. Die alten Zellen hinter den dicken Wänden wurden pfiffig zu ›zweigeschossigen‹ Zimmern umgestaltet, in einige ein Mini-Bad eingebaut, größer sind die ›Hochzeitszimmer‹ in der alten Direktorenwohnung (DZ ca. 740–1090 DKK). Im Haus gibt es zudem ein Café und eine Modeboutique!

Stadt in der Stadt – **Ribe Byferie 3:** Damvej 24, Tel. 79 88 79 88, www.ribebyferie.dk. Ferienpark im Stil einer kleinen Stadt, nur 5 Min. zu Fuß bis zum Dom. Gut ausgestattete Häuser und Apartments für 2–7 Pers. mit flexiblen Tagen und vielen Paketangeboten, optionaler Hotelservice je nach Saison ca. 1050–1550 DKK für 2 Pers., max. bis zu 5 Pers. möglich.

4-Sterne-Herberge mit Ausblick – **Danhostel Ribe Vandrerhjem 4:** Sct. Pedersgade 16, Tel. 75 42 06 20, www.danhostel-ribe.dk. Modern, zentrumsnah und alle 40 Zimmer für bis zu 5 Personen haben Bad/WC. Die Familienzimmer der jüngsten Generation bieten einen Fünf-Sterne-Blick auf die Altstadt, außerdem gibt es großzügige Gemeinschaftsräume. DZ ca. 450–760 DKK, auch Familienzimmer für bis zu 5 Pers.; sehr gutes Frühstück mit selbstgeba-

Voller Nostalgie: das Restaurant Weis' Stue in der Fußgängerzone von Ribe

ckenem Brot und vielen Bioprodukten (75 DKK).

Essen & Trinken

Ein Haus, drei Lokale – **Restaurant Dagmar/Vægterkælderen/Straßencafé:** Im Hotel Dagmar **1**. Das Restaurant am Rande der Fußgängerzone segelt als kulinarisches Flagschiff des Hauses in Gourmetregionen (wechselnde Menüs ab ca. 385 DKK). Wer lieber deftig isst, Fleisch mag und dazu gern gut gezapftes Bier trinkt, steuert Vægterkælderen im Keller (Hauptgerichte ca. 100–225 DKK) an, Kleinigkeiten gibt es im Sommer im Straßencafé vor dem Hotel.

An der Ribe Å – **Kolvig Café og Restaurant 1:** Mellemdammen 13, Tel. 75 41 04 88, www.kolvig.dk, Di–Sa 11–24, Küche bis 21 Uhr. Charmantes Café/Restaurant auf der ›Insel‹ in der Ribe Å gegenüber Skibbroen, mit Terrasse am Fluss und ambitionierter, modern-skandinavischer Küche. Hauptgericht ab 235 DKK, 3-Gang-Menü ca. 350 DKK.

Urdänisch und urgemütlich – **Weis' Stue 2:** Torvet 2, Tel. 75 42 07 00, www.weis-stue.dk. 400 Jahre altes Fachwerkhaus voller Nostalgie: Auf der Karte rustikale Kost zum Frokost (ca. 95–215 DKK) wie am Abend (Hauptgericht ca. 170–270 DKK); auch ein paar hutzlige, unter der Last der Geschichte gekrümmte Zimmer (ab 500 DKK, kein Frühstück im Haus).

Romantisch – **Sælhunden 3:** Skibbroen 13, Tel. 75 42 09 46, www.saelhunden.dk. Kleine Räume, tiefe Decken, draußen ein Biergarten auf dem holprigen Skibbroen; dänische Küche, deftige Portionen, moderate Preise (Frokost ca. 90–170 DKK, Hauptgericht abends ca. 170–300 DKK) – da würde jeder Seehund satt. Nachmittags auch Kaffee und Kuchen.

Mit Kunsthandwerk-Shop – **Café Quedens 4:** im Quedens Gaard, Tel. 75 41 10 50, www.quedensgaard.dk, tgl. 10–18 Uhr. Man wähnt sich eher in einem Museum denn in einem Café. Serviert werden sorgfältig zubereitete Kaffeespezialitäten, ordentliche Frokostgerichte und tgl. bis 13 Uhr ein üppiger Brunch (ca. 170 DKK) nicht nur in den gemütlichen Innenräumen, sondern auch vor der Tür im Straßencafé und im geschützten Innenhof. Im Shop Kunsthandwerk.

Einkaufen

Was Urlauberherzen begehren – **Fußgängerzone** 1: Overdammen – Mellemdammen – Nederdammen mit Kunsthandwerk- und Souvenirläden wie **Quedens Gaard** (s. o.) oder **Artizan** (Nederdammen 35) und zunehmend auch Gourmetshops wie **Postgaarden** (s. Mein Tipp) oder **Temper Chokolade** (handgemachte Schokoladen-Spezialitäten mit Zutaten aus der Region in Nederdammen 32).

Mein Tipp

Eldorado für Genussmenschen
Nur shoppen oder kurz eine Kleinigkeit essen oder einfach nur einen gut zubereiteten Cappuccino genießen, das ist immer die Frage, wenn ich Ribes alten Posthof betrete: Im **Postgaarden** 2 sind die Regale voller exklusiver Brauhausbiere, hochwertiger Weine, exotischer Tees und bester Kaffeesorten und dazu allerlei Leckereien. Zum Laden gehört ganzjährig das gemütliche Høkercafé, im Sommer ein kuscheliger Biergarten und man kann sogar in wenigen, romantischen B&B-Zimmern übernachten (DZ ab 600 DKK, Nederdammen 36, Tel. 75 41 01 12, www.postgaarden-ribe.dk).

Bauern- und Trödelmarkt – Mai–Anfang Sept. Mi 8–15 Uhr an Skibbroen 5.

Aktiv

Bummeln mit Guide – **Geführter Rundgang:** ab i-Büro, Altstadt und Dom. Ende März–Okt. Mo, Juli/Aug. sowie 7. u. 42. Woche Mo–Fr 11.30 Uhr, 85 DKK/ab 12 Jahre (dän./dt.).
Mit dem Nachtwächter unterwegs – **Nachtwächterrundgänge:** Treffpunkt Weis' Stue 2, dänische Winter- und Osterferien sowie Mai bis 42. Woche tgl. 20, Juni–Aug. auch 22 Uhr. Urig inszenierter Rundgang durch Ribes Altstadt mit Gesang und Geschichten (dän./engl.), gratis.
Grusel für Kinder – **Geistertouren:** ab Museet Ribes Vikinger 7, wo es auch die Tickets gibt (Juli /Aug. Mi 21 Uhr, 50 DKK ab 14 Jahre); mit Geschichten, nach denen Kinder garantiert nicht schlafen können.

Abends & Nachts

Kneipen – Zwischen Dom und Sct. Catharinæ Kirke liegt das **Stenbohuset** 1 (Stenbogade 1, www.stenbohus.dk, oft mit Livemusik) und **Strygejernet** 2, das kleine ›Bügeleisen‹ (Dagmarsgade 1).
Livekonzerte von Klassik bis Pop – … organisiert **Café Quedens** 15 entweder in den eigenen Räumen oder mitten im Fischerviertel im **Kulturhaus Brorsonsminde** 3 (Fiskergade), Programm: www.quedensgaard.dk.
Unkonventionell – **Café Valdemar** 4: Sct. Nicolaj Gade 6, www.cafevaldemar.dk), Di/Mi 12–22, Do 12–2, Fr/Sa 12–5 Uhr, So/Mo geschl. Kneipe und ›Spillested‹ am Nordufer der Ribe Å mit großem Garten zum Fluss hinunter, in dem im Sommer Konzerte stattfinden u. a. vom Jazzin' Ribe (s. Termine).

Infos & Termine

VisitRibe - Ribe Velkomstcenter: Torvet 3, 6760 Ribe, Tel. 75 42 15 00, www.visitribe.de, interaktiv tgl. 9–22, nur zu gängigen Geschäftszeiten mit Bedienung.

Trauung in Ribe: Im historischen Ribe geben sich Ausländer liebend gern das ›Ja-Wort‹, besonders im alten Rathaus. Zuständig fürs Formale ist das Standesamt Esbjerg, weitere Details: vielse-tysk.esbjergkommune.dk.

Events im Ribe VikingeCenter: Eine Woche internationaler Wikingermarkt Ende April/Anfang Mai, Ende Juli/Anfang Aug. Woche der Wikingerpferde und Woche der Krieger (s. S. 124).

Ribe Classic: Mai–Aug. Get-Together von Oldtimer-Enthusiasten, die sich jeden Di ab ca. 18 Uhr auf der städtischen Festwiese Hovedengen, neben dem Danhostel 4, treffen.

Jazzin'-Ribe-Konzerte: Frühjahr bis Herbst. Der Verein Jazzin' Ribe sorgt für Konzerte mit modernem Jazz in verschiedenen Kneipen und Cafés der Stadt; das Ganze kulminiert im **Ribe Jazz Festival** Ende Juli; Programm www.ribejazz.dk.

Peters Jul i Ribe: www.petersjuliribe.dk. Dänemarks bekanntestes Weihnachtsbuch für Kinder, ›Peters Jul‹ von 1866, bildet im Dezember die Klammer des Weihnachtsmarktes – idyllisch und mit deutlich weniger Rummel als in Deutschland.

Parkplätze gibt es in der historischen Altstadt kaum, man parkt besser auf Großparkplätzen am Stadtrand.

Esbjerg ▸ C 11/12

Keine 150 Jahre alt und mit rund 72 000 Einwohnern schon Dänemarks fünftgrößte Stadt: Esbjerg ist modern, wirtschaftsstark und selbstbewusst, sieht sich als ›Kulturhauptstadt im Westen‹, der Hafen nicht minder bescheiden als ›Gateway Scandinavia‹. Gleich nördlich beginnt wieder das Ferienland mit Stränden, Dünen und dem letzten Zipfel Wattenmeer.

1868 unterschrieb Christian IX. ein Gesetz über die Anlage eines Nordseehafens, den Dänemark für die stetig steigenden Exporte von Landwirtschaftsprodukten nach England brauchte. Vier Jahre zuvor hatte der verlorene Krieg gegen Preußen dem zollfreien Zugang zu den Häfen an der Westküste der Herzogtümer Schleswig und Holstein ein Ende bereitet. Sonst besaß das Land zu diesem Zeitpunkt keinen nennenswerten eigenen Hafen an der Nordsee. **Grådybet,** die Rinne im Wattenmeer, die sich um Fanøs Nordspitze windet und weit in den Sund hinter der Insel hineinreicht, gab den Ausschlag für die Wahl Esbjergs. Grådybet ist tief genug für Hochseeschiffe und kommt nah ans Festlandufer heran.

Als erstes Becken, heute dem Zentrum am nächsten, wurde 1874 Dokhavn fertig, später kamen Sønder- und Færgehavn hinzu, dann Becken im Norden und aktuell wird der Hafen nach Südosten erweitert. So entstand einer der größten Handelshäfen Skandinaviens und der wichtigste Versorgungshafen für die dänische Öl- und Gasförderung sowie die Windenergieparks in der Nordsee – rund 10 000 Arbeitsplätze bietet ›Port of Esbjerg‹. Fast immer sieht man Container- und Versorgungsschiffe an den Kais, manchmal liegen große Plattformen im Hafen. Frachtlinien verkehren regelmäßig zu Häfen an der Nordsee und im Mittelmeer, vom norwegischen Trondheim bis ins ägyptische Alexandria, und rund um die Uhr pendeln Fähren zur vorgelagerten Insel Fanø.

Esbjerg

Sehenswert

1. Auktionshalle
2. Fyrskibet Horns Rev
3. Torvet
4. Esbjerg Vandtårn
5. Musikhuset Esbjerg/ Kunstmuseum Esbjerg
6. Sct. Nikolaj Kirke
7. Syddansk Musikkonservatorium
8. Esbjerg Museum
9. Fiskeri- og Søfartsmuseet/ Saltvandsakvariet
10. Skulptur »Mennesket ved Havet«
11. Fiskernes Mindelund
12. Hjerting

Übernachten

1. Hotel Britannia
2. Hjerting Badehotel
3. Scandic Olympic
4. Cabinn Hotel Esbjerg
5. Danhostel Esbjerg
6. Esbjerg Camping

Essen & Trinken

1. Sand's Restauration
2. Sydvesten
3. Dronningen Louise
4. Jensen's Bøfhus

Einkaufen

1. Kongensgade
2. Wochenmarkt
3. Havnens Fiskehus

Aktiv

1. Anleger ›E.1 Claus Sørensen‹
2. Svømmestadion Danmark
3. Hjerting Strand

Abends & Nachts

1. Tobakken

Vom Fischerei-zum Jachthafen

Esbjerg, einst ein bedeutender europäischer Fischereihafen, hat Konsum- wie Industriefischerei praktisch aufgegeben. Aus dem pulsierenden und oft stinkenden Fischereihafen der Vergangenheit ist ein schmucker Jachthafen geworden, in dem die Fischereivergangenheit nur an wenigen Mittwochsterminen in der Hochsaison auflebt, wenn in der alten **Auktionshalle** 1 Fischauktionen für Touristen stattfinden (Auktionsgade 5, genaue Daten beim i-Büro). Die sind aber nicht nur für Besucher attraktiv, sondern auch bei ehemaligen Fischern beliebt, die Fische für Besucher filetieren und von alten Zeiten erzählen.

Ebenfalls Nostalgie: Vor der alten Auktionshalle startet der 1931 vom Stapel gelaufene Museumskutter **›E.1 Claus Sørensen‹** 1. Unter den Fittichen des Fischereimuseums (s. u.) unternimmt er mit Touristen regelmäßig Touren in Grådybet oder der Ho Bugt und demonstriert dort traditionelle Fangmethoden. **Sydvesten** 2, die alte Stammkneipe der Fischer und Hafenarbeiter, lockt inzwischen immer mehr Krawattenträger zum Frokost als Männer in Blaumann und Gummistiefeln.

Praktisch vor der Tür liegt als Museumsschiff **Fyrskibet Horns Rev** 2, der Welt größtes Feuerschiff aus Holz, 1912 in Dienst gestellt und in seiner aktiven Zeit über Blåvands Huk, einer der gefährlichsten Sandbänke der Nordsee, im Einsatz (www.horns-rev.dk, Mai–Aug. Mo, Di, Do 10–12 Uhr, 25 DKK, 10 DKK/8–15 Jahre).

Stadtzentrum

Natürlich bekam der neue Hafen ab 1868 auch seine Stadt. Deren Straßen füllte bald ein faszinierender Querschnitt durch die europäische Architekturgeschichte, denn in der muntersten Bauphase blühte in Dänemark der Historismus.

Torvet 3

Vor allem am zentralen Torvet sieht es aus, als hätten Architekten einen Retro-Wettstreit ausgetragen: Wie eine mittelalterliche Burg wirkt das **Ting- og Arresthus,** das Gerichts- und Arresthaus von 1892. Die Formen der Gotik sind so streng umgesetzt, als hätte schon das Gebäude Respekt vor den Richtern hervorrufen sollen – heute informiert hier das i-Büro über die Stadt.

Das Eckhaus von 1906 schräg gegenüber bedient sich dänischer Backsteingotik, könnte ein Herrensitz irgendwo in Ostjütland oder auf Fünen sein, ist aber Postamt. Den Vogel schießt daneben ein **Bankhaus** mit verspielter Siena-Gotik ab, 1896 gebaut, während sich auf der anderen Seite des Platzes das **Café-Restaurant Dronningen Louise** 3 im Look der Neorenaissance zeigt. Zu diesem Ensemble passt dann ganz gut das **Reiterstandbild** mitten auf dem Platz: Christian IX., der zu Esbjergs Gründerzeit auf dem dänischen Thron saß. Rund um Weihnachten schaut Christian jedes Jahr auf das muntere Treiben der größten dänischen Open-Air-Eisbahn (ca. Ende Nov.–Ende Feb., bisher immer kostenlos, Ausrüstungsverleih).

Esbjerg Vandtårn 4

Havnegade 22, Tel. 76 16 39 39, April–Okt. Sa/So, Juni–Mitte Sept. und Woche 42 Di–So 10–16 Uhr, 20 DKK/ ab 18 Jahre

Auf einer Anhöhe zwischen City und Hafen ragt im Stadtpark Byparken der Wasserturm von 1897 auf. Mit seinen vier Seitentürmchen kopiert er das mittelalterliche Nassauer Haus in Nürnberg. Von seiner Spitze ist die Aussicht auf Stadt, Hafen, Watt und über die Insel Fanø bis zur Nordsee fantastisch.

Musikhuset und Kunstmuseum 5

Museum: Havnegade 20, Tel. 75 13 02 11, www.eskum.dk, Di–So, Juli–Aug. auch Mo 10–16 Uhr, 60 DKK/ab 18 Jahre

Der Blick vom Turm nach unten fällt auf Dänemarks Architekturstar Jørn Utzon, der auch die weltberühmte Oper von Sydney plante, und sein Sohn Jan bauten hier 1997 das **Musikhuset Esbjerg.** Seine zwei Konzertsäle erleben Pop und Klassik und sind Heimstatt der angesehen Den Ny Opera, einem weit über Dänemarks Grenzen hinaus bekannten Opernensemble.

In den Neubau mussten die Utzons eine seit den 1960er-Jahren vorhandene Institution integrieren, das **Esbjerg Kunstmuseum.** Es ist für seine innovativen, manchmal provozierenden Ausstellungen bekannt und zeigt aus eigenem Fundus Kunst vom ›Modernen Durchbruch‹ der 1920er-Jahre bis heute. Einen Schwerpunkt bildet der Konstruktivismus. Sehr gut vertreten ist dessen wichtigster dänischer Vertreter, der durch seine Metallskulpturen international bekannte Robert Jacobsen (1912–93). Ungewöhnlich ist das offene Magazin: Was nicht in den großen Ausstellungsräumen hängt, ist jedem Besucher auf speziellen Ausziehwänden zugänglich, chronologisch aufgehängt nach dem Erwerbszeitpunkt.

Das erlaubt einen ungewohnten Blick auf Entwicklungen in der dänischen und internationalen Kunst.

Sct. Nikolaj Kirke und Musikkonservatorium

Neben Jørn Utzon ist noch ein weiterer dänischer Architekt in Esbjerg vertreten, der einer Weltstadt seinen Stempel aufdrückte: Johan Otto von Speckelsen (1929–87) entwarf für Paris den 110 m hohen Triumphbogen der Menschheit – La Grande Arche – und für Esbjerg 1969 die katholische **Sct. Nikolaj Kirke** 6, ein spartanisch wirkender Kubus (Kirkegade 58).

Der Kirche gegenüber beherbergt ein ehemaliges E-Werk das **Syddansk Musikkonservatorium** 7. Außen paaren sich griechisch inspirierter Klassizismus mit Jugendstil, innen entstand in der ehemaligen Turbinenhalle ein Konzertsaal mit außergewöhnlich guter Akustik (Kirkegade 61).

Esbjerg Museum 8

Torvegade 45, Tel. 76 16 39 39, www.esbjergmuseum.dk, wg. Umbau und Neugestaltung der Sammlung voraussichtlich bis Anfang 2018 geschlossen

Vom Konservatorium führt die H. C. Ørstedsgade auf das Esbjerg Museum zu. Das wird umgestaltet und soll zukünftig den Charakter Esbjergs als junge ›Pionierstadt‹ betonen – vor rund 150 Jahren gab es, wo heute die Stadt liegt, nur drei Höfe mit knapp zwei Dutzend Bewohnern. Ein neues Schwerpunktthema wird auch die Besatzungszeit.

An der Küste nordwärts

Fiskeri- og Søfartsmuseet/ Saltvandsakvariet 9

Tarphagevej, Tel. 76 12 20 00, www.fimus.dk, Nov.–Jan. tgl. 10–16, Feb.–Juni und Sept.–Okt. 10–17, Juli/Aug. 10–18 Uhr, je nach Saison 115–140 DKK/ab 18 Jahre

Das meistbesuchte Museum der Stadt liegt 4 km nördlich des Hafens gleich hinter der Küste. Der Name **›Fischerei- und Seefahrtmuseum/Salzwasseraquarium‹** verrät schon, was man erwarten darf und ›Energie vom Meer – Dänische Offshore-Industrie auf der Nordsee‹ kann noch ergänzt werden. In Aquarien trifft man Getier aus den dänischen Gewässern, Alltagsszenen aus Fischerei, Seefahrt und Offshore-Industrie sowie ein konventioneller Raum zur Schifffahrt füllen die Räume und ein weitläufiges Freigelände. Insbesondere für Kinder interessant sind die Schiffe, Wracks, Küstensiedlungen, ein kleiner Hafen, eine Rettungsstation und ein Atlantikwallbunker. Highlight ist das Freiluftbecken der Robben, dies besonders zur Fütterungszeit tgl. 11 und 14.30 Uhr.

Mennesket ved Havet 10

Praktisch vor dem Museum hocken seit 1995 vier strahlend weiße Riesen am Ufer, den Blick starr aufs Meer gerichtet: Die Großskulptur von Svend Wiig Hansen (1922–97) ist längst Wahrzeichen der jungen Kulturstadt Esbjerg (s. Mein Lieblingsort, s. S. 132).

Etwas näher zur Stadt gemahnt die Gedenkstätte **Fiskernes Mindelund** 11 daran, dass die Arbeit auf dem Meer ein harter, manchmal brutaler Broterwerb ist. Hinter jedem der Namen auf der Granitwand steht ein Fischer aus Esbjerg, der nach 1900 auf See umkam und auf den eine Frau oder eine Familie wartete, wie die Skulptur dort zeigt.

Hjerting 12

Verlässt man Esbjerg an den weißen Riesen vorbei nach Norden, erreicht man bald Esbjergs Badeort Hjerting,

Lieblingsort

»Mennesket ved Havet« 10 – Kräftige Kerle am Meer

Ich habe sie vom ersten Tag an gemocht, die vier kräftigen Kerle am Sædding-Strand. Jeder der Riesen ist 9 m hoch und mehrere Tonnen schwer, moderne Brüder der Steinskulpturen auf den Osterinseln. Klar ist das Kunst, die provoziert, spaltet, über die man streitet. Zu groß seien sie, zu eintönig ihr Ausdruck. Aber schauen Sie genau hin: Auf den ersten Blick einander zum Verwechseln ähnlich, gibt es Details, die amüsieren – achten Sie nur auf die Zehen …
Die vier starren auf Grådybet hinaus, die Fahrrinne zwischen Nordsee und Esbjergs Hafen, als wären sie ein Begrüßungskomitee. Und das genau mache ich ihnen gern nach, setze mich auf einen der Sockel und schaue aufs Meer und auf die Schiffe und lasse meine Gedanken reisen, wohin immer sie wollen (s. S. 131).

der deutlich älter ist als die Stadt. Unterwegs merkt man an den Häusern entlang der Straße, dass man in die besseren Wohnlagen kommt. In Hjerting bietet sich ein fast mediterranes Bild: Nur eine kleine Mauer trennt den schmalen Sandstrand, den Windsurfer gern nutzen, von der gepflegten, modernen Promenade, über die sich wunderbar flanieren oder mit dem Cabrio cruisen lässt.

Dort, wo die Hauptstraße das Meer schon ein paar hundert Meter hinter sich gelassen hat, fällt die **Hjerting-Kirche** durch ihre moderne Architektur ins Auge, Attraktion wird sie dank ihrer künstlerischen Ausgestaltung (Hjerting Byvej 13). Fenster, Altarleuchter und die Figurengruppe an der Altarwand aus vergoldetem Eisen und Schrott mit Szenen aus der Karfreitagsgeschichte schuf kein geringerer als Robert Jacobsen (s. S. 130) – das ist Kirchenkunst, die jedes Museum für Moderne Kunst gern an den Wänden hätte.

Ho Bugt ▸ B 11

Der **Marbæk Forst** gleich nördlich von Hjerting ist Esbjergs Naherholungsgebiet und ein Teil des Nationalparks Wattenmeer mit Wanderwegen, kleinen Seen, prähistorischen Fundstätten und einer abwechslungsreichen Küste. Von deren Anhöhen lässt sich die Ho Bugt perfekt überblicken, der nördlichste Zipfel des europäischen Wattenmeers und im Frühjahr und Herbst Rastplatz für Zugvögel. Mittendrin die Insel Langli, die aus Naturschutzgründen nur eingeschränkt, am besten auf geführten Naturwanderungen, zugänglich ist (Details bei umliegenden i-Büros). Die Ho Bugt wird zum offenen Meer von der Halbinsel Skallingen begrenzt, die von Norden über Oksbøl und Blåvand zu erreichen ist, dort wo Dänemarks Haffküste beginnt (s. S. 159).

Übernachten

Modern und zentral – **Hotel Britannia** **1**: Torvegade 24, Tel. 75 13 01 11, www.britannia.dk. Modernes Businesshotel, in dem das DZ regulär ab 1500 DKK kostet, aber wer bezahlt das schon gern? Dafür gibt es viele Sommer- und Wochenendrabatte sowie Wellness- oder Golfpakete.

Strandnah, aber businessorientiert – **Hjerting Badehotel** **2**: Tel. 75 11 70 00, www.hjertingbadehotel.dk. Traditionsreiches Haus an Hjertings Promenade ca. 8 km nördlich der Stadt, das auch Geschäftsleute anspricht und entsprechende Preise verlangt. DZ bzw. Suiten ca. 1400–2000 DKK, günstiger ›Dagens Pris‹ tagesaktuell online. Auch Apartments in separaten Strandhäusern, je nach Saison ca. 1300–1800 DKK/Tag, Rabatte ab dem 3. Tag.

Unspektakulär – **Scandic Olympic** **3**: Strandbygade 3, Tel. 75 18 11 88, www.scandichotels.com. Gesichtsloses, aber solides Businesshotel nahe dem Nordende der Fußgängerzone. Die Preise variieren: Das selbe Zimmer kann an einem Ferienwochenende unter 800 DKK kosten, Mitte der Woche 1250 DKK.

Traditionshotel mit Discount-Konzept – **Cabinn Hotel Esbjerg** **4**: Skolegade 14, Tel. 75 18 16 00, www.cabinn.com. Genormte Zimmer im Stil von Schiffskabinen – klein und funktional. DZ ab 690 DKK, Frühstück 75 DKK/Pers. extra, Wochenend- und Sommerangebote.

Besser als viele Hotels – **Danhostel Esbjerg** **5**: Gl. Vardevej 80, Tel. 75 12 42 58, www.esbjerg-danhostel.dk. Das Öko-Frühstück mit viel Selbstgemachtem stünde jedem Gourmet-Hotel gut zu Gesicht (plus 78 DKK/Pers). Einzelbett ab ca. 220 DKK, Basic-Zimmer im alten Teil ab ca. 510 DKK, im neuen Flügel zum Garten hin Luxus-Zimmer in Hotelqualität (DZ ab ca. 650 DKK, 4-Bett-Zimmer ab ca. 800 DKK).

3-Sterne-Stadtcamping – **Esbjerg Camping** 6: Gudenåvej 20, Tel. 75 15 88 22, www.esbjergcamping.dk, ganzjährig. Für 3 Sterne sehr gut ausgestatteter Campingplatz mit viel Raum und Spielgeräten für Kinder, im Sommer großer Pool; über ein Dutzend Hütten in drei Kategorien von einfach bis Luxus.

Essen & Trinken

Gourmet-Klasse – **Strandpavillionen:** im Hotel Hjerting 2: Hohe Ansprüche und Preise (Hauptgerichte ab ca. 260 DKK, drei Gänge ca. 440 DKK); deftiger, maritimer und günstiger isst man unter gleichem Dach im **Ship Inn** (z. B. klassischer Frokost-Teller ca. 190 DKK).

Junge Küche mit dänischen Wurzeln – **Brasserie B:** im Hotel Britannia 1: Alles wirkt zeitlos modern und doch kombiniert die Küche gern internationale Trends mit lokalen Spezialitäten, wie den zum Brunch im Tapas-Stil servierten Leckereien aus der Region, oder serviert Klassiker wie den Stjeneskud, auf zwei Arten zubereitetes Schollenfilet mit Krabben. Zum Sonntagsbruch ab 11.30 Uhr kommen auch Einheimische gern (ca. 150 DKK).

Ein Muss für Dänemarkliebhaber – **Sand's Restauration** 1: Skolegade 60, Tel. 75 12 02 07, www.sands.dk, Mo–Sa ab 11.30 Uhr. Viel Atmosphäre, dänische Küche; mittags berühmt für Frokost-Gerichte mit Hering, Smørrebrød, *Leverpastej og det hele* ... (ab ca. 60 DKK); hier gibt es natürlich die lokale Spezialität *Bak-skuld* (gesalzene, getrocknete und dann in Butter gebratene Rotzunge); im Sommer auch Gartenlokal.

Mein Tipp

Vom Hofladen alles Bio

Selbstgeschlachtetes Bio-Lamm, aber auch Bio-Fleisch von glücklichen, artgerecht gehaltenen Schweinen und Bio-Käse der nahen Enghavegård Osteri, die gern mal ungewohnte Verführungen wie mit Porter-Bier gereiften Langli-Käse oder den mit Gagelschnaps behandelten Rotschmiere-Käse Ho Porse produziert, bietet der Hofladen von **Varde Ådal Lam,** der nahe der Landstraße 475 südlich der Varde Å bei Alslev liegt (Toftnæsvej 30, 6800 Varde, Tel. 23 45 40 28, varde aadallam.dk); Do–Fr 14–17 und Sa 10–12 Uhr ist der Laden geöffnet. Sonst gibt's Gemüse, Kartoffeln und Eier an einem ›Treu und Glauben‹-Stand an der Straße.

Local spirit am alten Fischereihafen – **Sydvesten** 2: Fiskerihavnsgade 6, Tel. 75 12 82 88, www.sydvesten.dk, Mo–Fr 7–16, Sa 7–13 Uhr. Hier kommen Einheimische gern zum Frühstück oder Frokost (Hauptgerichte ab ca. 100 DKK); immer auch ein preiswertes Tagesgericht (ca. 60 DKK).

Mit Straßencafé auf Torvet – **Dronningen Louise** 3: Torvet 19, Tel. 75 13 13 44. Café-Restaurant mit günstigen Frokostgerichten zum Mittag, abends Hauptgerichte ab 225 DKK; im Sommer samstagmittags oft Livejazz.

Kompromiss aus Eltern- und Kinderwunsch – **Jensen's Bøfhus** 4: Torvegade 10, Tel. 70 30 40 50, tgl. 11–22 Uhr. Ja liebe Eltern, es gibt auch in Esbjerg das Restaurant mit dem großen M, aber Jensen's Bøfhus wäre die Alternative: Kids bekommen gleich ein paar Geschenke in die Hand und irgendwie sitzt man doch gemütlicher und gepflegter. Gourmetküche gibt es auch hier nicht und gegrilltes dominiert die Karte, aber die Salatbar zu den Hauptgerichten ist super und Kinder lieben das Soft-Ice-Buffet mit diversen Streuseln und süßen Saucen (49 DKK).

Einkaufen

Fußgängerzone – **Kongensgade** 1: Wenn kein Strandwetter ist, füllen sich die Straße und die Läden vom Shop mit Accessoires der dänischen ›Hygge‹ zu Dumpingpreisen – **Søstrene Grenes** in Nr. 90 – über Haushaltswaren im Danish Design – **Inspiration** in Nr. 61 oder **Kop & Kande** in Nr 28 – bis zu vielen Mainstream Modeboutiquen und Shops mit Sport- und Outdoorkleidung. Das im April 2017 eröffnete größte Shoppingcenter Westdänemarks, **›Broen‹** – die Brücke – schließt die Fußgängerzone am Südende mit rund 70 Läden, Lokalen und einem Kinocenter ab.

Wochenmarkt – **Rådhuspladsen** 2: Mi u. Sa vormittags (Rathausplatz)

Flohmarkt – Mitte Juni–Mitte Sept. Mo ca. 9–16 Uhr zu Füßen des Reiterstandbildes von Christian IX. auf dem Torvet 3.

Fisch frisch oder geräuchert – **Havnens Fiskehus** 3: Fiskerihavnsgade 13A. Bestens sortiertes Fischgeschäft am Hafen.

Aktiv

Nostalgie Kutter – **›E.1 Claus Sørensen‹** 1: Pier 1, Fiskerihavn, ca. 2 Std., 85 DKK. Termine und Tickets beim Fiskeri- og Søfartsmuseet (s. S. 131).

Schwimmen und Wellness – **Svømmestadion Danmark** 2: Gl. Vardevej 60, www.svdk.dk, Mo–Do 6–21, Fr 6–18, Sa/So 9–18 Uhr. Dänemarks größtes Spaß- und Sportbad mit Wellnessbereich.

Windsurfen – **Hjerting Strand** 3: Der schmale, aber lebhafte Strand an Hjertings Promenade ist populärer Einstieg zum Wind- und Kitesurfen in der Ho Bugt. Dort müssen aber Naturschutzregeln des Nationalparks Wattenmeer beachtet werden.

Abends & Nachts

Esbjerg besitzt drei ausgezeichnete Spielstätten für Theater und Musik, die ein weites Kulturspektrum abdecken:

Von Oper bis Pop – **Musikhuset Esbjerg** 5: Havnegade 18, Tickets Tel. 76 10 90 10, www.mhe.dk, Mainstream von Klassik bis Pop mit eigenem Opernensemble (s. S. 130).

Kulturhaus – **Tobakken** 1: Gasværksgade 2, Tickets Tel. 75 18 00 00, www.tobakken.dk. Konzerte und kleine Festivals von Folk über Jazz bis Rock.

Hier zappelt Esbjerg – **Dronningen Louise Bar & Natklub:** im gleichnamigen Café-Restaurant 3. Gepflegtes Trinken in der Bar (Mo–Mi bis 24, Do bis 2, Fr bis 4, Sa bis 5, So bis 23 Uhr), Clubbing im Nachtclub im 1. Stock mit DJ oder Live Act am Wochenende.

Infos

Velkomstcenter Esbjerg: Skolegade 33, 6700 Esbjerg, Tel. 75 12 55 99, www.visitesbjerg.dk, interaktiv So–Mi 10–20, Do–Sa 10–18 Uhr, mit Bedienung nur zu den gängigen Geschäftszeiten.

Esbjerg Festuge: Neun Tage Mitte Aug. mit breitem Programm: www.esbjergfestuge.dk

Esbjerg International Chamber Musik Festival: 2. Aug.-Hälfte. Anspruchsvolles Kammermusikfestival im Syddansk Musikkonservatorium (s. S. 131), www.eicmf.dk

Anreise: siehe Infobox S. 84

Fähren: nach Fanø (Details s. S. 145)

Fanø ▸ C 12

Fanø ist mit 55 km² kaum mehr als halb so groß wie Rømø, hat aber gut fünfmal so viele Einwohner. Es ist Dänemarks kleinste selbstständige Kommune. Von knapp etwa 3300 Insulanern leben gut 80 % in Nordby im Norden der Insel, das sind die Fanniker, sorgfältig zu unterscheiden von noch etwa 260 Sønderhoninger aus dem malerischen Sønderho im Süden. Fanø ist dank der obligatorischen Fährfahrt, die Tagestouristen weitgehend fernhält, exklusiver als Rømø, und das nicht erst heute.

Als Mitte des 19. Jh. die ersten Urlauber auf die Insel kamen, orientierten sie sich nach Osten an die Wattküste. Bald jedoch wurde der raue Charme der Westküste entdeckt und diese immer »stärker besucht von Leuten, die sich mit den brackigen, kleinen Wellen des Sundes nicht mehr begnügen, sondern den Anprall der salzreichen Brandung der Nordsee selbst gegen ihren Rücken fühlen wollen«, wie der dänische Literaturnobelpreisträger Henrik Pontoppidan 1890 bemerkte.

Fanø Bad

Um die Jahrhundertwende blühte Fanø Vesterhavsbad – heute kurz **Fanø Bad** 1 – so richtig auf, weil ein blau-blütiger Promi-Gast das Geschäft belebte: Dänenkönig Christian IX., bekannt als Europas Schwiegervater – ein Sohn auf dem griechischen, ein Enkel auf dem norwegischen Thron, die älteste Tochter verheiratet mit Englands Edward VII., die zweite mit Zar Alexander III. –, machte hier gern mit Teilen seiner Familie Ferien. Von der einst mondänen Eleganz des Vesterhavsbad zeugen noch eine paar kleinere Villen und Pensionen hinter den Dünen, sonst prägen eher moderne Apartmentanlagen das Bild, weit entfernt von romantischer Nostalgie.

Autostrände

Als der Rausch der Geschwindigkeit in den 1920er-Jahren die Autowelt erfasste, konkurrierte Fanøs Strand mit den Salzseen von Utah. So fuhr der Engländer Malcolm Campbell auf der Insel seine ersten Rekorde, in den USA schaffte er später als erster Mensch mehr als 400 km/h. Als ein Kind unter den Zuschauern bei einem Unfall getötet wurde, hatte die Raserei ein Ende. Bis heute sind die Strände in großen Teilen für Autos freigegeben und über **drei Zufahrten** erreichbar – es gilt aber eine Höchstgeschwindigkeit von 30 km/h. Und keine Sorge: Fanøs Strände sind groß und breit genug, um sich dem Autoverkehr zu entziehen, und nördlich der Zufahrt Fanø Bad sowie südlich der Zufahrt Sønderho Strandvej sind ausdrücklich autofreie Zonen markiert.

Pas På! – Achtung Lebensgefahr

Søren Jessen Strand 2, Fanøs etwa 5 km langer Nordwestarm, ist von Süden zugänglich und wird nur bei Sturmfluten überspült. Je weiter man nach Norden wandert, desto weiter entfernt sich die Sandbank von der Insel, getrennt durch **Hamborgerdybet,** einen langsam versandenden Priel, der aber immer noch bei hohen Hochwassern überflutet. Eigentlich ist das ungefährlich, es sei denn, man wird von Nebel überrascht, verliert die Orientierung und geht in die falsche Richtung.

Tückischer ist **Galgerev** 3 vor der Südwestspitze: Bei Niedrigwasser lockt die Sandbank zu Spaziergängen, wird bei Flut aber 1,5 m hoch überspült. Dabei läuft das Wasser zuerst zwischen das ›Galgenriff‹ und den Hauptstrand. Der Tidenhub um Fanø beträgt durchschnittlich 160 cm.

0 1 2 km
Grønningen
ESBJERG
Hamborgerdybet
Kikkebjerg Plantage
siehe Detailkarte 1
NORDBY
Skrånberg
Næs Søjord
autofreie Zone
Strandvejen
Postvejen
FANØ BAD
Strandzufahrt
Halen
RINDBY
Fodgens Eng
Skideneng
Kirkevejen
Rindby Strand
Strandzufahrt
Klingbjerg
Nordsee
Strandsport, Windsurfer, Kiteboarder Zone
Sandflot Hede
Kæret
Skovløber-bolig
Fanø Klitplantage
Albue Bu
Sønderho Hede
Strandsport Zone
Silke-bjerg
Assistent-bolig
Gammelende
Gammeltoft Bjerge
Havside Bjerge
Skifterne
Landevejen
Strandzufahrt
Sønderho Strandvej
autofreie Zone
SØNDER
siehe Detailkarte 2
Detailkarte 1
0 50 100 m
N
Færgev.
Fähranleger
Hovedgaden
Kroslippe
Lodsvej
Sprøjtehus-plads
Hovedgaden
Langlinie
NORDBY
Havnevej
Skolesti
Fanø Rådhuset
Skolevej
Svenskervej
Detailkarte 2
Landevejen
Digevej
Sønderho Strandvej
SØNDERHO
Digevej
Gl. Byvej
Nord.-land
Landevejen
Øster Land
Søndertoft
Kro-pladsen
Bjerrevej
Kåvervej
Sønder Land
N
0 100 200

Fanø

Sehenswert
1 Fanø Bad
2 Søren Jessen Strand
3 Galgerev
4 Fanø Skibsfarts- og Dragtsamling
5 Fanø Museum
6 Hundesäule
7 Pælebjerg
8 Skovlegeplads
9 Albue Fuglekøje
10 Sønderho Gamle Fuglekøje
11 Sturmflutsäule
12 Sønderho Rettungsstation
13 Sønderho Kirke
14 Hannes Hus
15 Fanø Kunstmuseum

Übernachten
1 Sønderho Kro
2 Nordby Kro
3 Danibo – Fanø Sommerhusudlejning
4 FanøHus Feriehus-udlejning
5 Feldberg Strand Camping

Essen & Trinken
1 Café Restaurant Ambassaden
2 Café Nana's Stue
3 Stoppestedet

Einkaufen
1 Glaspusteriet Fanø
2 Fanø Fisk
3 Rudbecks Ost & Deli
4 Fanø Bryghus

Aktiv
1 Kites & Coffee

Nordby

Fanøs größter Ort Nordby steht als Standort einer Seefahrtsschule und als Heimat vieler aktiver Seeleute ganz in der seefahrerischen Tradition der Insel. Die Kleinstadt besitzt auch romantische Winkel mit reetgedeckten Häusern, aber längst nicht in der Geschlossenheit wie in Sønderho (s. u.).

Fanø Skibsfarts- og Dragtsamling 4

Hovedgade 28, Tel. 75 16 22 72, www.fanoskibs-dragt.dk, Mo–Sa Mai–Sept. und 42. Woche 11–17, April und Rest-Okt. 11–15/16 Uhr, 25 DKK, 5 DKK/Kinder

Die Seefahrt der Männer und wie ihre Frauen unterdessen das Familienleben auf der Insel organisierten, sind Themen im Schifffahrtsmuseum, in dem Schiffsmodelle, historische Fotos und die auf Fanø bis heute populären Trachten gezeigt werden. Die in der Regel schwarzen, nur die Augen freilassenden Gesichtsmasken der Alltagstrachten der Frauen haben übrigens weder etwas mit Burka noch mit dem autonomen Block zu tun, sondern dienten bei der Feldarbeit auf den sandigen Äckern als Schutz vor Sand und Sonne.

Fanø Museum und Hundesäule

Unscheinbar wirkt das geduckte, 300 Jahre alte Reetdach-Häuschen, in dem das volkskundliche **Fanø Museum** 5 über das Inselleben vergangener Tage erzählt und auch ein paar ›Souvenirs‹ zeigt, die Fanøs Seeleute aus aller Welt mitgebracht haben (Skolevej 2, Tel. 30 70 05 75, Juni–Sept. Mo–Fr 11–15, 25/5 DKK.

Ein spezielles Souvenir bekam sogar ein Denkmal: Die **Hundesäule ›De To Hunde‹** 6 von Poul Isbak gegenüber dem Fähranleger von Nordby. Hundefiguren aus feinstem Porzellan waren ursprünglich Statussymbole, die man gern ins Fenster stellte. ›Sie schauten nach ihrem Herrn‹. Blickten sie also aus dem Fenster, war der Mann unterwegs, blickten sie ins Zimmer, war er daheim – wen immer das interessieren mochte. Diese Symbolik diente bald Prostituierten als Zeichen, ob sie frei oder besetzt waren, und da die Frauen offiziell keinen Lohn für ihre Liebesdienste nehmen durften, verkauften sie die Hunde, die inzwischen nicht mehr Unikate aus

Lieblingsort

Luxus und Idylle unterm Reetdach ▶ C 12

Der **Sønderho Kro** 1 , der seit 1772 Gäste bewirtet, hat sich längst vom einfachen Dorfkrug zum edlen Gourmetlokal gewandelt: 14 individuelle Zimmer und eine Küche, die in der kulinarischen Oberklasse spielt. Frisches aus der Region, am besten direkt von der Insel, hat erste Priorität, die Kräuter werden eh im eigenen Garten gezogen. Zugegeben, ich kann mir das volle Programm nur selten leisten, aber zu einem Frokost oder zu Kaffee und Kuchen, nur um die Stimmung unterm Reetdach zu erleben, reicht es eigentlich immer – sonst fehlt mir an Fanø etwas (s. S. 143).

chinesischen Manufakturen waren, sondern billige Massenware aus englischen Fabriken, zu überhöhten Preisen an ihre Freier. Aus illegalen Gunst- wurden legale Kunstgewerblerinnen, und ›De To Hunde‹-Skulptur dürfte weltweit das einzige Denkmal für Hurenlohn sein.

Das Zwischenland ▸ C 12

Um Sandflug zu bremsen, wurde ab 1892 zwischen Nordby und Sønderho die **Fanø Klitplantage** angepflanzt, längst ein stattlicher Forst mit vielen markierten Wegen, gut von Parkplätzen aus zu erkunden. Den Blick über Wald und Dünen verschafft der Aufstieg auf den 21 m hohen **Pælebjerg** 7. Ein paar hundert Meter südlich wartet der **Skovlegeplads** 8 auf aktive Kinder – die Spielgeräte sind von Künstlern aus Naturmaterialien gestaltet: Land Art zum Beklettern.

Im Osten der Insel am Ufer der Albue-Bucht sind zwei von einst sechs auf Fanø betriebenen ›Vogelkojen‹ zugänglich. Hier wurden Wildenten für den Topf gejagt, aber keine Sorge: Seit 1931 helfen die Vogelreusen nur noch Ornithologen dabei, Vögel zu beringen. Die **Albue Fuglekøje** 9 wird in der Saison wie ein kleines Museum betrieben (Albuevej 41, Juli/Aug und 42. Woche Di–Do 13.30–17 Uhr, 20 DKK/Erw., 10 DKK/Kinder), die etwas abgelegenere **Sønderho Gamle Fuglekøje** 10 ist frei zugänglich, Schautafeln erklären die Funktion.

Sønderho ▸ C 12

Erst im 18. Jh. erhielten Fanøs Bewohner lange entbehrte Privilegien, die einen Boom bei Schiffsbau und Handel auslösten: Aus armen Landpächtern wurden stolze Schiffsbauer, Reeder und Kaufleute. Bis zum Niedergang der Segelschifffahrt verließen über 1000 Segler die Werften der Insel, und die auf Fanø registrierte Handelsflotte wurde in Dänemark nur von der Kopenhagens übertroffen.

Anfangs liefen die Geschäfte in Sønderho besser, später in Nordby. Die wirtschaftliche Stagnation war für Sønderho ein Denkmalschutzprogramm, seit 1928 kümmert sich ein Verein um die reetgedeckte Idylle in den winkeligen Dorfstraßen. Im Sturz vieler Haustüren und -fenster tauchen die Farben Grün, Weiß, Schwarz auf: Geburt, Leben und Tod – eine Art Inselwahrzeichen. Den Torbogen des Hauses Landevejen 27 ziert derweil die Galionsfigur eines Mannes, 1851 bei Sønderho an Land gespült. Sie stammt von der ›Lord Palmerstone‹, die zwei Jahre zuvor nicht etwa vor Fanø, sondern im Mittelmeer gesunken war!

Hinter dem Deich, fast im Südzipfel der Insel, duckt sich der **Sønderho Kro** 1 (s. Mein Lieblingsort S. 141). Früher lagen davor die Segler dicht an dicht auf Reede. Ein paar Meter östlich kann man an einer **Sturmflutsäule** 11 ablesen, wann einem das Wasser bis zum Halse oder sogar etwas höher gestanden hätte.

Sønderho Rettungsstation 12

Ostern–Nov. unbemannt geöffnet, Eintritt (20 DKK, 5 DKK/Kinder) kann in Geldbox eingeworfen werden

Damit die Gewässer rund um die eigene Insel sicherer wurden, gab es ab 1889 die Sønderho Rettungsstation am Rande des Dorfes am Weg zum Weststrand. Das für die dänische Küste typische Walmdachhaus mit dem großen grünen Tor und den beiden überkreuzt aufgemalten Spitzflaggen beherbergt eine Ausstellung über die gefährliche Arbeit der Rettungsmänner und natürlich das alte Rettungsboot.

Sønderho Kirke 13

Sønderho Strandvej, Mo–Sa 8–16, So 12–16 Uhr

Solange alles gut ging, brachte die Seefahrt den Familien Wohlstand, aber es ging nicht immer gut: In der Sønderho Kirke am Rande des Dorfes zeugen zwar 14 Votivschiffe von wundersamen Rettungen aus höchster Not, aber oft endete das Wirtschaftswunder auch in blanker Not: Allein in einem Katastrophenwinter 1825 verloren 40 Frauen des Dorfes ihre Männer und mehr als 100 Kinder ihre Väter. Das reiche Sønderho galt in weitem Umkreis nur als ›Stadt der Witwen und Waisen‹.

Hannes Hus 14

Øster Land 7, Tel. 51 50 18 50, Mai–Sept. Mi, Sa, Juli/Aug. auch Di, Do, Fr 15–17 Uhr, 30 DKK

Auch der Mann von Hanne Sørensen kam von einer Fahrt nach Island nicht zurück, als sie gerade 34 Jahre alt war. Hanne trauerte und ließ das gemeinsame Heim in Sønderho erstarren. Auch ihre Tochter Karen, die bis 1965 darin lebte, änderte fast nichts. So kann heute ein Museum zeigen, wie die Skipper von Fanø im 19. Jh. lebten.

Fanø Kunstmuseum 15

Nord Land 5, Tel. 75 16 40 44, www.fanoekunstmuseum.dk; Ostern–42. Woche Di–So 13–17, 40 DKK/Erw., 20 DKK/Kinder

Dass die Seefahrerei nicht alles im Leben ist, auch nicht in Sønderho, beweist das Kunstmuseum der Insel im ehemaligem Dorfladen Kromanns Hus. Gezeigt werden neben Sonderausstellungen Werke jener Maler, die ab Mitte des 19. Jh. regelmäßig auf der Insel arbeiteten. Die Sammlung ist klein, aber auf hohem Niveau. Mit den Malern kamen immer wieder aktuelle Stile auf die Insel und so sieht man hier in kleinem Rahmen die Entwicklung der europäischen Malerei der letzten zwei Jahrhunderte.

Kleiner und älter ist die friesische Fliesenkunst, die **Fanø Fliesesamling** an den Wänden einer ehemaligen Molkerei zeigt, heute das populäre **Café Nana's Stue** 2 (s. S. 144).

Übernachten

Zwischen Luxus und Idylle – **Sønderho Kro** 1: Kropladsen 11, Sønderho, Tel. 75 16 40 09, www.sonderhokro.dk, DZ inkl. Gourmetfrühstück ca. 1325–1650–2650 DKK, diverse Gourmet-Pakete. Siehe Lieblingsort S. 141.

Unterm Reetdach – **Nordby Kro** 2: Strandvejen 12–14, Tel. 75 16 35 89, www.noerbykro.dk. Mit seinen Mini-Apartments in den Seitenflügeln könnte man von einem Romantik Motel sprechen (ab 995 DKK), aber es gibt auch Suiten und ein Restaurant mit hohen Ansprüchen (Hauptgericht um 250 DKK, Menüs um 550 DKK).

Ferienhäuser – Rund 2500 Ferienhäuser sowie Häuser und Apartments in den Ferienparks von Fanø Bad werden teils über große Vermittler angeboten (s. S. 26), Hunderte aber auch von lokalen Anbietern: **Danibo – Fanø Sommerhusudlejning** 3: Langelinie 9 B, Nordby, Tel. 75 16 36 99, www.danibo.dk. Ca. 650 Häuser. **FanøHus Feriehusudlejning** 4: Hovedgaden 12, Nordby, Tel. 75 16 26 00, www.fanohus.de. Ca. 200 Häuser.

Next Stop Weststrand – **Feldberg Strand Camping** 5: Kirkevejen 37, Rindby Strand, Tel. 75 16 24 90, www.feldbergstrandcamping.dk. So nah am Weststrand wie kein anderer Campingplatz; Basic-Hütten je nach Saison und Mietdauer ca. 290–470 DKK/Tag plus einmalig 100 DKK, Juni–Aug. gerne Wochenmiete.

Nur legal campen! Es gibt auf Fanø sieben Campingplätze, einen Wohn-

Herbstliche Strandwanderung am Rande des dänischen Wattenmeers

mobil-Stellplatz und einen Staatsforst, in dem frei gezeltet werden darf (s. S. 28), ansonsten wird illegales Campen – vor allem mit Wohnmobilen – konsequent verfolgt.

Essen & Trinken

Ambitioniert – **Café Restaurant Ambassaden 1**: Hovedgade 57, Nordby, Tel. 75 16 22 11. Gute Küche, die dänische Traditionen achtet, aber über den nationalen Tellerrand schaut; im Sommer Open-Air-Plätze, abends Menüs, z. B. drei Gänge ca. 360 DKK.

Alte Fliesen ansehen – **Café Nana's Stue 2**: Sønder Land 1, Sønderho, Tel. 75 17 40 25. Moderne skandinavische Küche vom Frokost über Kaffee und Kuchen bis zum Abendessen; oft Livemusik – und an den Wänden hängt Fanøs Fliesesamling.

Kult unter Fanø-Fans – **Stoppestedet 3**: Kirkevejen 75 (Zufahrt Rindby Strand), www.stoppestedet.net, Juli–Sept. tgl. 12–22, sonst Mi–Di 12–20, Fr –21 Uhr. Hier gibt's einen göttlichen *Stjerneskud* mit ordentlich Krabben, monstermäßige Burger und gewaltige Eiswaffeln. Und wenn die Bestellschlange an der Theke zu lang ist, dreht man eben noch eine Runde über den Strand gleich nebenan.

Einkaufen

Glasdesign – **Glaspusteriet Fanø 1**: Hovedgaden 47, Nordby, Tel. 75 16 48 00, www.fanoeglaspusteri.dk, Mitte Feb.–42. Woche Mo–Fr 11–16, Sa 11–14 Uhr. Glaskünstlerin Charlotte La Cour lässt sich bei der Arbeit über die Schulter schauen und verkauft Arbeiten in der angeschlossenen Galerie.

Ganz frisch – **Fanø Fisk 2**: Havnevej 4, Nordby, Tel. 75 16 25 10. Fischladen für frischen und geräucherten Fisch.

Fanø schmecken – **Rudbecks Ost & Deli 3**: Hovedgaden 90, Nordby, Tel. 24 93 85 05, rudbecks.dk. Sanddorn-Eis und Sanddorn- oder Queller-Salz, Käse von der Insel, hausgemachtes Brot und viele Spezialitäten lokaler Produzenten – ein Paradies für Menschen mit Sinn für gutes Essen und seine Zutaten. Dazu gibt's Frokost-Küche mit all den

Herrlichkeiten und natürlich selbstgemachtes Eis. Ein dickes ›Like‹ von mir!

Brauerei – **Fanø Bryghus** 4: Strandvejen 5, Nordby, Tel. 76 66 01 12. Meist steht ein halbes Dutzend Spezial- und Saisonbiere zum Probieren bereit – echte Handarbeit engagierter Braumeister. Manches schmeckt exotisch wie *Fanø Stormflod,* die schönste Sturmflut, seit Schokolade und Bier in eine Flasche dürfen. Bier vom Fanø Bryghus gibt es auch in den meisten Geschäften und Lokalen der Insel.

Aktiv

Natur- und Kulturexkursionen – Das i-Büro (s. u.) organisiert ganzjährig auch auf Deutsch geführte Touren zu Themen wie Watt, Heide, Vögel, Befestigungen des Atlantikwalls usw.

Fun und Sport an Rindby Strand – **Kites & Coffee** 1: www.kitesandcoffee.dk, in der Hochsaison mobile Station am Rindby Strand, sonst Shop am Kirkevejen 37, 6720 Rindby, Tel. 36 92 56 66. Strandsegelschule und Vermietung von Blokarts (ab 275 DKK/Std.) und anderen Trendsportgeräten; Drachenladen.

Baden – **Lebensretterstation** vor der Strandzufahrt Rindby Strand, sonst fast 15 km unbewachter Strand.

Infos

Fanø Turistbureau: Skolevej 5–7, 6720 Nordby, Tel. 70 26 42 00, www.visitfanoe.dk

Fanø Vesterland: 2. Maihälfte, fanoevesterland.dk. Zwei Tage Food- und Musikfestival mit Top-Acts der dänischen Rockszene und gutem Essen an Buden und Ständen.

Fanø Sommerkoncerter: Meist Di teils Do im Juli und Aug. Klassik-Konzertreihe in Fanøs Kirchen, www.fanokoncerter.dk.

International Kitefliers Meeting Fanø: Mitte Juni. Drachenfestival, s. S. 78

Volksfeste: Fannikerdage in Nordby am 2. Juli-Wochenende und **Sønderhodag** am 3. So im Juli rund um die alte Mühle von Sønderho sind Brauchtumsfeste mit viel Musik, Tanz und Trachten.

Fanø Gadetheaterfestival: Anfang August, www.fanoe-gadeteater-festival.dk. 3 Tage Straßentheater in Nordby.

Godtfolk Festival: Ein Wochenende in der zweiten Sept.-Hälfte. Publikumsnahe Konzerte traditioneller Folk- und Straßenmusik in Nordby und Sønderho – Fanø fiddelt und fiedelt.

Fähre ab Esbjerg: FanøFærgen, www.faergen.dk (Fahrpläne und Preise online, keine Reservierung!); tgl. ca. 5–0.30, Sa/So bis 2.30 Uhr, je nach Tageszeit und Saison alle 20, 40 oder 60 Min., Überfahrt 12 Min.; Pkw und Camper bis 6 m inkl. Insassen je nach Saison und Reisetag ca. 195–415 DKK. Camper/Gespanne über 6 m sind Sa in der Hochsaison extrem teuer (795 DKK). Für Exkursionen von der Insel aufs Festland billige Tagestickets – Rückfahrt nicht vor 15 Uhr – u. a. beim i-Büro.

Auf Entdeckungstour: Kolding – Geschichte trifft Moderne in Ostjütland

Ribe, die alte Kulturstadt im Westen, lag über die Jahrhunderte gesehen doch etwas zu weit abseits der großen Entwicklungen des dänischen Königreichs. Da sieht es im Osten Jütlands anders aus: In Kolding demonstrierte die Krone mit einer mächtigen Königsburg Macht gegen die Deutschsinnigen in den Herzogtümern Schleswig und Holstein.

Reisekarte: ▶E/F 11/12

Planung: Schloss Koldinghus: Markdannersgade 11, Tel. 76 33 81 00, www.koldinghus.dk, tgl. 10–17 Uhr, 90 DKK/ab 18 Jahre;
Kunstmuseum Trapholt: Æblehaven 23, Tel. 76 30 05 30, www.trapholt.dk, Di–So 10–17, Mi bis 20 Uhr, 110 DKK/ab 18 J.; Sommerhaus: Führungen tgl. 13 u. 15, Sa/So/DK-Ferien auch 11 Uhr
Anreise: Bahn: Esbjerg–Kolding, ca. 40 Min. Auto: ab Rømø-Damm 80 km, ab Esbjerg 73 km

Kolding, mit knapp 60 000 Einwohnern Dänemarks siebtgrößte Stadt, schmiegt sich ans Ende eines malerischen Fjords. Ein kreatives Element, das bis ins Shopping-Angebot durchschlägt, ist Designskolen Kolding, eine Designschule, aus der viele international erfolgreiche dänische Modedesigner hervorgegangen sind.

Faszinierende Architektur

Schon 1268 ließ König Erik V. Klipping am Ufer der Kolding Å eine Burg anlegen. Aus der wurde Mitte des 16. Jh. ein Königsschloss, das der damalige Reisehof gern nutzte und in dem Anfang des 18. Jh. noch einmal König und Hof Zuflucht suchten, als in Kopenhagen die Pest wütete. Markant ist der wuchtige Kæmpetårn, der Heldenturm, auf dem ursprünglich vier große Helden der griechischen Mythologie als Skulpturen standen.

In den napoleonischen Kriegen lagerten spanische Hilfstruppen im **Schloss Koldingshus.** Um im kalten dänischen März heimatliche Temperaturen zu schaffen, feuerten die fröstelnden Südländer die Kamine so maßlos an, dass Feuer ausbrach und die ganze Herrlichkeit 1808 niederbrannte. Ab 1890 wurde peu à peu restauriert, aber erst nach 1972 gelang der Große Wurf und so war Anfang der 1990er-Jahre eines der faszinierendsten Gebäude Europas fertiggestellt – mit internationalen Architektur- und Denkmalschutzpreisen überhäuft: hier praktisch unbehandelte Ruinengemäuer, dort ein leicht wirkender Innenausbau aus Holz und Stahl im Ruinensaal und der alten Kapelle. Die neuen Teile inklusive Dach ruhen auf mächtigen, über drei Stockwerke aufragenden Holzstützen und ließen sich problemlos entfernen, sollte ein neuer architektonischer Zeitgeist es fordern.

Das kulturhistorische **Museum på Koldinghus** zeigt in den Räumen eigene Sammlungen von Kircheninventar, Gold und Silber von der Renaissance bis zur Gegenwart sowie Interieurs ab Ende des Mittelalters, aber auch immer wieder aufsehenerregende Sonderausstellungen. Eine Abteilung widmet sich den Schleswigschen Kriegen, der Teilung und der Wiedervereinigung.

Gegenwartskunst auf internationalem Niveau

Trapholt über dem Nordufer des Kolding Fjord versteht sich als Museum für Kunst, Design und Kunsthandwerk – ein junges Museum, das vor allem Werke aus dem 20. und 21. Jh. besitzt. Stark vertreten ist Richard Mortensen, ein Exponent abstrakter Malerei. Im Park vor dem Museum findet man Skulpturen und Installationen der Moderne wie den »Diamond Runner« des nicht mehr ganz so ›jungen Wilden‹ Ingvar Cronhammer, der in seiner elektronischen Anzeige eifrig Sekunden zählt – bis 10 Milliarden, das soll in etwa 300 Jahren erreicht sein.

Trapholt ist darüber hinaus Schwerpunktmuseum für dänisches Möbeldesign – kein Wunder also, dass man im Museumscafé auf Stuhlklassikern von Arne Jacobsen sitzt. Dieser Großmeister des Dansk Design entwarf 1970 ein Typen-Sommerhaus aus frei kombinierbaren Elementen: **Arne Jacobsens Kubeflex sommerhus.** Für seine Zeit wohl zu radikal ging es nie in Serie, das Musterhaus nutzte die Familie Jacobsen jedoch bis vor wenigen Jahren in Südseeland. Dort wurde es abgebaut und steht, eingerichtet mit Jacobsen-Möbeln, permanent im Park des Museum Trapholt über dem Fjord und kann auf Führungen besichtigt werden.

Das Beste auf einen Blick

Von Blåvand bis Vedersø

Highlight!

Holmsland Klit: Die 35 km lange Nehrung trennt Nordsee und Ringkøbing Fjord an den schmalsten Stellen mit ein paar Hundert Metern Sand und Dünen, mehr als 3 km Land werden es nie. Das breite Strandband nach Westen und die hohe Dünenkette dahinter sind nur einmal am quirligen Hafen von Hvide Sande unterbrochen. Den ultimativen Überblick über die schlanke Welt verschafft der imposante Leuchtturm Nørre Lyngvig Fyr. S. 177

Auf Entdeckungstour

LEGOLAND Park: Mit Kindern ist der Ausflug nach Billund, wo der LEGO-Stein erfunden wurde, Pflicht. Und die Welt aus Noppensteinen begeistert nicht nur Kinder. S. 172

Ringkøbing-Skjern Museum: 14 Museen und Attraktionen rund um den Ringkøbing Fjord vermitteln ein Bild vergangener Tage im Westen Jütlands. S. 178

Birk Centerpark: Extravagante Landschaftsgestaltung und Architektur, exzellente Museen und die Mega-Skulptur Elia – und dies mitten in der Provinz Westjütlands. S. 194

Kultur & Sehenswertes

Giacometti in Holstebro: Wo man geht und steht, trifft man in Holstebro auf Kunst: Fabelwesen, ein Metallschwein oder eine Gruppe genmanipulierter Bürger – nichts jedoch übertrifft ›Maren å æ woun‹, die magersüchtige Frau auf dem Wagen von Alberto Giacometti, eine 100 Mio.-Kronen-Skulptur im öffentlichen Raum. S. 192

Zu Fuß & mit dem Rad

Rundweg für die Gesundheit: ›Hjertestier‹, Herzwege, sollen überall im Land die Dänen bewegen, sich zu bewegen. Einer führt in gut einer Stunde rund um den Karlsgårde Sø bei Varde. S. 152

Natur ›reloaded‹: Nahe Henne Strand ist der Filsø in einem großen Renaturierungsprojekt wieder erstanden, bestens präparierte Wander- und Radwege gehören zum Konzept. S. 164

Genießen & Atmosphäre

Henne Kirkeby Kro: Das erwartet man in einem unscheinbaren Kirchdorf im Wilden Westen Dänemarks kaum: ein Restaurant der Gourmetklasse, schon zum besten Dänemarks und Nordeuropas gewählt, 2016 dann mit dem ersten Michelin Stern ausgezeichnet und 2017 gleich mit dem zweiten. S. 167

Abends & Nachts

Søndervig: Der munterste Touristenort am Ringkøbing Fjord zeigt sich modern, manchmal schrill, vielleicht nicht gerade Ballermann, aber auch keine feinsinnige Kultur, ausreichend jedoch, partyinteressierte Urlauber zufrieden zu stellen – besonders im Juli und August pulsiert das Leben. S. 181, 184

Strände ohne Ende

Blåvand, Vejers, Grærup, Børsmose, Henne, Ho, Jegum, Houstrup, Lønne, Nymindegab, Bjerregård, Haurvig, Årgab, Lyngvig, Klegod, Søndervig, Houvig, Husby, Vedersø Klit – viele Urlauber registrieren kaum die Namen der Siedlungen und Dörfer ganz im Westen Dänemarks und doch machen Zehntausende Jahr für Jahr hier Urlaub in unzähligen Ferienhäusern, die in den Dünen oder Heidegebieten hinter der Küste stehen.

Die scheinbar endlosen Strände von der Südspitze der Halbinsel Skallingen um den westlichsten Punkt Dänemarks, Blåvands Huk, herum und weiter über die Nehrung Holmsland Klit nordwärts bis Vedersø Klit und sogar noch weiter nördlich hinaus sind das wichtigste Kapital der Region.

Service, Kultur und dänische Lebensart steuern Kleinstädte im Hinterland bei, allen voran Varde und Ringkøbing.

Varde ▸ C 11

Varde ist Stadt im Hintergrund, Sitz der Verwaltung der gleichnamigen Kommune. Diese Kommune, zu der auch der Küstenabschnitt von der Halbinsel Skallingen bei Blåvand bis Nymindegab am Südzipfel des Ringkøbing Fjord gehört, hat knapp 50 500 Einwohner, das eigentliche Städtchen Varde aber nur wenig etwa 14 000. Doch bietet es bei Shopping und Kultur weit mehr, als man von Orten dieser Größe in Mitteleuropa erwarten würde. Von den Ferienhäusern im äußersten Westen Dänemarks ist es mit dem Auto meist nur etwa eine halbe Stunde bis in die Stadt.

Infobox

Internet

www.visitwestdenmark.com: Für die Großkommune Varde von Blåvand bis Nymindegab

www.hvidesande.dk/de: Für die Großkommune Ringkøbing-Skjern rund um den Ringkøbing Fjord

Anreise und Weiterkommen

Auto: A 7/E 45 bis Kreuz Kolding Vest/ Abfahrt 64 und weiter über die E 20. Zu den südlichen Küstenabschnitten (Blåvand bis Kærgård Strand): ab Abfahrt 75 über Straße [463] bis Billum westlich Varde und dann an die Küste. Zum mittleren Abschnitt (Henne Strand bis Holmsland Klit): ab Abfahrt 73 über Straße [11] bis Varde, weiter auf der [181] in die Küstenorte. Zum nördlichen Abschnitt (Søndervig bis Vedersø Klit): ab Abfahrt 73 über die Straßen [11], [28], [15] via Skjern und Ringkøbing zur Küste.

Bus/Bahn: Wichtigste Bahnhöfe der Region sind Varde – ab dort Lokalbahn via Oksbøl nach Nørre Nebel – sowie Ringkøbing und Ulfborg, alle mit Busanschlüssen in die Küstenorte. Die drei Stationen sind am besten via Esbjerg erreichbar, ab Hamburg in 5–7 Std.

Flugzeug: Die nächsten Flughäfen mit Verbindungen ab deutschsprachigen Ländern sind Billund und Karup.

Vardes Wurzeln liegen im frühen Mittelalter, als über die Varde Å das Wattenmeer praktisch bis vor die Stadt reichte und um eine Furt im Fluss die erste Siedlung entstand. Warwik hieß Varde damals, ein Name, den heute eine der beiden lokalen Mikro-Brauereien mit ihren exquisiten Bierspezialitäten nutzt. Nimmt man das von Historikern benutzte Bild auf, das Wattenmeer sei früher eine Art Autobahn für Nordwesteuropa gewesen, dann war die Varde Å die nördlichste Autobahnzufahrt. Bis kurz vor die Tore der Stadt sind der Fluss und seine Auen Teil des Nationalpark Wattenmeer und bereits großflächig renaturiert u. a. im Rahmen des Snæbel- Projekts (s. S. 63). Weiter landeinwärts schlängelt sich der Fluss durch einen Grüngürtel am Südrand des Zentrums von Varde vorbei.

Torvet und Kirkepladsen

Ungewöhnlich häufig saß der rote Hahn auf Vardes Dächern, 1789 und 1821 gingen insgesamt 131 Häuser in Flammen auf. Außer der ansehnlichen **Sct. Jacobi Kirke,** einer Kreuzkirche mit ältesten Teilen aus der Romanik, überlebten kaum Bauten aus der Zeit vor diesen Stadtbränden. Doch ansehnliche ›Neubauten‹ aus den Wiederaufbauphasen im späten 18. Jh. und in den 1820er-Jahren sorgen für ein charmantes Stadtbild vor allem um den zentralen Marktplatz **Torvet,** der sich im Sommer mit Straßencafés, Livemusik und Flohmärkten besonders lebendig zeigt.

Auf seiner Westseite stehen einträchtig nebeneinander die Sct.-Jacobi-Kirche und das **Rathaus** von 1872 mit seinem markanten Treppengiebel – ein typischer Bau des Historismus, der sich hier aus der Gotik bediente. Daneben das älteste und schnuckeligste Häuschen am Platze, die ehemalige Marktkneipe **Sillasens Hus** von 1795, aktuell ein Bagel-Shop. Geht man zwischen Kirche und Rathaus zum kleineren **Kirkepladsen** hindurch, steht man vor dem Museum der Stadt und ein paar Meter weiter vor dem i-Büro. Beide Gebäude sind in ein ehrgeiziges Stadtsanierungsprojekt einbezogen, mit dem das Viertel hinter der Kirche erneuert wurde.

Museum Frello

Kirkepladsen 1, Tel. 75 22 08 78, vardemuseerne.dk, Juli–Aug. tgl. 10–17, sonst Di–So 10–16 Uhr, 50 DKK/ab 18 Jahre

In Vardes Stadtmuseum nimmt der Fantasy-Maler, Comiczeichner und Postsurrealist Otto Frello mit seinen mystisch wirkenden Malereien aber auch publikumswirksamen Comics breiten Raum ein. Er ist hier ein Lokalmatador, 1924 nahe Varde auf einem Bauernhof geboren. Im Osten Deutschlands hat er unter Fans der »Olsen Bande« (s. S. 19) als Zeichner des einzigen Comics über diese ewig scheiternden Gauner geradezu Kultstatus. Über Frellos Werk hinaus beleuchtet das Museum den engen Bezug der Stadt Varde zum Wattenmeer und zeigt Artefakte aus einer breiten kunst- und kulturhistorischen Sammlung von prähistorischen Funden über Design, Möbel, Keramik und Silber bis zu Kunst der Gegenwart. Die Rückseite des Varde Museum stößt an den neu geschaffenen **Otto Frello Plads,** an dem zwei Gebäude liegen, die großflächig mit Frello-Motiven überzogen sind.

Brauhaus, Waffenhaus, Kunsthaus

Über den **Otto Frello Plads** und die Straße Vestervold – Westwall – ist man schnell an der kleinen, Microbrauerei **Warwick Bryghus,** bekannt für immer neue Ideen in den Braukesseln, inspiriert von großen Bieren der Welt ob aus München, Prag oder Belgischen Klöstern (Vestervold 18 B, www.warwick.dk, Shop mit Verkauf Fr 15–18 Uhr, Führungen mit Proben an den meisten Samstagen ca. 13 Uhr, 150 DKK).

Nur ein paar Schritte entfernt in einer Seitenstraße geht **Varde Artillerimuseet** auf die lange Geschichte der Garnisonsstadt Varde zurück und zeigt Artilleriewaffen und ihre Geschosse von mittelalterlichen Kanonen bis zu ferngesteuerten Lenkwaffen der Gegenwart sowie Tableaus mit Schlachtszenen, Uniformen und Ausrüstungen dänischer Artilleristen (Vestervold 11, Tel. 75 22 15 94, vardemuseerne.dk, Feb.–Okt. Di–So 10–14, Juli–Aug. tgl. 10–16 Uhr, 30 DKK/ab 18 Jahre).

Im Einbahnstraßengewirr nordöstlich der Altstadt nutzt die private **Kunsthal vARTe** eine alte Schmiede als Kunst- und Kulturzentrum. vARTe bietet regelmäßig Künstlern und Kunsthandwerkern einen Arbeitsplatz im ›offenen‹ Atelier und man kann ihnen über die Schulter schauen und zusehen, wie Kunst entsteht – wechselnde Ausstellungen gehören dazu (Smedegade 35D / Eingang Spigerborgade, http://varte.dk/de, Mi–Fr 13–17, Sa/So 10–15 Uhr, gratis).

Tambours Have und Rundweg um den Karlsgårde Sø

Minibyen i Varde

Enghavevej 23, Tel. 75 21 12 90, minibyen.vardekommune.dk, Juli 10–18, 2. Hälfte Mai, Juni, Aug. 10–17, Sept./Okt. 10–16 Uhr 40 DKK, 12 DKK/3–11 Jahre

Bummelt man vom Torvet in die entgegengesetzte Richtung durch die Fußgängerstraße Kræmergade nach Osten, erreicht man bald Vardes grüne Lunge **Arnbjerganlægget** mit einer großen Freilichtbühne (s. Termine). Im Osten des Parks fühlt man sich plötzlich als Gulliver: Die **Miniaturstadt Varde** präsentiert ein von pensionierten Handwerkern liebevoll und detailgenau rekonstruiertes Varde aus der Zeit um 1866 im Maßstab 1 : 10. Fast 300 Gebäude säumen schon die Gassen, und jedes Jahr kommen neue hinzu.

Rundweg: Tambours Have und Karlsgårde Sø

Tambours Have: Bredmosevej 21 (ca. 12,5 km östl. via Straße [12]), Tel. 75 29 83 24, www.tambour.vardekommune.dk, Mai–Sept. tgl. 10–17 Uhr, 40 DKK/ab 18 Jahre. Rundweg: ca. 6 km, zu Fuß etwa 1.10 Std., weitgehend flaches Terrain, rollstuhlgerecht

Der romantische Garten **Tambours Have** setzt das Lebenswerk des gelernten Schneiders und autodidaktischen Gärtners Gerhard Tambour fort, der am Ufer des Karlsgårde Sø zwischen 1942 und 1975 aus einem funktionalen Gemüse-Kleingarten einen verspielten botanischen Garten schuf, mit Pflanzen aus aller Welt. Nach Tambours Tod 1978 verwildert, wurde die Grünanlage ab den 1990er-Jahren unter kommunaler Regie rekonstruiert und wieder gepflegt. Dem angrenzenden, etwa 100 ha großen See merkt man kaum an, dass er eigentlich ein Stausee aus den 1920er-Jahren ist, gefüllt mit Wasser, das ein Kanalnetz aus Flüssen der Umgebung zuführt.

Am Westende des Sees, Tambours Have gegenüber, entstand das inzwischen als Industriedenkmal geschützte Wasserkraftwerk **Karlsgårdeværket,** durch dessen Turbine der See früher in die Varde Å entwässerte.

Tambour Have ebenso wie Karlsgårdeværket können Start/Ziel eines gut ausgeschilderten Spazier- und Radweges rund um dem **Karlsgårde Sø** sein, einer von fast 170 ›Hjertestier‹ (Herzwege) in Dänemark, angelegt, um die Dänen zu bewegen.

Übernachten, Essen

Mitten im Grünen, mitten in der Stadt – **Hotel Arnbjerg:** Arnbjerg Allé 2, Tel. 75 21 11 00, www.arnbjerg.dk. Traditionshotel mit nostalgischem Ambiente (Small Danish Hotels s. S. 25), aber modernen Zimmern im Park Arnbjerganlægget. Diverse Familien-, Wochenend-, Sommer- oder Eventangebote, auch Anglerwochenenden mit Halbpension und Angelschein für die Varde Å. DZ Normalpreis ab ca. 900 DKK. Auch bodenständiges Restaurant **Brasseriet** mit viel dänischer Kost innovativ interpretiert, z. B. Smørrebrød zum Frokost ab 40 DKK, abends Hauptgericht ca. 150–250 DKK oder Menüs ab 200 DKK. Gute Idee angesichts des umgebenden Parks mit seinen Picknickplätzen: Viele kleine Gerichte, auch typisch dänisches Smørrebrød, gibt's als Takeaway (bestellen unter Tel. 75 21 11 00).

Einkaufen

Shoppen mit Genuss – Am Torvet und entlang der von dort ausgehenden Fußgängerstraßen Vestergade und Kræmergade findet man eine Vielfalt kleiner Läden und Boutiquen; **Inspiration** (Torvet 6) ist darunter die gut sortierte Filiale einer Haushaltswarenkette mit großer Auswahl an praktischem ›Danish Design‹.

Für den Wocheneinkauf – **Kvickly** (Østervold 5) und **Føtex** (Ringkøbingvej 1) sind die führenden SB-Warenhäuser der Region und liegen nur wenige Meter voneinander entfernt am Ostrand des Zentrums, beide mit großen Lebensmittelabteilungen und täglichen Öffnungszeiten.

Infos & Termine

Varde Turistbureau: Otto Frello Plads 1, 6800 Varde, Tel. 75 22 32 22, www.visitwestdenmark.com, Selbstbedienung Mo–Fr 10–15 Uhr.

Musiktheater: Der rührige Theaterverein **7-kanten** inszeniert in der ersten Juli-Hälfte auf der Freilichtbühne in Arnbjerganlægget große Musiktheater-Events mit Blockbustern vom Kaliber »My Fair Lady« (2012) oder Zorro – The Musical (2016) und begeistert Zehntausende (www.7-kanten.dk, Tickets 250 DKK).

Dänemarks Westend ▸ A/B 11/12

Ganz im Westen Dänemarks ist die Zahl der Ferienhäuser extrem hoch, die der Einwohner extrem niedrig. Die bis 2007 unabhängige Gemeinde Blåvands Huk mit den Ferienhausmetropolen Blåvand und Vejers verzeichnet traditionell die höchsten Übernachtungszahlen ausländischer Touristen in Dänemark nach der Hauptstadt Kopenhagen – und das bei nur 4000 festen Einwohnern, von denen Dreiviertel im Städtchen Oksbøl leben.

Oksbøl ▸ B 11

Oksbøl ist Zentrum des Küstenabschnitts mit Supermärkten, Museen und einem Spaßbad. Außerdem ist Oksbøl seit Ende des 19. Jh. Garnisonsstadt. Von hier wird ein großer **Truppenübungsplatz** verwaltet, der sich hinter der Küste von Blåvand bis auf Höhe des Kærgård Strand durch Dünen und Wälder zieht. Das will eigentlich nicht in eine Ferienregion passen, aber man arrangiert sich: Die Soldaten halten sich in der Hauptreisezeit zurück und stören dann den Tourismus kaum. Ganz im Gegenteil, wie Besucherzahlen bei Tagen der offenen Tür in den Kasernen von Oksbøl bestätigen. Zudem ist das Gelände ein Refugium vieler bedrohter Pflanzen und Tierarten, das, abgesehen vom Schießplatz in der Kallesmærsk Hede zwischen Blåvand und Vejers, für jedermann zugänglich ist, solange keine Manöver stattfinden. Sperrungen werden deutlich angezeigt, Schilder warnen auch in deutscher Sprache (www.forsvaret.dk/oksbl/skydninger, aktuelle Daten auch auf Deutsch ca. zwei Monate vorher).

Oksbøl selbst wirkt dörflich und nicht alt, doch zeugt die romanische **Ål Kirke** am Nordrand des Ortes von früher Bedeutung: Der Kern des Gotteshauses entstand im 12. Jh. aus rheinischem Tuffstein, eine deutliche Erweiterung im 13. Jh. belegt das schnelle Wachstum der Gemeinde. Berühmt ist die Kirche für Fragmente ihres 900 Jahre alten Frieses mit Szenen eines in der dänischen Kirchenkunst einzigartigen Ritterkampfes an der Nordwand (Præstegårdsvej 23, tgl. 9–16 Uhr).

Ehemaliges Flüchtlingslager

Ein paar hundert Meter nordwestlich der Kirche liegt am Rande des Præstegårdsvej in einem schattigen Wald der **Friedhof** des Flüchtlingslagers Oksbøl, auf dem über 1600 deutsche Flüchtlinge und über hundert deutsche Soldaten bestattet wurden. Die meisten der Verstorbenen waren von der Flucht geschwächte Kleinkinder und Alte. Es ist ein wenig bekanntes Kapitel deutsch-dänischer Geschichte, dass sich bei Ende des Zweiten Weltkriegs fast eine halbe Million deutsche Flüchtlinge auf dänischem Boden befanden. Die kamen über die Ostsee aus russisch besetzten Gebieten. Eigentlich sollten sie nach Kriegsende zusammen mit den geschlagenen Besatzungstruppen sofort das Land verlassen. Um die Lage in Deutschland aber nicht weiter zu destabilisieren, forderten die Alliierten Dänemark auf, Flüchtlinge vorläufig zu behalten und zu versorgen und so blieben rund 200 000 Deutsche in Lagern, die letzten bis 1949.

In dem 400 ha großen Durchgangslager von Oksbøl machten mehr als 100 000 Menschen Station, in einigen Phasen bis zu 36 000 gleichzeitig – dann war das kleine Kaff in den Dünen Dänemarks siebtgrößte Stadt und die größte in Westjütland allemal. Vornehmlich waren es Frauen und Kinder sowie ältere, aber praktisch keine jüngeren Männer. Wie dieses Ungleichgewicht ausgeglichen wurde, dokumentieren mehr als 600 Fraternisierungsfälle und fast 70 deutsch-dänische Kinder.

Das Lager stand unter weitgehender Selbstverwaltung der Insassen, es gab sogar Gemeinderatswahlen. Und waren bei kleinen Vergehen keine Dänen beteiligt, ermittelten und urteilten sogar deutsche Polizisten und Richter. Nur Versorgung und Bewachung war dänische Angelegenheit. Die letzten Flüchtlinge verließen um den Jahreswechsel 1948/49 Oksbøl. Nur wenige Bauten des Lagers haben die Zeiten überstanden wie das **ehemalige Laza-**

rett, in dem irgendwann einmal ein Museum über das Lager entstehen soll.

Bevor Deutsche zwangsweise in das Lager einziehen mussten, betrieb die Wehrmacht während der Besatzungszeit die 1929 vom dänischen Militär aufgebaute Kaserne Oksbøllejren als ›Truppenübungsplatz Oxsböl‹ zur Ausbildung von Ostfrontsoldaten.

Pansermuseet & Museet Danmarks Brandbiler

April–Okt. So–Fr, Nov.–März Mi, teilweise auch So 10–15 Uhr 80 DKK/Erw., 30 DKK/3–12 Jahre

Zu einer Garnisonsstadt passt das Panzermuseum, in dem die im Ort stationierte Kampfschule des dänischen Heeres ihre Sammlung von Panzern und Mannschaftswagen zeigt. Während die in Tarnfarben möglichst wenig auffallen wollen, sind die Fahrzeuge, die in den Nachbarhallen stehen, möglichst auffällig in Rot: Dänemarks **Museum für Feuerwehrwagen** zeigt gut 100 echte Feuerwehrfahrzeuge und etwa 2500 im Spielzeugformat – laut Guinness Buch der Rekorde die größte Sammlung dieser Art weltweit. In Ferienzeiten gibt es Mittwochs regelmäßig Löschvorführungen.

Blåvand ▸ B 11

Blåvand ist längst mit dem Nachbarort Oksby zu einer der größten Ferienhausmetropolen Dänemarks verschmolzen. Zudem liegt hier ein für Dänemark einzigartiges Resort mit einem der besten Campingplätze Europas, Hütten in Ferienhausqualität und Badehotel. Vor der Anlage ragt ein öffentlicher Badesteg knapp 100 Meter ins Meer hinaus, im Sommer populär und in der kalten Jahreszeit von hartgesottenen Winterbadern gern genutzt. Ist kein richtiges Strandwetter, überfluten Touristen im Ort die zentrale Einkaufsstraße mit ihren Mode-, Sportartikel-, Outlet- und Souvenirshops – viele haben 7 Tage die Woche rund ums Jahr geöffnet, ausgenommen hohe Feiertage. In den Läden dominiert Kleidung für Frauen, Männer und Kinder gleichermaßen, vor allem Outdoor- und Freizeitmode dänischer, deutscher und globaler Marken, teils aktuelle Kollektionen, teils die aus dem Vorjahr zu Outlet-Preisen. Andere Shops bieten Bernsteinschmuck, hausgemachte Bonbons, Insignien der allgegenwärtigen ›Hygge‹ – Kerzen kann man sogar selber ziehen – oder plakative T-Shirts des Designers Bo Bendixen. Eben alles, was Urlauberherzen höher schlagen lässt. Und irgendwie schaffen es die Läden trotz des hohen dänischen Preisniveaus, dass alle Shopper überzeugt sind, ein Schnäppchen zu machen.

Blåvands Huk und sein Leuchtturm

Leuchtturm mit Windenergiecenter und Blåvandshuk Fyr Turistinformation (s. S. 162), Fyrvej 106, Dez./Jan. Do–So 10–15, Feb./März, Nov. tgl. 10–15, April–Okt./Hochsaison tgl. 10–17/19 Uhr. Leuchtturm 35 DKK/Erw., 25 DKK/Kinder. Zugang zum Leuchtturm witterungsabhängig

Holländische Seefahrer gaben Dänemarks westlichstem Landpunkt auf 8° 5′ Ost den **Namen Blåvands Huk.** ›Huk‹ war für sie eine Ecke. Hier wechselt der Strand Richtung und Charakter: nach Norden dem offenen Meer und seiner kräftigen Brandung ausgesetzt, nach Südosten schmaler und von sanfteren Wellen gestreichelt. Hier fehlen gefährliche Strömungen, sodass der Strand für Kinder besser geeignet ist.

Was des einen Freud, ist des anderen Leid: Dieser Strandabschnitt wird durch eine der gefährlichsten Untiefen der Nordsee geschützt, dem **Horns Rev.** Die Holländer sprachen lieber vom

Lieblingsort

Leuchtzeichen für des Teufels Horn ▶ B 11

Ich liebe das Meer, seine Winde, seine Wellen und seine Leuchttürme wie **Blåvandshuk Fyr,** die Menschen auf dem Wasser das Leben etwas sicherer machen. Früher, als es noch kein GPS gab, war ihre Bedeutung natürlich viel existenzieller als heute. Blåvandshuk Fyr blinzelt auf jeden Fall nach wie vor zuverlässig alle 20 Sekunden dreimal kurz in die Nächte hinaus. »Hallo! Du bist am Meer«, signalisiert der Turm mir – und denen, die draußen vorbeifahren: »Passt auf! Ihr kommt dem Horn des Teufels zu nah.«

Mein Tipp

Café, Weinbar und Gourmetboutique: Hr. Skov
Da gehört schon Mut dazu, an einem solch windverwehten Flecken eine Gourmetboutique mit Café und Weinbar zu eröffnen und Genüsse der Region wie der Welt in die Regale zu holen. Claus Skov und Henny Dahl haben bewiesen, dass es geht mit delikaten Käse, Fisch und Wildspezialitäten so frisch wie möglich, 100- oder 10 000-Kronen-Weine, Belugakaviar oder Trüffel, außerdem Marmelade und Schnaps nach eigenen Rezepten mit selbst gesuchten Zutaten, selbst produziert unter dem Label mit dem Baum, an dem ein roter Apfel hängt – das Markenzeichen des Shops von ›Hr. Skov‹. Vor Ort kann man sich einen Champagnerbrunch, eine Käseplatte zum Roten oder auch nur einen perfekten Espresso servieren lassen (Hr. Skov: Blåvandvej 37, Tel. 75 27 85 00, www.hrskov.dk, Mi–So 10–17/17.30 Uhr, Saison auch Mo u. Di).

›Duyvels Horn‹, dem Teufels Horn. Die Sandbank streckt sich vor Blåvands Huk 40 km ins Meer. Etwa so weit reicht in klaren Nächten das Licht des **Blåvandshuk Fyr.** 1900 gebaut und 39 m hoch, ragt der Leuchtturm für Dänemarks Küsten ungewohnt viereckig aus den Dünen und überrascht deshalb schon beim 170-Stufen-Aufsteig mit geradezu grafischen Ansichten im ›kernlosen‹ Treppenhaus. Oben auf der meist windumtosten Plattform, die etwa 55 m über dem Meeresspiegel die Linse umrahmt, bietet er imponierende Aussichten auf Strände, Heide, Ferienhäuser und Richtung England bis zum Horizont auf die Gischt der Wellen, die sich über Horns Rev brechen.

Und man erfasst von oben so gut wie nirgendwo sonst die ganze Ausdehnung der **Offshore-Windenergieparks** über der einst so menschenmordenden Sandbank. Seit 2002 produzieren im Abstand von 14 bis 44 km vor der Küste rund 220 Windkraftanlagen in drei Windparks Horns Rev 1 – 2002 eingeweiht –, Horns Rev 2 – 2009 eingeweiht – und Horns Rev 3 – Fertigstellung voraussichtlich 2018 – Strom für insgesamt fast 800 000 Haushalte (s. S. 71). Im alten Haus des Leuchtturmwärters am Blåvandshuk Fyr, in dem auch das i-Büro für die Region residiert, informiert **Horns Rev Wind Farm Visitor's Center** über die Windparks, die dort aufgestellten Windkraftanlagen und darüber, wie der Strom an Land kommt.

Drehkreuz der Vogelzüge

Tierschützer kritisieren die Windräder im Meer als lebensgefährlich für Vögel, ganz besonders, weil die Umgebung von Blåvands Huk als nördliches Tor zum Wattenmeer ein bedeutendes Drehkreuz der Vogelzüge zwischen arktischen Gebieten und südlichen Gefilden ist. Dafür sind im Frühjahr und Herbst die Strände um die Landspitze und die vielen Feuchtgebiete hinter den Dünen ideale Beobachtungsplätze. Nicht weit vom Leuchtturm neben der Straße zum Dorf bringt das **Blåvand Naturcenter** dieses Naturphänomen mit einer kleinen Schautafel-Ausstellung und regelmäßigen Naturführungen auch Laien näher (Fyrvej 81, Ausstellung gratis; Touren-Themen aktuell im i-Büro).

Friedensskulptur am Strand

Auf verfremdete Zeugnisse eines älteren Großbauprojekts stößt man bei einer Strandwanderung vom Leuchtturm nach Süden. 1995 setzte der britische Maler und Bildhauer Bill Woodrow am Strand von Blåvand Bunkern des Atlantikwalls stählerne Köpfe und Schwänze von Mulis auf (Abb. s. S. 160). Was will er uns damit wohl sagen? Tragen die genügsamen Tiere die unkaputtbaren Betonkörper ins Meer? Sollen Bunker sich Maulesel gleich nicht vermehren können? Sind Bunker einfach das Produkt, wenn sich die sprichwörtliche Dummheit eines Esels und der übertriebene Stolz eines Hengstes paaren? Woodrows Kunstwerk **»Bunker/Mule«** war 1995 Teil einer spektakulären Friedensskulptur, die sich an der kompletten dänischen Nordseeküste über mehr als 500 km entlangzog mit 57, durch Laserstrahlen miteinander verbundenen Werken von 22 Künstlern: Keines ist so gut erhalten wie die Bunker Mulies.

Geht man Richtung Landspitze Blåvands Huk vor, dort wo unterhalb des Leuchtturms Warnschilder vor dem militärischen Schießplatz der Gegenwart warnen, findet man am nächstliegenden Bunker vor den Dünen ein weiteres Objekt der Friedensskulptur von 1995: Der **»Affe als Künstler«** ist eine Arbeit des 2007 verstorbenen Malers und Aktionskünstlers Jörg Immendorff. Zwischenzeitlich schien dieses Werk eines der bedeutendsten deutschen Künstler der Gegenwart in Vergessenheit geraten, es war fast gänzlich von wilden Graffitis überdeckt. Von den zwei Affen ist der eine zur Wetterseite hin verschwunden, der zweite wurde 2015 ›gerettet‹, restauriert und gegen Graffiti-Vandalismus präpariert.

Skallingen und Ho ▸ B 11/12

Ein wild-romantisches und geradezu unfertig wirkendes Stück Dänemark trennt südlich von Blåvand die Ho Bugt von der Nordsee: die Halbinsel **Skallingen.** Die große Sturmflut 1634 veränderte hier die Landkarte radikal: Die heute unter strengem Schutz stehende Insel **Langli** war bis 1634 Spitze einer Landzunge. Noch im Mittelalter schwenkte die Küste bei Blåvands Huk scharf nach Osten und verlief geradewegs auf Hjerting (s. S. 131) zu. Am Ufer lag Sønderside, damals der größte Fischereihafen an Jütlands Küste und ein wahres Sodom und Gomorrha. Da passte es einigen Puritanern gut in die Propaganda, dass sich das Meer bei der ›Großen Manntränke‹ den ganzen Ort holte. An die damit verschwundene Seefahrertradition erinnert in der romanischen Ho Kirke Dänemarks ältestes Votivschiff aus dem frühen 17. Jh. Erst lange nach der Katastrophenflut wuchs Skallingen heran, war um 1900 ein Hochsand, von dem im Laufe des folgenden Jahrhunderts Pflanzen Besitz ergriffen. Heute sind die Wattseite der Halbinsel und die Ho Bugt Teil des Nationalpark Wattenmeer.

Skallingens Weststrand ist von markierten Parkplätzen zugänglich, die Zufahrt erfolgt von **Ho** über einen schmalen holprigen Weg auf der Wattseite, der bei hohen Hochwassern überfluten kann. Skallingen trug lange an einer Altlast des Zweiten Weltkriegs: Die deutsche Wehrmacht legte auf der Halbinsel noch 1944 fast 72 000 Minen aus. 2006 bis 2012 wurde wieder aufwendig geräumt. Pioniere gruben in einigen Abschnitten Strand und Dünen metertief auf, durchsuchten den Sand und rekonstruierten das Gelände anschließend wieder. Nach dieser Aktion wurde Dänemark im Juli 2012 offiziell minenfrei erklärt.

Tirpitz

Tirpitzvej 1, 6857 Blåvand, vardemuseerne.dk, Eröffnung Juni 2017, Öffnungszeiten voraussichtlich tgl. mind. 10–17 Uhr, 125 DKK/ab 18 Jahre

Die ›Bunker Mulies‹ des Briten Bill Woodrow entstanden 1995 als Friedensskulptur zum 50. Jahrestag des Endes des Zweiten Weltkrieges

Als martialische Hinterlassenschaft des Zweiten Weltkriegs thronen in den Dünen zwischen Blåvand und Ho zwei gewaltige Bunkeranlagen. Die Tirpitz-Stellung sollte mit vier 38-cm-Kanonen, jede gut 20 m lang und 110 t schwer, die Zufahrt nach Esbjerg sichern. Das Dritte Reich war indes schneller am Ende als die Stellung fertig und die Kanonen kamen nie an, weil die Tragfähigkeit einer kleinen Eisenbahnbrücke über die Varde Å die Anlieferung verhinderte. Ende der 1980er-Jahre entstand in einem der Betonkolosse, die allen Sprengversuchen widerstanden hatten, jenes Museum, das den Boom der Bunkermuseen entlang der dänischen Nordseeküste auslöste. Im Juni 2017 eröffnet direkt dahinter das Museumszentrum ›Tirpitz‹. Für den perfekt in die natürliche Dünenwelt integrierten Bau lieferte die international derzeit bekannteste dänische Architektenguppe Bjarke Ingels Group die Pläne. Der Bunker und seine Geschichte, seine Rolle als Teil des Atlantikwalls und der Zweite Weltkrieg im Allgemeinen sind Schwerpunktthemen im neuen Museum. Außerdem hat hier das angesehene Bernsteinmuseum aus Oksbøl eine neue Heimat und zeigt viel echten Bernstein und edelsten Bernsteinschmuck. Außerdem beleuchten die Museumsmacher die Kulturgeschichte der Küstenregion im Südwesten Dänemarks mit exemplarischen Geschichten aus der Region.

Übernachten

Ungewohnt in Blåvand – **Motel Garni:** Fyrvej 22, Blåvand, Tel. 75 27 90 16, garni.dk. Bente und Hans Jørgen bieten Motel-Zimmer mit Miniküche und Terrassenzugang. Die Zimmer sind nicht modernstes Design, aber großzügig und solide, Strand und Ort sind nicht weit. DZ je nach Saison 550–700 DKK plus einmalige Endreinigung; keine Mindestmietzeit!

Irreführender Name – **Blåvandshuk Kursuscenter og Danhostel:** Strandvejen 1, 6840 Oksbøl, Tel. 75 27 11 10, danhostelblaavandshuk.dk. Unpersönliche 4-Sterne-Herberge in einem Tagungshaus in Oksbøl, das namensgebende Blåvandshuk ist ca. 18 km, der nächste Strand in Vejers ca. 12 km entfernt, nur der SportsPark Blaavandshuk (s. S. 162) mit seinem Hallenbad liegt gleich gegenüber. Fast 60 Zimmer, viele mit Bad/WC. DZ ca. 355–495 DKK, 3-Bett-Zimmer ab ca. 535 DKK.

Camping der anderen Dimension – **Hvidbjerg Strand Superior Camping & Resort:** Hvidbjerg Strandvej 27, Blåvand, Tel. 75 27 90 40, www.hvidbjergstrand.de. Gleich hinter Strand und Dünen liegt der bei dänischen wie europäischen Ratings und Rankings immer ganz oben stehende 5-Sterne-Campingplatz, zu dem noch Themenhütten, Strandvillen in Ferienhausqualität und ab Sommer 2017 ein Badehotel gehören. Gästen stehen ein Spaß- und Erlebnisbad, ein Indoor-Spiel- und Kletterland, ein Reitcenter, ein Put & Take-See, mehrere Restaurants sowie ein Kurbad und Wellnesscenter (s. Aktiv) zur Verfügung. Die größten der 665 Stellplätze haben 280 m² Fläche inkl. TV-Anschluss, eigenes WLAN und eigenes Badehäuschen. Hütten gibt's von Standard über urige Westernhütten oder komfortable Fischerhäuser mit Veranda direkt über dem Put & Take-See bis zu 85 m² Strandvillen in vorderster Dünenreihe sowie 4-Personen-Apartments im neuen Badehotel. Die Preise sind ähnlich variantenreich: Camping je nach Saison und Größe pro Tag von 105–950 DKK/Stellplatz plus Personengebühr 88 DKK/Erw., 68 DKK/Kind, feste Unterkünfte von 490 DKK/Tag in der Standardhütte zur Nebensaison bis über 16 000 DKK/Woche im Badehotel mit Meerblick oder in einer Strandvilla.

Über 400 Häuser um Blåvand – **Feriekompagnie:** Horns Bjerge 4, Tel. 75 27 50 70, www.blavandstrand.de. Im Ort verwurzelter Familienbetrieb. Im Angebot auch komfortable Apartments für 2–8 Personen im Reihenhausstil rund um den Firmensitz im Blåvands Kro (ab ca. 1200 DKK/2 Tage bis ca. 6500 DKK/Woche Hauptsaison bei sehr flexiblen Wechseltagen).

Essen & Trinken

Slow Food mit lokalen Produkten – **Chhat Food & Wine:** Blåvandvej 35b, Blåvand, Tel. 21 33 53 33, www.chhat.dk, ganzjährig mindestens Do–Sa 12–15.30 und Di–Sa ab 17 Uhr, im Sommer tgl. Nachbar Hr. Skov (s. Mein Tipp S. 158), ist kein Konkurrent, sondern einer der ambitionierten Gastronomen hinter dem Chhat und Lieferant von Weinen und Leckereien für die Küche. Die setzt auf lokale Produkte und serviert dazu gute Weine aus aller Welt. Hungerstiller zum Frokost ab 75 DKK – ich liebe die ›Vesterhavssuppe‹ mit Muscheln – und abends Hauptgerichte um 150 DKK und 3-Gänge-Menü 375 DKK. Kinder sind ausdrücklich willkommen: Kindergerichte um 70 DKK.

Fisch frisch – **Blåvand Fiskerestaurant:** Kallesmærskvej 2, Blåvand, Tel. 75 27 85 10, www.blaavandfisk.dk. Fischrestaurant und -laden, Feb.–Okt. tgl. 11.30–21/22 Uhr, in der Saison abends reservieren! Ostern–Woche 42 (jedoch nicht Juli/Aug.) zur Frokost Sa vielfältiges Heringsbuffet (ca. 100 DKK) und So großes Fischbuffet (ca. 170 DKK), sonst Hauptgerichte mittags ab ca. 140 DKK, abends ab ca. 160 DKK.

Man muss nicht erst einputten – **Restaurant Ho Bugt:** Søndertoften 29, Ho, Tel 75 27 55 55, www.blaagolf.dk/restaurant, tgl. ab 11 Uhr. Café und Bistro auf dem Blåvandshuk Golf Klub sind offen für alle und nicht elitär. Plätze nach Wetterlage innen, im geschützten Hof oder vor dem Haus mit Traumblick über das Green auf die Ho Bugt.

›Vestjysk Tapas‹ mit Spezialitäten aus dem Meer und von den Weiden der Region oder dänische Frokost ab 80 DKK gibt's mittags und Küche ›wie bei Muttern‹ abends ab 120 DKK.

Aktiv & Kreativ

Spaßbad und Fitnesscenter – **SportsPark Blaavandshuk:** Strandvejen 2, Oksbøl, Tel. 70 22 16 53, www.blaavandshuk.com, Sport- und Schwimmcenter. Bad: tgl. wechselnde Öffnungzeiten ganzjährig Di–So, dän. Ferien auch Mo, 70 DKK, 40 DKK/3–14 Jahre, Fitnesscenter tgl. 5–23 Uhr, 70 DKK/Tag, 200 DKK/Woche.

Wellness in Luxusambiente – **Blåvand Kurbad & Wellness:** s. Hvidbjerg Strand Camping, www.blaavandkurbad.dk, Mitte März–42. Woche tgl. So–Mi 10–18, Do–Sa, Fei und Hochsaison tgl. 10–20 Uhr. Personen unter 16 Jahren nur beim Familien-Wellness tgl. 10–12 Uhr; ausgewählte Abende nur für Frauen und zu einigen Terminen Sunset Wellness bis 23 Uhr. Gäste des Hvidbjerg Strand Camping je nach Saison und Wochentag gratis bzw. 95 DKK, für Gäste in Hütten, Häusern und Apartments des Resorts 1 x tgl. gratis in der ganzen Saison, sonst 250 DKK/3 Std. Es passt doch zusammen: Luxus und Camping! Licht-, Feuer- und Finnensauna, Kräuterdampfbäder, verschieden Whirlpools, Meerwassertauchbecken – alles da, auch Massagen und Ruheraum, das jedem Luxushotel gut zu Gesicht stünde.

Kerzen ziehen – **Blåvand Lys:** Blåvandvej 3, Blåvand, Tel. 75 27 94 94, www.blaavandlys.dk, ganzjährig tgl. 10–17, Juli/Aug. bis 19 Uhr. Selbst Kerzen ziehen oder den Profis zusehen.

Infos & Termine

Blåvand Turistbureau: Blåvandvej 25 (in der Shell Tankstelle), 6857 Blåvand, Tel. 75 27 18 00, Hochsaison und dänische Ferienzeiten So–Fr, sonst So–Mi 10–15/17 Uhr, **Blåvandshuk Fyr Turistinformation:** im Leuchtturmwärterhaus (s. S. 155), Tel. 75 27 54 11, Hochsaison und dänische Ferienzeiten tgl., sonst Do–So 10–15/17/19 Uhr. Beide: www.visitwestdenmark.com.

Ho Fåremarked: Am letzten Aug.-Wochenende in Ho mit großem Vieh-, Floh- und Jahrmarkt und Zehntausenden von Besuchern.

Vom Vejers zum Kærgård Strand ▸ B 11

Vejers Strand

Vejers Strand geht zwar auf ein altes, armseliges Fischerlager zurück, zeigt sich heute aber als junger Retortenort und eine der attraktivsten Ferienhaussiedlungen im Südwesten Dänemarks. Vejers ist kleiner und übersichtlicher als Blåvand, aber entlang der Straße zum Meer mit allem gesegnet, was das Touristenherz begehrt. Magnet für Leckermäuler jeden Alters ist **Vejers Dropskogeri** (Vejers Havvej 68 A), in der man beim Bonbonmachen zusehen kann. Der Sand am Strand von Vejers, an dem im Sommer einer der markanten Rettungsschwimmer-Türme (s. S. 31) steht, wird nicht zu Unrecht als ›mehlfein‹ beschrieben – einfach drauflegen und genießen und die Kinder darin buddeln lassen. Er ist auch nur südlich der einzigen Zufahrt für Autos freigegeben, nördlich sind die tabu.

Grærup Strand, Børsmose Strand und Kærgård Strand

Grærup Strand besteht fast nur aus Ferienhäusern und einem Campingplatz (Grærup Havvej, 6840 Oksbøl). Am **Børsmose Strand** dürfen in einem kleinen Abschnitt nördlich der Strandzufahrt wieder Autos bis ans Wasser;

südlich liegt in den Dünen ein großartiger Natur Campingplatz (s. u.). Den einsamen **Kærgård Strand** erreicht man nur mit einem Gang durch die Dünen, dort wo der beste Zugang ist, ragt eine der elf verbliebenen originalen Baken, hölzerne Seezeichen aus den 1880er-Jahren, in den Himmel.

Weiter nördlich auf Höhe der Kjærgård Klitplantage wurden in den Dünen 1956–73 hochgiftige Produktionsrückstände, u. a. Cyanide und Quecksilber, der Pharmaindustrie entsorgt – Dänemarks größter Umweltskandal. Seit 2007 wird das Gelände saniert, über 7500 t verseuchter Boden wurden entfernt, aber bisher wurde das Badeverbot an einem ca. 1400 m langen Strandabschnitt nicht aufgehoben, auch soll man dort nicht barfuß im Sand laufen oder gar Kinder buddeln lassen. Das Gelände ist markiert, Warntafeln sind aufgestellt, auch auf Deutsch.

Übernachten

Das Meer hört man immer rauschen – **Klithjem Badehotel:** Nordvej 1, 6853 Vejers Strand, Tel. 40 18 17 26, www.klithjembadehotel.dk, Mai–Ende Sept., nur Hochsaison tgl. Charmant, nostalgisch im luftigen, dänischen Badehotelstil. DZ mit Frühstück 950–1600 DKK, auch Familienzimmer 2+2; Dinner für Hausgäste.

Naturplatz in den Dünen – **Børsmose Strand Camping:** Børsmosevej 3, 6840 Børsmose, Tel. 75 27 70 70, børsmosecamping.dk, Ostern–Okt. 3-Sterne-Platz nah zum autofreien Strand. 4–6-Pers.-Hütten ab 420 DKK/Tag.

Gut 300 Ferienäuser – **Die ›hyggelige‹ Dänen Vejers:** Vejers Havvej 12, 6853 Vejers Strand, Tel. 75 27 71 83, gratis aus D: Tel. 0800 181 41 24, www.vejers.com. Familienbetrieb, der Vejers touristisch erweckte.

Termine

Ravfestival Blåvand / Vejers / Henne: ravfestival.dk. An einem Wochenende Ende Sept. steht staunen, lernen und feiern mit Bernstein im Mittelpunkt. Alle Bernsteinshops in Blåvand, Vejers und Henne machen mit, Schwerpunkt der Strandaktivitäten ist Vejers.

Henne Strand – Houstrup ▸ B 10

Die Ferienhaussiedlungen der Kommune Varde setzen sich nach Norden fort vom munteren Badeort Henne Strand bis nach Nymindegab am Südende des Ringkøbing Fjord. In diesem Küstenabschnitt faszinieren nicht nur die vielen Kilometer Sandstand, einige quirlig voll, viele einsam und naturnah, sondern auch das Hinterland mit dem wiedererschaffenen Naturparadies Filsø und Dänemarks höchster Düne, dem 64 m hohen **Blåbjerg.**

Dreimal Henne

Schon aus dem 12. Jh. stammen die ältesten Teile der Kirche in Henne Kirkeby. Doch bekannter ist der Gourmettempel nebenan, der Henne **Kirkeby Kro** (s. Mein Tipp S. 167). Erst mit der Fertigstellung der Vestbanen von Varde nach Nørre Nebel 1903 kam richtig Leben in die Region. **Henne Stationsby** entwickelte sich und von dort pendelten Kutschwagen und später Automobile zur Küste, wo sich ein weiteres Henne zum populären Touristenziel mauserte: **Henne Strand.** Es ist heute der einzige Badeort in diesem Küstenabschnitt direkt am Meer und eine der größten und bekanntesten Feriensiedlungen an der dänischen Nordsee überhaupt. Eine weitere Siedlung ist **Houstrup,** etwas nördlich, aber im Hinterland – die meisten Häuser stehen hier etwa 2,5 bis 5 km vom Strand entfernt.

Wander- und Radtouren rund um den Filsø ▶ B 10/11

Wandertour Kærgård Klitplantage (rot): Rundweg ca. 4,5 km, welliges Gelände ca. 1 Std. – Wandertour Filsø (grün): ca. 8 km je Richtung, flach ca. 1.20 Std. – Radtour Filsø–Blåbjerg (orange): 20,5 km, weitgehend flach, ca. 4 km am Blåbjerg mit 40 m Höhenunterschied; teils Schotter, teils Asphalt; als Panoramaroute 406 markiert. Start/Ziel für Wandertouren: Parkplatz Kærgårdvej 10, 6840 Oksbøl; für Radtour: Filsøgård, Kærgårdvej 12, 6854 Henne, Tel. 40 16 53 24, www.filsoegaard.dk (auch Fahrradverleih und Zimmervermietung)

Kærgård Klitplantage

Hinter dem Strand sollen Klitplantagen und Dünenforste Sandflug verhindern. Im nördlichen Teil der **Kærgård Klitplantage** jedoch wurden einst stolze Eichen von einer Wanderdüne überrollt, aber nicht bezwungen. Die Kronen stoßen als Eichengestrüpp aus dem Sand, und aus knorrigen Ästen sprießt jedes Jahr neues Grün – das erklärt den Namen der Düne: **Store Løvklit,** ›Große Laubdüne‹. Im Frühjahr kann man am Fortschritt einzelner Büsche und Bäumchen beim Knospen erkennen, welche zum selben Stamm gehören. Ein markierter Wanderweg führt vom Parkplatz Nørreenge am Kærgårdvej an Store Løvklit vorbei bis zum **Gråmule Bjerg,** einer knapp 30 m hohen Aussichtsdüne fast am Meer (Karte s. S. 165, rot).

Filsø – der auferstandene See

Das ehrgeizigste Renaturierungsprojekt der letzten Jahre in Dänemark ist der wiedererschaffene Filsø. Einst mit 2000 ha Dänemarks zweitgrößter See, wurde er ab Mitte des 19. Jh. Zug um Zug trockengelegt und kultiviert, zuerst zu fettem Weideland, später zu Ackerland.

Noch 1979 gab es Drainagearbeiten, zuletzt blieben nur etwa 70 ha See übrig. Auf dem so gewonnenen Boden entwickelte sich eines der größten und modernsten Landgüter Skandinaviens – Landwirtschaft im LPG-Maßstab.

Mitten im ehemaligen See entstand in den 1950ern die größte Kornsilo- und Kartoffellageranlage Nordeuropas und in den 1990ern kam noch eine Schweinezucht hinzu. Das alles reduzierte sich radikal, als ein Naturfonds, der sich auf die Fahnen schrieb, ›die Vielfalt der Natur zu bewahren und die Augen der Bevölkerung für diese Natur zu öffnen‹, das Gut mit 2300 ha Land bis zum Meer übernahm. Der Fonds, gestiftet in den 1970ern von einem erfolgreichen Bauunternehmer, ließ binnen eines Jahres Gebäude, Deiche und Pumpenstationen entfernen und das Wasser zurückkommen – Ende 2012 war der mit 915 ha jetzt sechstgrößte See Dänemarks wieder gefüllt. Bewusst blieben Brachflächen am Ufer für Rotwild und Gänse, sowie kleine Inseln im See als sichere Brutareale.

Schon als noch intensiv Landwirtschaft getrieben wurde, machten zehntausende Grau- und Kurzschnabelgänse hier bei ihren Vogelzügen Rast. Viele Watvögel sind heimisch geworden, sogar Seeadler und Falken sieht man regelmäßig – eine jüngste Vogelzählung erfasste rund 230 Vogelarten und bei einigen Zugvögeln wurden Rekordzahlen an Individuen registriert. Mit etwas Glück kann man sogar Fischotter beobachten. Ganz im Sinne des Fonds-Mottos, den Menschen die Augen für die

Natur zu öffnen, sind der Filsø und sein tierisches Leben leicht einsehbar, von Beobachtungstürmen, vom Damm mitten durch den See und von dem knapp 8 km langen Wanderweg (in der Karte grün), der seinem Westufer folgt. Ab Sommer 2017 ergänzt eine rollstuhlgerechte *cirkelbroen,* eine Rundbrücke, die Möglichkeiten. Sie wird nahe dem Filsøgård Parkplatz über den See gebaut und dann einen Rundgang über das Wasser erlauben.

Vom Filsø zum Blåbjerg

Vom Gutshof Filsøgård führt ein Dammweg durch den wiedererschaffenen See vom West- zum Ostufer, Start für eine Radrundfahrt (in Karte oben, orange), die gut ausgeschildert nach Norden schwenkt und über Nebenstraßen in einen der größten Dünenforste der dänischen Westküste eintaucht. Verglichen mit dem flachen Land um den Filsø wirkt die **Blåbjerg** Klitplantage fast gebirgig. Gipfel ist mit 64 m eine heute dicht bewaldete Düne, die von See gesehen oft blau schimmert – daher der Name Blåbjerg. Die letzten Meter Aufstieg zur Aussichtsplattform auf der Spitze erleichtert eine Treppe.

Die Blåbjerg-Düne wäre irgendwann vom Sandflug verblasen worden, hätte nicht Thyge de Thygeson 1861 bis 1899 den umgebenden Dünenwald pflanzen lassen. Ihm zu Ehren steht ein Findling auf dem Gipfel. Durch den Wald geht die Radtour wieder ›bergab‹ und erreicht an Golfclub und Campingplatz von Henneby vorbei bald den Ausgangspunkt der Rundfahrt am Filsøgård.

Ein Abstecher (Schotter) folgt dem Südufer der Henne Mølle Å durch eine archaische Dünenlandschaft zum Meer, kurz bevor das erreicht wird, liegt ein Kleinod dänischen Designs am Weg, das **Henne Mølleå Badehotel**.

Wander- und Radtouren rund um den Filsø

Übernachten, Essen

Design der klassischen Moderne – **Henne Mølleå Badehotel:** Hennemølleåvej 6, Henne Strand, Tel. 76 52 40 00, www.hennemoelleaa.dk, nur März–Sept. Ruhig gelegenes Hotel mit kleinem Restaurant, in den 1930er-Jahren vom Stararchitekten, Designer und Gesellschaftskritiker Poul Henningsen für zwei Schwestern aus der Kopenhagener Kulturszene entworfen, die das Hotel dann lange führten. Bis heute prägt bestes nordisches Design das Haus und überall geben Henningsens weltberühmte Lampen – zeitlose Klassiker mit Wurzeln in den 1920ern – ihr sanftes Licht. DZ 1090–1590 DKK, Pakete für Kurzurlaube, Halbpension optional. Die Küche passt zum Haus, klassische dänische Kost von ihrer besten Seite, abends Menüs ab ca. 340 DKK, mittags Frokost-Klassiker ca. 60–180 DKK und den Nachmittag über Kleinigkeiten zu reichlich Kaffee.

Nackt campen – **FKK-Camping Lyngboparken:** Strandfogedvej 15, Henne-

by, Tel. 75 25 50 92, www.lyngbo.dk. Viele Stammkunden. Auch einfache Hütten ca. 210–320 DKK/Tag.
Ferienhäuser – Henne Strand, Houstrup, Jegum: Feriensiedlungen in diesem Küstenabschnitt reichen weit ins Hinterland, einige Häuser können bis 15 Straßenkilometer vom Strand entfernt liegen – dort sind die Mieten indes günstiger. Lokale Vermittler u. a.: **Købmand Hansen's Feriehusudlejning,** Strandvejen 430, Henne Strand, Tel. 76 52 43 11, www.hennestrand.de, mit rund 750 Häusern, **Schultz-Esmark,** Houstrupvej 24, Houstrup, Tel. 75 28 84 55, www.schultz-houstrup.dk, mit fast 600 Häusern und weiteren Servicebüros in Henne Strand, Vejers und Blåvand.

Einkaufen

Bernstein & Keramik – Um Henne und Houstrup haben sich viele Keramiker und Bernsteinschleifer niedergelassen, zum Teil recht versteckt im Hinterland, darunter **Ravhuset Hennebjerg** des Schmuckdesigners Bjarke Holtzmann mit ungewöhnlichem Bernsteinschmuck (Vesterskærvej 20, Hennebjerg, www.ravhuset.com). **Keramiker Bente og Lars Thorsen,** beide ausgebildete Keramik-Designer, die sowohl wunderschöne Unikate als auch Gebrauchskeramik produzieren, häufige Motive darauf sind Islandpferde (Sdr. Klintvej 40, Nørre Nebel) oder **Henne Keramik** von Kirsten Winther Johannsen, deren Markenzeichen handgemalte, geometrische Muster sind, die Vasen, Krüge und Schalen überziehen (Frederiksberg 9, Henne St. By, www.henne-keramik.dk).

Aktiv

Baden – **Lebensretterstation** am Henne Strand. Unbewachte Abschnitte gibt es auch an anderen Strandzugängen. Südlich des Zugangs **Houstrup Strand** ist ein ca. 1000 m langer Abschnitt nebst Dünen offizielles FKK-Gelände.
Fußball über alles – **Soccer World:** Nymindegabvej 200, Outrup, Tel. 76 76 71 81, soccerworld.dk, April–Okt. tgl. 9–Sonnenuntergang. 30 000 m² Outdoor-Spielplatz u. a. mit 18-Loch-Fußballgolf, Fußballpool, Bolzplätze aber auch Minigolf. 100 DKK/ab 16 Jahre, 50 DKK/5–15 Jahre.
Reittouren auf Islandpferden – **Islandheste Houstrup:** Houstrupvej 10, Houstrup, Tel. 75 28 70 38, www.strandritt.de. Reiterhof mit deutschem Besitzer bietet Wald- und Strandritte, Touren ab 90 Min./225 DKK.
Noch mehr Islandpferde – **Stutteri Vestkysten:** Hennebysvej 62, Henne, Tel. 75 25 58 53, www.stutterivestkysten.dk. Ausritte in umliegende Wälder, über die Heide oder über den Strand. Knirpse, die das erste Mal auf ein Pferd dürfen, kommen auf sanftmütige Shetland Ponys, erfahrene Reiterinnen und Reiter dürfen indes robuste Islandpferde satteln (1–4 Std. ca. 150–500 DKK).
Jagd auf Bernstein – **Naturguide Gert Ravn:** Tel. 75 27 19 15, www.naturguiden.info, www.bernsteinjagd.dk. Zum Programm dieses ambitionierten Naturführers gehören Naturbeobachtungen im Gebiet des Filsø sowie regelmäßige ›Bernsteinjagden‹ an verschiedenen Stränden der Region (ab 50 DKK).

Infos & Termine

Henne Strand Turistinformation: Strandvejen 415 A, 6854 Henne Strand, Tel. 75 28 86 70, www.visitwestdenmark.de, Ostern–Okt. Mo–Fr, Hochsaison auch So 10–16 Uhr, sonst mindestens Mo–Mi, um Jahreswechsel auch Do, Fr 10–15 Uhr.

Mein Tipp

Sternereif in Henne Kirkeby

Der **Henne Kirkeby Kro** gilt schon lange als Maß aller kulinarischen Dinge an der dänischen Nordsee. Als 2016 erstmals in Skandinavien Michelin Sterne außerhalb großer Städte vergeben wurden, bekam er einen, 2017 folgte der zweite! Trotz kulinarischer Klasse ist die Atmosphäre zwanglos, geprägt von Sonne, Strand und Urlaubsgefühlen. Seit 2012 schwingt der Brite Paul Cunningham in der Küche das Zepter, zuvor hatte er schon mehrere Jahre einen Michelin-Stern in Kopenhagen gehalten. Cunningham gilt als bodenständiger Gourmetkoch, der die klassische wie die experimentelle Küche beherrscht und gern Klassiker kulinarisch aufwertet. Er nutzt im Henne Kirkeby Kro Rohwaren der Region, Fisch aus dem nahen Meer, Lamm von benachbarten Weiden, Wildkräuter und selbst gezogenes Bio-Gemüse aus dem Kro-Garten.

Das gibt es nicht umsonst: Für ein großes Abendmenü mit passenden Weinen sollte man gut 2000 DKK pro Person kalkulieren. Schonender für die Durchschnittsreisekasse ist das Frokost, bei dem Cunningham seine Interpretationen des klassischen dänischen Lunch auf den Tisch bringt, eine ordentliche Fischsuppe oder als Reminiszenz an seine Heimat Fish & Chips auf edel (Einzelgerichte ab ca. 200 DKK, Frokost-Menüs ca. 500 DKK).

Der Kro besitzt im Haupthaus sowie in Nebengebäuden ein Dutzend luxuriös ausgestattete Designer-Zimmer, die mit viel Kunst an den Wänden daran erinnern, dass hier vor über einem Jahrhundert einer der damals bekanntesten Maler Dänemarks, Johannes Larsen, Stammgast war. (Je nach Wochentag und Standard 1650–4500 DKK inkl. Gourmetfrühstück; Henne Kirkeby Kro, Strandvejen 234, Tel. 75 25 54 00, www.hennekirkebykro.dk, Restaurant Ostern bis Vorweihnachtszeit Frokost Do–Sa, abends Do–Sa, Mai–Okt. auch Mi).

Filsø Fødevarefestival: Bei Picknickstimmung und Musik bieten an den Pfingsttagen auf dem Filsøgård (s. S. 164) rund 100 vorwiegend regionale Food-Produzenten ihre Produkte zum Probieren und Kaufen.

Nørre Nebel ▸ B 10

Die 1350-Einwohner-Stadt Nørre Nebel ist wichtiger Einkaufsort für einen großen Einzugsbereich von Henne Strand bis weit auf Holmsland Klit – wer sich im Ferienhaus selbst versorgt, wird die Discounter zu schätzen wissen. Über die nicht mehr genutzte Bahnstrecke zwischen Nørre Nebel und Nymindegab darf man im Sommer mit Fahrraddraisinen strampeln. Nutzt man Straße [181], passiert man den für Dänemark Maßstäbe setzenden Ferienpark **SeaWest Nymindegab** mit seiner ›transparenten Düne‹ als Zentralgebäude, in dem das große Spaßbad auch Gästen offen steht, die nicht in der Anlage wohnen.

Nymindegab ▸ B 10

Das Dorf Nymindegab liegt auf einer Anhöhe, die nach Westen abrupt

Ein Nostalgiekutter am Ufer des ehemaligen Nymindegab

abbricht. Über der ›Kante‹ thront der **Nymindegab Kro** (s. S. 169) – fantastisch von hier der Blick Richtung Nordsee über das Vorland mit seinen Dünen und den von Schilf gesäumten Rest der alten Verbindung zwischen Ringkøbing Fjord und offenem Meer. Eine Karte von 1650 zeigt den ›Schlund‹ – so das deutsche Wort für *gab* – gut 10 km weiter nördlich. Ein Zusammenspiel von Meeresströmungen und Sandflug ließ in den folgenden zweieinhalb Jahrhunderten die nördliche Nehrung, das heutige Holmsland Klit (s. S. 177), nach Süden wachsen, bis sie sich vor ihr südliches Pendant Tippeland schob, aus dem die Halbinsel Værnengene og Tipperne wurde (s. S. 169).

Damit wanderte auch der Nymindegab: Um 1800 lag er vor dem heutigen Dorf. Zur Fangsaison kamen Nebenerwerbsfischer mit Helfern aus dem Hinterland. *Esehuserne,* ›Köderhütten‹, dienten ihnen als Basislager. Junge Frauen saßen dort den ganzen Tag und bestückten Fangleinen mit Ködern. Unterhalb der Hauptstraße, die auf einem Damm den alten Durchfluss kreuzt, sind die typischen reetgedeckten Hütten nachgebaut und bilden zusammen mit einem Oldtimerkutter ein Fischerlager wie in alten Zeiten.

Der versandete Gezeitenstrom Nymindestrømmen

Doch der Nymindegab wanderte weiter, bis 1850 noch einmal 6 km nach Süden bis zum Houstrup Strand. Aus dem kurzen, gut schiffbaren Durchfluss wurde der Gezeitenstrom Nymindestrømmen, der sich träge durch die Dünenlandschaft schlängelte. Über die Zufahrt zum Parkplatz am Nymindegab Strand gelangt man auf einen einspurigen Fahrweg. Der folgt dem Westufer des alten, von einem Schilfgürtel gesäumten Stroms durch eine raue Dünenlandschaft und schwenkt auf Höhe des **Gammelgab Strand** landeinwärts – wunderschön für eine Radtour. Je länger der Strom sich streckte, desto häufiger versandete er. Die Passage zwischen Fjord und Meer wurde zum Vabanquespiel.

Nach dem Bau des ersten Hvide-Sande-Kanals 1910 (s. S. 180) versandete der Strom in kürzester Zeit, die Dünenkette schloss sich. Um den Schiffsverkehr zwischen Fjord und Meer sicherer zu machen, gab es ab Mitte des 19. Jh. hoch über dem Nymindegab eine Rettungsstation. 1892 bekam sie ein typisches Backsteinhaus mit Walmdach, das jetzt als **Nymindegab Redningsbådsmuseum** dient. Mit Dänemarks ältestem Rettungsboot ist es eingerichtet, als könne jeden Augenblick ein Einsatz beginnen (Redningsvejen, Schlüssel im Nymindegab Museum).

Nymindegab Museum

Vesterhavsvej 294, Tel. 75 25 55 44, vardemuseerne.dk, Woche 7 u. 8 und Mitte März–Okt. Di–So 10–16, Juli, Aug. tgl. 10–17 Uhr, 50 DKK/ab 18 Jahre

Den gewaltigen, 12 m langen und 25 t schweren Pottwal, der 1990 vor Nymindegab strandete, konnte niemand retten. Stattdessen bekam sein Skelett ein eigenes Glashaus, Hvalhuset, das jetzt Teil des Nymindegab Museum ist. Das zählt zu den besten kulturhistorischen Lokalmuseen Dänemarks, weil es eine kleine, aber hochkarätige Kunstsammlung besitzt. Dazu gehören Werke mehrerer Künstler aus der ›Vergessenen Malerschule Nymindegab‹, die hier um die Wende vom 19. zum 20. Jh. häufig malten, so etwa Laurits Tuxen, besser als Skagenmaler (s. S. 280) bekannt, oder Johannes Larsen, der wichtigste Vertreter der Fünenmaler.

Værnengene og Tipperne

Nördlich Nymindegab schiebt sich Værnengene og Tipperne in den Ringkøbing Fjord: flache Marschwiesen gesprenkelt mit kleinen Seen und am Ufer ausgefranst mit Buchten, Inselchen und Sandbänken. Seit Ende des 19. Jh. stehen hier Vögel unter besonderem Schutz, 1928 bekamen sie im Nordteil der Halbinsel ein Reservat in bis heute bestehenden Grenzen und seit dem selben Jahr werden ihre Bestände systematisch erfasst – in guten Jahren bis zu 180 verschiedene Arten. Das eigentliche **Tipperne Reservat** um das Tipperhuset kann von März bis Okt. nur wenige Stunden pro Woche betreten werden, frei zugänglich ist hingegen ein Beobachtungsturm im Süden der Halbinsel und eine kleine Naturausstellung in der Scheune ›Nordladen‹ an der Zufahrt (Tippervej 4, 6830 Nørre Nebel).

Übernachten, Essen

Wohnen und Essen mit Weitblick – **Nymindegab Kro:** Vesterhavsvej 327, 6830 Nymindegab, Tel. 75 28 92 11, www.nymindegabkro.dk (Small Danish Hotels, s. S. 25). Der Traditions-Kro liegt über dem alten Steilufer am Nymindegab. Die Aussicht aus dem Restaurant und den meisten Zimmern (ab 1195

DKK) und Apartments (bis max. 5 Pers. ab 1495 DKK) ist nicht nur zum Sonnenuntergang spektakulär. Gekocht wird modern dänisch, Frokost ab ca. 70 DKK, abends Hauptgerichte um 250 DKK, auch Menüs mit 2–9 Gängen und für Hotelgäste Halbpensions-, Gourmet- und Golfpakete.

Alles auf dem Gelände – **Dayz SeaWest Nymindegab:** Vesterhavsvej 81, 6830 Nørre Nebel, Tel. 76 52 30 00, www.dayz.dk. Fast 300 Wohneinheiten für 4–8 Pers., alle mit extrem effizienter Raumnutzung teils im Reihenhausstil, teils als freistehende Ferienhäuser. Das extravagante Zentralgebäude ›Gläserne Düne‹ bietet Supermarkt, drei Restaurants, Wellnesscenter, Indoor-Minigolf- und -Spielplätze sowie ein großzügiges Spaßbad inkl. zwei der längsten Rutschen im Lande. Preise ab ca. 5500 DKK/Woche, auch Miniferien, Wellnesspakete bei freien Wechseltagen.

Familienplatz – **Nymindegab Familie Camping:** Lyngtoften 12, 6830 Nymindegab, Tel. 75 28 91 83, www.nymindegab.dk-camp.dk. Kinder jubeln über den großen Spielplatz und das gewärmte Badeland mit coolen Rutschen! Hütten von 2-Pers.-Schlafkabinen (ab 200 DKK/Tag) bis zu 6-Pers.-Mini-Villen inkl. Bad/WC (bis 6300 DKK/Woche in der Hochsaison).

Aktiv

Fahrraddraisinen – **Skinnecykler:** c/o Statoil-Tankstelle, Vesterhavsvej 19, 6830 Nørre Nebel, Tel. 75 28 81 66, www.skinnecykler.dk, April–Okt. tgl. 7–22 Uhr, 140 DKK/5 Std., 250 DKK/10 Std., 300 DKK/15 Std. Mit maximal 2 Erw. plus 1 Kind je Draisine über die stillgelegten Eisenbahnstrecke Nørre Nebel – Nymindegab rumpeln. Unterwegs gibt's eine überdachten Grillhütte zum Picknicken.

Ringkøbing Fjord

▶ B 9/10

Wie alle Fjorde im Westen Jütlands ist der Ringkøbing Fjord genaugenommen kein Fjord, denn er wurde nie von Eiszeitgletschern ausgeschabt, wie es sich für einen echten gehört, sondern er ist, was man im Deutschen ein Haff nennt: Das entwickelte sich aus dem Delta eines gewaltigen Schmelzwasserstroms der letzten Eiszeit, vor das Meeresströmungen, die die Küste entlangstreichen, eine Nehrung schoben, die bis zu 30 m hohe Dünenkette **Holmsland Klit** (s. S. 177). Der Fjord selbst ist halb See, halb Meer, sein Wasser brackig – Salzwasser strömt bei jeder Flut durch den Hvide Sande Kanal von Westen hinein, und in den Südostteil mündet mit der Skjern Å einer der größten dänischen Flüsse.

Bis ins 19. Jh. hatte der Fjord eine natürliche, schiffbare Öffnung zur Nordsee, dann begann die Versandung. Ab 1844 sollten künstliche Verbindungen eine Durchfahrt garantieren. Erste Versuche verliefen im wahrsten Sinne des Wortes im Sande, während 1910 ein unregulierter Kanal ins andere Extrem verfiel: Die Fahrrinne wurde 25 m breit ausgehoben, riss aber binnen zwei Jahren auf fast 300 m auf. Sturmfluten brandeten ungebremst an die Ufer des inneren Fjords. 1914/15 musste das Loch mühsam geschlossen werden. 1931 wurde an gleicher Stelle der regulierte **Hvide Sande Kanal** fertiggestellt, gesichert durch ein Sperrwerk und mit einer Schleuse für die Schifffahrt versehen. Die wurde 1987 so erweitert, dass Schiffe bis zu einer Breite von 16 m und einer Länge von etwa 100 m zwischen Fjord und Meer verkehren können. Dafür muss dann die Hauptstraße hochgeklappt werden – Anlass für lange Staus.

Paradies für Surfer
Der Ringkøbing Fjord ist 40 km lang und bis zu 10 km breit und gilt als eine der besten Adressen Europas für Wind-, Kite- und Stand-up-Paddling-Surfer. Hier blasen Winde der Nordsee selbst in den windschwachen Monaten Juli und August immer noch mit durchschnittlich 6,5 m/sek., Wellen und Strömungen bleiben indes außen vor. Vor allem Anfänger mögen, dass sie fast überall Boden unter den Füßen haben – auf mehr als der Hälfte der Fläche ist der Fjord weniger als einen Meter tief. Beliebte Strände zum Einstieg sind Hvide Sande Nord, Hvide Sande Süd/Årgab, Bork Havn und Skaven Strand. Die Naturschutzgebiete Tipperne (s. S. 169) und Klægebanke sollte man aber tunlichst nicht ansteuern: Über die Grenzen muss man sich selbst informieren, in Dänemark schützt Unwissenheit nicht vor Strafe.

Auf die Nordsee wagen sich eher die Könner, dann meist vor Hvide Sande Sydstrand, wo auch ein bekannter Wavespot liegt. Den Wind, den die Surfer lieben, verfluchen Radfahrer, vor allem wenn er von vorn kommt. Trotzdem gibt es eine 105 km lange markierte Fahrradroute weitgehend über Nebenstraßen oder separate Radwege rund um den Fjord (Pläne in den i-Büros).

Übernachten (Region)

Ferienhäuser – Es gibt sie zu Tausenden rund um den Ringkøbing Fjord. Vor allem über Holmsland Klit reihen sich Ferienhaussiedlungen wie Perlen auf einer Schnur, meist mit unbebauten Abschnitten dazwischen, außer im Norden, dort wuchs auf fast 12 km Länge von Klegod bis Houvig Strand eine Megasiedlung mit dem Zentrum Søndervig zusammen. Mit wenigen Ausnahmen stehen die Ferienhäuser zwischen Hauptstraße und Dünen. Der Weg zum Strand führt somit über Wege, die von Autos kaum befahrenen sind. Regionale Anbieter:

Esmark Feriehusudlejning: Søndre Klitvej 195, Bjerregård, Tel. 97 31 50 40, www.esmark.de
Etwa 1450 Qualitätshäuser rund um den Fjord mit Schwerpunkt Holmsland Klit. Guter Service, ausgesprochen unkomplizierte Abwicklung und zweites Servicebüro in Søndervig (Lodbergsvej 18, Tel. 97 31 55 40).

Feriepartner Hvide Sande: Nørregade 2 B, Hvide Sande, Tel. 96 59 35 93, www.feriepartner.de/hvide-sande. Ferienhausvermittlung des i-Büros mit ca. 375 Objekten auf Holmsland Klit inkl. Hausbooten im Hafen von Hvide Sande.

Feriepartner Bork Havn: Kirkehøjvej 17, Bork Havn, Tel. 75 28 03 44, www.feriepartner.de/bork-havn. Knapp 200 Häuser vor allem am südlichen Fjordufer in Bork Havn, Hemmet Strand und Skaven. Originell sind schwimmende Hausboot-Ferienhäuser, die fest vertäut im Bork Havn liegen.

Hotels, Jugendherbergen, Campingplätze – s. Ortsbeschreibungen

Infos (Region)

Hvide Sande Turistservicekontor: Nørregade 2B, 6960 Hvide Sande, Tel. 70 22 70 01, www.hvidesande.dk, Mo–Fr 9–17, Sa, So 10–14 Uhr. Hauptbüro, Webportal, Hotline für die ganze Region Ringkøbing Fjord bis Vedersø Klit im Norden. Von über 30 ›Filialen‹ ist nur die in Ringkøbing Ostern–Okt. bemannt, sonst findet man interaktive Bildschirme und Broschüren-Ständer in Büros von Ferienhausvermittlern, Lebensmittelläden der Ferienhaussiedlungen, Unterkünften oder auf Campingplätzen. Beratung erfolgt dort per Videokontakt (Adressen s. Ortsbeschreibungen).

Auf Entdeckungstour: Billund und der Noppenstein – Besuch im LEGOLAND Park

Gibt es in unseren Breiten Kinder, die nie mit Spielzeug aus Billund in Berührung kommen? Kaum! In der Kleinstadt entstand aus einer Schreinerwerkstatt, die Holzspielzeug für den Haustürverkauf fertigte, der aktuell größte Spielzeughersteller der Welt. 1934 führte Firmengründer Ole Kirk Christiansen ein Kunstwort für seine Produkte ein: LEGO, aus ›leg godt‹, ›spiele gut‹.

Reisekarte: ▶ E 10/11
Anreise: s. Karte S. 174
Planung: Visit Billund (i-Büro), Billund Centret, Hans Jensensvej 6, 7190 Billund, Tel. 79 72 72 99, www.visitbillund.de. **LEGOLAND Park:** Nordmarksvej 9, Tel. 75 33 13 33, www.legoland.dk; April–Anf. Nov. mind. Fr–Mo, Ostern–Aug. und Okt. tgl. 10–18/20/21 Uhr; 359 DKK/13–64 Jahre, 339 DKK/3–12 u. über 65 J.; Rabatt für 2-Tage-/Saison-Tickets und online mindestens 7 Tage vorab.

Beim Rundgang durch den LEGOLAND Park sind Noppensteine allgegenwärtig. Der Sohn des Firmengründers entwickelte sie in den 1950er-Jahren aus Plastiksteinen, die die Firma schon im Programm hatte. Ohne Noppen fehlte ihnen der Zusammenhalt, mit war der LEGO-Stein geboren, später zum ›Spielzeug des 20. Jahrhunderts‹ gekürt. Mehr als 60 000 000 davon sind im LEGOLAND Park verbaut, etwa ein Drittel im Miniland, mit dem alles anfing.

Im Miniland

Diese Welt im Maßstab 1:20 macht LEGOLAND einzigartig. Wer selbst je mit LEGO-Steinen gebaut hat, spaziert fasziniert am Kopenhagener Nyhavn entlang oder schaut im Schloss Amalienborg durch die Fenster, ob er Königin Margrethe oder Prinzessin Mary sieht, wandert an schwedischen Schleusenanlagen entlang oder erkundet die Mini-Version des Flughafen Billund, dessen realer Fluglärm manchmal über den Park schallt. Kinder verfolgen mit großen Augen Züge und Schiffe durch dänische, deutsche und holländische Landschaften – sie legen weit über 100 000 km pro Saison zurück – oder sie legen den Kopf weit in den Nacken, um die Spitzen von fünf der höchsten Gebäude der Welt, World's Tallest, zu sehen, aus praktischen Gründen im Maßstab 1:150, aber auch so wurden 800 000 LEGO-Steine verbaut u. a. für das Burj Khalifa aus Dubai im Original 828 und hier 5,50 m hoch oder für das neue New Yorker One World Trade Center.

Hauptzielgruppe des Parks sind 2- bis 12-Jährige und ihre Familien, aber wenn man junge Männer – viele augenscheinlich aus Asien oder Amerika – beobachtet, die sich im LEGO Star Wars Miniland zu Clone-Trooper- und Battle-Droid-Armeen herabbeugen, Planeten, Raumstationen und Nabu Fighter mit 1000-Dollar-Objektiven heranzoomen und nach Meister Yoda Ausschau halten, der sich gleich in mehreren Szenarien materialisiert, dann weiß man, dass die Welt der LEGO-Steine keine Altersgrenzen kennt.

Die LEGO-Dimensionen

Dabei begann das neue Jahrtausend mit einer Krise: Der LEGO-Konzern schien den Anschluss an neue Spielgewohnheiten verpasst zu haben. Doch dann wurden LEGO-Figuren Helden jener Konsolenspiele, die als Totengräber des Noppensteins galten. Mit dem virtuellen Erfolg kam ein Comeback der realen Steine. Kinder und Erwachsene des 21. Jh. setzen komplexe Technikprodukte oder weltberühmte Gebäude zusammen und tauchen in Film-Welten von Star Wars und Harry Potter bis zu den Hobbits ein. Andererseits entstehen seit den 1980ern ›Brickfilms‹ mit LEGO-Steinen und Figuren. Anfangs belächelte Hobbyproduktionen, wurden sie ab der Jahrtausendwende immer professioneller und You Tube gab die Plattform für die globale Verbreitung.

Längst produziert der LEGO-Konzern in Kooperation mit bekannten Filmstudios eigene Klötzchen-Filme für Internet und Kino, immer synchronisiert mit Konsolenspielen und Filmszenarien als Bausätze: Der erste Kinofilm 2014 »The LEGO Movie« war weltweit ein Kassenschlager und sogar von Kritikern positiv bewertet, aber eigentlich nur 100 Minuten Power-Werbung für LEGO-Produkte. Und weil's so gut lief, sind aktuell drei spielfilmlange LEGO-Filme angelaufen oder in der Produktion, darunter für 2018/19 »The LEGO Movie 2«, wohl als Space-action-Musical geplant. Der crossmediale Erfolg ließ den Klötzchen-Konzern aus Billund 2014 am Barbie-Hersteller Mattel vorbeiziehen und zum weltgrößten Spielzeugproduzenten werden. Kjeld Kirk Kristiansen, Enkel des Firmengründers, der in der Krise das operative Geschäft erstmals seit Firmengründung in die Hände eines familienfremden Managers legte, ist als größter Anteilseigner am LEGO-Konzern laut Forbes 2017 der reichste Däne und Nr. 35 der Superreichen der Welt, sein Vermögen wird auf ca. 21 Mrd. Dollar geschätzt.

In Billund verwurzelt

Das Hauptquartier mitsamt Design- und Entwicklungsabteilung des längst global produzierenden LEGO-Konzerns blieb im kleinen Billund. Als dort immer häufiger nach Fabrikbesichtigungen gefragt wurde, baute man als Alternative den ersten LEGOLAND Park. Im Eröffnungsjahr 1968 kamen statt erhoffter 300 000 über 600 000 Besucher. Inzwischen gibt es acht Parks auf drei Kontinenten, die jüngsten in Dubai (2016) und Japan (2017), weitere sollen bis 2020 in Korea, China und bei New York – der dritte in den USA – eröffnen. Ähnlich expansiv sind die kleineren LEGOLAND Discovery Centre in 16 Großstädten Nordamerikas, Europas und Asiens. Im Rahmen seiner Konsolidierung verkaufte der LEGO-Konzern 2005 die Parks an die britisch-amerikanische Merlin Group, die weltweit über 100 Freizeitattraktionen betreibt wie die Sea Life Aquarien oder das London Eye. Im Gegenzug hält die Kristiansen Familie an diesem Global Player seitdem knapp ein Drittel.

Achterbahnen und Pinguine

Nach Billund kommen gut 1,7 Mio. Besucher pro Jahr. Die wollen mehr als süße Landschaften im Miniland und so warten auf sie schnelle Achterbahnen, wilde Karussells und viel Spaß, bei dem Wasser im Spiel ist. Teens kreischen im **X-treme Racer,** was ihre Stimmbänder hergeben und kommen klitschnass aus dem Seegefecht in der **Piraten Lagoon.** Im **Temple,** ein Konsolenspiel auf Lebensgröße gezoomt, fahren sie mit ihren Eltern um die Wette ballernd durch eine Indiana-Jones-Welt und rasen mit der schrillen **Polar-X-plorer-Achterbahn** durch eine Kulisse, in der die Eisbären aus LEGO-Steinen, die Pinguine aber echt sind. Die Kleinsten strahlen derweil auf den Karussells und Mini-Bahnen im **DUPLO Land** und ihre älteren Geschwister machen in der Kinderfahrschule ihren ersten Führerschein. Jedes Jahr fordern die Markt-Gesetze auch eine Neuheit: So landete in Billund 2015 ein **X-wing Starfighter** aus dem Star Wars Universum, 13 m lang, 3 m hoch und aus 5,3 Mio. LEGO-Steinen gebaut, 2016 entstand die **Ninjago World,** ein 3-D-Fantasy-Spektakel, bei dem Besucher in noch ein überdimensioniertes Konsolenspiel eintauchen. 2017 wurden die schon erwähnten fünf **World's Tallest** Wolkenkratzer hochgezogen. Und rund um den eigentlichen LEGOLAND Park entwickelt sich Jahr für Jahr das **LEGOLAND Billund Resort** mit Hotel, Herberge, Hüttendorf und Campingplatz weiter – immer angelehnt an die aktuellen LEGO Themen.

Bork Havn, Hemmet Strand, Skaven ▸ B/C 10

Mittelpunkt des Tourismus am südlichen Ufer des Ringkøbing Fjord ist der kleine Hafen von Bork, der von vielen Freizeitskippern und noch wenigen Nebenerwerbsfischern genutzt wird. Alle müssen aufpassen, dass ihnen in den Gewässern vor dem Hafen, vor allem nach Westen hin, nicht ungeübte Surfneulinge in die Quere kommen: Der hier sehr flache Fjord ist ein beliebtes Übungsrevier für Wind- und Kitesurf-Anfänger. Weitere Ferienhaussiedlungen mit weniger Infrastruktur sind Hemmet Strand und Skaven weiter östlich.

Bork Vikingehavn und Fahl Kro
Fjordvej 2B, Søndre Bork, Tel. 75 28 05 97, www.levendehistorie.dk, Ostern–Okt. mind. So–Fr 11–16, Juli/Aug. und 41–43. Woche tgl. 11–17 Uhr, je nach Aktivitäten 60–100 DKK/ab 18 Jahre inkl. Eintritt Fahl Kro; Zuschlag bei Wikingermarkt; Kombi-Tickets s. S. 178
In die Bucht zwischen Bork Havn und dem Ostufer der Halbinsel Tipperne mündet ein kleiner Bach, an dessen Ufer Boote aus einer ganz anderen Zeit liegen, aus der der Wikinger. Es sind keine martialischen Drachenboote wie man sie aus Hollywoodfilmen kennt, eher Alltagsschiffe der Zeit, Lastkähne und Handelsschiffe: Bork Vikingehavn, ein ständig wachsendes Erlebniszentrum, zeigt die seefahrerische Seite der Epoche, besitzt neben dem Hafen einen Marktplatz, eine frühchristliche Kirche und zeittypische Langhäuser. ›Wikinger‹ – überraschend viele sprechen fließend Deutsch – demonstrieren alte Handwerkskünste, schmieden Schwerter und Pfeilspitzen, schlagen Münzen oder handeln mit Fellen oder Schmuck. Andere verrichten Alltagsarbeit in den Häusern und es gibt noch einen heidnischen Opferplatz, an dem man oft Reste tierischer Opfergaben sieht – für Zartbesaitete schwer erträglich. Besonders lebendig wird das Center zum **Wikingermarkt** Anfang August, dann wird zusätzlich eine Zelt- und Budenstadt aufgebaut.

Borg Vikingehavn ist die populärste Abteilung des Ringkøbing-Skjern Museum (s. S. 178), eine zweite gleich auf der anderen Seite des Parkplatzes ist der Fahl Kro, ein typisches Gasthaus aus der Mitte des 19. Jh. Nach einem verheerenden Brand 2013 wurde er wieder aufgebaut und ist seitdem idealtypischer als das Original vor dem Feuer. Er dient für Wechselausstellungen und bewirtet Gäste, nachmittags gern mit einem Kuchenbuffet, aber am besten kommt man an einem jener Abende – meist donnerstags – im Juli/August, an denen hier Jütlands Traditionsküche gepflegt wird (reservieren unter Tel. 75 28 01 43).

Übernachten

Ferienpark – **Bork Havn Feriecenter:** Kirkehøjvej 34, Bork Havn, Tel. 75 28 05 87, Buchungen www.danland.de oder andere Ferienhausvermittler. Moderne Anlage nahe zum kinder- und surferfreundlichen Strand; flexible Mietzeiten.

Essen & Trinken

Fisch gut bürgerlich – **Restaurant Skavenhus:** Skavenvej 34, Skaven, Tel. 97 37 40 24, www.skavenhus.dk. Fisch aus der Region dominiert die konservativ-dänisch orientierte Küche; wer einen robusten Magen hat, nimmt Aal zur Flatrate von knapp 250 DKK – diverse Magenaufräumer, die man dann braucht, kosten jeweils ca. 30 DKK. Hauptgerichte mittags ab ca. 90, abends ab ca. 120 DKK.

Deutsche Betreiber – **Star Café og Restaurant:** Di–So ab 11 Uhr. Das Restaurant in der Lysstøberi Bork Havn (Adresse s. Aktiv) ist äußerst populär, abends sollte man reservieren, Tel. 51 28 98 75. Auf der Karte verbrüdern sich die deutsche Currywurst mit dem dänischen *Stjerneskud* – Schollenfilet mit Krabben auf Toast –, und süße Pfannkuchen oder große Fischteller findet man auch und alles günstig – abends Hauptgericht ca. 100–215 DKK.

Aktiv & Kreativ

Kerzen selbst gießen – **Lysstøberi Bork Havn:** Kirkehøjvej 19, Bork Havn, Tel. 51 28 98 75, www.borkhavnlys.dk, tgl. 10–17 Uhr. Hier werden Kerzen ausnahmsweise einmal gegossen, und das in allen denkbaren und undenkbaren Formen vom Osterhasen bis zum Weihnachtbaum, die Farben bestimmt man selbst. Kinder sind begeistert. Ebenso Menschen mit kognitiven oder motorischen Einschränkungen, die große Erfolgserlebnisse haben, weil sie leicht schöne Dinge gestalten können – die Kerzengießerei ist komplett rollstuhlgerecht und die Betreiber kommen aus Deutschland – Sprachprobleme gibt es also nicht.

Surfschule und Verleih – **WestWind Bork Havn:** Bryggen 10–12, Bork Havn, Tel. 75 28 01 80, bork.westwind.dk. Der größte Anbieter für Wind- und Kitesurfen am Fjord, Details siehe WestWind Hvide Sande (s. S. 184).

Mit der Museumsjolle auf dem Fjord – **Laurids Fahl:** ab Bork Vikingehavn, Tickets vor Ort kurz vor der Abfahrt, Juli/Aug. Di 2 Touren, ca. 1 Std., 100 DKK. Die offene Jolle des Ringkøbing-Skjern Museum ›Laurids Fahl‹ fährt ausgelegte Reusen und Netze ab, dazu gibt es Informationen über den Fjord und die Fjordfischerei.

Nachbauten typischer Langhäuser der Wikingerzeit im Bork Vikingehavn

Infos & Termine

Interaktive i-Büros (s. S. 171): **U. a. Bork Havn Turistinfo**, Bryggen 9, Bork Havn, 6893 Hemmet
Bork Havn Musikfestival: Mi–Sa in Woche 31. Aus einem kleinen Hafenfest entstandenes viertägiges Rock- und Folk-Spektakel für alle Altersgruppen u. a. mit Kinderkonzerten und Kirmes. Auf der Hauptbühne sieht man die Crème der dänischen Musikszene. Je früher man Tickets kauft, desto billiger (Tag ab 400 DKK, nur Fr–So ab 650 DKK, Mi–So ab 975 DKK). Bewusst spricht man auch ältere Besucher an u. a. mit Tickets für DeLux Camping in speziell ausgestatteten Arealen: aktuelle Preise und Programm www.borkhavnmusikfestival.dk.

Holmsland Klit ! ▸ B 9/10

Die 35 km lange Dünennehrung Holmsland Klit zwischen Nymindegab und Søndervig trennt den Ringkøbing Fjord von der Nordsee. An schmalsten Stellen wie südlich von Hvide Sande ist sie nur wenige Hundert Meter breit, mehr als 3 km werden es nie. Auf diesem schmalen Streifen haben Menschen mit Land- und Viehwirtschaft auf der Fjordseite sowie mit etwas Strandfischerei und dem Verwerten von Strandgut auf der Nordseeseite lange ein Auskommen gefunden.

Heute dominiert der Tourismus das Bild. Viele Ganzjahresarbeitsplätze gibt es aber auch rund um den Hafen von Hvide Sande, u. a. beim Fischumschlag und in der Werftindustrie. Die überlebte durch Spezialschiffbau und Arbeiten für die Offshore-Industrie. Die Landwirtschaft stagniert, ein Zweig ist Naturschützern ein Dorn im Auge: Nerzfarmen mit ihren auffällig flachen Käfigställen. Immer häufiger trifft man auf ausgebüxte Nerze in freier Wildbahn. Diese amerikanischen ›Mink‹-Nerze sind nur entfernt verwandt mit europäischen Nerzen und können sich mit ihnen auch nicht paaren.

Auf ganzer Länge ziehen sich über Holmsland Klit die Nordseeküstenstraße [181], die praktisch ohne Spurwechsel aus dem alten Kutschenweg auf der Grenze zwischen Dünen und Marschland hervorgegangen ist, und der ›Nordseeküsten-Radweg‹ (s. S. 24), der meist näher an den Dünen verläuft, oft mitten durch Ferienhaussiedlungen.

Abelines Gaard ▸ B 9

Mai–Okt., So–Fr 11–17, 50 DKK/ab 18 Jahre, Kombi-Tickets s. S. 178, Hochsaison mit Café tgl. ab 13 Uhr
Beiderseits der Hauptstraße sieht man tief geduckte, traditionelle Vierkanthöfe, die im Innenhof Schutz vor Wind bieten. Einige dienen noch als Bauernhöfe, etliche sind zu Ferienwohnungen umgebaut und Abelines Gaard bei Årgab wurde zu einem viel besuchten kulturhistorischen Museum. Der Hof wurde 1854–71 für den Strandvogt gebaut, aber nach Abeline Christensen benannt, die 1890 einheiratete und bis 1954 hier wohnte. Abeline wuchs als eines von 18 Kindern auf einem Nachbarhof auf, mit 34 hatte sie selbst fünf Kinder und war Witwe. Den Rest ihres Lebens, noch 53 Jahre lang, bewirtschaftete sie den Hof mit ihren Kindern und agierte viele Jahre als Strandvogt.

Abelines Gaard ist voller Nostalgie, vielleicht ein Hauch zu romantisch, um echtes Leben in dieser rauen Umgebung zu zeigen. Im Sommer werden gern alte Fertigkeiten demonstriert wir Klöppeln, Weben oder Bernsteinschleifen.

Auf Entdeckungstour: Geschichte leben – das Ringkøbing-Skjern Museum

Besuche des Ringkøbing-Skjern Museum halten fit, denn am besten unternimmt man die per Fahrrad: 14 Abteilungen liegen über 100 km verteilt rund um den Ringkøbing Fjord. Zusammen vermitteln sie ein Bild der früheren Lebens- und Arbeitsumstände der Menschen im Westen Jütlands – und am Nørre Lyngvig Fyr gibt es eine tolle Aussicht als Bonus.

Reisekarte: ▶ B/C 9/10
Planung: Ringkøbing Museum Feb.–Dez., andere Abteilungen kürzere Perioden, manche nur wenige Tage. Details zu allen Museen: www.levendehistorie.dk, Tel. 97 32 16 15. Kombi-Tickets alle Besuchsstätten 150 DKK/Woche, 250 DKK/Jahr; unter 18 Jahre gratis!
Mit dem Rad unterwegs: Radfahrer radeln auf flachem Terrain, meist auf separaten Radwegen, teilweise über Schotter; Radwegekarte in i-Büros.

Zentrale für alle Abteilungen des ›100-km-Museums‹ ist das **Ringkøbing Museum** (s. S. 190) in ›Westjütlands kleiner Hauptstadt‹, das zum Gesamtbild das Stadtleben beisteuert und mit seinen archäologischen Exponaten weit zurück in die Vorzeit geht. Die Archäologen müssen sich aber manchmal auch mit neuerer Geschichte befassen, deren Hinterlassenschaften bergen und präparieren wie 2008 das komplette Inventar eines deutschen **Mannschaftsbun-**

kers ca. 4 km nördlich von Søndervig, den das Meer bei einem Herbststurm freigespült hatte, oder Reste von Flugzeugen der Alliierten, die in der Region immer wieder gefunden werden.

Zeitreisen und Naturerlebnisse

Über den kleinen Industriestandort Lem erreicht man den ländlichen Osten der Fjordregion. Dänemarks letzte, voll intakte Wassermühle **Bundsbæk Mølle** mahlt noch das Öko-Mehl, aus dem für die urige Kaffestue im Haus des Müllers nebenan Brot und Kuchen gebacken wird. Im angeschlossenen **Bundsbæk Naturpark** kreierte der international bekannte italienische Land-Art-Künstler Alfio Bonanno 2011/12 vier eindrucksvolle Objekte: »Det Fire Øer«, die vier Inseln.

Nur wenige Schritte sind es von der Mühle zur rekonstruierten Steinzeitsiedlung **Dejbjerg Jernalder,** wo im Juli und August Familien in dieser Vorzeitepoche leben! Das Dorf entstand um eine bedeutende Fundstätte der Zeit.

Mit **Reberbanen** besitzt das Städtchen Skjern die noch für Spezialaufträge genutzte Reeperbahn einer Seilmacherwerkstadt, in der ganz traditionell Tauwerk für Schiffe geschlagen wird – heute meist für Museumsschiffe. Derweil dient die alte **Skjern Vindmølle** (Marupvej 25 A, 6900 Skjern) in letzter Zeit meist lokalen Künstlern für Ausstellungen und das Stadtmuseum begleitet als **Skjern Å Museum** (Bredgade 77, 6900 Skjern) die Entwicklung der Skjern Å von der natürlichen Flussmündung zum begradigten Strom und zurück zur renaturierten Naturlandschaft.

Das Bild des Lebens am Fjord wäre unvollständig ohne die Häuser der Tagelöhner und Landarbeiter **Hattemagerhuset** in Tarm (Foersumvej 1) oder **Gåsemandens Gård** in Nørre Bork (Galgebjergevej 20). Publikumsmagnet des 100-km-Museums ist das stetig wachsende Zeitreise-Center **Bork Vikingehavn,** in dem die maritime Seite der Wikingerzeit gelebt wird (s. S. 175). Wer sich jetzt stärken will, geht zum nahen **Fahl Kro** hinüber.

Höfe mit Geschichten und ein Leuchtturm mit Überblick

Auf Holmsland Klit zeigt **Abelines Gaard** (s. S. 177), der Hof der Strandvogt-Witwe Abeline Christensen, wie Privilegierte entlang der Küste lebten, ehe man sich nördlich von Hvide Sande auf dem Leuchtturm **Lyngvig Fyr** – formal auch eine Abteilung des Museums – (s. S. 180), einen exzellenten Überblick über die schmale Nehrung verschaffen kann. Im Norden liegen zwei Abteilungen abseits der eigentlichen Fahrt rund um den Fjord: Der **Strandgaarden** thematisiert in wechselnden Ausstellungen Natur und Leben an der Küste (s. S. 196) und **Kaj Munks Præstegård,** der Pfarrhof von Vedersø, erinnert an den 1944 als Widerständler ermordeten Dichterpriester Kaj Munk (s. S. 196).

Hvide Sande ▸ B 9

Eher funktional als romantisch entstand ab 1931 die Hafenstadt mit dem Bau des Hvide Sande Kanal, seinem Sperrwerk sowie der Schleuse zwischen Nordsee und Fjord. Im Nordseehafen sieht man in letzter Zeit oft auffällige Spezialschiffe für Bau und Versorgung der Offshore-Windenergieparks Vesterhav Syd nah der Küste im Norden und Hornsrev 3 weit draußen im Südwesten – der Hafen boomt. Zudem ist Hvide Sande wichtig als Fischereistandort, auch wenn die eigene Flotte auf rund 40 Trawler und größere Kutter geschrumpft ist, von denen es früher Hunderte gab. Dafür landen Fischer aus ganz Dänemark und halb Europa hier Quoten-Fänge an.

Konsumfisch kommt ab 7 Uhr morgens in einer Internetauktionen unter den virtuellen Hammer, zeitgleich mit Fisch in Thyborøn und Torsminde (www.danskefiskeauktioner.dk). Das alte Auktions-Flair mit laut rufendem Auktionator und obligatorischem Stockschlag, wenn eine Kiste Fisch verkauft war, erlebt man nur noch in der Hochsaison bei Event-Auktionen für Touristen (s. Termine).

Rund um den geruhsameren ›Tyskerhavn‹ auf der Fjordseite östlich von Schleuse und Sperrwerk entsteht peu à peu ein maritimer Ferienpark mit Hausboot-Ferienhäusern und schnuckeligen Basic-Sommerhäusern im Fischerhüttenstil. So mausert sich Hvide Sande immer mehr zu einem Badeort, den Touristen nicht nur zum Einkaufen einmal im Urlaub ansteuern, sondern in dem man gern wohnt. Dazu passt der populäre, im Sommer bewachte Sydstrand mit seiner kleinen Uferpromenade südlich der Hafeneinfahrt. Um deren neue, 750 m in die Nordsee ragende Südmole entsteht bei passenden Winden ein ideales Spot für Wellensurfer – Flynder Point nennt ihn die Szene. Das West Wind Surf Café mit Brettverleih ist im Sommer direkt hinter den Dünen zufinden und auf dem Parkplatz dürfen Surfies mit ihren Wohnmobilen über Nacht parken (Tungevej 6, 90 DKK/WoMo plus 2 Insassen).

Über Hvide Sande, die Fischerei und die Fische aus Nordsee und Fjord – lebendig in Aquarien zu sehen – kann man sich im **Fiskeriets Hus,** dem Haus der Fischerei, informieren (Nørregade 2B, Tel. 97 31 26 10, www.fiskeriets hus.dk, tgl. 10–16/17 Uhr, 95 DKK, 30 DKK/4–12 Jahre; Cafeteria mit Kanalblick). Thema ist auch die Entwicklung der Seenotrettung von kleinen offenen Booten zum unsinkbaren Rettungskreuzer, wie die »Emile Robin«, die ständig einsatzbereit unterhalb des Blauen Turms liegt, wie das Schleusenhaus am Hafen genannt wird. Von der Straße über dem Kanal nimmt man kaum wahr, dass sich darunter das Maschinenhaus des Sperrwerks verbirgt, ein faszinierendes Industriedenkmal, das immer dann zugänglich ist, wenn es für eine Ausstellung genutzt wird, meist im August (kunstislusen.dk).

Nördlich von Hvide Sande ▸ B 9

Die neue Art, mit dem Meer Geld zu verdienen, zeigt am Fjord im Norden von Hvide Sande die **Aqua Sports Zone** mit einer Windsurfschule und einem Wasserski- und Wakeboard-Kabelpark – man saust, von einem Schlepplift gezogen, übers Wasser. Weil gestürzt wird ohne Ende, ist das coole Café neben der Anlage ständig voll mit Spannern – Pleiten, Pech und Pannen einmal live gesehen!

Ein paar Kilometer weiter nördlich strahlt der Leuchtturm **Lyngvig Fyr** seit 1906 jede Nacht gut 40 km weit über Nordsee und Fjord. Er ist 38 m hoch, steht aber so auf einer Düne, dass seine

Meisterstück der Architektur: Wendeltreppe im Leuchtturm Lingvig Fyr

Lichtkanzel 53 m über den Meeresspiegel aufragt. Der 148-Stufen-Aufstieg – plus 79 Stufen die Düne hinauf! – verschafft einen großartigen Rundumblick, man erfasst von hier oben so gut wie nirgendwo sonst den Aufbau des schmalen Landstreifens: breiter Strand im Westen bis an die jungen ›weißen Dünen‹, dahinter die älteren, von anspruchslosen Pflanzen überzogenen ›grauen Dünen‹, dann ein breiter Streifen Heide – meist als Baugrund für Ferienhäuser genutzt – und im Osten grüne Marschwiesen und etwas Ackerland bis ans Fjordufer (Holmsland Klitvej 109, Nov.–Jan. Do–So, Feb., März tgl. 11–16, April–Okt. tgl. 10–17, Juli/Aug. 10–20.30 Uhr; 50 DKK/ab 18 Jahre, Kombi-Tickets s. S. 178).

Søndervig ▶ B 9

Bereits Ende des 19. Jh. wurde in Søndervig ein Badehotel gebaut. Kurz zuvor hatten Brücken über Wasserläufe, die den Stadil Fjord mit dem Ringkøbing Fjord verbanden, überhaupt erst eine Reise auf dem Landweg von Ringkøbing zum Meer möglich gemacht. Inzwischen kann man weit ab der Straße auch den aufwendig angelegten ›cykelsti‹ am Fjordufer entlang nutzen, mit neuen Brücken über den alten Baggers Damm – ein herrlicher Abschnitt des Radwegs **Fjorden Rundt.** Søndervig selbst ist der munterste Touristenort am Fjord, rund ums Jahr lebendig – nicht ganz Ballermann, aber feinsinnig und mondän sind keine Attribute, an die man denkt. Hier machen auch Skandinavier gern Urlaub und im Hochsommer pulsiert das Nachtleben schon mal bis zum Grauen des Morgens.

Übernachten

Personal sieht man selten – **Hvide Sande Hotel:** Bredgade 5, Hvide Sande, Tel. 97 31 10 33, www.hssh.dk. 1932 als Seemannsheim gegründet, nächtigen hier heute Touristen und Geschäftsleute. Das Haus wird weitgehend automatisiert betrieben, zum Frühstück werden Gäste an umliegenden Cafés und Bäckereien verwiesen. Die günstigsten Preise online (DZ ab ca. 745 DKK, Familienzimmer 2+2 ab ca. 1100 DK).

3-Sterne mit familiärem Service – **Danhostel Hvide Sande Vandrerhjem:** Numitvej 5, Hvide Sande, Tel. 97 31 21 05, www.danhostel-hvidesande.dk. Die Herberge – von einem deutsch-dänischen Paar betrieben – liegt neben dem örtlichen Sport- und Schwimmcenter (vergünstigter Eintritt) zwar nördlich des Kanals, aber nah zum i-Büro und netten Lokalen; die Mehrzahl der 23 Zimmer mit eigenem Bad/WC; Einzelbett ab ca. 190 DKK, DZ ab 360 DKK, auch Familienzimmer für max. 4 Pers. Üppiges Frühstück!

Camping in den Dünen – Holmsland Klit ist eine populäre Campingregion, meine Empfehlungen von Süd nach Nord, alle mit 3 Sternen: **Bjerregaard Camping** (Tel. 97 31 50 44, www.bjerregaardcamping.dk) direkter Zugang zum Fjord, Hütten, Kanu- und SUP-Board-Verleih. **Dancamps Nordsø** (Tel. 96 59 17 22, www.dancamps.de) 5 km südlich von Hvide Sande, direkter Nordseezugang, viele Hütten verschiedener Kategorien. Badeland **Dancamps Holmsland** (Tel. 97 31 13 09, www.dancamps.de), 4 km südlich von Hvide Sande, direkter Nordseezugang, Hütten, abseits der Hauptstraße. **Hvide Sande Camping** (Tel. 97 31 12 18, www.hvidesandecamping.dk), Nordseezugang durch die Dünen, Fjordzugang am Surfcenter Hvide Sande Syd (s. Aktiv) gleich über die Straße, 1700 m ins Stadtzentrum, Hütten; Kooperation mit drei Autocamper-Parkplätzen am Hafen von Hvide Sande. **Søndervig Camping** (Tel. 97 33 90 34, www.soendervigcamping.de), 750 m ins Søndervig Centrum, Nordseestrand durch Ferienhaussiedlung, Hütten und Apartments.

Ferienhäuser – s. S. 171

Essen & Trinken

Gastrotempel in kulinarischer Wüste – **Sandgaarden:** Badevej 12, Søndervig, Tel. 97 33 83 99, www.sandgaarden.dk, Sommer tgl. ab 12 Uhr, sonst nicht alle Wochentage. Man hat in Søndervig viel Auswahl, um Essen zu gehen, will man aber richtig gut essen, landet man unweigerlich bei Tina und Lars Pinholt im Sandgaarden – falls man einen Platz bekommt! Dänische Frokost-Klassiker ab ca. 90 DKK, abends Hauptgerichte 200–300 DKK, 3-Gänge-Fisch-Menü ca. 400 DKK.

Der Fisch kommt auf kurzen Wegen – **Hvide Sande Røgeri, Fiskehandel og Spisested:** Troldbjergvej 4 (nördlich des Kanals), Hvide Sande, Tel. 97 31 18 99, www.hvidesanderogeri.dk. Das Fischrestaurant tischt in der Saison tgl. ein großes Fischbuffet auf (195 DKK, sonst Hauptgerichte ca. 90–230 DKK). Dazu gehören eine eigene Räucherei und ein großer Fischladen. Tipp: Picknickpaket im Laden zusammenstellen und ein romantisches Sonnenuntergangspicknick auf dem Aussichtsberg ›Troldebjerg‹ gleich neben dem Laden – oben gibt es Picknicktische – oder in den Dünen machen.

Discount-Restaurant – **Sandslottet:** Anker Eskildsens Vej 1, an der Straße [181], Nørre Lyngvig, restaurant-sandslottet.dk, Ostern–Okt. tgl., reißerische Preise, schnelle Abfertigung – da erwartet hoffentlich niemand kulinarische Offenbarungen. In der Hochsaison ist der Laden immer brechend voll, aber reservieren ist nicht möglich. Fast alle Hauptgerichte unter 100 DKK!

Einkaufen

Flohmärkte – **Bagagerumsmarked:** Parkplatz des Beach Bowl, Lodbergsvej 36, Søndervig, Wochen 26–34 Di ca. 12–17, Osterwoche und Woche 42

Di 10–15 Uhr. Beim ›Kofferraummarkt‹ leeren viele Amateurhändler ihre Keller und Dachböden. **Hvide Sande Kræmmermarked:** Troldbjergvej 4 (nördlich des Kanals), April–Okt. Fr–So 10–17 Uhr.

Glutfrische Fische – **Edgar Madsen:** Metheasvej 11, Hvide Sande, Tel. 97 31 14 33. Große Auswahl an frischer oder geräucherter Ware, immer skandinavischer schwarzer Hummer lebend vorrätig.

Fisch online – **Fish4You Hvide Sande:** Tungevej 1, Tel. 96 75 12 09, fish4you.dk (auch dt!). Hier fängt man frischen Fisch nicht mit der Leine, sondern online: Fischer vom Kutter RI 468 Juli-Ane und ein Zuchtlachs-Betrieb aus Hvide Sande liefern online georderten Fisch bis ans Sommerhaus oder an die Campingplatz-Rezeption. In Hvide Sande spart Selbstabholung die Versandkosten. Und ein Lese-Tipp: Auf der Webseite gibt es Dutzende toller Rezepte für alle gängigen Fisch- und Schalentierarten.

Outlets und Freizeitmode – Hvide Sandes Fußgängerzone **Stormgade** mitsamt Nebenstraßen, insbesondere die Strandgade, bieten viele Outlet-Shops und Boutiquen. Eine Riesenauswahl an Freizeitmode nicht nur für Angler hat nördlich des Kanals **Lystfiskeren** (Nordhavnskaj 31). Weitere Outlet- und Mode-Shops gibt es im **Søndervig-Centret** (Badevej 1–3). Die meisten Läden haben rund ums Jahr tgl. geöffnet.

Alltagseinkäufe – Die Supermärkte auf Holmsland Klit haben tgl. außer 25. Dez. geöffnet, genaue Zeiten sind saisonabhängig, im Hochsommer aber oft von 8 bis 20 oder 21 Uhr.

Aktiv

Alles unter einem Dach – **Beach Bowl:** Lodbergsvej 36, Søndervig, Tel. 97 33 89 00, www.beachbowl.dk, ganzjährig tgl. Fitness ab 7, Bowling ab 10 mindestens bis 22 Uhr. Unterhaltungscenter mit Spielhalle, Bowling, Pub, LEGO-Spielzimmer, Internetcafé (leider oft defekte Geräte), aber auch Fitnesscenter, Segway-Verleih und Abenteuer-Minigolf. Bei einigen Ferienhäusern der Region ist eine Flatrate für einfache Beach-Bowl-Aktivitäten im Mietpreis enthalten oder günstig zuzubuchen, aber meist zahlt man doch etwas, z. B. die Schlägermiete beim Abenteuer-Golf (Key2activity-Programm).

Mein Tipp

Sand als Genuss fürs Auge

Jedes Jahr formen Künstler aus aller Welt in Søndervig eine andere, fantastische Themenwelt aus Sand – 2017 ist bei der 15. Auflage des **International Sandskulpturfestival Søndervig** ›Das Leben unter der Meeresoberfläche‹ das Thema. Spezialität ist eine durchgehende Sandskulptur entlang der Nordostflanke des Geländes, zuletzt weltrekordreife 200 m lang.

Dass die Skulpturen im Ort und nicht am Strand stehen, hat einen einfachen Grund: Rundkörniger Strandsand ist für haltbare Skulpturen ungeeignet. Stattdessen werden ein paar tausend Tonnen Sand aus speziellen Gruben herangekarrt und verarbeitet, dessen Körner geradezu miteinander verzahnt sind. Dann bleiben die Skulpturen ohne spezielle Imprägnierung eine ganze Saison unter freiem Himmel in Form, selbst bei heftigsten Regenschauern (Lodbergsvej 44, www.sandskulptur.dk, tgl. Ende Mai–Aug. 10–19, Sept.–Okt. 10–17 Uhr, 50 DKK, 25 DKK/ 6–11 Jahre).

Unter vollen Segeln – **Bramsejlskonnert af Hvide Sande:** Tel. 40 12 38 93, www.schoner.dk, Juli/Aug. tgl. Törns 200 DKK, 150 DKK/Kinder, Rabatt u. a. bei Onlinebuchung. Törns auf Nordsee oder Fjord ab Hvide Sande, Blauer Turm. Die ›Maja‹ segelte unter holländischer, deutscher und dänischer Flagge, war Heringsfänger und bis 1996 Lastenkahn, dann erfolgte die sorgfältige Restaurierung in einen 1930er-Jahre-Zustand für Ausflugsfahrten – also viel Nostalgie.

Ausritte am Strand – **Ridecenter Vinterlejegård:** Vesterledvej 9, Sønder Haurvig, Tel. 60 49 60 68, www.vinterlejegaard.dk. Strandritte ab 215 DKK; während einige Familienmitglieder reiten, können sich andere mit Krolf bei Laune halten, einem Mix aus Crocket und Golf. Auch Mietboxen für eigene Pferde sowie Hütten und Ferienwohnungen für Reiter.

Angeln von Land – Die neuen, extra-langen Molen und die Uferbefestigungen des Hvide Sande Kanal sind beliebte Standorte; Angelausrüstung und Köder verkaufen Läden in Hvide Sande, u. a. **Lystfiskeren** (Troldbjergvej 4) oder **Kott Fritid** (Sandormskiosken, Nørregade 2a, neben Fiskeriets Hus). Praktisch mit Fanggarantie angelt man in Put & Take-Seen, u. a. **Klegod Fiskesø** (Holmslandklitvej 100, Klegod) oder **Søndervig Put & Take** (Holmslandklitvej 126, Søndervig).

Angeln vom Kutter – **M/S Solea:** Tickets bei Kott Fritid (Shop s. o. oder online auf www.kottfritid.dk).

Rettungsschwimmer Stationen – **Hvide Sande Sydstrand** und **Søndervig Strand.**

Wasserski und Wakeboarding – **Kabelpark:** Gytjevej 15 (im Aqua Sports Zone), Hvide Sande, Tel. 96 59 20 77, www.kabelpark.dk, Mai–Mitte Sept. und Woche 42 tgl., Mitte Sept.–Mitte Okt. Do–So mind. 12–18, Hochsaison 11–21 Uhr, 1 Std. am Schleppseil ohne/mit Leihausrüstung ca. 168 DKK/ab 258 DKK, 1 Tag ca. 300/ab 600 DKK.

Wind- & Kitesurfen & SUP – **West Wind Hvide Sande Nord:** Gytjevej 15 (in Aqua Sports Zone), Tel. 97 31 25 99, http://nord.westwind.dk. **West Wind Hvide Sande Syd:** Søndre Klitvej 1, Tel. 97 31 28 99, http://syd.westwind.dk. Mai–Sept. Kurse inkl. Ausrüstung Windsurfen: Schnupperkurs ca. 400 DKK, 3-Tage-Anfängerkurs ca. 1000 DKK, Kite: Theorie- und Anfängerkurs 3 Tage ca. 2000 DKK, Standup-Paddle am Fjord oder in der Nordsee und Wellensurfen an Hvide Sande Sydstrand (Flynder Point) ab 350 DKK.

Abends & Nachts

Nachtleben in Søndervig – Der Badeort am Nordende des Ringkøbing Fjord ist nachts der munterste rund um den Ringkøbing Fjord, in der Hochsaison haben einige Bars bis 5 Uhr in der Früh auf. Seit Jahrzehnten Garant für traditionelles Kneipen-Entertainment ist **Æ Lamp/Lanternen** (Badevej 8) oft mit Livemusik in intimem Rahmen – urig! Vom Kreisverkehr am Badevej nordwärts Richtung Danland Feriencenter trinkt und feiert ein reiferes Publikum gern in **Bar 3** (Lodbergsvej 73) zur Musik der Beatles und frühen Stones-Zeiten, während jüngere Pub-Crawler nebenan auf einen Cocktail in der Café Club Lounge **Bar Verona** abhängt (Lodbergsvej 73, Kalenderwochen 25–32 tgl. sonst nur Fr/Sa).

Infos & Termine

Hvide Sande Turistservicekontor: (s. S. 171, im Fiskeriets Hus). Plus 7 Interaktive Filialen/Terminals u. a. im

Kabelpark (s. Aktiv) und am Lyngvig Fyr (s. S. 179). **Søndervig:** 6 interaktive Informationen u. a. im MENY Supermark (Badevej 1), Søndervig Camping (Solvej 2). **Bjerregård:** im Min Købmand Bjerregaard (Kirksvej 2).

Heringsfestival: Am letzten Wochenende im April rund um ein gut dotiertes Wettangeln (drei Altersklassen, Startgebühr!) am Hvide Sande Kanal: Es gilt, binnen einer Stunde vom Ufer aus so viele Heringe wie möglich an Land zu ziehen. Eigentlich sollten sich die Silberlinge um diese Jahreszeit in Schwärmen zwischen Meer und Fjord bewegen, aber Natur ist unkalkulierbar: 2015 war eine Katastrophe. Im Hauptwettbewerb gab es den 1. Preis für ein 160 g schweres Fischlein, die restlichen Preise wurden mangels Fangerfolg ins Jahr 2016 überführt. Da reichten dann 4 Heringe mit 650 g Gewicht für den Sieg. 2012 musste man dafür noch 126 Heringe mit zusammen 14,5 kg vorlegen und im Rekordjahr 1999 gar 313 mit 29,8 kg (www.sildefestival.dk).

North Sea Beach Marathon: An einem Sonntag Ende Juni startet mit Start/Ziel am Hvide Sande Sydstrand einer von zwei Marathon-Läufen weltweit, die ausschließlich am Strand gelaufen werden. Neben der klassischen Distanz werden auch Halb-, Fünftel- und Zehntelmarathon gelaufen (www.beachmarathon.com; Startgebühr je nach Distanz und Anmeldetermin ca. 115–495 DKK).

Fischauktion für Touristen: Mitte Juli–Ende Sept. und in den dän. Herbstferien So 11 Uhr, 11 Uhr in der Hvide Sande Auktionshal, Rødspættevej 3. Fischauktion – fast – wie früher, nur kommen Fische und Krustentiere in ›Familienportionen‹ unter den Hammer, mal ein einzelner Fisch, mal eine Tüte Schollen, Krabben oder Jomfrue Hummer. In der Halle ist immer gute Stimmung und pensionierte Fischer ›putzen‹ und filetieren gegen eine kleine Spende fachgerecht das, was Landratten ersteigert haben.

Waterz: www.waterz.dk, ca. 8 Tage Mitte Sept; meist in der Aqua Sports Zone. Elite trifft ambitionierte Amateure beim offenen Wassersport-Event auf allem, was Brett ist: Wellen-, Wind- und Kitesurfen, SUP, Wakeboarding – und ›Party‹ gibt's auch. Im Rahmen von Waterz gab es 2016 Weltcup Slalom-Rennen der PWA World Tour für Männer und Frauen, 2017 folgt auf jeden Fall eine Neuauflage: www.pwaworldtour.com.

Hvide Sande Masterclass: 14 Tage im Sept.: Junge Musiker aus aller Welt treffen international bekannte Meister ihrer Instrumente, um etwas zu lernen und täglich bei Kammermusik-Konzerten ihr Können zu zeigen (www.hvidesande-masterclass.dk). Tickets für ein Konzert 100 DKK, für alle 400 DKK, gratis unter 20 Jahre.

Am Ostufer des Ringkøbing Fjord ▸ C 9/10

Skjern Enge ▸ C 10

Zwischen Skjern und Tarm fließt die Skjern Å träge Richtung Ringkøbing Fjord. 1999 bis 2003 wurden dem Fluss, der erst 1962 bis 68 für die Bedürfnisse der Landwirtschaft begradigt worden war, mit Dänemarks größtem und teuerstem Renaturierungsprojekt – gut eine Viertelmilliarde Kronen – die alten Freiheiten zurückgegeben.

Jetzt windet er sich wieder mehrarmig durch seine Auen und darf sie auch mal überfluten. An beiden Ufern wurden Rad- und Wanderwege sowie Basic-Zeltplätze angelegt, Vogelbeobachtungstürme auf- und Picknickplätze eingerichtet und die **Pumpestation Nord,** die früher der Entwässerung des

Lieblingsort

Whisky vom Fjord – Hobby-Brand wird Luxusmarke ▶ C 9
Das habe ich an der dänischen Nordseeküste nicht erwartet: Feinen Whisky! Was aus einer Schnapsidee von neun Buddies aus Stauning entstand, beeindruckt sogar auf der anderen Seite der Nordsee: Der britische Spirituosen Gigant Diageo – u. a. Johnnie Walker, Cragganmore, Talisker – investiert über eine Start-Up-Beteiligungsgesellschaft 100 Millionen Kronen. Sie trauen **Stauning Whisky** (s. S. 188) zu, eine internationale Premium Marke zu werden. So entsteht bald eine neue Destillerie nicht weit vom jetzigen Hof, aber man will, das wurde mir versichert, die alte Stimmung und den Charme der Hobby-Gründung bewahren. Tipp: Im Lager den Duft einmal tief einatmen! Aber wirklich nur einmal, wenn man anschließend noch Auto fahren will …

TAUNING
WHISKY
388
STAUNING
WHISKY
389
2648
204
205
TAUNING
WHISKY
350
STAUNING
WHISKY
301
STAUNING
WHISKY
302
229
230

Areals diente, ist zur Aussichtsplattform mit Mini-Ausstellung über die Entwicklung des Deltas mutiert. Zudem informieren das **Naturcenter Skjern Enge** (Gl. Botoftevej 4, Vostrup) über die Vogelwelt und weiter landeinwärts das **Naturcenter Skjern Å** (Ånumvej 161, Skjern) über das Leben im Fluss.

Highlight bei Kindern sind zwei **Seilzugfähren** zur Selbstbedienung nahe der Mündung in den Fjord. Sie erlauben Radfahrern und Wanderern, die beiden Arme der Skjern Å trockenen Fußes zu queren und bei einer Fjordumrundung viele Kilometer abzukürzen.

Faszinierend ist auch für Laien das Vogelleben. Viele seltene Arten sind zum Brüten zurückgekehrt, Seeadler lassen sich sehen, Löffelreiher mit ihrem ungewöhnlichen Schnabel staken durch flaches Wasser und der auffällige Ruf der Bekassinen ertönt immer häufiger. Ausgewilderte Pferde sieht man regelmäßig und mit Glück auch Otter in freier Wildbahn.

Über die Routen und Wege, Naturschutzbestimmungen und Zugangsbeschränkungen während der Vogelbrutzeiten informiert ein Faltblatt der Naturschutzbehörde ›Naturstyrelsen‹, das in i-Büros der Region und in den beiden Naturcentern erhältlich ist (Dänisch, gut verständliche Karte).

Stauning Whisky ▶ C 9

Stauningvej 38, Stauning, 6900 Skjern, www.stauningwhisky.dk, Führungen 14 Uhr Deutsch ganzj. Mi, Fr, Mai–Okt auch Mo, regelmäßige Termine dän./engl. und Zusatztermine online; mit Proben 150 DKK, ohne Probe 50 DKK, Kinder bis 14 Jahre gratis

Auf einem alten Hof am Rande des 335-Einwohner-Dorfs Stauning wird Whisky gebrannt, Single Malts ebenso wie Roggenwhisky »Young Rye« in amerikanischem Stil. Korn liefern Bauern aus der Nachbarschaft und Torf für die rauchige Note des »Stauning Peated« wird in Ostjütland auf traditionelle Art gestochen. Führungen zeigen, was die neun Gründer mit einfachsten Mitteln neu oder wieder erfunden haben, um ihrem Traum vom Whisky aus den jütischen Lowlands zu verwirklichen (s. Lieblingsort s. S. 186).

Stavning Havn ▶ C 9

Statt hoher Prozente verspricht der kleine Fjordhafen von Stauning eher einen niedrigen Puls. Es ist ein aus der Zeit gefallener Ort, eingebettet in eine beruhigende Naturlandschaft mitten im schilfbewachsenen Ufergürtel des Fjords – entschleunigtes Leben wie es untrennbar zu jenem dänischen Lebensstil gehört, das die Welt jetzt als *Hygge* entdeckt hat. Ein paar Teilzeitfischer und viele Freizeitskipper machen hier ihre Boote fest, rundum pure maritime Idylle.

Danmarks Flymuseum ▶ C 9

Lufthavnsvej 1, Stauning, Tel. 97 36 93 33, www.flymuseum.dk, Mitte März–Okt. tgl. 10–15/16/17 Uhr, 70 DKK, 30 DKK/7–14 Jahre

Fast 60 Flugzeuge verschiedenen Alters inklusive Kampf- und Trainingsmaschinen der dänischen Luftwaffe stehen in den Hangars, darunter ein Replikat der Ellehammer-Maschine, des ersten Motorflugzeugs, das 1906 in Europa flog, und jeweils ein Exemplar aller elf je in Dänemark gebauten Flugzeugtypen der Firma Kramme og Zeuthen mit dem für deutsche Besucher irritierenden Typenkürzel KZ. Etwa 15 Oldtimer sind flugfähig, die ältesten aus den später 1930er-Jahren, wie die seltene KZ II Kupé von 1939. Im Sommer finden Flugabende statt, an denen einige dieser Oldtimer in die Lüfte steigen (Termine auf der Webseite oder bei den i-Büros).

Essen & Trinken

Beschaulich mit Aussicht – **Restaurant Stauning Havn:** Strandvejen 31, Stauning, Tel. 97 36 92 60, www.stauninghavn.com, April–Aug. tgl. 11–22, sonst Mo–Do 17–22, Fr–So 11–21 Uhr. Als es noch nennenswerte Fjordfischerei gab, trafen sich hier Fischer nach der Arbeit auf ein Bier. Ihr ehemaliger Treff ist mit viel Gespür für das Alte zu einem Restaurant geworden, das vor der Kulisse des kleinen Hafens dänische Küche mit Ambitionen pflegt. Frokost-Klassiker ab 70 DKK, abends Hauptgerichte ca. 190–285 DKK.

Aktiv

Fahrraddraisinen – **Videbæk-Skjern Veteran- og Modeljernbane:** c/o Astrup Købmandshandel, Højevej 25, Astrup, Tel. 97 36 40 10, www.vsvmj.dk, 4–6 Std. 150–200 DKK, März–Okt. 13 km einer 1981 stillgelegten Bahnlinie zwischen Videbæk und Skjern sind für Fahrten mit *Skinnecykler,* Schienenfahrrädern, freigegeben.

Infos

Interaktive i-Büro (s. S. 171): Bredegade 44 (Skjern Centret), 6900 Skjern; Supermarkt Stauning Brugs, Kirkebyvej 46A., Stauning, 6900 Skjern.

Ringkøbing ▸ B 9

Ringkøbing ist stolz auf Stadt- und Handelsrechte aus dem 15. Jh. und mit nicht einmal 10 000 Einwohnern ist es dennoch der wichtigste Einkaufsort für ein großes Einzugsgebiet. So findet man ein Angebot an Geschäften, das in Deutschland allenfalls vier- bis fünfmal so große Städte haben würden.

Mein Tipp

Vestkystens Gårdbutik

Mein absoluter Favorit unter Dänemarks Hofläden ist der von Dorthe und Jens knapp 5 km nördlich von Søndervig direkt in den Dünen. Mit der ›Landkøkken‹ und ihren Leckereien, dem selbstgebackenen Kuchen und dem bestens sortierten Shop ist das nicht nur Einkaufs-, sondern Ausflugsziel, für das ich gern einen Umweg mache. Neben Bio-Fleisch von eigenen Charolais-Rindern und dem meist mit Früchten der Region von Jens selbst produzierten Eis gibt es viele lokale Spezialitäten auch von anderen Höfen sowie hochwertige Spirituosen aus Brennereien und Brauereien der Region und manchmal sogar *dabs,* den traditionellen Dörrfisch der dänischen Westküste, den Dorthe selbst trocknet. Auch wenn angesichts des flachen Fischs viele an Schollen denken, wird dafür traditionell Kliesche (dän. *Ising)* genutzt: Houvig Klitvej 77, Houvig, Tel. 31 41 01 99, www.vestkystensgaardbutik.dk, tgl. 11–18 Uhr.

Im Hafen

Die Versandung des Limfjord machte Ringkøbing vom Beginn des Mittelalters bis weit ins 19. Jh. hinein zum einzigen dänischen Nordseehafen nördlich des Wattenmeeres. Als Dänemark nach dem Krieg gegen Preußen 1864 auch noch die Häfen in Schleswig-Holstein verlor, hätte alles gut laufen können, wenn nicht der eigene Zugang zum Meer versandet wäre. So fielen die Würfel für den Bau des neuen Exporthafens Esbjerg, und als die Schleuse von Hvide Sande der Stadt am Fjord ab 1931 wieder einen sicheren Meereszugang garantierte, war der Zug, was die lukrativen Exporte von Fleisch, Getreide und Butter nach England anging, längst abgefahren. Seit dem Niedergang von Fischerei und Schiffbau ist Ringkøbings Hafen eher idyllisch denn geschäftig.

Von den immer mehr Skulpturen, die überall Ringkøbings öffentliche Räume zieren, hat eine, die jetzt am Hafen vor einem Bankgebäude steht, schon international bei einem EU-Sozialgipfel in Athen Aufsehen: **»Survival of the Fattest«** ist der offizielle Name des Werkes von Jens Galschiøt, der einem hageren, unterernährten afrikanischen Bauern eine stark adipöse Justitia auf die Schultern setzte – im Volksmund ›Den Fede Dame‹, die Fette Dame.

Torvet

Zwischen Hafen und dem großen Marktplatz Torvet breitet sich ein pittoreskes Viertel mit Kopfsteinpflaster und vielen Häusern aus dem 18. und 19. Jh. aus: roter Backstein, tief gezogene Dächer, kleine Fenster mit allerlei Nippes drin. Die **Vester Strandgade** ist die traditionelle Einkaufsstraße mit altmodischen Läden. Als für die Bewohner von Holmsland Klit das Boot noch das wichtigste Verkehrsmittel war, um zum Einkaufen in die Stadt zu fahren, führte sie der Weg zwischen Hafen und Marktplatz immer durch diese Gasse.

Der **Torvet** ist bis heute Zentrum und gute Stube von Ringkøbing. Im Sommer steht hier eine Bühne, mindestens samstags um die Mittagszeit gibt es Livemusik. Das **Hotel Ringkøbing,** das eine Seite des Torvet abschließt, ist das älteste weltliche Haus der Stadt, um 1600 gebaut. Die **Kirche,** die sich an einem Seitenarm des Platzes versteckt, hat noch ein paar Jahre mehr auf dem Dach. Schauen Sie sich einmal den Turm genauer an: Nein, er ist nicht schief, das täuscht, er ist nur oben breiter als unten.

Das Haus neben der Kirche ist der **Priorgaard,** 1913 nach Plänen des Architekten Ulrik Plesner (1861–1933, s. S. 274) gebaut, der aus der Nähe von Ringkøbing stammt und vor allem dem mondänen Skagen seinen Stempel aufdrückte. Seine Verbindung traditioneller Baustile aus Dänemark und England, die von Kollegen oft kopiert wurde, trägt viel zum beschaulichen Image Jütlands bei. Wenn Sie mehr davon entdecken wollen: Im i-Büro, das im Sommer im Priorgaard residiert, gibt es eine Broschüre mit dem Vorschlag für einen Stadtrundgang. Wollen Sie indes lieber in lustiger Gesellschaft die Stadt erkunden, warten Sie bis 20 Uhr (Juli/Aug.), dann macht sich vom Torvet aus der Nachtwächter des Ringkøbing Kjøbstads Vægterlaug auf seine Runde und erklärt zwischen seinen Gesängen dies und das zu den Häusern und ihrer Geschichte. An einigen Tagen enden die Touren in der Wächterklause des Hotel Ringkøbing, wo bis Mitternacht weiter gesungen wird.

Ringkøbing Museum

Kongevejen 1, Tel. 97 32 16 15, www.levendehistorie.dk, Feb.–Dez Mo–Fr 11–17, Sa, Juli/Aug. auch So 10–14 Uhr, 50 DKK/ab 18 Jahre, Kombi-Tickets s. S. 184

Das Stammhaus der Ringkøbing-Skjern-Museen (s. Auf Entdeckungstour S. 178) besitzt wie fast alle lokalhistorischen Museen in Dänemark eine Sammlung zur Stadtgeschichte. Zu den archäologischen Exponaten gehören aber nicht nur uralte, sondern auch Funde aus dem Zweiten Weltkrieg, der durch die vielen Bunker an der Küste unübersehbarer Teil der hiesigen Geschichte ist. Eine zentrale

Ausstellung zum Thema wird alle paar Jahre gewechselt. Zur Zeit steht der Luftkrieg über Westjütland im Fokus, dokumentiert u. a. durch Wrackfunde von rund 20 Alliierten Maschinen, die rund um den Ringkøbing Fjord abstürzten. Alliierte Flieger kamen oft über die Region, wenn sie Angriffe auf deutsche Besatzer in Dänemark, aber auch gegen Städte im Nordosten Deutschlands oder gegen Berlin flogen – »Flyvere i natten«, Flieger in der Nacht, heißt die Ausstellung.

Ungewöhnlich wird dieses Stadtmuseum aber auch durch seine exzellente Sammlung von Exponaten aus Grönland und aus dem Leben von Ludvig Mylius-Erichsen (1872–1907). Der Schriftsteller, Polarforscher und Förderer der Inuit-Kultur, der Anfang des 20. Jh. u. a. mit Dänemarks bekanntestem Polarforscher Knud Rasmussen zwei Grönland-Expeditionen durchführte und bei der zweiten dort umkam, wuchs in Ringkøbing auf. Auf dem Platz vor dem Museum erinnert eine Bronzestatue an ihn.

Zwei Kirchen im Umland

Etwa auf halbem Weg zwischen Ringkøbing und seinem Badeort Søndervig an der Nordsee liegt einsam am Nordufer des Fjords die **Gammelsogn Kirke** (▶ B 9, Gammel Sogn Kirkevej 7): Sie ist berühmt für Fragmente von Kalkmalereien aus dem späten 12. Jh., die zu den ältesten Beispielen dieser Kunst in Dänemark gehören.

Für ganz andere Malerei war lange die **Ølstrup Kirke** (▶ C 9, Byvejen 22, Ølstrup, ca. 13 km östlich) berühmt: Dort hing, bis es sich 2014 dreiste Diebe unter den Arm klemmten, das Bild »Middag i Emmaus« über dem Altar. Der junge Künstler, der es malte, war mit der Nichte des Probstes verheiratet und benutzte da noch seinen Geburtsnamen Emil Hansen, später erlangte er als Emil Nolde Weltruhm. Er bekam 1904 einer Quittung zufolge nachweislich 360,67 Kronen inklusive Spesen, beim Diebstahl lag der geschätzte Wert bei etwa 10 Mio. Bis Redaktionsschluss dieser Ausgabe war das Bild noch nicht wieder aufgetaucht.

Übernachten

Modern mit Hallenbad – **Hotel Fjordgården:** Vesterkær 28, Tel. 97 32 14 00, www.hotelfjordgaarden.dk (Small Danish Hotels s. S. 25). Im Alltag dominieren Kurs- und Konferenzteilnehmer, in den Ferien und an Wochenenden Familien. DZ ab ca. 1000 DKK, viele Pakete u. a. für Golf- oder Wellnessferien.

Tradition im Zentrum – **Hotel Ringkøbing:** Torvet 18, Tel. 97 32 00 11, www.hotelringkobing.dk. In historischen Mauern am Marktplatz. DZ mit Tagespreisen ab ca. 950 DKK, Rabatt ab 3. Tag, auch Angebote für Wochenenden und Miniferien.

Essen & Trinken

Gediegen bürgerlich – **The Watchmans Pub:** im Hotel Ringkøbing (s. o.). Die Nachtwächterklause ist ›very british‹ und besitzt eine große Außengastronomie auf dem Torvet, im Sommer oft Livemusik zum Frokost. Frokost-Hauptgerichte ab ca. 150 DKK, abends ab ca. 160 DKK.

Mehr als Steaks – **Restaurant Bøffen:** Vester Strandgade 1, Tel. 97 32 27 27, www.boffen.dk. In einer der Gassen zwischen Zentrum und Hafen nur wenige Schritte von Torvet entfernt versteckt sich Bøffen – dt. ›Das Steak‹ – in einem hutzligen, alten Backsteinhaus, sodass man es leicht übersehen kann. Auf der Karte dominiert abends hochwertiges Rind, gern vom Grill (ab 300 DKK), aber es gibt auch Fisch, ebenso Frokost (ab ca. 100 DKK).

Einkaufen

Fußgängerzone – **Nygade** (zweigt vom Marktplatz Torvet ab), eine recht kleine Fußgängerzone mit Mode, Küchendesign, Souvenirs usw.

Kerzenziehen und Souvenirs kaufen – **Kloster Design:** Klostervej 96, Kloster (5 km nordwestlich Ringkøbing), Tel. 97 33 70 85, Mo–Fr 10–17.30, Sa 9–13 Uhr. Kerzen selbst ziehen und Unmengen Krimskrams kaufen in der Mutter aller Kerzen-Shops; und für die, die weder Shoppen noch kreieren wollen, gibt's Charly's Café.

Infos

i-Büro/Interaktive Terminals: Vestergade 2, 6950 Ringkøbing (Ostern–Woche 42 mit persönlichem Service, sonst interaktiv, s. S. 171).

Holstebro ▸ C 7/8

Holstebro, die Kongress-, Kultur- und Ausbildungsstadt im Hinterland, hat ihre Innenstadt weitgehend Fußgängern vorbehalten und Autos an den Rand verbannt. Das sorgt für ein gutes Ambiente beim Shopping. Wo man geht und steht, trifft man aber auch auf Kunst, die international keinen Vergleich scheuen muss. Auf jeden Fall sollte man sich im i-Büro jene Broschüre besorgen, die Standorte zeigt und Details zu einzelnen Werken erzählt. Dabei hat die Stadt keine Scheu, sich an weltbekannten Vorbildern wie dem Winterpalast in St. Petersburg zu orientieren: Künstler aus aller Welt schufen 36 große Bronzeskulpturen auf und um Holstebros Musiktheater sowie auf einem benachbarten Hotel: **›Tobaksarbejderens Drøm‹**, Traum des Tabakarbeiters, heißt das Gesamtkunstwerk.

Giacomettis »Kvinde på kærre«

Das bekannteste Einzel-Kunstwerk wirkt dagegen unscheinbar und geradezu zart: die »Frau auf der Karre«, eine der dürren, eisernen Frauenskulpturen des Schweizers Alberto Giacometti (1901–66) vor dem alten Rathaus in der Nørregade. Maren tauft der Volksmund die eigentlich Namenlose, ›Maren å æ woun‹ die Skulptur. Mitleidige Kunstfreunde legten ihr schon ein Stullenpaket vor die Füße – für jütische Schönheitsideale wirkt sie magersüchtig. Als zukunftsorientierte Stadtväter die Skulptur 1966 für 210 000 Kronen kauften, ging ein Aufschrei durchs Volk. Zu teuer! Heute wird der aktuelle Wert der kleinen Dame auf über 100 Mio. Kronen geschätzt. Zu ihrer eigenen Sicherheit wird sie jeden Abend um 21 Uhr im Boden versenkt und morgens um 9 Uhr wieder ans Tageslicht hochgefahren.

Bummelt man von der kleinen Maren durch die Fußgängerzone nach Norden Richtung Bahnhof, steht man an der Ecke Lærgårdvej/Struervej vor einer Großskulptur: Der immer provokante Däne Björn Nørgaard zeigt, was Genmanipulation aus Menschen machen kann. Dafür saßen ein Dutzend echte **»Bürger aus Holstebro«** – so der Titel in Anspielung an Rodins berühmte ›Bürger aus Calais‹ – Modell, aber nicht jeder von ihnen erkannte sich hinterher gern wieder.

Holstebro Kunstmuseum und Holstebro Museum

Beide: Museumsvej 2. Kunstmuseum: Tel. 97 42 45 18, www.holstebrokunstmuseum.dk. Juli/Aug. Di–So 11–17, sonst Di–Fr 12–16, Sa/So 11–17 Uhr, 75 DKK/ab 18 Jahre; Okt.–März auch Mi 19–21.30 Uhr, 50 DKK. Kulturhistorisches Museum: www.holstebro-museum.dk. Bis voraussichtlich Herbst 2019 wg. Umbaus geschlossen

Das Kunstmuseum, dessen Kern eine alte Villa des Tabakfabrikanten und Kunstmäzens Søren Færch bildet, stellt moderne Malerei und Grafik ab den 1930er-Jahren in einen interessanten Kontrast zu einer Sammlung von Kunst außereuropäischer Kulturen.

Kulturhaus Musikteatret
Røde Plads 16, www.musikteatret.dk
Es ist nicht die bildende Kunst allein, mit der Holstebro überrascht, auch die darstellende hat hohes Niveau: Die Ballettschule des Königlichen Theaters aus Kopenhagen betreibt hier eine Dependance und die Stadt besitzt in ihrem Kulturhaus-Komplex Musikteatret neben Bühnen für Konzerte und aufwendige Musicalproduktionen auch das Black Box Theatre speziell für die Bedürfnisse des modernen Tanztheaters.

Essen & Trinken

Kinderfavorit mit Metallschwein – **Jensen's Bøfhus:** Brotorvet 1, Tel. 70 30 40 50, www.jensens.com/holstebro, tgl. 11–22 Uhr. Die dänische Familienrestaurant-Kette kümmert sich rührig um Kinder, die gern mit kleinen Geschenken bestochen werden und das Softeis-Buffet zur Flatrate (49 DKK/Erw., 29 DKK/Kinder) lieben, sonst Hauptgerichte abends ab 120 DKK. Die passende Kunstwerk zur fleischlastigen Kost steht vor der Tür: eine Kopie des seit 1639 in Florenz stehenden »Il Porcellino« von Pietro Tacca.

Einkaufen

Breites Angebot – Holstebro gilt als beste Einkaufsstadt im mittleren Westen Dänemarks dank extrem großzügiger **Fußgängerzonen** mit Nørregade, Østergade, Grønsgade und Brotorvet – hier gibt es Mode von jung und billig bis edel und teuer; am Nordrand des Zentrums liegt das **Nørreport Centret,** eine Shopping Mall.

Abends & Nachts

Avantgardistisch – **Odin Teatret – Nordisk Teaterlaboratorium:** Særkærparken 144, www.odinteatret.dk. International bekannte, experimentelle Theatergruppe mit eigener Bühne – immer für eine Überraschung gut.

Infos

Holstebro Turistbureau: Kirkestræde 13, 7500 Holstebro, Tel. 96 11 70 80, www.visitholstebro.dk

Vom Ringkøbing zum Nissum Fjord

Houvig und Husby Klit

▶ B 8/9

Houvig und Husby Klit sind wieder solche Namen, die oft in Ferienhauskatalogen auftauchen, aber Orte? Nichts dergleichen. Die große Ferienhaussiedlung um Søndervig setzt sich nach Norden erst noch etwas fort, dann wird die Bebauung langsam dünner und schließlich sorgt Naturschutz für eine gänzlich ferienhausfreie Zone. Von mehreren Parkplätzen führen Wege durch die Dünen zum Meer.

Die Strandidylle wird durch viele Bunker aus dem Zweiten Weltkrieg kontrastiert. Ursprünglich in die Dünen gebaut, liegen die Betonklötze, je nachdem, wie weit das Meer sich vorgearbeitet hat, heute frei auf dem Strand oder schon in der Brandungszone. Auf Höhe von Houvig existierte eine große Radar- und Geschützstellung mit rund 100 Be- ▷ S. 196

Auf Entdeckungstour: Kunst an der Donnerkuppel – Birk Centerpark

Herning besitzt im Vorort Birk eine ›Kunstmeile‹, die jeder Weltmetropole gut zu Gesicht stünde: Moderne Landschaftsgestaltung und Architektur, Museen, Ausbildungsstätten und Skulpturen namhafter Künstler – und dann scheint ein Raumschiff gelandet, aus dem könnten jeden Augenblick Clone-Trooper die Treppen heruntermarschieren, um die Erde zu unterwerfen: ELIA.

Reisekarte: ▶ D 9

Planung: Carl-Henning Pedersen & Else Alfelts Museum: Birk Centerpark 1, Tel. 98 28 86 50, www.chpeamuseum.dk, Di–So 10–16 Uhr, 40 DKK/Erw.
HEART: Birk Centerpark 8, Tel. 97 12 10 33, www.heartmus.dk, Di–So 10–17, Do bis 22 Uhr, 75 DKK/ab 18 Jahre, Kombi-Tickets s. S. 184.

Anfänge: CoBrA-Kunst und Hemdenfabrik

Biegt man in den Birk Centerpark ein, liegt das **Carl-Henning Pedersen og Else Alfelts Museum** gleich an der Ecke. Es widmet sich dem Ehepaar Pedersen und Alfelt, das der von 1948 bis 1951 bestehenden, internationalen Künstlergruppe CoBrA zuzuordnen ist und die moderne Kunst Dänemarks nachhaltig prägte. Schon äußerlich auffällig sind der zentrale Rundbau, eine Art moderne Wasserburg, und die 1993 zur Erweiterung entstandene Pyramide – beide sind mit Keramikarbeiten von Carl-Henning Pedersen verkleidet. Der entwarf auch den 220 m langen und bis zu 5 m hohen **Keramikfries »Spiel der Fantasie um das Rad des Lebens«** für den frei zugänglichen Innenhof des **Angligården** gleich nebenan. Ursprünglich war der spiralförmige Bau eine Hemdenfabrik, dessen Besitzer überzeugt war, Kreatives könne man am besten in kreativer Umgebung schaffen. Heute gehört Angligården zu VIA Design, einer Fachhochschule für Design und Ökonomie in Lifestyle-Branchen.

Zwischen dem Pedersen/Alfelt-Museum und Angligården marschieren 116 zu kantigen Betonstelen stilisierte Bewohner des Hafenstädtchens Hvide Sande über den Rasen: **»Allotment«** heißt diese Friedensskulptur des Briten Antony Gormly, 1995 zum 50. Jahrestag der Befreiung Dänemarks geschaffen. Hinter ihr zeigt ein kreisrunder **Skulpturenpark** Werke bekannter Künstler der Moderne. Schlägt man sich von dort ein paar Schritte südwärts durch ein Wäldchen, darf man in einem **geometrischen Heckenlabyrinth** Versteck spielen: Das Meisterwerk moderner Gartenbaukunst huldigt der Einfachheit der Komplexität.

Architektonisch wie künstlerisch ein Highlight: HEART

Künstlerischer Höhepunkt des Birk Centerpark ist das 2009 eröffnete Museum HEART – Herning Museum of Contemporary Art. Die auffällige, weit ins Gelände wirkende Architektur ist ein Werk des Amerikaners Steven Holls. HEART besitzt eine beachtenswerte Sammlung dänischer und internationaler Kunst ab den 1930er-Jahren, in der Arbeiten des italienischen Konzeptkünstlers Piero Manzoni viel Raum einnehmen. Die flexiblen Räume bieten häufiger den Rahmen für Ausstellungen, HEART ist zudem kunstformübergreifend Stammhaus des **Kammermusik Ensembles MidtVest,** dem hier ein Konzertsaal zur Verfügung steht (Programm: www.emv.dk). Nachbar ist das kleine, wegen seiner experimentellen Dachkonstruktion auffällige **Utzon Huset,** entworfen von Jørn Utzon, dem 2008 verstorbenen Architekten der Oper von Sydney. Es war Prototyp für Schul- und Internatsgebäude, die in Birk geplant, aber nie gebaut wurden.

Polarisierend: ELIA

Eine Arbeit sprengt jeden Rahmen, Skandinaviens größte Skulptur »ELIA«, die stählerne, schwarze Donnerkuppel des Schweden Ingvar Cronhammer. Streng symmetrisch. Martialisch. Düster. 60 m der Durchmesser am Boden. 30 m hoch von der Grasnarbe bis zu den Spitzen der vier in den Himmel ragenden Säulen. Die sind so angelegt, dass sie Blitze anziehen und dazwischen lodert in unregelmäßigen Abständen eine Gasflamme auf. Das ist Kunst, die polarisiert und Diskussionen auslöst. Das ultimative ELIA-Erlebnis hat man, wenn wirklich Blitze einschlagen – dann sollte man gehörig Abstand halten!

tonbauten. Das Museum Ringkøbing organisiert im Sommer dort Bunkertouren (auch auf Deutsch, Daten und Zeiten auch www.levendehistorie.dk, 60 DKK/ab 18 Jahre).

Die Fjorde von Stadil

Einen Überblick über das Hinterland bekommt man von der **Husby Klit Bake,** die seit 1884 auf Höhe des Vest Stadil Fjord hoch oben auf einer Düne steht. Der **Vest Stadil Fjord** und der nahe **Stadil Fjord** bildeten noch bis ins 19. Jh. hinein eine einzige Wasserfläche, die ab 1862 durch Absenken des Wasserspiegels in Ackerland umgewandelt werden sollte. Doch das Projekt wurde nie ganz vollendet und 1998/99 mit der Renaturierung großer Abschnitte am Seeufer endgültig zu Grabe getragen. Ein Radweg führt am Ostufer vorbei, Türme zur Vogelbeobachtung sind aufgestellt. Während der Vogelzüge im Frühjahr und Herbst bietet sich regelmäßig ein ganz besonderes Schauspiel, wenn hier fast die gesamte Weltpopulation der stattlichen Kurzschnabelgänse auf dem Weg von oder nach Spitzbergen einen Fressstop macht.

Nördlich der Husby Klit Bake liegt **Strandgaarden** an der Straße, ein typischer Vierkanthof und Dependance des Ringkøbing Museum für Ausstellungen zu Natur und Leben entlang der Küste (Husby Klitvej 5, 6990 Ulfborg; s. a. Entdeckungstour S. 178).

In der **Stadil Kirke,** die aus den Wiesen nördlich des Stadil Fjord aufragt, zählt der romanische Goldaltar – genaugenommen ist es ein Relief aus vergoldeten Kupferplatten, das in einen jüngeren Altaraufsatz eingearbeitet ist – zu den bedeutendsten Werken einer eigenständigen Kirchenkunst in Jütland, gefertigt um 1200 (Stadilvej 31, Stadil Kirkeby, 6980 Tim).

Vedersø Klit ▸ B 8

Eine der Baken von 1884 ragt als Wahrzeichen der Ferienhaussiedlungen **Vedersø Klit** und **Vester Husby** aus den Dünen heraus. Schon früh sorgte hier eine Bauverordnung für ein einheitliches Bild der Ferienhäuser mit reetgedeckten Walmdächern. Die Küstenstraße 181 macht einen Schlenker um dieses Urlaubsgebiet herum und verschont es so vom Durchgangsverkehr.

Das eigentliche Dorf **Vedersø** liegt 6 km landeinwärts. Dort besitzt die Vedersø Kirke schöne Beispiele romanischer Bildhauerkunst, so das auffällige Tympanon innen über der Nordtür, das zwei Löwen mit dem Baum des Lebens zeigt, und neben der Tür ein Kopfrelief. Die Kirche ist vor allem aber berühmt durch Kaj Munk (1898–1944), einen ehemaligen Gemeindepfarrer und bekannten Dramatiker (Vesterhavsvej 70, Vedersø, 6990 Ulfborg).

Kaj Munks Præstegården

Vesterhavsvej 7, Tel. 50 41 65 26, www.levendehistorie.dk/kmp, 11–16 Uhr April–Okt. Di/Do/So, Juli/Aug. auch Mo/Mi 50 DKK/ab 18 Jahre, Kombi-Tickets s. S. 184

Etwa 2 km westlich der Kirche ist jener Pfarrhof heute Museum, in dem Kaj Munk mit seiner Familie zwei Jahrzehnte lebte und wo ihn Gestapo-Schergen am Abend des 4. Januar 1944 abholten, um ihn noch in derselben Nacht zu liquidieren. Das Museum setzt weniger auf Artefakte als auf sein Wort. Zitate an den Wänden der spärlich möblierten Räume lassen ihn sprechen und stellen den Menschen Kaj Munk in den Mittelpunkt. Da ist der Naturliebhaber, der sich einen Stichkanal graben lässt, damit er mit dem Boot aus dem eigenen

Park auf den nahen Nørresø hinausrudern kann, und der begeisterte Jäger ebenso wie der dogmatische Gegner einer Schnapslizenz für das Vedersø Klit Badehotel und der furchtlose Mann des Wortes, der den Nazis die Stirn bietet und dafür sterben muss.

Munk wird 1924 in dem Nest Gemeindepfarrer und heiratet bald eine Einheimische, Lise Jørgensen, mit der er fünf Kinder hat. Neben seiner kirchlichen Arbeit macht Munk sich als Dramatiker einen Namen. Die Welt der Westküste und ihre Menschen beschreibt er bisweilen drastisch: »Westjüten sind daran gewöhnt, Lasten zu tragen, und der trägt am besten, welcher schweigend trägt.« Wie nicht wenige Intellektuelle im Norden sieht er im aufkommenden Faschismus Ordnungselemente und im Führerprinzip ein Modell für Skandinavien – Demokratie ist nicht seine Sache, aber Menschlichkeit. Munk wandelt sich umgehend und wird lange bevor Deutsche Truppen in seiner Heimat stehen, zum vehementen Gegner dieser Ideologie, als sie ihr menschenverachtendes Gesicht zeigt.

Durch unmissverständliche Predigten wie durch seine Werke als Dramatiker wird er schnell zur intellektuellen Ikone des dänischen Widerstands. Bald kann er nur noch im Untergrund oder im Ausland publizieren, so auch das 1942 verbotene Drama über den Tyrannenmörder »Niels Ebbesen«, der mit seiner Tat 1340 Jütland von einem despotischen deutschen Grafen befreit – ein klarer Aufruf zum Widerstand.

Als überall an der Küste Bunker mithilfe einheimischer Unternehmer und Arbeiter gebaut werden, macht Munk in seiner Kirche keinen Hehl daraus, was er von dieser Kollaboration hält. Legendär seine Bußpredigt in der Neujahrsmesse 1944 mitten aus der Gemeinde heraus nur in Alltagskluft und mit seinem geliebten roten Schal um den Hals: Er prangert die Unsitte an, »sich dem Unrecht zur Verfügung zu stellen« und schickt die Gemeinde ohne Gottesdienst nach Hause. Schon in den Adventstagen zuvor provoziert Munk die deutschen Besatzer. Obwohl in Kopenhagen zur unerwünschten Person erklärt und praktisch mit Predigtverbot belegt, geißelt er am 2. Advent 1943 als Gastprediger im Dom von Kopenhagen die Judenverfolgung. Offen ruft er von der Kanzel, dass dies Anlass sei, »mit Gottes Hilfe das Volk zum Aufruhr zu bringen«. Man kann darüber spekulieren, ob Munk bewusst seine Ermordung provozierte, um Märtyrer zu werden – richtiger ist wohl, dass er, der Leben, Frau und Kinder liebte, furchtlos war und den Tod als Risiko einkalkulierte. Unter großer Anteilnahme der Bevölkerung wurde Munk neben dem Chor seiner Kirche beigesetzt – bis heute liegen oft frische Blumen auf seinem Grab.

Übernachten

Ferienhäuser – **Feriehus Udlejning I/S:** Havvej 6–10, Vedersø Klit, Tel. 96 11 91 00, www.ulfborg.com. Lokaler Vermittler mit rund 500 Häusern im Angebot von Husby bis Thorminde.

3-Sterne-Camping – **Vedersø Klit Camping:** Øhusevej 23, Vedersø Klit, Tel. 97 49 52 00, www.klitcamping.dk. 500 m zum Strand; auch Zimmer im Herbergsstil und einfachen 2-Bett- bis zu komfortablen 7-Betten-Hütten mit Bad/WC (ab 300 DKK/Tag bis 5700 DKK/Woche).

Infos

Interaktives i-Büro (s. S. 171): In Feriehus Udlejning I/S, s. o.

Das Beste auf einen Blick

Vom Nissum Fjord zum Bulbjerg

Highlights!

Thyborøn und Thyborøn Kanal: Der Thyborøn Kanal wurde erst 1862 bei einer Sturmflut gerissen, bald künstlich vertieft und fixiert. Die Schiffspassage durch den Kanal wird schon bei kleineren Sturmwellen zu einem spektakulären Kutterritt. S. 204

Klitmøller: Das Dorf mit dem Kosenamen ›Klitte‹ ist das Herz jenes ›Cold Hawaii‹, als das sich Thy mit seinen Surf-Spots vermarktet. In der Bucht nördlich des Dorfes baut sich bei West- oder Westnordwest-Winden eine hohe, steile Brandungswelle auf, die für wilde Sprünge ideal ist. S. 221

Auf Entdeckungstour

Festung Hanstholm: Mit deutscher Gründlichkeit wurde Buch geführt: Rund 600 Einzelbunker und Geschützstellungen ließen deutsche Truppen in und um Hanstholm in die Dünen setzen, 190 000 m³ Beton wurden verbaut – nirgendwo an der dänischen Nordsee kann man den Größenwahn des Atlantikwall-Projekts eindeutiger erleben. S. 226

Kultur & Sehenswertes

Drei Attraktionen: Östlich von Struer lassen sie sich leicht zu einem Tagesausflug verknüpfen – die romanische **Kirche von Sahl** mit ihrem Goldaltar, das **Freilichtmuseum Hjerl Hede** mit seinen inszenierten Zeitreisen und Dänemarks besterhaltene **Mittelalterburg Spøttrup.** s. S. 210

Aktiv unterwegs

Nationalpark Thy: Hier trennen sich Fahrrad- und Wanderroute des Westküstenweges. Wanderer nutzen den alten Rettungsweg durch die Dünen, auf dem bei Schiffshavarien vor der Küste alles Hilfsmaterial mit Pferdewagen transportiert werden konnte. S. 219

Ein Paradies für Surfer: Wer irgendwie auf einem Brett stehen kann, das auf dem Wasser liegt, muss in Klitmøller surfen. Alles ist hier möglich, auch klassisches Wellenreiten: Mensch – Bord – Welle. S. 222

Genießen & Atmosphäre

Nørre Vosborg: Hier lobte schon H. C. Andersen die Diskretion des Hausgespenstes. Im heutigen Schlosshotel kann man sich nicht nur als Gast verwöhnen lassen, sondern auch immer wieder hochkarätige Kultur genießen. S. 203

Kirsten Kjærs Museum: Es gibt an der dänischen Westküste keine andere Attraktion, die eine so entschleunigte, von jedem Alltagsstress weit entfernte Atmosphäre bietet, wie dieses Kunstmuseum im Grünen. Präsentiert wird das Lebenswerk der namensgebenden Portätmalerin und Bohemienne. S. 229

Abends & Nachts

Klitmøller: Wenn Surfevents in ›Cold Hawaii‹ stattfinden, lässt die Szene es gern krachen mit langen Nächten und viel Party im Dorf wie am Strand. s. S. 221

Raue Nordseeküsten, sanfte Limfjordufer und die Insel Mors

Dänemarks Nordwesten vom Nissum Fjord über die Limfjordmündung hinweg durch die Landschaft Thy bis zum markanten Klippenberg Bulbjerg lockt Angler und Individualisten, Surfer auf Brettern mit oder ohne Segel und Menschen, die auch ohne Sensationen und Superlative im Urlaub zufrieden sind. Je weiter man nach Norden kommt, desto dünner ist das Land besiedelt, die Landschaft wirkt immer rauer und unfertiger.

Mit dem Thyborøn Kanal besitzt das Küstenband einen Durchlass für den Limfjord. Dieses Binnenmeer, eher Sund denn Fjord, zieht sich quer durch Jütland bis zur Ostsee und führt zu kleinen Städtchen, Hinterlassenschaften vergangener Größe und auf eine Insel mitten im Land: Mors.

Infobox

Internet

www.visitthy.de: Region Thy nördlich des Limfjords. **www.enjoy-limfjorden.de:** Thyborøn, Lemvig, Struer, Halbinsel Salling, Løgstør südlich und Thy sowie die Insel Mors nördlich des Limfjords, im Osten schließt **www.visitaalborg.de** an und **www.visitnordvestjylland.dk** fokussiert auf den Westen der Limfjordregion mit Thyborøn, Lemvig und Struer. **www.visitnordjylland.de/de/aktiv/radwege:** Perfekte Seite auf Deutsch mit Links zu allen wichtigen markierten Radrouten in Nordjütland (nördl. Limfjord) inklusive Landesinnere und Ostseeküste und zu allen Fahrradverleihern der Region.

Anreise und Weiterkommen

Auto: Zum Küstenabschnitt Thorsminde bis Fjaltring über E 45 bis Kreuz Kolding Vest (Abfahrt 64) und weiter über E 20 bis Abfahrt 73; von dort über Straßen [11], [28], [15] via Varde/Ringkøbing zur Küste und auf Straße [181] ins Zielgebiet. In Orte weiter nördlich über E 45 bis Abfahrt 63, dann über Straßen [441]/[18] via Give/Herning bis Holstebro. Dort trennen sich die Wege: Ferring bis Thyborøn via [521] und Agger bis Klitmøller via [11], [527], [181]. Schon in Herning biegt man auf Straße [34], später [26] Richtung Insel Mors und Thisted sowie zu Zielen um Hanstholm; Fahrzeiten ab Grenze 3–3,5 Std.
Bahn/Bus: Bahnhöfe mit Busanbindung zur Küste sind Ulfborg und Vemb (ca. 6,5–7 Std. ab Hamburg) für Ziele südlich der Limfjord-Mündung sowie Hurup und Thisted (ca. 7–10 Std.) für die Region Thy – ab Deutschland alle nur mit mehrfachem Umsteigen erreichbar; ab Vemb Lokalbahn (www.mjba.dk) nach Lemvig und Thyborøn durch die Ferienhausregionen auf Harboøre Tange. Ziele auf Mors erreicht man mit Bahn/Bus via Aarhus und Viborg oder Skive (ca. 7–9 Std. ab Hamburg).
Flugzeug: Flughäfen mit internationalen Verbindungen via Kopenhagen sind Midtjyllands Lufthavn (südlicher Abschnitt) und Aalborg (mittlerer und nördlicher Abschnitt).

Nissum Fjord ▸ B 6–8

Der Nissum Fjord steht touristisch im Schatten des großen Bruders Ringkøbing Fjord, ist aber noch etwas mehr Naturparadies und wichtig für Brut und Rast von Gänsen, Enten und Watvögeln. So steht der Nissum Fjord als international bedeutendes Ramsar-Feuchtgebiet unter besonderem Schutz – Surfen ist zeitlich und räumlich beschränkt. Der Nissum Fjord ist auch ein Haff, die 14 km lange Nehrung **Bøvling Klit,** die ihn von der Nordsee trennt, aber noch schmaler als Holmsland Klit. Sie wird an vielen Stellen mit Buhnen und Deichen verstärkt. Der Durchfluss zwischen Fjord und Meer war ähnlich wie beim großen Nachbarn unstet und wurde 1868 durch ein erstes Sperrwerk stabilisiert, das auch den Wasserstand im Fjord regulierte. Zuvor waren Versuche, das selten mehr als 2 m tiefe Gewässer trockenzulegen und zu Ackerland zu machen, kläglich gescheitert. Lediglich im Südostzipfel gelang es, 1870/71 den Felsted Kog abzudeichen, heute renaturiert und mit dichtem Schilfbestand ein ideales Vogelrevier – ein Beobachtungsturm ist vorhanden.

Thorsminde ▸ B 7

Der Kanal zwischen Nordsee und Fjord wurde 1931 erweitert und 1967 um einen Nordseehafen ergänzt. Erst mit diesen Ausbauten entwickelte sich die Siedlung Thorsminde – Fischerdorfidylle darf man von dem jungen, 400-Einwohner-Ort also nicht erwarten. Originell ist jedoch die **Thorsminde Kirke** (Kirkevej 3), die 1939 in der nicht mehr benutzten Rettungsbootstation eingerichtet wurde. Der **Kanal** selbst ist ein populärer Angelplatz, Ufer und Molen sind immer gut belegt. Klappt es mit dem Petri-Glück nicht, bleibt im Hochsommer die Fischauktion für Touristen in der alten Auktionshalle (Ende Juni–Mitte Aug. Sa 10–13 Uhr).

Strandingsmuseum ›St. George‹
Vesterhavsgade 1E, Tel. 96 11 50 20, www.strandingsmuseet.dk, 7. Woche–Mitte Nov. tgl. mind. 11–16, Mitte Mai–Sept. 10–17, Hochsaison Do–Sa 10–19 Uhr, 70 DKK/ab 18 Jahre
Das zur Saison 2017 vergrößerte und jetzt komplett barrierefrei gestaltete Museum thematisiert auf erschütternde Art die unzähligen Schiffsstrandungen vor Jütlands Küste, einem der größten Schiffsfriedhöfe der Welt. Seine Marinearchäologen holten bedeutende Funde aus dem Meer, viele vom britischen Linienschiff ›HMS St. George‹. Das zerschellte zu Zeiten der Napoleonischen Kriege an Weihnachten 1811 zusammen mit ›HMS Defence‹ vor Thorsminde. Beide Schiffe kamen von einem Einsatz in der Ostsee und sollten in einem großen Konvoi zum Fest nach Hause segeln. Dabei wurden mehrere Schiffe von einem Orkan gegen die dänische Westküste gedrückt und vor dem rettenden Ufer in tosender Brandung zerschlagen. 853 Seeleute – viele eher Kinder und Jugendliche denn Erwachsene – von der ›St. George‹ und 538 von der ›Defence‹ ertranken, nur 18 erreichten lebend den Strand. Die Küstenbewohner begruben tagelang angespülte Leichen in den Dünen. Südlich von Thorsminde heißen sie seither Dødemandsbjergerne, ›Berge der toten Männer‹ – eine schlichte Gedenkstätte erinnert dort an die Opfer. Die letzten wurden im Oktober 2000 mit militärischen Ehren beigesetzt, nachdem ihre sterblichen Überreste aus dem Wrack der ›St. George‹ geborgen wurden. Bei der Reise dieses Konvois verlor die britische Marine über 2000 Seeleute, mehr als durch Kämpfe im ganzen Krieg.

Mit der Erweiterung 2017 kommt noch ein anderer Krieg in den Fokus: U 20 der kaiserlich deutschen Kriegsmarine strandete am 4. November 1916 nördlich des Leuchtturms Bovbjerg und wurde dort von seiner Besatzung gesprengt, als die es nicht wieder flott machen konnte. Das Museum besitzt Fundstücke vom Wrack und zeichnet die Geschichte dieses U-Bootes nach, das selbst Weltgeschichte schrieb. Es versenkte im Mai 1915 vor Irland mit einem Torpedo den britischen Passagierdampfer Lusitania auf dem Weg von New York nach Liverpool. Ob die Lusitania ein wehrloses Passagierschiff war oder illegal Waffen und Munition transportierte, ist umstritten. Fast 1200 Menschen kamen ums Leben, darunter mehr als 120 US-Bürger und viele Prominente aus Hoch- und Finanzadel. Mit der Versenkung der Lusitania begann in den USA ein Umdenken der Neutralitätspolitik.

Der Umbau 2017 brachte dem Museum noch eine neue Attraktion: Ein Aussichtsturm mit Panoramafenstern erlaubt jetzt eine fantastische Rundumsicht über die Nordsee, den Nissum Fjord, die Nehrung, die beide trennt, und den Ort Thorsminde.

Übernachten

Bei Anglern und Surfern beliebt – **Thorsminde Camping:** Klitrosevej 4, 6990 Thorsminde, Tel. 97 49 70 56, www.thorsmindecamping.dk. Direkt am Fjord, verschiedene Hütten je nach Standard ab 350–695 DKK/Tag. Hallenbad (Mitte April–Sept.), Kanu und SUP-Board-Verleih.

Einkaufen

Seit 1935 alles aus Horn – **Hornvarefabrikken:** Storbjergvej 2, 7650 Bøvlingbjerg, Tel. 97 88 50 79, www.hornvarefabrikken.dk, Mo–Fr 11–17, Sa 11–15, April–Dez. auch So 11–15 Uhr. Hier wird altes Handwerk gepflegt. Gut sortierter Fabrikverkauf; werktags darf man zusehen, wie aus imposanten Hörnern afrikanischer Kühe Löffel, Trinkgefäße, Haarspangen und modisch bis extravaganter Schmuck werden.

Ferring ▸ B 7

Am Nordende des Nissum Fjord schützen noch Deiche das Land, 5 km nördlich ragt eine Steilküste mehr als 40 m über den Strand: **Bovbjerg Klint,** nahe dem Dorf **Ferring,** ist der Anschnitt jener Moränenkette, bis zu der Jütland während der letzten Eiszeit unter Gletschern lag. Weil das Meer hier immer wieder große Mengen Land frisst, bändigen sein Vordringen seit 1875 Buhnen, die ersten im Land.

Bovbjerg Fyr

Fyrvej 27, www.bovbjergfyr.dk, Turm tgl. ›helle Stunden‹, 20 DKK/Erw., 10 DKK/Kinder, Café/Ausstellung Di–So Feb./März/Nov. 13–16, April–Okt. 14–17, tgl. Juli–Aug. 11–17 Uhr

Oben auf den Klippen thront seit 1877 der 26 m hohe Leuchtturm Bovbjerg Fyr. Vom Meeresspiegel aus gemessen blinkt sein Licht in 62 m Höhe und ist rund 30 km weit sichtbar. Der Turm strahlte von Beginn an in ungewohntem Rubinrot, um Verwechslungen mit den weißen Kirchtürmen von Trans und Ferring zu verhindern, die schon länger als Seezeichen genutzt wurden. Das alte Leuchtturmwärterhaus dient heute als **Kultur- und Ausstellungszentrum** mit Café und engagiertem Programm. In der Hochsaison gibt's mittwochs sogar Rappeling an der Außenwand des Turms (150 DKK) hinunter und donnerstags abends zur ›Fællesspisning‹ ein Buffet mit jütischen Spezialitäten (250 DKK). Der Hügel vor dem Leuchtturm belegt, dass schon in der Bronzezeit Menschen die Besonderheit dieses Platzes würdigten und hier eine wichtige Person ihres Stammes bestatteten. Der **Obelisk** am Rande des alten Grabhügels erinnert indes an Besuche des populären Frederik VII. 1826 und 1830, jenes Königs, der den Dänen ihre bürgerliche Verfassung gab.

Jens Søndergaards Museum

Transvej 4, Tel. 97 89 52 54, www.jenssoendergaard.dk, Ostern–Mitte Okt. Di–Fr 11–17, Juni–Aug. u. Woche 42 auch Mo, sonst Sa/So 13–16 Uhr, 25 DKK (ab 18 Jahre)

Um die Kirche von **Ferring** gruppieren sich die wenigen Häuser des Dorfes. Bei einem hoch über den Klippen denkt man neidisch: ›Das Ferienhaus liegt ja toll‹. Das hat wohl auch der Maler Jens Søndergaard (1895–1957) gedacht, der in der ersten Hälfte des 20. Jh. zu einer Gruppe junger Künstler und Autoren gehörte, die sich jeden Sommer in der Bovbjerg-Region trafen. Aber keiner von ihnen stellte die Welt der Westküste so in den Mittelpunkt seiner Arbeit wie Søndergaard, der das Haus auf den Klippen zusammen mit einigen Werken der Gemeinde vermachte; sie bertreibt es heute als Museum.

›Vikinggate‹ Ferring Sø

Weiter nach Norden wird das Land wieder flach. Der idyllische Ferring Sø ist das letzte Überbleibsel eines ›Vikinggate‹, eines Tores, durch das sich vor gut einem Jahrtausend immer wieder Drachenboote mit Wikingern auf den Weg machten, um England, Irland und den Küsten des Frankenreichs Besuche abzustatten. Die Versandung dieser Passage im 11. Jh. brachte die Region ins Abseits: Bis 1825 bestand eine durchgängige Nehrung vom Bovbjerg bis Agger.

Mein Tipp

Kunst und Kulinaria unter der Obhut einer weißen Dame

Nørre Vosborg (► C 8) ist einer der wenigen Herrensitze im Westen Jütlands, entstanden in immer neuen Bauphasen mit immer neuen Stilen in vier Jahrhunderten zwischen 1552 und 1839. Prunkraum ist der Rittersaal im Ostflügel aus dem 16. Jh., strahlendes Wahrzeichen der Torturm von 1790. Der Märchendichter H. C. Andersen war hier 1859 Gast und notierte in seinem Tagebuch: »Eine weiße Dame zeigt sich gewöhnlich an dieser Stelle, aber sie hat mich nicht besucht; sie weiß sicher, dass ich Späße mag, aber keine Spukerei.«

Anfang des 21. Jh. waren die weißen Damen dann eher Malerinnen: Nørre Vosborg wurde mit kulturhistorischer Sorgfalt restauriert. Jetzt stehen in herrschaftlichem Ambiente Hotelzimmer zur Verfügung, das Restaurant im ältesten Teil des Schlosses pflegt moderne nordische Küche und nutzt dafür saisonale Produkte der Region, und ein engagiertes Kulturprogramm unterhält Besucher. Höhepunkt ist das **Nørre Vosborg Kammermusikfestival** über vier Tage um den Monatswechsel Juni/Juli mit hochkarätiger Klassik unter Regie des angesehenen Ensemble MidtVest (www.emv.dk). Nørre Vosborg: Vembvej 35, 7570 Vemb, Tel. 97 48 48 97, www.nrvosborg.dk, Café tgl. ab 14 Uhr, Restaurant Mo–Sa, Hochsaison auch So abends; Frokost Mi–Sa, So populäres Brunch ab 11.30 Uhr, ca. 200 DKK; So 13.30 Uhr Schlossführungen optional mit Brunch und/oder Kaffee & Kuchen; DZ ab 995 DKK, auch Pakete für Familien-, Golfer-, Angler- oder Radurlaube.

Weil weiße Kirchtürme in der Nachbarschaft bereits Seezeichen waren, wurde Bovbjerg Fyr rot gestrichen

Thyborøn ! ▸ B 6

Der heutige **Thyborøn Kanal** wurde 1862 bei einer Sturmflut gerissen, später künstlich vertieft und mit Molen und Buhnen fixiert – die längste ragt am Nordufer gut 800 m ins Meer. Am Südufer bildeten sich kleine Sandstrände zwischen den Buhnen, gleich neben dem ältesten Hafenteil von Thyborøn. Der wurde 1915 angelegt, als kein erneutes Versanden der Durchfahrt zur Nordsee mehr zu befürchten war. Erst danach entstand **Thyborøn** und wuchs zur 2100-Einwohner-Stadt heran. Strömungen treiben immer noch Sand durch den Kanal. Der lagert sich auf der Leeseite von Harboøre und Agger Tange ab und formt Sandbänke, auf denen Seehunde und Robben lagern, aber auch Austern prächtig gedeihen – populäre Ziele von Exkursionen.

Die Fahrrinnen in den geschäftigen Hafen werden indes gewissenhaft freigehalten. Bei Weststürmen sind Kutterritte durch die Wellen im Kanal spektakulär von Land aus zu beobachten – bis zu zehn Meter hoch können sich hier Wasserberge auftürmen. Zwar nimmt der Support für die Offshore-Windenergie-Produktion zu, aber Fischerei ist nach wie vor ein wichtiger Erwerbszweig. Im unromantischen Industriehafen produziert ›999‹, einer der weltweit größten Hersteller von Fischprotein, Grundstoff für Tierfutter und Nahrungsergänzungsmittel für Sportler. Konsumfisch kommt derweil unter einen virtuellen Hammer – kein Aufkäufer muss noch in der alten Auktionshalle am Hafen erscheinen, besser als ›Den Røde Hal‹ bekannt. Dafür gibt es im Thyborøn Fiskeauktionscenter an einigen Hochsaisontagen Auktionen für Touristen (Juli–Mitte Aug. Mi 11 Uhr, Havnegade 15, Tor 7).

Überhaupt mauserte sich Thyborøn in den letzten Jahren zu einem der attraktivsten Ausflugsorte entlang der dänischen Nordseeküste, mal verspielt, mal lehrreich, mal berührend.

Mindeparken for Jyllandsslaget

www.jutlandbattlememorial.com

Am 31. Mai fand draußen auf der Nordsee der Welt größte Seeschlacht neuerer Zeit statt, in deutschen Geschichtsbüchern als Skagerrakschlacht, in britischen als Battle of Jutland vermerkt. Die Flotte der deutschen Kaiserlichen Marine und die Grand Fleat der Royal Navy trafen mit annähernd 250 Schiffen aufeinander, 25 sanken, 8647 Seeleute verloren ihr Leben. Die Briten hatten höhere Verluste, waren aber mit mehr Schiffen in die Schlacht gezogen und hatten am Ende die Übermacht, die deutsche Flotte spielte den Rest des Krieges kaum noch eine Rolle. Beide Seiten reklamierten den Sieg für sich, Historiker sehen eher ein Unentschieden. Zum 100. Jahrestag entstand in den Dünen von Thyborøn der **Gedenkpark Skagerrakschlacht.** Der dänische Bildhauer Paul M. Cederdorff ordnete hohe Granitsteine so an, wie die Schiffe in der Schlacht versenkt wurden. Jeden Stein umgibt eine Figurengruppe, die die Zahl der jeweiligen Opfer symbolisiert – erschütternd und mahnend.

Thyborønfæstningen

Dass man wohl falsche Lehren aus dem Ersten Weltkrieg zog, zeigen Dünen und Vorstrand um den Gedenkpark herum: Als Teil des Atlantikwalls entstand hier im Zweiten Weltkrieg die Festung Thyborøn mit 106 Bunkern und Geschützstellungen, um die Zufahrt in den Limfjord sowie den Luftweg Richtung Aalborg zu sichern. Ein Pfad führt von Betonkoloss zu Betonkoloss, an einigen ahnt man noch die Tarnung als Ferienhäuser, die der ›Schildkrötenspion‹ (s. u. Kystcentret) entwarf.

Sea War Museum Jutland

Kystcentervej 11, Tel. www.seawarmuseum.dk/de, Juni–Aug. tgl. 10–17, sonst 10–16 Uhr; 1. Hälfte Dez. und Feiertage um Jahreswechsel geschlossen, 75 DKK/Erw., 30 DKK/8–15 Jahre

Das Museum mit dem Schwerpunkt Skagerrakschlacht zeigt einzigartige Bergungsfunde, exzellente Dokumentationen und in Dioramen Kriegs- und Lazarettszenen, die zartbesaitete Besucher schockieren können.

Außergewöhnlich ist der Turm des britischen U-Bootes E50, das am 1. Februar 1918 mit 31 Männern an Bord sank. Normalerweise untersagt die Royal Navy Bergungen aus Seegräbern ihrer Schiffe, hatte in diesem Fall das Wrack aber viel weiter südlich verortet. So bargen Taucher den Turm im Bewusstsein, es handele sich ein deutsches U-Boot. Erst die Restaurierung brachte den Irrtum ans Licht. Der Turm wird jetzt als Dauerleihgabe ausgestellt, nachdem das Bergungsunternehmen ihn formal dem Britischen Staat übereignet hatte. Die meisten gezeigten Funde holte das im Öl- und Unterseekabelgeschäft tätige Tauchunternehmen JD-Constractor A/S aus Holstebro aus dem Meer. Besitzer Gert Normann Andersen ist begeisterter Unterwasserarchäologe und unterstützte auch schon das Wikingerschiffsmuseum in Roskilde und das Strandungsmuseum von Thorsminde mit Funden. Er ist zudem Hauptsponsor der Gedenkstätte (s. o.).

Wichtig für alle, die auf falsche Gedanken kommen könnten: Museum wie Gedenkstätte stehen unter dem Motto: »Krieg ist eine Tragödie und soll nicht verherrlicht werden, aber über die Geschichte muss berichtet und an die Opfer soll erinnert werden.« In diesem Sinne vermeidet das Museum, einzelne Personen besonders herauszustellen oder gar zu glorifizieren. Nur wenige Opfer werden namentlich genannt.

JyllandsAkvariet

Vesterhavsgade 16, Tel. 97 83 28 08, www.jyllandsakvariet.dk, tgl. mind. 10–16, Juli/Aug. 10–18 Uhr, 1. Hälfte Dez. und Fei um Jahreswechsel geschlossen, Eintritt 7 Tage gültig 89 DKK, 79 DKK/3–12 Jahre; Kombi-Ticket mit Kystcenter 199/159 DKK; Rabatt mit Natur- und Kulturtouren (s. Aktiv)

In den Schau- und Berührungsbecken dieses engagiert geführten Aquariums leben vorrangig Fische aus Nordsee und Limfjord und wenige Exoten wie Piranhas oder Zitteraale, die Stromschläge austeilen. Alle Generation sollen sich wohlfühlen und so gibt's als Alternative zum Schnullerbaum sogar ein Schnuller-Krabbenbecken, in dem die Kleinsten ihrem Lieblings-Nucki Lebewohl sagen können. Etwas Ältere Kids lernen dann Krebse so zu fassen, dass die nicht zwicken, und dürfen heimischen Haien die Flosse kraulen. Jeder hat bisher seine Finger behalten und so lernt man, dass die meisten Hai-Arten harmlos sind.

Kystcentret Thyborøn

Kystcentervej 3, Tel. 96 90 02 00, www.kystcentret.dk, 7. Woche – Okt. tgl. je nach Saison 10–16/17/18 Uhr, Eintritt 7 Tage gültig 119 DKK/Erw. 89 DKK/3–12 Jahre, Kombi-Tickets mit Aquarium s. o.

Spielen, ausprobieren, lernen – das Wissenszentrum zeigt Phänomene der Sandküste. Man darf Wellen schlagen, in Treibsand wühlen oder auf einem Küstenspielplatz toben. Ein Terrarium zeigt sonst selten sichtbare Tiere der Region, wie Kreuzottern, Blindschleichen und Kröten sowie die Äskulapnatter, die längste Schlange, die sich je durch Dänemarks Dünen schlängelte, aber aus freier Wildbahn verschwunden ist. In einem alter Mannschaftsbunker auf dem Außengelände wird an den ›Schildkrötenspion‹ Poul Morell erinnert: Der Architekt aus Lemvig entwarf Bunker für die Deutschen und schickte von jedem Plan eine Kopie nach London. Schließlich wird ein berühmter Rettungseinsatz dokumentiert: Die ›Alexander Newskij‹, Stolz der russischen Marine, strandete 1868 nahe Thyborøn. Bis auf fünf Mann wurde die 737-köpfige Besatzung gerettet, darunter ein Sohn des Zaren. Der 1958 geborgene, 5 t schwere Anker der ›Alexander Newskij‹ ziert eine Verkehrsinsel nahe dem Hafen.

Sneglehuset

Klitvej 9, Tel. 97 83 11 67, www.sneglehuset.dk, Ostern – 42. Woche tgl. mind. 11–14.15 Uhr sonst einzelne Tage, 20 DKK/Erw., 5 DKK/Kinder

Verspielt und verschnörkelt: Das ›Schneckenhaus‹ ist ein Liebesbeweis. Alfred Chr. Pedersen, Fischer und Original, versprach seiner Frau 1949 ein besonderes Haus und baute ihr in 25 Jahren seine Version eines Märchenschlosses, verziert mit Muscheln, Schnecken und jenen Glasbällen, die Fischer vor dem Plastikzeitalter als Schwimmer an ihren Netzen hatten. Das Ganze hat etwas von seiner naiven Unschuld verloren durch exzessiven Souvenirverkauf mit exotischen Muscheln und anderem Prüddel.

Übernachten

Sportlich, funktional, familiengerecht – **Thyborøn Camping Hotel & Hytteby:** Idrætsvej 3, Tel 97 83 12 77, www.thyboroncamping.dk. Hütten für 2–7 Pers. je nach Größe und Saison 400–750 DKK, DZ im Hostel-Stil 500 DKK.

Richtig schick – **Danhostel Thyborøn:** Harboørevej 10, Tel. 22 39 41 83, www.danhostel.dk/de/hostel/danhostel-thyboroen. Kleines, nordisch eingerichtetes Hostel nah zu Hafen und

Thyboron: Gedenken an die Opfer der Skagerrakschlacht

Attraktionen mit Zimmern bis maximal 4 Betten, DZ ab ca. 340 DKK.
Über 500 Häuser in der Region – **SJ Feriehusudlejning:** Strandvejen 86, 7673 Vrist, Tel. 97 83 47 60, www.nordseeurlaub.dk. Viele Objekte am Ferring Sø, in Vejlby Klit und Vrist, einige nahe Bovbjerg, in Fjaltring und Thyborøn.

Essen & Trinken

Fisch dominiert – **Restaurant La Mar:** Havnegade 64, Tel. 97 83 22 44, www.restaurantlamar.dk, März–Dez. Do–So, Juli auch Mi 18–22 Uhr. Berühmt ist das La Mar für Fisch, den es direkt vom Hafen bezieht – der Fischteller mit drei Sorten auf drei Arten zubereitet ist Legende (ca. 290 DKK, Hauptgericht sonst ab ca. 200 DKK).
Genuss unterm Kutterrumpf – **Mallemukken:** Kystcentervej 1, Tel. 96 90 00 01, www.mallemukken.dk, Ostern–42. Woche mind. Di–So 11.30–16, Fr/Sa u. Hochsaison tgl. 11.30–21 Uhr. ›L299 Mallemukken‹ ging 30 Jahre auf Fischfang, jetzt speist man unter dem kopfgestellten Rumpf (Frokost ab 70 DKK, abends Hauptgericht ca. 150–200 DKK), Hochsaison oft Skipperbuffet (159/199 DKK).

Einkaufen

Naive Kunst auf Treibholz – **Hanne Mock:** Vesterhavsgade 20, Tel. 97 83 23 19, www.havmalerier.dk. Hanne malt als ›Drivtømmermaler‹ maritim und individuell auf Treibholz, das sie am Strand findet.

Aktiv

Hochseeangeln vom Kutter – **Emma-Line Grey:** Havnegade 22 (Angler-Shop), Tel. 97 83 27 66, www.emmaline.dk. Angeltouren ab 4 Std. (ca. 300 DKK). Ganz- oder Mehrtagestouren (ab 1400 DKK/Tag), u. a. zum Haiangeln an der Dogger Bank (mind. 3 Tage).
Seehunde, Austern, Bernstein – **JyllandsAkvariet Touren:** c/o JyllandsAkvariet s. o. Natur- und Kultur-Touren um Seehunde zu beobachten, Bernstein und Austern – kalte Monate – zu

sammeln oder hinter die Kulissen der Profi-Fischauktion zu blicken. Fahrten mit Treckerbus ›Spætten‹ ab 89 DKK/Erw. 65 DKK/Kinder oder Glasbodenboot 189 DKK; Rabatt inkl. Aquariums-Eintritt.
Kite-Surfen und SUP Kurse – **Spirit Surf.dk:** www.spiritsurf.dk, Tel. 23 95 43 17, c/o SJ Feriehusudlejning (s. Übernachten): Kurse in kleinen Gruppen Kite-Surfen ab 600 DKK, 3 Tage intensiv 3550 DKK, SUP ab 260 DKK (teils in Lemvig s. u.).

Infos & Termine

Thyborøn Turistinformation: im Kystcenter s.o., Tel. 96 90 02 00, www.visitlemvig.dk
Fiskedag: Festwochenende am Hafen Anfang Aug. mit Fisch und Fischern im Mittelpunkt; viele Leckereien!
Fähre: Thyborøn–Agger Færgefart, www.thyboronagger.dk, 10 Min., Mo–Fr/Sa/So 6/7/9–18 Uhr volle Stunde ab Thyborøn, ab Agger 15 Min. später, Hochsaison bis 20 Uhr, bei Bedarf Pendelverkehr.

Limfjord ▸ B–D 5/6

Der Limfjord ist ein exzellentes Surf- und Segelrevier, sanfter als das offene Meer, aber mit dessen frischen Winden. Städte wie Lemvig oder Struer sowie Sehenswürdigkeiten wie Burg Spøttrup oder das Freilichtmuseum Hjerl Hede bieten Abwechslung, und mitten drin liegt die Insel Mors, ein Dänemark im Kleinformat, in dem sogar Hamlet eine Rolle spielte.

Lemvig ▸ B/C 7

Das Städtchen schmiegt sich um das Ende eines Fjords, der wie nach dem Lehrbuch während der letzten Eiszeit geschaffen wurde. Sogar der typische See in der Verlängerung des Fjords ist vorhanden. Nur im Land der vielen falschen Fjorde heißt dieser echte Lem Vig, ›Kleine Bucht‹. Der perfekte Naturhafen lag nach der Versandung der Durchfahrt zwischen Limfjord und Nordsee das ganze Mittelalter hindurch am Ende einer maritimen Sackgasse. Lemvig blieb klein, bis im 19. Jh. der Weg nach Westen wieder frei wurde und die Eisenbahn kam. 2012 machte Lemvig als bis dato nördlichster angefahrener Ort des Radklassikers Giro d'Italia Furore: Am Østerbjerg am Ostrand von Lemvig, wo die Straße 513 eine Steigung von 8 % schafft, gab es sogar eine Bergwertung bei 47 m über dem Meeresspiegel!

Lemvig Museum und Planetstien

Vestergade 44, Tel. 97 82 00 25, www.lemvigmuseum.dk, Juni–Sept. Di–So 13–17, März–Mai u. Okt. So u. Fei sowie tgl. während aller dän. Ferien 13–16 Uhr, 25 DKK/ab 18 Jahre; Skulpturen- und Planetenpfade frei

Stadtgeschichte ist Thema im **Lemvig Museum.** Dies ist Startpunkt zweier Pfade: Ein kurzer, aber steiler **Skulpturenpfad** verbindet 54 Arbeiten des heimischen Bildhauers Torvald Westergaard und verschafft nebenbei Aussichten auf Stadt und Bucht. An deren Westufer führt Lemvigs **Planetstien** in die Tiefen des Weltraums bis zur 12 km entfernten Halbinsel Gjellerodde. Wer dort die entfernteste Position des Pluto entdecken will, sollte sich die detaillierte Broschüre über den Planetenweg besorgen. Wer nur einmal Weltraumluft schnuppern möchte, schlendert durch eine kleine Grünanlage unterhalb des Museums: Von der Sonne sind es 58 m bis zum Merkur, 108 m zur Venus, 150 m zur Erde und 208 m zum Mars. Erwarten

Sie jedoch nicht zu viel: Alle Planeten sind wie die Entfernungen im Maßstab 1:1 Mrd. eingedampft, da bleibt bei vielen kaum mehr als ein Bronzekügelchen auf einem Granitklotz.

Museet for Religiøs Kunst
Strandvejen 13, Tel. 97 81 03 71, www.mfrk.dk, Öffnungszeiten abhängig von Ausstellungen: Kernzeiten Di–So 12–16, Sommerhalbjahr 12–17 Uhr, 75 DKK/ab 18 Jahre
Wandelt man auf dem Planetenweg durch den Himmel, liegt gleich hinter dem Mars das Museum für Religiöse Kunst. Zur eigenen Sammlung gehören Originalillustrationen einer dänischen Bilderbibel aus den 1990ern, mehr Aufsehen erregen häufige Sonderausstellungen mit moderner, nicht auf den ersten Blick religiöser Kunst.

Übernachten

Zwischen Green und Fjord – **Hotel Nørre Vinkel:** Søgårdevejen 6, Tel. 97 82 22 11, www.norrevinkel.dk (Small Danish Hotels s. S. 25). Golfhotel direkt am Limfjord: Hier kann man fast aus dem Bett abschlagen und ein Indoor-Pool begeistert Kinder. DZ ab ca. 1000 DKK, Paketangebote für Golfer und Radfahrer.

Ferienpark am Wasser – **Danland Lemvig:** Vinkelhagevej 8, Vermietung in D durch www.danland.de. Die Anlage ca. 1,5 km vor der Stadt wirkt wie ein Dorf am Limfjord, sogar mit Hafenkneipe. Die Wohnungen liegen in Reihenhäusern, Mindestmietzeit zwei Tage (ab ca. 1350 DKK), oft Rabatte wie 3 Tage zum 2-Tage-Preis.

Infos

Lemvig Thyborøn Turistinformation: Havnegade 14, 7620 Lemvig, Tel. 97 82 00 77, www.visitlemvig.dk

Struer ▸ C 7

Struer war bis Ende des 19 Jh. kaum mehr als der Hafen von Holstebro (s. S. 192), wurde später boomender Technologie-Standort, aber blickt heute mit Sorge auf das Vorzeigeunternehmen Bang & Olufsen: Der HiFi-Spezialist lässt schon seit 2016 TV-Geräte in Korea produzieren und hat einen chinesischen Hauptaktionär, der gern den ganzen Konzern übernehmen möchte.

Struer Museum
Søndergade 23, Tel. 97 85 13 11, www.struermuseum.dk, Kernzeit 12–16, an starken Tagen teils ab 11 und bis 17 Uhr, 60 DKK/ab 18 Jahre
Stadt- und Regionalgeschichte sind Themen, aber die meisten Besucher kommen wegen der Ausstellung über das Kult-Unternehmen Bang & Olufsen: Peter Bang und Svend Olufsen gründeten ihre Radiofabrik 1925 auf einem Bauernhof bei Struer. 1929 setzten sie erstmals Design und Technik gleichberechtigt ein. Dieser innovative Mix ließ Kultobjekte entstehen, zumal das Unternehmen viele weltbekannte Designer ins Team holte. So konnte B&O trotz hoher Produktionskosten länger der Billigkonkurrenz aus Asien standhalten, als viele europäische Mitbewerber – bis das Smartphone seinen Siegeszug als Multimedia-Gerät antrat. Zwar sind drahtlos vernetzte HiFi-Geräte von Bang & Olufsen allen voran die futuristischen Lautsprecher weiterhin weltweit begehrt, nur wird der Kundenkreis immer kleiner und älter. Gute Kunden sind die dänischen Royals, die zu Staatsbesuchen gern Gastgeschenke aus dem Hause Bang & Olufsen mitnehmen – viele gekrönte und gewählte Staatsoberhäupter haben Geräte aus Struer im Haus. Die

stehen auch weltweit in Designmuseen, doch die umfangreichste Sammlung besitzt das Struer Museum vom legendären »Femlamperen« aus dem Jahr 1929 über die BeoCom Designtelefone der 1990er-Jahre bis zu aktuellen Produktlinien.

Insel Venø

Venø Færgefart, www.venoefaergefart.dk; 6–24 Uhr 2–3 x stdl.; 20 DKK, 10 DKK/5–12 Jahre, Fahrrad gratis

Wer verträumte Inselidyllen mag, biegt nördlich Struer zum Anleger Kleppen ab. Dort quert Dänemarks kürzeste Fährlinie in gut zwei Minuten den 275 m breiten Sund zur Insel Venø. Deren Kirche aus dem 16. Jh. gilt als kleinste im Land – begehrt für romantische Hochzeiten. Am besten erkundet man die Insel auf Fahrrädern, manchmal stehen Gratis-Stadträder am Anleger, außerdem gibt es einen Verleih (Tel. 97 86 81 00, 50 DKK/Tag).

Infos

Struer Turistbureau: Smedegade 7, 7600 Struer, Tel. 96 84 85 01, www.visitnordvestjylland.dk

Halbinsel Salling ▸ D/E 6/7

Drei Attraktionen östlich von Struer versprechen interessante Zeitsprünge:

Goldaltar in der Sahl Kirke ▸ D 7

Stokholmvej 2, Vinderup, Di–Fr/Sa 8/9–16 Uhr, Mai–Sept. u. Dez. auch So, außer bei kirchlichen Handlungen

Die romanische Kirche entstand um 1150. Ihr figurenreicher Goldaltar aus dem frühen 13. Jh. gilt als eines der wichtigsten Werke eigenständiger Kirchenkunst in Jütland, gefertigt von einem Meister aus Ribe. Dem Namen zum Trotz besteht der Goldaltar nur aus vergoldetem Kupferblech, verziert mit Bergkristallen. Er wird heute übereinander stehend präsentiert, war ursprünglich aber zweigeteilt als Fronttafel eines Altartisches und als dessen Aufsatz.

Frilandsmuseet Hjerl Hede ▸ D 7

Hjerl Hedevej 14, Vinderup, Tel. 96 11 50 30, www.hjerlhede.dk, Osterferien, Mai–Sept. u. 42. Woche tgl. 10–16, Hochsaison sowie Sa/So im Dez. 10–17.30 Uhr, je nach Aktivitäten 70–150 DKK/ab 18 Jahre; rustikales Familien-Restaurant im Sept. Mo geschl., sonst wie Museum

Die Zeit vom 16. bis zum 19. Jh. bekommt im Freilichtmuseum Hjerl Hede Leben eingehaucht. Ein Dorf mit annähernd 50 Gebäuden aus allen ländlichen Regionen Jütlands bildet die Kulisse für kleine Alltagsszenen, die in der Hochsaison und an mehreren Adventswochenenden von einer Laienschar in zeittypischem Outfit mit viel Enthusiasmus aufgeführt werden. Außerdem sind in Werkstätten wie der Schmiede oder der Böttcherei Handwerker aktiv, und im Dorfladen kann man einkaufen wie zu Uromas Zeiten. Eine Abteilung fällt indes aus dem Zeitgefüge: In einer Steinzeitsiedlung leben und arbeiten ganze Familien über Wochen ausschließlich mit Hilfsmitteln wie vor rund 5000 Jahren.

Burg Spøttrup ▸ D 6

Borgen 6 A, Spøttrup, Tel. 97 56 16 06, www.muserum.org. April ab Ostern und Okt. Di–So 11–16, Mai–Sept. tgl. 10–17, Juli 10–18 Uhr, 80 DKK/ab 18 Jahre; 30. Woche ›Bispen Marked‹ mit viel Mittelalter-Action

Folgt man von Hjerl Hede der Margeritenroute (s. S. 22) nach Norden, springt man ins Mittelalter: Spøttrup ist Dänemarks besterhaltene Burg je-

Beim Kaufmann in Hjerl Hede: Ob es früher im Laden auch so voll war?

ner Zeit. Sie wurde durch einen äußeren und einen inneren Wassergraben geschützt, zwischen denen ein 9 m hoher Wall Kugeln der kurz zuvor entwickelten Kanonen abhalten sollte. Als die Anlage entstand, erlebte Dänemark gerade einen chaotischen Bürgerkrieg um Krone, Macht und Glauben. In diesen wirren Tagen muss es pressiert haben, denn die Burg bekam statt eines geplanten vierten Flügels im Westen nur eine Sperrmauer und einen wuchtigen Tor-Turm, durch den der einzige Weg in den Burghof führt. Eine Ausstellung dokumentiert mittelalterliches Leben, aber die Burg strahlt selbst so viel Mittelalter aus, dass man hinter jeder Ecke ein Burgfräulein oder einen Ritter erwartet – und bei vielen Veranstaltungen während des Sommers wird das sogar wahr. Außerhalb der Wälle ist der **Kräuter- und Rosengarten** von Spøttrup eine weitere Attraktion; 300 verschiedene Heilkräuter zählten kundige Kräuterhexen schon.

Insel Mors ▸ C/D 5/6

Die Insel Mors, deren eigentlicher Name Morsø nur als regionaler ›Genitiv‹ im Namen von Firmen und Institutionen auftaucht, ist mit 363 km² Fläche Dänemarks siebtgrößte Insel und mit 20 500 Einwohnern – davon gut 9000 in der Hafen-, Verwaltungs- und Einkaufsstadt Nykøbing – sogar relativ dicht besiedelt. Die 1730 m lange Brücke nach Süden über den Salling Sund und die nostalgische Klappbrücke aus den 1930er-Jahren nach Norden über den Vilsund verwischen jedoch für Reisende, die auf der Hauptstraße [26] zwischen Mitteljütland und Thy unterwegs sind, jedes Inselfeeling. Da fragt man sich, was sich Gott wohl gedacht hat, Mors so in den Limfjord zu quetschen. Er formte nach der lokalen Version der Schöpfung die Insel nämlich als Probe für Jütland, und weil sie ihm so gut gefiel … man weiß, wie Geschichten dieser Art ausgehen. In einem Punkt stimmt sie: Mors ist ein

Jütland im Taschenformat mit gut 150 km Küsten, mal steil, mal mit kleinen Stränden, mal mit Buchten und Fjorden. Davor exzellente Reviere für Surfer und Segler, dazwischen reiches Bauernland mit vielen Dörfern und immerhin 32 mittelalterlichen Kirchen.

Mit der Landwirtschaft vergangener Tage befassen sich der **Museumshof Skarregaard** im Norden von Mors (Feggesundvej 53, Tel. 97 75 16 09, www.museummors.dk, Mitte April–Aug. u. 42. Woche Di–So 10–16, Juli tgl. 10–17 Uhr, 70 DKK/ab 18 Jahre, Spartipp s. S. 215) sowie eine private ›technische Sammlung‹ mit Landmaschinen und Traktoren: das **Morsø Traktormuseum** in Ovtrup (Kjeldgaardsvej 49, traktormuseum.net, Sommer und 42. Woche tgl. 10–17 Uhr, sonst ›auf gut Glück‹, 70 DKK/ab 12 Jahre, 30 DKK/5–11 Jahre). Der Adel hatte gegenüber den selbstbewussten Bauern nie einen guten Stand, das einzige Schloss auf Mors, **Højriis Slot,** gut 7 km südlich der Inselhauptstadt Nykøbing taucht zwar schon in alten Sagen als Sitz eines Kleinkönigs auf, wechselte aber oft die Besitzer und zeigt sich in einem kulturhistorisch fragwürdigen Stilmix bis hin zu Türmen und Treppengiebeln aus dem 19. Jh. Ab den 1940ern erlebte es einen schleichenden Verfall, den erst eine Episode als touristisches Eventschloss von den 1990ern bis Ende 2016 aufhielt – aktuell wird Højriis ausschließlich privat genutzt.

Nykøbing Mors ▶ D 5/6

Die Inselhauptstadt schmiegt sich um eine Seitenbucht des Limfjord, schon im Mittelalter als sicherer Naturhafen bekannt. Am Ufer bauten Johanniter ab 1370 ihr Dueholm Kloster, das älteste Gebäude im Ort – mit der Reformation fiel es an die Krone, heute ist es Museum. Auch wenn also die Stadt alt ist, hat sie wenig Altes zu bieten: immer wieder wüteten Stadtbrände. Ab Mitte des 19. Jh. prägte eine boomende Eisenindustrie die Stadt, Exportschlager waren gusseiserne Öfen.

Nykøbings Museen

Kloster: Dueholmgade 7, tgl. Di–So 10–16, Juli tgl. 10–17 Uhr. **Gießerei:** Nørregade 13, Mai –Aug. Di–So 10–16, Juli tgl. 10–17 Uhr. Beide: Tel: 97 72 34 21, museummors.dk, je 70 DKK/ab 18 Jahre; 50 % Rabatt bei Vorlage eines voll bezahlten Tickets eines anderen kommunalen Mors-Museums

›Nationalmuseum‹ titulieren die Morsingboer ihr kulturhistorisches Regionalmuseum **Morslands Historiske Museum** gern, das seit 1909 im Dueholm Kloster die Kulturgeschichte der Insel dokumentiert. An die Zeit als Gießerei-Standort erinnert **Dansk Støberimuseum** mit schönen Öfen und anderen Produkten sowie Arbeitsgeräten aus der Gießerei.

Jesperhus ▶ D 6

Legindvej 13, www.jesperhus.dk. Mitte Mai–Woche 42 ausgewählte Tage mind. 10–16, teils –17/18, Sommersaison tgl. 10–19 Uhr; Freizeitpark je nach Saison 155–195 DKK, 125–165 DKK/3–11 und ab 60 Jahre; Familienrabatte; Spaßbad extra; alles frei für Gäste des Ferienparks

Eingebettet in die malerischen Legind Bjerge vor den Toren von Nykøbing ist Jesperhus ein Ausflugsziel für Familien mit kleineren Kindern, eine Art permanente Gartenschau – der alte Namen Jesperhus Blomsterpark zeigte das besser – gepaart mit Freizeitpark und Kinderzoo. Dazu gehört ein Ferienpark mit Spaßbad, in dem man Campingurlaub machen oder Hütten und Ferienhäuser mieten kann.

Hanklit und Feggeklit ▶ D 5

Berühmt ist Mors für die geologisch außergewöhnlichen Klippen aus Molererde, besonders ausgeprägt im Norden am 60 m hohen **Hanklit**, nominiert als UNESCO-Welterbe. Molererde besteht im Wesentlichen aus abgestorbenen Kieselalgen und entstand vor rund 55 Mio. Jahren auf dem Grund eines Urmeeres. Neben Kieselalgen sanken auch andere Urtiere nach ihrem Tod auf den Grund und versteinerten im Laufe der Jahrmillionen. Sie machen die Klippen zu großartigen Fossilien-Fundstellen. Beachten Sie Sicherheitshinweise in und unter Steilhängen. In flachem Gelände ist das Suchen gefahrlos (Hanklitvej 23).

Ein ›Fossil‹ der Weltliteratur ist mit den deutlich flacheren **Feggeklit** auf der schmalen Nordspitze von Mors verbunden: Hamlet. Figuren und Story um seinen Dänenprinzen entlieh Shakespeare vom dänischen Historiker Saxo Grammaticus, der um das Jahr 1200 die »Gesta Danorum« verfasste, die »Taten der Dänen«. Darin bringt ein Prinz Amlet seinen Onkel und Stiefvater Fegge um, der zuvor den Vater des Prinzen getötet und dessen Mutter zur Frau genommen hatte … Da Saxo den Schauplatz des Dramas nicht präzise nennt, reklamieren ihn heute drei Orte in Dänemark für sich. Eine Version platziert den Königshof, wo Amlet Rache nahm, auf Feggeklit, und seit den 1920er-Jahren markiert ein Findling auf dem Molererde-Hügel das vermeintliche Grab des bösen Fegge.

Fossil- og Molermuseet

Skarrehagevej 8, Hesselbjerg, Tel. 97 72 34 21, www.museummors.dk, Mai– 42. Woche Di–So 10–16, Juli tgl. 10–17 Uhr, 70 DKK/Erw., Spartipp s. Nykøbings Museen s. S. 212

Das Museum am Weg von Hanklit zu Feggeklit beantwortet Fragen rund um die Molererde und ihre Entstehung und zeigt eine große Sammlung schöner Fossilien, die darin gefunden wurden; an einigen Tagen gibt's kindgerechte Exkursionen zur Fossilien Suche.

Übernachten, Essen

Romantisch und maritim – **Pakhuset:** Toldbodgade 10, Nykøbing, Tel. 97 72 33 00, www.phr.dk. 18-Zimmer-Hotel (DZ ab 1050 DKK) in einem Hafenspeicher aus dem 19. Jh. mit viel maritimer Atmosphäre und Restaurant mit dänischer Küche (Hauptgericht ab ca. 100 DKK, Menüs ab ca. 225 DKK).

Fährkro, Hotelhütten, Camping – **Sallingsund Færgekro:** Sallingsundvej 104, Nykøbing, Tel. 97 72 00 88, www.sfkro.dk (Small Danish Hotels s. S. 25). Seit Menschengedenken gab es am Fähranleger der längst von einer Brücke verdrängten Sallingsund-Fähre einen Kro, heute ein Mix aus Hotel und Campingplatz mit bekannt gutem Restaurant. Neben Hotelzimmern (flexible Preise DZ ab ca. 700 DKK) gibt es freistehende ›Hotelhütten‹ für max. 6 Pers. am Wasser (ab ca. 800 DKK jeweils inkl. Nebenkosten und Frühstück im Kro) und den kleinen Campingplatz, dessen Gäste optional im Kro frühstücken können!

Vier-Sterne-Herberge am Fjordufer – **Danhostel Nykøbing Mors:** Øroddevej 15, Nykøbing, Tel. 97 72 06 17, www.danhostelmors.dk, Mitte Feb.–Nov. Direkt am Østre Strand; alle Zimmer mit Bad/WC; DZ ca. 450–550 DKK, Familienzimmer (3–6 Pers) ca. 520–750 DKK; gutes Frühstück 65 DKK/Pers.

Aktiv

Radwandern – **Solruten:** 170 km lange, gut markierte Radwanderroute

Landschaft nahe der Klippe Hanklit auf Mors

rund um die Insel (Karte auf www.visitnordjylland.dk/oplevelser/aktiv/cykelruter/19-solruten) mit Anschlüssen nach Thy über Kleinfähren (s. u.). Das i-Büro vermietet Räder/E-Bikes! (ab 80/180 DKK/Tag) und bietet Rundfahrt-Pakete inkl. Unterkunft und Verpflegung.

Sea Kayaking – **Meerestaugliche Kajaks** (ab 300 DKK/Tag) für Touren um die Insel vermittelt das Turistbureau (s. u.), am Ufer zahlreiche Basic-Lagerplätze (s. S. 28). Kajakkurse und Touren mit Guide 2–6 Std. 350–975 DKK inkl. Ausrüstung organisiert havskovjensen.dk, Tel. 96 69 44 69.

Muschel-, Austern- und Hummerzucht – **Dansk Skaldyrscenter:** Buchung über Turistbureau (s. u.). An ausgewählten Tagen in der Hochsaison Rundgänge in der Forschungsstation zu Schalentieren der DTU Aqua (Dänemarks Technische Universität) inkl. Bootstour zu einer Muschelzucht-Anlage 240 DKK/Erw., 120 DKK/Kinder.

Bootsexkursionen – **Limfjordsbussen:** Schiffstouren unter Regie des Turistbureau (s. u.) Juli–Mitte Aug. mit tgl. wechselndem Fahrplan ab Nykøbing Hafen u. a. Überfahrten nach Fur und Livø (Fahrradmitnahme ist möglich). Auf Fur lohnt der Besuch des Fur Bryghus: Brauhaus mit Bierproben, Hausmannskost, Brauereiführung, viele Konzerte, Details auf www.furbryghus.dk. An ausgewählten Tagen Abendtouren auf den Fjord mit Verpflegungsoption, Inselumrundungen und Seehundsafaris (ca. 150–400 DKK/Erw., 75–275 DKK, auf allen Strecken Familientickets 2 plus 2).

Abends & Nachts

Kinokultur – **Bio Mors:** Kirkegade 3, Nykøbing, Tel. 97 72 02 64, www.biomors.dk. Programmkino eines Vereins begeisterter Cineasten – viele Filme laufen im Original mit dänischen Untertiteln.

Infos & Termine

Morsø Turistbureau: Havnen 4, 7900 Nykøbing Mors, Tel. 97 72 04 88, www.visitmors.dk.
Inselbusse: Der ÖPNV auf Mors ist gratis. **Sommerbus:** Hop-on-hop-off-Busse zu Inselattraktionen an ausgewählten Tagen Ende Juni– Anfang Aug. auf zwei Routen, je Route 50 DKK/Tag, Tickets u. a. im i-Büro. **Kleinfähren** nach Thy: je 3 x stdl. Mors–Thy Færgefart am Feggesund (▶ D 5; Juni–Aug. ca. 8–22, sonst 8–18 Uhr; 10 DKK/ab 12 Jahre, Pkw plus Insassen 90–100 DKK) und Næssundfærgensvenner am Næssund (▶ C 6; Kernzeit 9.30–18 Uhr; 10 DKK/ab 12 Jahre, Pkw plus Insassen 60 DKK; auch Fjordrundfahrten: Termine auf www.næssundfærgensvenner.dk).
›Skaldyrsfestival‹: ›Fess‹-Wochenende am Hafen von Nykøbing Anfang Juni rund um Austern, Muscheln, Hummer, Krabben und Krebse. Heiß begehrt – und oft lange vorher ausverkauft – sind Tickets für das Fisch- und Schalentierbuffet (ca. 435 DKK ab Mitte Nov. auf www.skaldyrsfestival.dk; Paketreisen, Unterkünfte und Buffettickets schnürt das i-Büro).

Thy ▶ B–D 4–6

Thy zeigt zur Nordsee ein raues Gesicht, geradezu unfertig mit unendlichen Stränden, verehrt von Surfern, aber oft auch menschenleer, und so naturbelassen und einzigartig, dass es 2008 Dänemarks erster Nationalpark wurde. Anders das zweite Gesicht zum Limfjord hin: sittsame Dörfer, Felder bis ans Ufer, ein paar Gräber aus Stein- und Bronzezeit und eine kathedralgroße Dorfkirche als Zeugnis vergangener Größe. Thy ist politisch identisch mit der Großkommune Thisted, die sich von Agger Tange im Süden bis zum Bulbjerg im Norden erstreckt – viel Fläche, aber nur knapp 45 000 Menschen, davon leben etwa 13 000 im schmucken Hauptort Thisted.

Sydthy ▶ B/C 6

Sydthy, der ›Süden von Thy‹, ist groß an Fläche, aber dünn besiedelt. **Hurup,** 1882 als Bahnstation gegründet, gibt mit knapp 2800 Einwohnern schon das Zentrum. Im Sommer bringen Markttage (Mo Juni–Mitte Aug.) mit Musik und Folklore Leben in den Ort, sonst wirkt Sydthy eher verschlafen. Im Laufe der Geschichte war das nicht immer so. Dass die Region wahre Boomzeiten erlebte, belegen archäologische Funde wie die vielen Kammer- und Hügelgräber aus Stein- und Bronzezeit, die manchmal geradezu das Landschaftsbild prägen.

Prähistorische Gräber von Lundehøj und Ydby Hede ▶ C 6

Um etwa 3000 v. Chr. tauchten in Dänemark Kammergräber (dän. *jættestue)* in sorgfältig konstruierten Grabhügeln auf. Im Vergleich zu älteren Dolmengräbern (dän. *dysse)* sind die Steine der Kammern mehr bearbeitet und Zwischenräume in den Seitenwänden mit einer Art Trockenmauer verschlossen. Ein seitlicher Zugang erlaubte zeitlich versetzte Bestattungen. Im Hügel ist dann eine zentrale Kammer üblich, es gibt aber auch Anlagen mit ein oder zwei Nebenkammern. Die Toten bekamen Waffen und Schmuck ins Grab gelegt, am Eingang standen Krüge mit Essen und Trinken bereit. In Hügeln der Bronzezeit fehlt die Kammer. Die Erde wird in dieser Epoche über einem Sarg, meist ein ausgehöhlter Eichenstamm, aufgeschichtet. In der Regel liegen darin Mitglieder bedeutender Familien, Ausgrabungen belegen spätere Bestattungen von Toten oder Urnen in oberen Schichten der Hügel.

Gut 5000 Jahre alt ist das Kammergrab **Lundehøj** auf Höhe von Ullerup an der Straße [11]. In dem Grabhügel führt ein Gang zu einer Haupt- und einer Nebenkammer – wer sie erkunden möchte, bekommt auf dem Bauernhof an der Straße einen Schlüssel für das Tor und Kerzen, zur Sicherheit sollte man aber selbst eine Lampe mitbringen (Oddesundvej 211, 7760 Hurup Thy, 15 DKK/Erw., 5 DKK/Kinder).

Geradezu eine Nekropole mit 49 eng beieinander liegenden Grabstätten, die meisten Hügelgräber aus der Bronzezeit, prägt die Landschaft der **Ydby Hede** über dem schmalen Skibsted Fjord. Der erlebte seine geschäftigsten Tage später in der Wikingerzeit, als sich hier Schiffskonvois für die Fahrt nach Westen sammelten. Der Limfjord war damals Hauptverkehrsader eines nach Ostengland expandierenden Dänenreichs (Kammersgårdsvej 34B, 7760 Hurup Thy).

Thor-Stein von Hørdum ▶ C 5

Aus heidnischer Wikingerzeit stammt der Thor-Stein im Waffenhaus der Hørdum Kirke. Er zeigt das Fragment eines bekannten Motivs nordischer Mythologie, das man aber hier so detailliert nicht erkennt: Donnergott Thor fängt mit einem Stierkopf als Köder die Weltenschlange Midgardsormr, aber sein Begleiter, der feige Riese Hymir, bekommt es angesichts des grässlichen Ungeheuers mit der Angst zu tun und schlägt die Fangleine durch. Das Bild muss ein unbekannter Künstler irgendwann vor dem 11. Jh. in den Stein gehauen haben, denn dann wurden die Thyboer Christen und der Stein diente als Treppenstufe im Kirchturm. Dafür wurde er beschlagen, ein Teil des Bildes ging verloren (Thorsvej 25A, Koldby, 7752 Snedsted).

Vestervig Kirke ▶ C 6

Klostergade 1, 7770 Vestervig, Tel. 97 94 11 12, www.vestervig-kirke.dk, Mo–Do 8–16, Fr 8–12, Hochsaison auch Fr 8–17, Sa, So 11–17 Uhr, 10 DKK/ab 16 Jahre

Von der Christianisierung profitierte Vestervig am meisten. 1060 entstanden hier Nordjütlands erster Bischofssitz und bald ein einflussreiches Augustinerkloster. Die Versandung der Limfjord-Mündung beendete jedoch den rasanten Aufstieg und der Bischof zog nach Børglum (s. S. 251), später verfiel das Kloster. Von vier Flügeln blieb nur die Kirche, in alten Schriften ›Thylands Dom‹. Dreischiffig und 60 m lang, ist es Nordeuropas größte Dorfkirche.

Kein Besucher verpasst die lange, flache Grabplatte auf dem Kirchhof neben dem Kirchenportal. Eine Inschrift ist nicht mehr zu entziffern, aber jeder weiß, es ist **Liden Kirstens Grab.** Um dieses rankt sich eine Legende voll romantischer Liebe, großer Leidenschaft und tiefer Tragik: Liden Kristen war Halbschwester des eigentlich hochgeachteten Königs Valdemar den Store. In Valdemars Ränkespiele um die Macht passte indes nicht ihre Beziehung mit Prinz Buris Henriksen, einem Bruder seiner Frau. Die Liaison von Liden und Buris hatte Folgen, und als das Kind zur Welt kam, reichte es Valdemar: Er ließ seine Halbschwester töten, angeblich musste sie sich zu Tode tanzen. Prinz Buris sollte hingegen auch im Leben noch leiden: Ihm wurden Augenlicht und Männlichkeit geraubt, anschließend kettete man ihn so an die Klosterpforte, dass er gerade noch zum Grab seiner Geliebten kriechen konnte. Elf lange Jahre ertrug er dies Tag für Tag, so besingt es ein altes Volkslied, dann wurden die beiden wieder vereint – in ihrem Grab. Darauf liegen auch nach neun Jahrhunderten noch oft frische Blumen, denn wer sich in der Vestervig Kirke trauen lässt, legt hier den Brautstrauß ab. Das soll Glück für die Ehe bringen.

Museum Thy – Heltborg ▶ C 6

Skårhøjvej 15, Heltborg, Tel. 97 95 20 77, museumthy.dk, April–Okt. Di–So 13–16, Juli–Mitte Aug. tgl. 11–17 Uhr, 40 DKK, Juli 50 DKK/ab 18 Jahre

Eine weitere vorgeschichtliche Epoche, die Eisenzeit, lebt auf dem Gelände des Heltborg Museum fort, das sich auch als Sydthy Kunst- og Kulturcenter versteht. Im Juli kann man auf einem nachgebauten Hof Handwerksdemonstrationen und einen historischen Markt in prähistorischem Ambiente live erleben. Sonst zeigt das Museum in seiner Kunstabteilung Arbeiten von Jens Søndergaard (s. S. 203) und anderen Künstlern, die der Region eng verbunden waren.

Doverodde Købmandsgaard ▶ C 6

Fjordstræde 1, Doverodde, 7760 Hurup, Tel. 97 95 92 66. www.doveroddekobmandsgaard.dk, mind. Ende Mai–Mitte Juni Di–Fr 11–15, Juli–Mitte Aug. tgl. 10–17 Uhr, Mitte Aug.–42. Woche Di–So 11–16 Uhr. Ausstellungen plus Turm/nur Turm 50/30 DKK, 20/15 DKK/6–16 Jahre, Familienrabatt

In einer Seitenbucht des Nees Sund, der Sydthy von Mors trennt, ragt unübersehbar ein alter Getreidesilo 42 m in die Höhe, heute Aussichtsturm des **Doverodde Købmandsgaard.** Auf dem Kaufmannshof bestand 150 Jahre lang ein florierender Landhandel, heute dient er als Zentrum zur Kultur- und Naturvermittlung mit einem Restaurant, das auf dänische Küche setzt und einfachste **Unterkünfte** für Rad-, Fuß- und Kanuwanderer bietet (Herberge ab 150 DKK/Bett, Unterschlupf am Naturlagerplatz 30 DKK). Ausstellungen im Pakhuset, dem großen Speicher, gelegentliche Konzerte und regelmäßige Bauern- oder Antiquitätenmärkte gehören zum Sommerprogramm. Außerdem sorgt **Nordvest Safari Thy-Mors** für Aktivitäten, meist zwar nur für Gruppen, aber an ausgewählten Tagen, z. B. wenn einer der Märkte ist, auch für Einzelreisende mit Seakajak Schnuppertouren oder Rappeling – Kopf-über-Abseilen – an der Außenwand des alten Getreidesilo (nordvestsafari.dk).

Nordisk Folkecenter for Vedvarende Energie ▶ C 6

Kammersgaardsvej 16, Sønder Ydby, www.folkecenter.dk, tgl. freier Rundgang, 30 DKK/ab 12 Jahre, Mitte Juni–Aug. Führungen Mo und Do 11 Uhr, 50 DKK/ab 12 Jahre

Nicht nur beim grandiosen Rundumblick vom ›Aussichtssilo‹ in Doverodde fallen unzählige Windkraftanlagen auf. In Dänemark, das bei der Versorgung mit Strom aus Windenergie weltweit führend ist, belegt die Region Thy Platz 1 und ist damit wirklich Weltspitze. Längst wird sogar mehr Wind verstromt als vor Ort benötigt: Thy exportiert Energie. Das Nordisk Folkecenter for Vedvarende Energie bietet dazu Hintergrundwissen, dokumentiert Möglichkeiten, Energie aus regenerativen Quellen zu gewinnen und zeigt eine Sammlung früher Windkraftanlagen.

Agger Tange und Agger ▶ B 6

An der Westküste streckt Thy einen Finger nach Süden aus, die **Agger Tange.** Die schmale Halbinsel gab immer wieder dem Drängen der Nordsee nach. Obwohl so fragil, ließen sich hier Menschen nieder, denn Landwirtschaft und Fischerei waren gut möglich. Sturmfluten rissen jedoch mehrfach Dörfer weg und hinterließen zu Beginn des 19. Jh.

sogar einen Durchbruch, der mehrere Jahrzehnte schiffbar war, ehe er wieder versandete. 1862 schlug das Meer dann zwei Breschen in die Landzunge, von denen sich die südliche zum Thyborøn Kanal (s. S. 204) entwickelte. Die verbliebene Agger Tange wurde Anfang des 20. Jh. mit zwei Deichen und 33 Buhnen stabilisiert – die längste **›Høfde 72‹** ragt über 800 m ins Meer. Vogelreservate sind von der Straße gut einzusehen, aber nur beschränkt zugänglich, sie liegen alle im **Nationalpark Thy** (Nationalpark-Infohaus am Fähranleger).

Viele Ferienhäuser und Wohnungen in zwei Ferienparks machten aus dem früher windverblasenen Fischernest **Agger** einen im Sommer munteren Badeort, aber nur 350 Menschen leben hier ganzjährig. Eine Bausiedlung aus der Entstehungszeit der Deiche und Buhnen wurde in den 1990ern restauriert und ist als **›De Sorte Huse‹** Mittelpunkt eines rührigen Kulturlebens mit Lesungen, Konzerten von Chorsingen bis Heavy-Metal und Ausstellungen regionaler Künstler und Kunsthandwerker (Alumvej 32). An die unkalkulierbare Gewalt der Nordsee gemahnt am Ortseingang von Agger eine moderne Steinskulptur: Fünf Granitkeile bilden eine gewaltige Welle. Die Skulptur erinnert an den 21. November 1893. Allein aus Agger ertranken an diesem Tag in einem überraschend aufziehenden Unwetter 48 Männer. Die Katastrophe gab den Anstoß, die Häfen Thyborøn, Hanstholm und Hirtshals zu bauen.

Übernachten

Reihenbungalows im Containerstil – **Agger Tange Feriecenter:** Tangevej 1, Tel. 97 94 17 55, www.aggertange feriecenter.dk. Offiziell für max. 5 Pers., gut geeignet aber nur für zwei Erw. eventuell mit Kleinkind(ern). Keine Mindestmietzeit, je nach Saison und Ausstattung ca. 395–865 DKK/Tag, 2000–5000 DKK/Woche.

Zwei Meere in der Nähe – **Krig-Vig Camping:** Krigvej 112, Agger, Tel. 97 94 14 96, www.krikvigcamping.dk. Drei-Sterne-Anlage mit viel Platz und guten Wassersportangeboten auf der Limfjord-Seite von Agger.

Ferienhäuser – **Agger Feriehuse:** Ålumvej 28, Tel. 97 94 14 72, www.aggerferie huse.dk. Kleiner lokaler Vermittler mit ca. 50 Objekten im Katalog.

Aktiv

Süß- oder Salzwasserangeln – **Flade Sø:** Nur ein Deich trennt nördlich von Agger den Süßwassersee, der als bester Angelplatz für Zander in Dänemark gilt, an seinem Westufer vom Meer, allerdings braucht man auf beiden Seiten dieses Deiches unterschiedliche Angelscheine, am Meer den für alle Küstengewässer (s. S. 31), am See einen lokalen, erhältlich u. a. im Angel-Shop **Krik Marine** in Agger (Havnevej 2, Tel. 97 94 15 43).

Kleines Spaßbad mit Wellnesscenter – **Sydthy Svømmebad/Kurbad:** Idrætsvej 5, 7760 Hurup, Tel. 99 17 31 60, www.sydthy-svbad.dk, Schwimmbad tgl. mit wechselnden Öffnungszeiten, jedoch während aller dänischen Ferien tgl. 10–17 Uhr, 48 DKK, 34 DKK/1–13 Jahre; Wellnessabteilung (ab 18 Jahre) Di–Fr 14–19, Sa 10–17, So 10–16 Uhr, 140 DKK, Massagen auf Anfrage.

Infos & Termine

Thy Turistbureau (s. S. 233). **Infostand** in Hurup Bøger og Papir, Bredgade 120, 7760 Hurup. **Agger** nur online www.visitagger.dk, postalisch gehört Agger zu 7770 Vestervig.

Orgelkonzerte in der Vestervig Kirke: Die 52-Register-Orgel in ›Thylands

Dom‹ zählt zu den besten Dänemarks und wird gern für Konzerte bespielt. Aktuelle Termine: auf www.vestervig-kirke.dk »Koncerter« anklicken.
Fähre Agger Thyborøn: s. S. 208

Nationalpark Thy ▸ B/C 4/5

Wer an Thys' Küste eine Zeitmaschine besteigt, um in der Geschichte zurückzureisen, sollte ein Gummiboot mitnehmen. Das Land hob sich erst in den letzten 5000 Jahren aus dem Meer. Im Vergleich zu heute lag die Küste 5 bis 10 km landeinwärts. Die Wellen stießen dort an Kalkklippen, die an vielen Stellen noch im Land erkennbar sind.

Davor ragten Inseln aus dem Steinzeitmeer, heute Landmarken im Küstenverlauf wie der Bulbjerg oder das Plateau, auf dem Hanstholm thront. Sonst wandelt man an Thys' Küste auf altem Meeresgrund. Entsprechend flach ist das Gelände, abgesehen von Dünen, die der Wind aufgehäuft hat.

Zwischen Agger Tange und Hanstholm, gut 50 km nördlich, bilden die Küste mit dem Dünen- und Heideland bis zu 12 km weit ins Landesinnere hinein Dänemarks ersten, 2008 eröffneten Nationalpark, gern vermarktet als Dänemarks größte Wildnis.

Den intensivsten Zugang zum Nationalpark vermittelt der **Vestkyststien** zwischen Fähranleger Agger Tange und Torup Strand östlich des Bulbjerg. In diesem Abschnitt trennen sich Fahrrad- und Wanderroute des Westküstenweges fast auf ganzer Länge. Wanderer nutzen weitgehend den alten Rettungspfad durch die Dünen (ca. 80 km/4–5 Tage). Er stammt aus der Zeit, als bei küstennahen Schiffshavarien alles Hilfsmaterial mit Pferdewagen an den Unglücksort gebracht werden musste – diese Wege waren extrem wichtig in fast unbewohnten Abschnitten wie auf den gut 14 km vom Süßwassersee Flade Sø bei Agger bis Stenbjerg sowie nordöstlich von Hanstholm an der Vigsø Bugt.

Nationalpark Infos: de.nationalparkthy.dk. Der Nationalpark ist frei zugänglich, ausgenommen sind die Vogelbrutgebiete im Frühjahr. Infohäuser gibt's am Fähranleger **Agger Tange** (Svaneholmhus, unbemannt, tgl. solange Fähren fahren), am **Stenbjerg Landingsplads** (Stenbjerg Kirkevej 120, April–Okt. tgl. 13–17 Uhr, mit Verkauf von Natur- und Wanderführern) und ab 2018 am **Lodbjerg Fyr.** Ein großes **Nationalpark-Besucherzentrum** ist in Nørre Vorupør geplant (ab ca. 2019). **Wanderwege** sind reichlich markiert, Flyer mit Karten gibt's auch auf Deutsch im Thy Turistbureau, in den Infohäusern oder zum Download auf www.naturstyrelsen.dk/Udgivelser/Vandretursfoldere/Tysk. Sehr gut: Der Westküstenweg Agger-Bulbjerg – Wanderungen Nr. 31. Langstreckenwanderer finden mehrere **Naturlejrpladser** (s. S. 28) und die zur Wanderhütte umfunktionierte Rettungsstation in Lyngby. **Naturführer** (s. S. 67) bieten regelmäßig Wanderungen, Themen und Termine auf nationalparkthy.dk an, auch i-Büros kennen sie. **Sommerbussen 88** fährt mit Guide auf drei Routen an ausgewählten Tagen mit vielen Stopps und Zeit zum Mittagessen durch den Nationalpark (Ende Juni–Mitte Aug., jeweils 9.45 Uhr ab Thisted Bahnhof, ca. 7 Std., 198 DKK/ab 12 Jahre plus je 2 Kinder unter 12 gratis; Tickets im Bus oder beim Thy Turistbureau (s. S. 233), Reservierung empfohlen!).

Lodbjerg ▸ B 5

Hat man nördlich von Agger den **Flade Sø** passiert, wechselt die Szenerie: statt Buhnen und Deichen eine 5 km lange, raue Steilküste. Nur an wenigen Stellen kann man vom

Mit der Ästhetik einer Skulptur: das Innenleben des Leuchtturms Lodbjerg Fyr

Strand auf das dahinter liegende Dünen-Heide-Plateau hinaufkraxeln. In den Hängen wird ein Schichtprofil sichtbar, deutlich erkennt man dunkle Streifen fruchtbarer Böden, vor langer Zeit begraben unter den oberen Lagen Flugsand. Oben wälzt sich die Wanderdüne **Lodbjerg Mile** langsam landeinwärts.

Knapp 1 km hinter dem Steilufer ragt **Lodbjerg Fyr** (Zugangsbeschränkungen Herbst/Winter 2017/18 wg. Renovierung) über das Land, 1883 aus schwedischem Granit gebaut und 35 m hoch. Der Leuchtturm kann bestiegen werden, es sei denn, der Wind bläst zu stark – dazu haben Einheimische nur einen Kommentar: Bei uns weht der Wind 300 Tage im Jahr, sonst stürmt es! Vom Leuchtturm-Parkplatz starten Wege Richtung Steilufer und hier beginnt auch der schönste Abschnitt der Wanderstrecke des Vestkyststien über 14 km durch Heidelandschaft und Strandwälder nach Stenbjerg.

Lyngby und Stenbjerg ▸ C 5

Man kommt dem Meer auf Stichstraßen näher, die von der Küstenstraße 181 nach Westen abbiegen. An einigen Stränden wurde bis in die 1960/70er-Jahre kommerziell Strandfischerei betrieben, so in **Lyngby,** das Fischer aus Agger gründeten, als durch ihr Dorf Ende des 19. Jh. mal wieder eine Sturmflut geschwappt war. Lyngby ist klein und unscheinbar geblieben, während sich **Stenbjerg** mehr dem Tourismus öffnet. Der **Stenbjerg Landingsplads** mit seinen liebevoll gepflegten, schneeweißen Geräteschuppen am Weg zum breiten Strand hinunter vermittelt ein nostalgisches Bild wie kein anderer Ort an diesem Küstenabschnitt. Eines der Gebäude dient als **Nationalpark-Infohaus** (s. o.) und im etwas höher gelegenen, alten Windenhaus dokumentiert **Spilhus Museet** (offen, Spende), wie früher große Kutter auf den Strand und wieder ins Meer gezogen wurden. Heute nutzen noch gut ein Dutzend Nebenerwerbsfischer mit kleinen Booten den Strand.

Weiter südlich steht seit 1884 die denkmalgeschützte **Stenbjerg Båke** in den Dünen (Sømærkevej 97, 7752 Snedsted). Nur ein Jahr jünger ist das Pendant **Torup Båke** etwa 8 km weiter im Norden (Bøgsted Rende Vej, 7700 Thisted). Vergleicht man die beiden Seezeichen miteinander, ist ihre dreibeinige, hölzerne Grundkonstruktion gleich, aber sie sind am ›Kopf‹ zu unterscheiden. So haben alle zwölf erhaltenen Baken an Dänemarks Westküste ein individuelles Design. Sie wurden 1884/85 an damals besonders einsamen Küstenabschnitten zur Ergänzung der Leucht- und Kirchtürme aufgestellt, haben aber keine Funktion mehr als Seezeichen.

Nørre Vorupør ▶ C 5

Möchten Sie Einheimische überraschen, artikulieren Sie den Namen von Thys größtem Badeort *nö[rr]eworböer:* verschlucken Sie das [rr] weitgehend, aber nie ganz, ziehen beide Wörter zusammen und sprechen die ›ö‹ offen – angeblich ist Nørre Vorupør für deutsche Zungen unartikulierbar.

Vom Strand ragt seit 1911 eine Mole gut 350 m ins Meer hinaus. Seinerzeit war ein derartiger Buhnenbau an der Nordsee ein großes, mehrere Jahre in Anspruch nehmendes Projekt – sogar der König reiste aus Kopenhagen zur Baustellenbesichtigung an. Als sich der örtliche Fischereiverein später bemühte, noch den Zuschlag für einen richtigen Hafen zu bekommen, kamen jedoch Hirtshals, später Hanstholm zum Zuge.

Dafür wurde 2014 auf der Südseite der Mole Dänemarks erstes ›Havbad‹ fertig, um trotz der üblichen Brandung und gefährlichen Unterströmungen ein sicheres Baden zu ermöglichen. Das Meerbad ist eine künstliche Badebucht mit breiten, behindertengerechten Betonrampen ins Wasser und mit einer kleinen Öffnung zum Meer, die einen regelmäßigen Wasseraustausch gewährleistet: Baden im Meer mit Freibad-Feeling. Auf der anderen Seite der Mole wird noch Strandfischerei betrieben, aber nur noch von Nebenerwerbsfischern mit kleinen Booten, die pittoresk auf dem Strand liegen. Zwei der größeren Kutter, die dazwischen auffallen, starten regelmäßig mit Hobbyanglern zum ›Gelben Riff‹ (s. Mein Tipp s. S. 223).

Fischerei ist Thema im **Museum Thy – Vorupør Museum** das oberhalb des Landungsplatzes in einer alten Kutterwerft eingerichtet ist und in der immer mal wieder traditioneller Bootsbau demonstriert wird (Vesterhavsgade 21, Tel. 97 93 88 50, museumthy.dk, April–Okt. Di–So 12–16, Juli–Mitte Aug. tgl. 10–16 Uhr, 30 DKK/ab 18 Jahre). Was Fischern vor der Küste in die Netze geht, sieht man im **Nordsø Akvariet** – sogar die großen Haie, die man aus einem Glastunnel hautnah bestaunt, sind ›Einheimische‹, ebenso die kleinen Sandhaie, die Schollen und die anderen Fische in den Berührungsbecken (Vesterhavsgade 131, Tel. 97 93 82 60, north-sea.dk, Ostern–Okt. tgl. 10–16, Juli/Aug. bis 18 Uhr, 60 DKK, 30 DKK/3–12 Jahre, 3 Wochen gültige Ferienkarte 80/50 DKK).

Klitmøller – Cold Hawaii ! ▶ C 4

Klitmøller entstand als Mühlensiedlung: Wassermühlen nutzten Abflüsse kleiner Seen im Hinterland, um Mehl für den regen Schutenhandel mit Norwegen zu mahlen, der hier vom Strand aus abgewickelt wurde. Mitte des 19. Jh. kam Strandfischerei hinzu, die seit der Eröffnung des Hafens von Hanstholm 1967 auch hier nur noch mit kleinen Booten als Nebenerwerb betrieben wird. Einer der typischen

Kutter von früher, **›T 97 Bellis‹**, liegt auf dem Ufer und erinnert sorgfältig restauriert an die vergangene Zeit.

Mitte der 1980er-Jahre begann ein neues Zeitalter, Klitmøller wurde Nordeuropas heißeste Surf-Location: ›Klitte‹, so der Kosename, wurde etwa 1984/85 von deutschen Windsurfern entdeckt – der Legende nach, weil ihre Fähre nach Norwegen in Hanstholm wegen Sturms nicht auslaufen konnte und sie Zeit hatten, die Gegend zu erkunden. Ein Artikel in einem deutschen Surfer-Magazin löste dann 1986 den endgültigen Boom aus: ›Klitte‹ avancierte in Windeseile vom Geheimtipp zum ultimativen Spot. Bald stand nicht mehr ein einsamer ›Bulli‹ am Strand, sondern einer neben dem anderen. Die Bevölkerung jaulte auf. Heute gibt es überall in und um Klitmøller Schilder, die ›Nachtparken‹ unterbinden, und Höhenschranken verhindern, dass man vor lauter Wohnmobilen kein Meer mehr sieht.

Als die ersten Surfer über die Ørhage Bucht flitzten, schaute ein gerade 10-jähriger Junge aus dem Dorf staunend zu, mit 14 stieg er selbst aufs Brett und nach ein paar Jahren war Robert Sand einer der ganz Großen seines Sports. Später siedelte er den Firmensitz seiner in der Surfer-Szene angesagten Modemarke PLASMA in seinem Heimatdorf an und wurde treibende Kraft hinter Surf-Events (s. Termine), die die Weltelite der Windsurfer nach Klitmøller holte. Hier gewann 2011 unter idealen Surf-Bedingungen der damals 17-jährige deutsche Surf-Star Philip Köster seinen ersten WM-Titel schon vor dem Saisonfinale. Seinen Weltmeisterpokal konnte sich Köster eine Woche später auf Sylt nur abholen: Dort war wegen Flaute an Sport nicht zu denken.

Mensch, Brett, Welle: Thy ist eines der besten Surferreviere in Europa

›Cold Hawaii‹ hat auch Reviere für weniger Geübte auf dem Limfjord und auf dem in der Szene legendären **Vandet Sø** knapp 4 km landeinwärts im Nationalpark Thy. Dort wurde lange über das Surfen gestritten, weil Naturschutz und Surflust nicht unter einen Hut passen wollten. Inzwischen haben Naturschützer und der Surfclub NASA zu beiderseitiger Zufriedenheit den Zugang geregelt.

Übernachten

In der zweiten Reihe – **Hotel Klitheden:** Nordsøvej 10, Nørre Vorupør, Tel. 96 69 11 22, www.hotelklitheden.dk. Äußerlich bescheiden, innen nett renoviert. Wenige, zum Teil einfache Zimmer ab 650 DKK, mit eigenem Bad ab 800 DKK, Rabatte ab 3. Tag.

Surfers Paradise – **Nystrup Camping:** Trøjborgvej 22, Klitmøller, Tel. 97 97 52 49, www.nystrupcampingklitmoller.dk. 3-Sterne-Platz mit vielen Stellplätzen für die Wohnmobile der Surfer, die hier gern logieren. Auch Hütten für 2–6 Pers. Putzig sind 2-Personen-Hobbit-Hütten in Tonnenform – Frodo trifft Diogenes! (ab 300 DKK/Tag!).

Richtig ›hyggelig‹ – **Gaarden Klitmøller Bed & Breakfast:** Kalles Mark 2, Klitmøller, Tel. 97 97 56 80, www.gaardenklitmoller.dk. Urgemütlichens B & B in einem schön renovierten alten Reetdachhaus mit guten Gemeinschaftseinrichtungen inkl. kleiner Küche. Die hutzligen Doppelzimmer kosten je nach Größe 400–555 DKK, Frühstück plus 60 DKK/Pers.

Über 400 Häuser – **Feriepartner Thy:** Vesterhavsgade 44, Nørre Vorupør, Tel 97 93 80 22, www.feriepartner.de/thy. Der regionale Spezialist.

Ferienhäuser seit über 35 Jahren – **Klitmøller Sommerhusudlejning:** Ørhagevej 117, Klitmøller, Tel. 97 97 53 50, www.klitmoeller.dk. Lokaler Anbieter mit Herz für den Ort und bester Kenntnis der von ihm betreuten ca. 170 Häuser. Service und Nebenkostenabrechnung sind unkompliziert, die Preise in der Regel günstiger als bei den überregionalen Mitbewerbern!

Mein Tipp

Petri Heil – Angelfreuden genießen

An allen Nordseestränden kann man Brandungsangeln versuchen, außerdem gelten die langen Buhnen von Agger und die Mole von Nørre Vorupør als ideale Angelplätze. Ruhiger geht es am und auf dem Limfjord zu, der u. a. Meerforellen, Hornhechte und saisonal auch Aale bietet. Ein fischreicher Süßwassersee ist der **Flade Sø** nördlich Agger, bei dem man beinahe gleichzeitig Zander und Dorsch angeln kann, so nah sind sich See und Meer an seinem Westufer (s. S. 218). Darüber hinaus gibt es Put & Take-Anlagen.

Traum aller Angler ist allerdings das **Gule Rev**, das **›Gelbe Riff‹**, eines der besten Reviere der Nordsee zum Hochseeangeln. Hier ist mancher Rekordfang an den Haken gegangen, der für Dorsche liegt derzeit bei 31 kg. Mehrere Boote bieten Angelfahrten ab Hanstholm und Nørre Vorupør – dort mit Abfahrt und Landung am Strand – sowie ab Hirtshals (s. S. 265). Frühes Aufstehen muss sein, denn los geht es zwischen 3 und 7 Uhr morgens. Angelausrüstung wird auf allen Kuttern verliehen, ein Angelschein ist Pflicht (s. S. 31). Ein Tag auf See kosten ab 750 DKK, Gruppen können Kutter auch für Mehrtagestouren chartern, Anbieter sind in diesem Buch bei den Hafenorten unter ›Aktiv‹ genannt.

Essen & Trinken

Alle Restaurants haben nur im Sommer und in Ferienzeiten täglich geöffnet, Details zu den anderen Jahreszeiten auf ihren Webseiten.

Fischbuffet Spezialist – **Niels & Sinnes Fiskerestaurant:** Hotelvej 3, Nørre Vorupør, Tel. 97 93 18 18, www.nielsogsinnesfiskerestaurant.dk. Fischbuffet gibt's Juni–Aug. tgl., sonst Mitte März–Dez. Fr–So um 18 Uhr für knapp 170 DKK. ›Niels & Sinnes‹ steht auch für Produkte aus der Region von Marmelade bis Schnaps und Bier, die im Restaurant und vielen Läden auf Thy verkauft werden: nielsogsinne.dk.

Ein bisschen Mittelmeer – **Café Conrad:** Ørhagevej 147, Klitmøller, Tel. 97 97 54 30, www.restaurantconrad.dk. Pasta und Tapas treffen in netter Atmosphäre dänische Schollen, aber des Autors Favorit ist und bleibt das Thy-Lamm (Hauptgericht ca. 180–300 DKK).

Burger mit Moin-Moin-Flair – **Inside Cold Hawaii:** Ørhagevej 150, Klitmøller. Gaby und Andre aus Hamburg haben sich Klitmøller als Auswanderungsziel ausgesucht und servieren jetzt als Nicht-Surfer Super-Hamburger und gut gemachte Kaffeespezialitäten mitten im Surferherz, die Ørhage-Bucht vor der Tür, Surf-Shops nebenan, und bei Events trifft sich bei ihnen die Weltelite – unter der Decke hängt sogar als Geschenk ein Weltmeisterbrett, signiert von Philip Köster.

Räucherfisch – **Klitmøller Røgeri:** Ørhagevej 152, Klitmøller, Tel. 97 97 55 66, www.klitmoeller-roegeri.dk. Ein paar Bänke zum Sofortessen oder man kauft für ein Picknick in den Dünen ein – deftig und preiswert (ab 60 DKK).

Einkaufen

Fischladen mit Meer hinterm Haus – **FiskeCompagniets Detailsalg:** Vesterhavsgade 182, Nørre Vorupør, Tel. 97 93 80 19. Fischhandel mit Räucherei gleich nahe dem Landungsplatz der Strandfischer – beste Frischfisch-Auswahl weit und breit, immer lebender schwarzer Hummer parat!

Trend-Schnäppchen – **PLASMA Lagersalg:** Vangsåvej 12, Klitmøller, Tel. 20 78 23 72. Kleines Keller-Outlet, kurze Öffnungszeiten und coole Klamotten ›Dedicated to Cold Water Surfing‹, etwas günstiger als in normalen Shops.

Aktiv

Mit Strandfischern auf Tour – **T 248 Skagerak** (Tel. 97 92 07 41, www.skagerak-t248.dk) und **T 284 Maagen** (Tel. 97 93 80 07,www.maagen.com): Beide ab Nørre Vorupør ca. 10 Std. 750 DKK. Details s. ›Mein Tipp‹ s. S. 223

Raus auf die Wellen – **Westwind Klitmøller:** Ørhagevej 150, Tel. 97 97 56 56, klitmoller.westwind.dk. Alles was man zum Surfen kaufen oder leihen kann; außerdem Kurse und Surf Camps zu allem, was mit Brettern auf dem Wasser möglich ist: Kite-, Wind- und Wellensurfen sowie SUP ab ca. 300 DKK, Einzelunterricht ca. 750 DKK für 2 Std. – immer inkl. Ausrüstung. Surf Camps ab ca. 700 DKK/Tag oder mit Übernachtung im Guesthouse ab ca. 1000 DKK. Angebote auch für Kinder und Jugendliche.

Infos & Termine

Thy Turistbureau: Vesterhavsgade 21, Nørre Vorupør, Tel. 97 93 83 77, www.visitthy.dk, Apr.–Okt. Di–So 12–16, Juli–Mitte Aug. tgl. 10–16 Uhr, sonst Büro in Thisted (s. S. 233).

Postalisch gehören Nørre Vorupør und Klitmøller zu 7700 Thisted.

Infos zum Surfen: Surfclub **NASA,** Ørhagevej 140, Klitmøller, www.coldhawaii.eu (dän.). Beschreibungen der

Surfspots www.spot-explorer.com mit Suche »Thy« (dt.). Live-Webcams: www.waves4you.com.

Strandfeste: Hawfest in Klitmøller (1. Juli-Wochenende), Stenbjergdagen am Stenbjerg Landingsplads (2. So im Juli), Strandfest in Nørre Vorupør (Wochenende Mitte Juli) – alle mit Musik, Essen, Trinken und oft einer Seenot-Übung.

Surfevents: ›Klitte‹ ist berühmt für seine Surfevents, mal harter Wettbewerb, mal eher Fest. Die Szene ist aber schnelllebig, Namen und Konzepte ändern sich oft. Seit 2011 gab es Mitte Sept. immer einen internationalen Wettbewerb u. a. 2017 COPENCOLD HAWAII mit allen Disziplinen der WM der Stand-up-Paddler, die Wellen brauchen. Da lohnt der Blick in THYs Eventkalender www.thy360.dk (dän.).

Hanstholm ▸ C 4

Hanstholms Mittelpunkt besteht aus dem an die Shopping-Mall einer amerikanischen Kleinstadt erinnernden Hanstholm Centret mit gut 30 Läden inklusive Post, Bank und Supermärkten. Die 2300-Einwohner-Stadt ist keine Schönheit, vieles wirkt trostlos, aber die Lage reißt einiges wieder heraus: Der Ort thront über der Küste auf einem Plateau und wo immer man an dessen Rand kommt, beeindruckt der Blick auf Hafen, Küste und Meer.

Der Parkplatz am Ende des Helshagevej hoch über dem Hafen bietet diese Aussichten ebenso wie der skurrile **Skulpturenpark** am Roshagevej. Dort kann man in Gesellschaft absonderlicher Steinmenschen Sonnenuntergänge genießen, lauschen, ob die Steinharfe dazu spielt, und auf dem Havhimmelskibet eine Kreuzfahrt antreten. Dieses Meereshimmelsschiff ist die künstlerische Klammer, die alle Skulpturen zu einem Gesamtkunstwerk vereint. Neben dem Skulpturenpark dient das **Hanstholm Kunstbygning** einem rührigen Kunstverein jeden Sommer für Ausstellungen mit Werken regionaler Künstler (Roshagevej 20, ca. Ostern–Okt.).

Im Hafen

Als Hanstholms Hafen 1967 eingeweiht wurde, waren fast genau 100 Jahre des Debattierens, Planens, Verwerfens, Neuplanens und Bauens vergangen. In den 1920er-Jahren gab es sogar Visionen, Hanstholm zur Retortenstadt für 20 000 Menschen mit Überseehafen und Fernbahnanschluss auszubauen. Sehr futuristisch angesichts früherer Einwohnerzahlen: Mitte des 19. Jh. lebten keine 200 Menschen in dem damals Hansted genannten Ort und knapp 800 waren es, als er 1943 von den Deutschen evakuiert wurde. Immerhin gab es seit 1907 eine Schutzmole ähnlich der in Nørre Vorupør.

Nachdem der Hafen realisiert war, entwickelte er sich rasant, erlebte schon mehrere Erweiterungen und die nächste, die mit neuer Außenmole die Einfahrt besser schützt, soll ca. 2020 fertig sein. Es gab auch Frust, weil man sich als Fährhafen gegen den Konkurrenten Hirtshals nicht behaupten konnte und Linien nach Norwegen, Island und zu den Färöer-Inseln, die bis 2010 ab Hanstholm fuhren, dorthin wechselten – der Hafenausbau soll einige zurückbringen, hofft man. Auf jeden Fall aber hat man beim Fisch die Nase vorn. In Hanstholm wird montags bis freitags so viel Speisefisch umgeschlagen wie nirgendwo sonst in Dänemark, vor allem Dorsch, Seelachs, Scholle und Schellfisch. An manchen Tagen kommen weit über 100 t bei der **Hanstholm Fiskeauktion** unter den Hammer – ▷ S. 228

Auf Entdeckungstour: Kriegserinnerungen im Ferienland – Festung Hanstholm

Rund 600 Bunker und Geschützstellungen ließen deutsche Truppen in und um Hanstholm in die Dünen setzen – die größte Festung aus dem Zweiten Weltkrieg in ganz Skandinavien. Nirgendwo an der dänischen Nordsee kann man den Größenwahn des Atlantikwall-Projekts eindeutiger erleben.

Reisekarte: ▶ C 4
Planung: MuseumsCenter Hanstholm: Molevej 29, Tel. 97 96 17 36, www.museumscenterhanstholm.dk, Feb.–Okt. tgl. 10–16, Juni–Aug. bis 17 Uhr, 80 DKK, 30 DKK/7–14 Jahre; Munitionsbahn: Ostern, Juni–Aug., 42. Woche, 25/10 DKK/Fahrt.
Zeit: ca. 2–3 Std. inkl. Bunkerbahn

Bunkererkundungen sind überall entlang der dänischen Nordseeküste eine populäre Urlaubsbeschäftigung und die Bauwut der deutschen Besatzer war rund um Hanstholm besonders zügellos. Ein modern konzipiertes Dokumentationszentrum hoch über Hafen und Küste hilft, die Bauten in den Geschichtszusammenhang zu stellen und so die Faszination der mit den Anlagen verbundenen Technik zu relativieren.

Die tödliche Schranke

Die Bewohner Hanstholms wunderten sich schon Mitte der 1930er-Jahre, wie begehrt ihr Dorf bei deutschen Kunstmalern war. Die krabbelten durch die Dünen und zeichneten viel. Gleich nach der Besetzung tauchten ihre Geländeskizzen als Pläne für die Festung Hanstholm wieder auf. Diese sollte mit einer Schwesteranlage in Südnorwegen eine tödliche Schranke an der Durchfahrt zwischen Nord- und Ostsee bilden. Um den 120 km breiten Skagerrak zwischen Hanstholm und Kristiansand zu kontrollieren, ist beiderseits eine Schussweite von 60 km erforderlich. Da die installierten 38-cm-Kanonen knapp unter dieser Marke blieben, wurde die verbleibende Lücke vermint. Von den 350 Waffensystemen, die diese Megakanonen sichern sollten – vom Flammenwerfer am Strand bis zu Flugabwehrgeschützen –, ist heute nicht mehr viel zu sehen. Das 38-cm-Rohr, das neben dem Museumseingang steht, ist zwar vom gleichen Typ, war jedoch für eine Stellung bei Esbjerg vorgesehen.

4000 Deutsche in Hanstholm

Im **Dokumentationscenter** erfährt man alles Wissenswerte über Hitlers Atlantikwall. Ausgestellt sind Originaluniformen, Alltagsgegenstände der Soldaten und Zivilbevölkerung als auch weiteres Kriegsgerät. Bis zu 4000 deutsche Soldaten und Zivilangestellte wohnten zeitgleich in Hanstholm, die 800 Einheimischen wurden indes 1943 zwangsevakuiert, nur 500 kamen nach dem Krieg zurück. Generalfeldmarschall Rommel inspizierte in seiner Verantwortung für den Atlantikwall Ende 1943 Hanstholm und forcierte den Ausbau. An dem beteiligten sich auch dänische Unternehmen und Arbeiter, die im strukturschwachen Jütland gern solche Aufträge annahmen. Und wofür? Die Mammutkanonen erlebten keinen Gefechtseinsatz, Bunker- und Verteidigungsanlagen keinen Angriff. In den 1950er-Jahren wurden die Geschütze verschrottet.

Vom Dokumentationscenter geht man direkt in den **Museumsbunker,** einer von vier großen Geschützständen, die mit ihren 38-cm-Kanonen das Kernstück der Festung Hanstholm bildeten. Um sie mit Geschossen zu versorgen, verband eine Munitionsbahn die Stellungen. Sie rattert und quietscht heute mit Besuchern statt Granaten durchs Gelände, in dem sich über ein Dutzend weitere Betonbauten verbergen, erschlossen durch markierte Bunkerwege.

Viel Aufwand für ein Filmset

Die Bunker von Hanstholm sind seit 1979 Touristenattraktion. Zuvor machten sie schon als Filmset Karriere: In der Bunkeranlage entstanden Teile von »Die Olsenbande fährt nach Jütland«, dem dritten Film um die in der ehemaligen DDR heiß geliebten Gauner-Chaoten Egon, Kjeld und Benny. Eine Szene, die hier entstand, blieb DDR-Bürgern in der alten DEFA Fassung aber Jahrzehnte vorenthalten: Egon stößt bei der Erkundung des Bunkers auf einen versteckten Raum mit einem großen Hitler-Porträt.

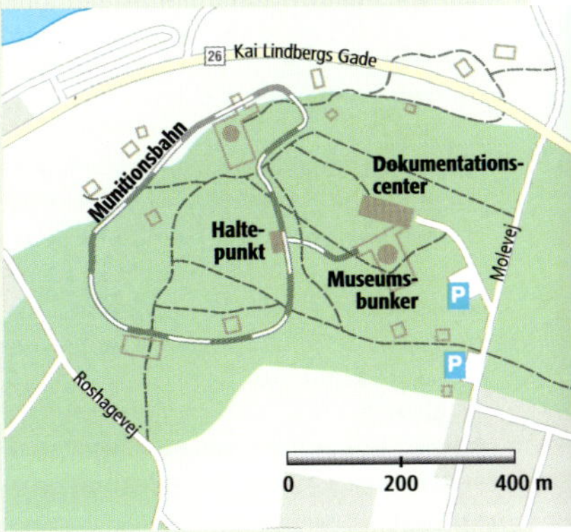

Besucher dürfen zusehen, solange sie den Profis nicht im Wege stehen. Und da wird schnell gearbeitet, denn maximal 24 Stunden nach dem Zuschlag soll die Ware bei jedem Empfänger innerhalb der EU ausgeliefert sein (Auktionsgade 11, www.hanstholm fiskeauktion.dk, Mo–Fr außer Fei 6.45 Uhr, gratis).

Danish Wave Energy Center

www.danwec.com; Führungen dän./engl. Hochsaison ca. 90 Min./75 DKK mit Green Team Thy, Hamborgvej 40, Tel. 24 63 24 04, Buchungen: www.visitthy.dk/thy/book-energiture-i-thy

Hanstholm ist aber auch immer noch für Zukunftsvisionen zu haben: DanWEC – Danish Wave Energy Center – macht den Hafen zu einem Zentrum für die Erforschung der Wellenenergie. Immer wieder sieht man im Meer oder am Ufer futuristische Objekte, real gewordene Visionen, die dem Praxistest unterzogen werden, aber auch das ein oder andere Zeugnis großen Scheiterns. Etwas gibt den Forschern und Ingenieuren Zuversicht: Dänemarks Windkraftindustrie fing vor 30 Jahren auch klein an und das Energiepotenzial der Wellen wird für mindestens so groß gehalten wie das des Windes.

Hanstholm Fyr

Tårnvej 21, tgl. von 8 Uhr bis Sonnenuntergang

Oben auf dem Plateau, 65 m über dem Meer, weist Hanstholm Fyr den Weg in den Hafen. Unter seinen Leuchtturm-Kollegen im Westen Jütlands ist er der kleinste, stand aber immer für Innovation: 1843 war er der erste an der dänischen Nordsee. 1889 bekam er als erster im Lande eine elektrisch betriebene Kohlenbogenlampe und strahlte mit der neuen Technologie viele Jahre so hell wie kein zweiter auf der Welt. 1923 kamen hinter seinen Linsen Dänemarks erste Hochleistungsglühlampen zum Einsatz: 4000 Watt, durch Prismen verstärkt, sind über 50 km weit zu sehen. Die Entstehungsgeschichte des Baus ließ indes keine Superlative erwarten: Ein erster Turm war 1842 so schwach konstruiert, dass er Linsen und Kupferdach nicht tragen konnte. Er musste abgerissen und neu errichtet werden. Der große, zum Sommer 2017 grundlegend renovierte Gebäudekomplex, aus dem der Leuchtturm ›heraussticht‹ wird für wechselnde Kultur- und Naturausstellungen genutzt, im Sommer auch als Abteilung des Thy Turistbureau.

Vigsø Bugt und Lild Strand ▶ C/D 4

Östlich Hanstholm schwingt sich der einsamste Streifen der Nordseeküste an der Vigsø Bugt entlang bis zum Bulbjerg, erschlossen durch schmale, oft nicht einmal asphaltierte Wege. Der Vestkyststien (s. S. 219) verläuft in diesem Abschnitt teils über den Strand, teils durch die Dünen. Im Westen der Bucht fallen wieder Bunker auf, doch liegen die meisten der Betonklötze vom Meer unterspült als Wellenbrecher im Wasser – ein Zeichen für Küstenerosion. Im Osten ist das 100-Einwohner-Dorf Lild Strand einer der verbliebenen Landungsplätze für Strandfischerei, die Boote gehören ausnahmslos Nebenerwerbsfischern.

Østerild: Nationalt Testcenter for Store Vindmøller ▶ D 4

Besucherzentrum Testcentervej, (Abzw. von Straße [569]), Østerild, 7700 Thisted, www.vindenergi.dtu.dk/English/About/Oesterild.aspx (engl.); freier Zugang zum Gelände, Touren mit Green Team Thy: www.visitthy.dk/thy/book-energiture-i-thy

Gut 20 km südöstlich von Hanstholm in der Østerild Klitplantage hat sich das Testzentrum für große Windkraftanlagen seit seiner Eröffnung 2012 zur Touristenattraktion gemausert, ein modernes Besucherzentrum ersetzt inzwischen die alten Schautafeln. Aktuell sind sieben Testplätze von großen Herstellern gekauft oder gemietet. U. a. testen hier Siemens und Vestas neueste Windenergieanlagen, die höchsten deutlich über 200 m hoch. Zusammen können die sieben Riesen etwa 60–70 000 Haushalte mit Strom versorgen.

Kirsten Kjærs Museum ▶ D 4

Langvedvej 64, Frøstrup, Tel. 97 99 10 52, www.kkmuseum.dk, Ostern–Okt. tgl. 11–17 Uhr, Spende erbeten

Dieses ungewöhnliche Museum würdigt die exzentrische Porträtmalerin Kirsten Kjær (1893–1985), hat jedoch auch Platz für wechselnde Ausstellungen von Gegenwartskünstlern. Kirsten Kjær stammte aus der Region, verbrachte aber die meiste Zeit ihres Lebens in Kopenhagen, wo sie als letzte wirkliche Bohemienne galt. ›Es ist doch ganz gut, wenn man das künstlerische Talent von einem Psychiater attestiert bekommt‹, beschrieb sie einmal in einem Interview, wie sie mit 32 zur Malerei kam. Das Museum ist ein Ring von Anbauten um ein ehemaliges Sommerhaus im Grünen. Eintritt bemisst man selbst, auch was man für Kaffee und Kuchen zahlt, die immer bereitstehen. Und gern darf man einen Picknickkorb im Garten auspacken – ein zauberhaftes Ausflugsziel.

Bulbjerg ▶ D 4

Der 47 m hohe Bulbjerg markiert schließlich Jütlands Nordwestecke. Fast wie ein Grenzstein trennt er in der modernen politischen Karte Dänemarks die Großkommunen Thisted und Jammerbugt (s. Mein Lieblingsort S. 230). Weil von oben der Überblick auf Küste und Meer so perfekt ist, wurden auch hier im Zweiten Weltkrieg Geschützstellungen und Bunker gebaut. Einer der Bunker dient als Schautafel-Ausstellungsraum, in dem auch über die Natur des Bulbjerg informiert wird. Die Kalkklippe, die der Bulbjerg zur Nordsee zeigt, ist Dänemarks einziger wirklicher **Vogelfelsen** und steht unter Naturschutz. Eissturmvögel, nordische Vettern des Albatros und wie dieser an Röhren auf dem Schnabel zu erkennen, sowie Basstölpel, die vor allem durch ihre pfeilförmigen Sturzflüge auffallen, sind hier zu beobachten. Beide Arten sind sonst eher auf den Inseln des Nordatlantik zu Hause. Der Bulbjerg verändert sich ständig, denn sein Kalkstein ist nicht das härteste Material. Wie veränderlich die Küste ist, sieht man bei niedrigem Wasserstand knapp 150 m davor: Der Stumpf des **Skarreklit** schaut dort aus dem Wasser, Rest eines hohen Felsenturms, der 1978 einstürzte (Bulbjergvej, 7741 Frøstrup).

Übernachten, Essen

Sportlich – **Montra Hotel Hanstholm:** Chr. Hansens Vej 2, Hanstholm, Tel. 97 69 10 44, www.hotelhanstholm.dk (Small Danish Hotels S. 25). Langgezogene flache Zimmertrakte in grünem Umfeld, Fitnesseinrichtungen (DZ ab 995 DKK). Das Restaurant bemüht sich um moderne nordische Küche (Hauptgerichte ab ca. 180 DKK).

Großflächiger Ferienpark – **Vigsø Feriecenter:** Vigsø Bugt Vej 1, Vigsø (ca. 7 km östl. Hanstholm), Tel. 96 55 66 66, www.vigsoe-ferie.dk, ganzj. bis auf Wochen 2–6. Vermarktung in Deutschland u. a. über www.danland.de. In den 1970/80er-Jahren angelegter Ferienpark mit rund 175 freistehenden Häusern verschiedener Größe, Mindestmietzeit zwei Tage, flexible Wechseltage; mit Restaurant, Hallen-Spaßbad, Golfanlage, Fahrradverleih und Quad-

Lieblingsort

Bulbjerg –
der Felsen von Jütland ▸ D 4

Gleich hinter Lild Strand ragt der Bulbjerg (s. S. 229) auf, das 47 m hohe Nordwestkap Jütlands. Wie ein gewaltiger Grenzstein trennt er die Regionen Thy und Han Herred. Von oben beeindrucken Aussichten auf die Vigsø Bugt im Westen, die Jammerbugt im Osten sowie auf die Unendlichkeit der Nordsee – ein Traumplatz für ein Picknick mit Aussicht.

bike-Bahn. Auch Hotelzimmer ohne Mindestmietzeit, DZ ab ca. 670 DKK.

Essen & Trinken

Auf den ersten Blick ein Imbiss – **Færgegrillen:** Kai Lindbergsgade 77, Tel. 97 96 07 07, www.faergegrillen.dk, tgl. 11/12–ca. 19/20 Uhr. Für Hanstholm ist der Grill am Hafen eine Institution mit preiswerten Würstchen, Burgern, Fischfilets, äußerst populären Fischfrikadellen und riesigen Eisportionen – das meiste wird selbst gemacht oder kommt von Handwerks-Schlachtern, fast alle Gerichte unter 100 DKK, auch jeden Tag ein deftiges Tagesgericht, zu dem viele Arbeiter aus dem Hafen kommen.

Nostalgische Räucherei mit Fischladen – **Det Gamle Røgeri:** Kuttergade 7, Tel. 23 46 13 53, roegeriet.dk/hanstholm/, Laden und Restaurant tgl. 10–18/19 Uhr. Mitten im wuseligen Hafen wird geräuchert, verkauft und im angeschlossenen Restaurant serviert – viel maritime Atmosphäre; die meisten Gerichte unter 100 DKK.

Aktiv

Hochseeangeln ab Hanstholm – **Rederiet Gule Rev:** Tel. 97 97 53 94, www.gule-rev.dk. Details s. Mein Tipp S. 223.

Infos

Thy Turistbureau Hanstholm i Nationalpark Thy: Tårnvej 21 (am Leuchtturm), 7730 Hanstholm, www.visitthy.dk, nur Hochsaison. Sonst Thy Turistbureau Thisted (s. S. 233)

Thisted ▸ C/D 5

Thisted ging aus einem alten Handelsplatz hervor, stand lange unter dem Einfluss der Bischöfe von Børglum (s. S. 251) und bekam erst mit der Reformation eigene Privilegien. Zwar am Wasser gelegen, gab es bis Mitte des 19. Jh. keinen ordentlichen Hafen. Der wurde erst angelegt, als nach dem Durchbruch der Agger Tange viele Skipper, die zuvor den Schutenhandel mit Norwegen von Nordseestränden aus betrieben, sichere Limfjord-Häfen nutzen wollten.

›Wohnzimmer‹ der Stadt ist der **Store Torv,** auf dem freitags und samstags Bauern der Umgebung Markt halten, und an dem das alte **Rathaus** im Stil der Neorenaissance das augenfälligste Gebäude ist, in dem auch das i-Büro residiert.

Museum Thy – Thisted Museum

Jernbanegade 4, Tel. 97 92 05 77, museumthy.dk, Di–Fr 11–16, So 13–16 Uhr, 40 DKK/ab 18 Jahre

Ein paar Meter die Jernbanegade hinunter füllt das kulturhistorische Thisted Museum eine Gründerzeitvilla. Bekannt ist das Museum für seine exzellente Sammlung von Bronzezeitfunden aus der Region. Ein Raum würdigt den bekanntesten Sohn der Stadt, den Schriftsteller Jens Peter Jacobsen (1847–85). Seine naturalistischen Romane »Niels Lyhne« und »Frau Marie Grubbe« zählen zum Besten, was die europäische Literatur seiner Epoche hervorbrachte, und sind bis heute auch im deutschen Sprachraum zugänglich, u. a. als kostenlose E-Books.

Der jung an Tuberkulose verstorbene Jacobsen ist auf dem alten **Friedhof** der Stadt begraben. Der grenzt an die westliche Verlängerung der Fußgängerzone, die Vestergade, und ist heute Thisteds schönste und zentralste Grünanlage. An ihrem Rande liegt auch die spätgotische **Stadtkirche.**

Übernachten

Hoch über dem Limfjord-Ufer – **Hotel Limfjorden:** Simons Bakke 39, Tel. 97 92 40 11, www.hotellimfjorden.dk. Modern, schön gelegen am Rande der Stadt. Flexible Preise ab ca. 666 DKK, auch Golf-, Wochenend- und Miniferienangebote.
3-Sterne-Herberge vor der Stadt – **Danhostel Thisted:** Kongemøllevej 8, Thisted-Skinnerup, Tel. 97 92 50 42, danhostelthisted.dk. 22-Zimmer-Herberge ca. 4 km nördlich des Zentrums nahe der Kreuzung der Straßen nach Hanstholm und Klitmøller – also sehr zentral für Thy. Doppel- und Familienzimmer (bis 6 Pers.) ca. 290–750 DKK.

Essen & Trinken

Gutes vom Grill und aus den Kesseln – **Restaurant Bryggen:** Sydhavnsvej 9, Tel. 97 92 30 90, www.bryggen.eu, Mo–Sa ab 17 Uhr. Hier werden Steaks zum Kultobjekt – während man gleichzeitig alles daran setzt, vor Ort das ultimative Bier dazu zu brauen! Steaks ca. 140–300 DKK (s. a. S. 74).
Der Name sagt alles – **Fiskehuset Thisted:** Havnen 31, 7700 Thisted, Tel. 97 92 09 86, www.fiskehuset.dk. Bestens sortierter Fischladen (Mo–Fr/Sa 9.30–17/14 Uhr) am Hafen mit Restaurant vorrangig zur Frokost (Zeiten wie Laden), im Sommer oft auch abends mit Fischbuffet (208 DKK).

Einkaufen

Shoppen oder Großeinkauf – Für weite Teile der Regionen Thy und Han Herred (s. S. 237) ist Thisted Zentrum für Einkäufe, Arzt- und Behördengänge. Storegade, Torvegade, Store Torv und Vestergade bilden eine zusammenhängende **Fußgängerzone** mit Shops aller Art. Für den Wocheneinkauf empfehlen sich **SB-Warenhäuser** an beiden Enden der Fußgängerzone, jedes mit großer Lebensmittelabteilung: Superbrugsen, Vestergade 15 A oder Føtex, Storegade 2.
Bier als Souvenir – **Thisted Bryghuset:** Die exzellenten, manchmal exotischen und meist herben Biere aus der lokalen Brauerei (s. S. 74) findet man in jedem Supermarkt der Region, zunehmend auch in anderen Teilen Dänemarks. Juli–Mitte Aug. und Woche 42 alle Mi und wenige Di Brauereibesichtigungen, Tickets nur beim i-Büro 50 DKK.

Abends & Nachts

Hauptsache Party – **Dampmøllen:** Østerbakken 11, www.facebook.com/dampmollen, immer Sa, gelegentlich Fr ab 22/23 Uhr. ›Großraum-Dorfdisse‹ titulierte einst eine Surfer-Postille Thys größte Disco mit Cocktailbars, verschiedenen Dancefloors und gelegentlichen Konzerten. Im Erdgeschoss haben Do–Sa (20–5 Uhr) in **Heidi's Bier Bar** Freunde almhüttenmäßiger Après Ski Stimmung ihr Party- und Trinkbiotop, wo die Buam aus Thy in Lederhosen die Biere zapfen und die *piger* (dän.: Mädchen) sie im Dirndl servieren – näher kann man den Alpen hinter den Dünen nicht kommen.

Infos & Termine

Thy Turistbureau: Store Torv 6, 7700 Thisted, Tel. 97 92 19 00, www.visitthy.dk
Volksfest: Vilsund Marked: Ende Juli (30. Woche). Drei-Tage-Event (Di–Do) vereint Vieh-, Floh- und Jahrmarkt. Schauplatz ist seit 1871 Vilsund, 9 km südwestlich von Thisted an der Brücke nach Mors. Am Mo stimmungsvoller Schausteller-Gottesdienst (www.vildsund-marked.dk).

Das Beste auf einen Blick

Jammerbugt, Lønstrup und Hirtshals

Highlight!

Lønstrup Klint: Nirgendwo sonst zeigt sich Dänemarks Nordseeküste so rau, so archaisch, so spektakulär wie an der Steilküste Lønstrup Klint mit Rubjerg Knude als Höhepunkt. Hier schiebt sich eine Wanderdüne über ein Plateau hoch über dem Meer und inmitten der instabilen Landschaft haben ein Leuchtturm und eine Kirche den Kampf gegen die Kräfte der Natur schon verloren. S. 253

Auf Entdeckungstour

Aalborg: Nordjütlands quirlige Hauptstadt bietet jede Menge Kunst, ungewöhnliche Architektur – und viel Nightlife. S. 244

Nordsøen: Hinter einer dicken Scheibe tummeln sich in 4 500 000 l Wasser Heringsschwärme, Dorsche, Rochen, Haie und unförmige Mondfische. Und im Robbarium des Meeresaquariums in Hirtshals schaut man aus einem Tunnel den Robben von unten zu. S. 262

Kultur & Sehenswertes

Die Strandfischer von Thorup: Wenn der Bulldozer röhrt und Ölzeug Standard-Outfit ist, erlebt man am Thorup Strand real existierende Küstenkultur, dort ganz bewusst als Bewahrung einer alten Tradition gelebt. S. 238

Mit dem Rad unterwegs

Mountainbiken im Svinkløv Forst: Auf Dänemarks bestem Mountainbike-Trail gut 20 km Hügel auf und Hügel ab durch eine abwechslungsreiche, geologisch spannende Küstenlandschaft mit grandiosen Aussichten – wenn man für die überhaupt ein Auge hat angesichts der Herausforderungen der Strecke. S. 239

Genießen & Atmosphäre

Villa Vest und Café Havblik: Perfekte Aussicht aufs Meer und bombastische Sonnenuntergänge schaffen in Lønstrup die perfekte Kulisse für die Gourmetküche der Villa Vest. Gleiches gilt für die etwas bodenständigere Landküche in der Dependance Havblik mit Dänemarks spektakulärster Open-Air-Gastronomie auf einer Terrasse über dem Meer. S. 257

Abends & Nachts

Vendsyssel Festival: Na, wer hat's erfunden, in einer Urlaubsprovinz Klassik auf höchstem Niveau zu präsentieren? Das Sommerfestival in Kirchen und Hallen des Vendsyssel ist 15 Jahre älter als das oft gehypte Schleswig-Holstein Musik Festival. S. 256

Die lange Bucht und das Tor nach Norwegen

Vom Bulbjerg, dem gewaltigen ›Grenzstein‹ (s. S. 229), zieht sich die Jammerbugt rund 50 km als ununterbrochenes Band sandiger Strände vor breiten Dünen nach Nordosten. Der nördliche Teil kann mit Autos befahren werden und ist so fest, dass das dänische Militär bei Übungen darauf schon vollbeladene Hercules-Transporter landen und starten ließ (YouTube: [a plain in blokhus denmark]). Viele Strände werden regelmäßig mit Blauen Flaggen für gute Wasserqualität ausgezeichnet, im stillen Svinkløv wie im lauten Blokhus.

Bei Løkken endet geografisch die Jammerbugt, die wilde Küstenlandschaft setzt sich aber weiter nach Norden fort. Sie wird sogar abwechslungsreicher und bildet mit Lønstrup

Infobox

Im Internet

www.visitnordjylland.de: Nordjütland nördlich des Limfjord

www.visitjammerbugten.de: Bulbjerg bis nördlich Blokhus

www.lysetsland.dk/de: Ab Løkken nordwärts

www.visitnordjylland.de/de/erlebnisse/aktiv/radwege: Perfekte Seite auf Deutsch mit Links zu allen wichtigen, markierten Radrouten und zu allen Fahrradverleihern der Region.

Anreise und Weiterkommen

Auto: A7/E 45 bis Kreuz Aalborg Nord/Abfahrt 10 (ab Grenze ca. 295 km), weiter über Straßen [11]/[55] zum Küstenabschnitt Blokhus–Løkken oder über E39 im Abschnitt von Lønstrup bis Hirtshals, ab Grenze in die Küstenorte ca. 3,5 Std. bei normalen Verkehrsbedingungen.

Bahn/Bus: Wichtigste Bahnhöfe und Fernbus-Stationen mit tgl. Verbindungen ab/bis Deutschland sind Aalborg (ab Hamburg ca. 6,5 Std.) und Hjørring (ca. 7 Std.). Ab beiden Orten Lokal- und Regionalbusse in die Küstenorte sowie ab Hjørring Lokalbahn nach Hirtshals (www.njba.dk).

Flugzeug: Der nächstgelegene Flughafen mit internationalen Verbindungen via Kopenhagen ist Aalborg, von dort Taxi (z. B. Aalborg Taxa, Tel. 98 10 10 10) in Küstenorte: Blokhus ca. 400 DKK, Løkken und Slettestrand ca. 500 DKK.

Öffentlicher Verkehr preiswert

Für Nordjütland inkl. touristischer Sommerrouten wie Linie 99 Blokhus–Skagen mit Stopps an vielen Stränden und Attraktionen gilt der **NT travel pass** (24 Std.: 150 DKK, 75 DKK/unter 16 und ab 65 Jahre, 72 Std. 250/125 DKK; pro Erw. 2 Kinder bis 12 Jahre gratis), den man *ausschließlich* online auf www.nordjyllandstrafikselskab.dk (dort ›Billetter & Priser‹ klicken, dann ›Travel Pass‹, Bestellvorgang auf engl., Bezahlung mit gängigen Kreditkarten) bestellen kann und der als Mobil-Ticket per SMS aufs Mobiltelefon geliefert wird.

Klint Dänemarks spektakulärste Naturkulisse um die Steilküste von Rubjerg Knude, ehe sich das typische Sandstrand-Dünen-Ferienhäuser-Bild von Skallerup bis vor Hirtshals fortsetzt.

Gewachsene Städte gibt es im Hinterland. Die Orte an der Küste entstanden meist aus armen Fischerlagern und wuchsen mit dem Tourismus: romantisch Lønstrup, laut, manchmal schrill Løkken und Blokhus, ruhig die kleinen Siedlungen an der Küste von Han Herred. Hirtshals ganz im Norden thront auf einem alten Moränenplateau wie auf einem Ausguck und besitzt den bedeutendsten Fährhafen für den Verkehr zwischen Mitteleuropa und Norwegen.

Politisch berührt der in diesem Kapitel vorgestellte Küstenabschnitt zwei Großkommunen: Jammerbugt (ca. 38 000 Einw.) und Hjørring (ca. 65 500 Einw.). Die Grenze verläuft zwischen Blokhus und Løkken, sodass diese sich so ähnlichen und geografisch so nahen Orte touristisch praktisch nie zusammen auftreten – wer sich im Netz oder aus Prospekten über die Region informieren will, sollte immer mehrere Quellen anzapfen.

Han Herred ▸ D–F 4/5

Die Region Han Herred vereint auf noch kleinerem Raum als Thy (s. S. 215) die raue Natur entlang der Nordsee mit landwirtschaftlich intensiv genutzten Gebieten am Limfjord. Obwohl sich sehr ähnlich, gehen auch diese Landschaften aufgrund der dänischen ›Kleinstaaterei‹ touristisch getrennte Wege: Thy ist seit 2007 identisch mit der Kommune Thisted, Han Herred wurde der Kommune Jammerbugt zugeschlagen; die Grenze verläuft durch das Gebiet der Vejlerne.

Vejlerne ▸ D 4

Am Bulbjerg war das Land zwischen Nordsee und Limfjord bis weit ins 19. Jh. hinein kaum 5 km breit. Nach dem Verlust des fruchtbaren Südjütland an Preußen 1864 galt es jedoch als nationale Pflicht, wo immer möglich Land zu gewinnen. Also versuchte man einen Seitenarm des Limfjord trockenzulegen. Dabei wurde viel Geld versenkt, ehe man 1916 das Projekt aufgab. Zurück blieben Vejlerne, ein Zwitterland aus flachen Seen mit breiten Schilfgürteln und angrenzenden Sumpfgebieten. Seit 1960 stehen etwa 6000 ha unter Naturschutz, nach dem internationalen RAMSAR-Abkommen ein für die Vogelwelt existenzielles Feuchtgebiet.

Ornithologen beobachten hier vor allem Wat- und Stelzvögel. Im Herbst kommen große Gruppen Kraniche vorbei und an Sommerabenden treffen sich mancherorts exotisch wirkende Löffler, die mit flachen, breiten Schnäbeln Nahrung suchen – der dänische Name *Skestorke* (dt. Löffelstorch) verrät Laien mehr über die biologische Verwandtschaft.

Das Reservat ist von vielen Wegen sowie Beobachtungshütten und -türmen gut einsehbar. Zwei Hütten stehen östlich von Frøstrup an jenem Damm, der 1904 für eine längst wieder stillgelegte Bahnstrecke quer durch den Lund Fjord gebaut wurde. Radfahrer und Fußgänger können ihn nutzen mitten durch das Naturschutzgebiet. Wer nur einen schnellen Blick und ein paar Informationen sucht, findet an der Hauptstraße 11/29 am **Bygholm Damm,** der das Vejlerne-Reservat vom Limfjord trennt, das **Vejlernes-Naturcenter** mit Schautafeln und Aussichtshütte sowie noch einmal knapp 11 km westlich davon neben einem kleinen Rastplatz den Beobachtungsturm **Tømmerby Fjord Tårnet.**

Fjerritslev und die südliche Jammerbugt

Wer in Han Herred Urlaub macht, den zieht es an die Küste nach Thorup Strand, Klim Strand, Grønnestrand, Svinkløv, Slettestrand und Tranum Strand. Wie auf Thy wechseln flache Abschnitte – alter Meeresboden – mit Anhöhen und Steilküsten – ehemalige Inseln im steinzeitlichen Meer.

Thorup Strand ▸ E 4

Ein klassisches Fotomotiv der dänischen Nordseeküste zeigt Fischkutter auf dem Strand. Zwar reduzierte der Bau der Häfen Thyborøn, Hanstholm, Hirtshals und Skagen im 20. Jh. die früher allgegenwärtige Strandfischerei auf wenige Landungsplätze, die meist nur Nebenerwerbsfischer mit kleinen Booten nutzen, außer am **Thorup Strand** östlich des Bulbjerg. Dort operieren mehrere große Kutter und bringen im Jahr etwa 2000 t Fisch an Land.

Wer das ›Auslaufen‹ erleben will, muss früh aufstehen: Je nach Jahreszeit geht's zwischen 3 und 5 Uhr morgens los. Die Boote werden von einer großen Winde ins Wasser gezogen, das notwendige Stahlseil läuft dabei über eine vor der Küste auf dem Meeresboden verankerte Rolle. Kommen die Boote ab dem frühen Nachmittag zurück, wird lieber ein Bulldozer benutzt: Vom Boot wird eine dünne Leine Richtung Land geworfen, daran hängt dann das Stahlseil, mit dem der Bulldozer den Kutter an den Haken nimmt und aus dem Wasser zieht.

Die Thorup Fischer sind stolz darauf, ihren Job auf traditionelle Art auszuführen. Sie haben sich zur Genossenschaft **Thorupstrand Kystfiskerlaug** zusammengeschlossen, die eine ›kulturbewahrende, naturverträgliche und nachhaltige‹ Fischerei fordert und fördert und Fangquoten kollektiv verwaltet. Mit direkten Vertriebswegen zu Delikatessläden und Food-Märkten in Großstädten hat die Genossenschaft den ›Küstenfisch aus Thorup‹ zur Qualitätsmarke in Dänemark gemacht. Im kulinarisch besessenen Kopenhagen liegt ihr umgebauter Kutter HM800 als schwimmender Fischladen und -imbiss mitten in der Stadt und zuhause in Thorup im Fiskepakhus gleich hinter ihrem Landungsplatz, kann man in **Thorupstrand Fiskernes Fiskebutik** frischeste Ware nicht nur kaufen, sondern auch gut essen – Picknickplätze am Strand und in den Dünen gibt's reichlich (Thorup Strandvej 329, Tel. 50 46 90 81, www.thorupstrandfisk.dk, April–Okt. tgl. 11–19, geplant ganzj.). Einige Skipper verkaufen noch direkt ›von Bord‹, sobald ihr Boot festen Strand unter dem Kiel hat – frischer und billiger geht es nicht, nur muss man den Fisch dann selbst säubern und ausnehmen.

Gleich neben dem Windenhaus des Landungsplatzes gemahnt eine hochmoderne Rettungsstation daran, dass das Meer kein ungefährlicher Arbeitsplatz ist: Hier steht ständig ein Hightech-Rettungsboot bereit, um in Minuten zu Wasser gebracht zu werden.

Kollerup Strand und Grønnestrand ▸ E 4

Die Strände in diesem Abschnitt der Jammerbugt sind einsam und autofrei. Es ist ein Leichtes, in den Dünen ungestörte, windgeschützte Plätzchen zu finden. Eine der wenigen Stellen, an denen man auf nicht gänzlich asphaltierten Wegen bis ans Meer kommt, ist am **Kollerup Strand.** Gleich östlich am **Grønnestrand** trotzt eine winzige Windmühle dem harschen Küstenklima, Dänemarks einzige Lyngmølle: Ihre ›Außenwand‹ besteht aus einem Gerüst aus Eichenholz, bedeckt mit Heidekraut (dän.: *lyng).*

Mountainbiken im Svinkløv Forst ▶ E 4

Strecke: 22 km Single-Track, hügelige, bewaldete Küstenlandschaft; Karte als Faltblatt in umliegenden i-Büros oder online: www.naturstyrelsen.dk/media/nst/67584/MTB_Svinkloev.pdf. Mtb-Ausleihe (ab 170 DKK/Tag) sowie Mountainbike-Pakete Unterkunft u. Leihrad u. a. Feriecenter Slettestrand, www.slettestrand.dk

Die **Svinkløv Klitplantage** und das hinter der Küste mehr als 50 m aufragende **Svinkløv Plateau** geben die Kulisse für Dänemarks beste Mountainbike Route. Deren Markierung (normale Route = weiße Richtungspfeile) lässt keine Wünsche offen. Die Standardstrecke spricht Normal- und Urlaubsfahrer an, steile Alternativ-Abfahrten (= schwarz/weiße Richtungspfeile) auch Biker mit erhöhtem Adrenalinbedarf und mehr Erfahrung.

Das Plateau ist geprägt von geologisch-biologischen Kapriolen: Eine dicke Flugsandschicht legte sich hier über fruchtbaren Boden, der an einigen Spalten durch Erosion wieder an die Oberfläche kommt. Dort gedeihen mitten im sonst anspruchslosen Dünenforst üppigste, artenreiche Pflanzenwelten. Der Name Svinkløv stammt von Verwitterungsformen in der Steilküste, die vom Meer aus wie ›Schweineklauen‹ aussehen.

Slettestrand ▶ E 4

Slettestrand ist für sein Wahrzeichen bekannt, die **Metallskulptur einer übergroßen Krabbe,** ein beliebtes Hintergrundmotiv auf Fotos von Familie oder Freunden. Nur wenige Schritte entfernt widmet sich im ehemaligen Rettungshaus die 2010 eröffnete **Museumswerft** des Vereins Han Herred Havbåde dem Erhalt historisch wertvoller Strandkutter und -boote sowie der Pflege der alten Bootsbautechniken durch Nachbauten. Auf dem Strand liegen fast immer einige der nostalgischen Boote. Nebenan informiert das **Havbådehuset** über Landungsplätze und damit verbundene Küstenkultur (Han Herred Havbåde, Slettestrandvej 158, www.havbaade.dk, Ausstellung werktags 10–16 Uhr).

Fjerritslev ▶ E 4

Die wichtigste Einkaufsstadt für die Küstenorte der südlichen Jammerbugt ist das 3300-Einwohner-Städtchen Fjerritslev; hier gibt es die Supermärkte mit langen Öffnungszeiten, in denen Ferienhausmieter aus weitem Umkreis gern einkaufen. Im Zentrum entstand 1885 eine Brauerei, **Den gamle Bryggergaard,** die 1968 wieder geschlossen und zum Heimatmuseum **Fjerritslev Bryggeri- og Egnsmuseum** wurde (Østergade 1, www.fjerritslev museum.dk, Mitte Juni–Aug. Mo–Fr 9.30–16.30, sonst Mo 11–15 Uhr, 25 DKK/ab 14 Jahre; auch lokales Sommer-i-Büro).

Der Weg vom Ort zum nächsten Nordseestrand kann derweil eine Reise durch die unendlichen Weiten des Weltraums werden: Auf dem Parkplatz am Brøndumvej, nicht weit von der Fjerritslev Kirke, steht eine Sonne als große goldene Kugel mit einem Durchmesser von 1,4 m und markiert den Startpunkt eines **Planetenwegs** durch unser Sonnensystem im Maßstab 1:1 Milliarde. Merkur, Venus, Erde und Mars reihen sich noch auf den ersten 250 m am Brøndumvej, Saturn passiert man nach knapp 1,5 km am Kollerup Klitvej und Pluto, der offiziell kein Planet mehr ist, steht fast 6 km entfernt am Kollerup Strand (s. o).

Eine alternative Strecke zum Meer biegt westlich Fjerritslev in **Klim** von Straße [569] zur Küste ab. Nach ein paar hundert Metern passiert sie den **Klim Kalkovn.** Die Kalkbrennerei mit dem markanten Brennturm, der von einem Berghang über eine Brücke gefüllt wurde, war über 100 Jahre in Betrieb, ehe sie Mitte der 1970er-Jahre schloss und jetzt als Mini-Museum über Kalkgewinnung renoviert wurde – nicht sensationell, aber ein Mosaikstein im Bild des Urlaubslandes Nordjütland mit seinen Kalkhorsten und deren ganz speziellen Biotopen (Mai–Sept. tgl. 8–20 Uhr, 10 DKK).

Übernachten

Phönix aus der Asche – **Svinkløv Badehotel:** »Wunderbar die Lage am Meer, zeitlos mondän die Atmosphäre,« beschrieb ich dieses Badehotel aus den 1920er-Jahren, eine Ikone des Tourismus aus der Zeit des klassischen Reisens und für mich ein ›Lieblingsort‹. Die Torten waren liebevoll verzauberte Kalorien und wer romantisch, aber gut essen wollte, kam zum abendlichen Dinner in den Gelben Salon, »weil der das Licht der untergehenden Sonne so grandios einfängt.« Das größte Holzhaus Dänemarks brannte am 26.09.2016 bis auf die Grundmauern nieder, Auslöser war ein defekter Wäschetrockner. Zur Saison 2019 soll das Svinkløv Badehotel am alten Standort wieder öffnen und soweit Bau- und Umweltschutzbestimmungen des 21. Jh. es zulassen auch im alten Stil. Nur Sicherheitstechnik und Zimmerstandard – viele der alten Zimmer hatten kein eigenes Bad und WC – werden auf neuestem Stand sein. Auch die letzten Pächter Louise und Kenneth Toft-Hansen – er ein vielfach ausgezeichneter Koch – sollen Hotel und Restaurant weiterführen. Auf ihrer Webseite informieren sie regelmäßig über den Wiederaufbau: www.svinkloev-badehotel.dk/nyt-vores-svinkloev (dän.).

Traditionelle Familienhotels – In dem kleinen Badeort **Slettestrand** findet

Fischer am Thorup Strand pflegen ihre Küstenkultur

man, für Dänemarks Nordseeküste ungewohnt, viele traditionelle Hotels mit DZ ab ca. 750 DKK und vielen Paketangeboten, u. a. das rustikale **Rønnes Hotel** (Kystvejen 25, Tel. 98 21 71 50, www.roennes-hotel.dk), das romantische, aber etwas teurere **Sanden Bjerggaard** (Slettestrandvej 88, Tel. 98 21 71 33, www.sanden-bjerggaard.dk) oder das landeinwärts gelegene **Hotel Højgaarden** (Slettestrandvej 50, Hjortdal, Tel. 98 21 70 36, www.hojgaarden.dk).

Sportliches Hostel – **Hostel Fjerritslev:** Brøndumvej 14–16, Fjerritslev, Tel. 98 21 11 90, www.idrætscenterjammerbugt.dk. Im modernen Idrætscenter Jammerbugt, einem Sport- und Freizeitcenter mit Schwimmhalle. Alle Zimmer mit Bad/WC. DZ ab 450 DKK, 4-Bett-Zimmer ab 600 DKK plus Frühstück – viele Gruppen.

Wellness trifft Camping – **Klim Strand Camping:** Klim Strand, Tel. 98 22 53 40, www.klimstrand.dk. Ca. Ostern–Sept. Sehr einsam gelegen, dafür mit vielen Angeboten auf dem Platz und mit direktem Strandzugang: In- und Outdoor-Spaßbad, Wellnesscenter, Kinderspaß inkl. Indoor-Spielland sowie Reittouren am Strand. ›Hütten‹ von rustikal einfach bis zu reetgedeckten Minihäuschen für max. 6 Pers. mit Bad/WC, gut ausgestatteter Küche und separaten Schlafräumen (je nach Größe und Saison ca. 500–1300 DKK/Tag plus Strom).

Camping in ungeahnten Höhen – **Svinkløv Camping:** Svinkløvvej 541, Svinkløv, Tel. 98 21 71 80, www.svinkloevcamping.dk. Auf dem Plateau gelegener Drei-Sterne-Platz; einige Standplätze mit Meerblick und viel Wind, andere geschützt im Wald; auch Hütten mit oder ohne Bad/WC.

Aktiv & Kreativ

Radtouren über den Strand – **Vestkystruten Bulbjerg–Blokhus–Løkken:** Mein Lieblingsabschnitt des Nordseeküsten-Radwegs (Vestkystruten) mit viel landschaftlicher Abwechslung: Heide im Hinterland östlich Hanstholm, Dünenforst auf dem Svinkløv Plateau, alter Rettungsweg in den Dünen nordöstlich Slettestrand und dann gut 15 km zwischen Blokhus und Løkken über den Strand (s. S. 247). i-Büros der Region halten Faltblätter mit Karten für diesen Abschnitt der Küste bereit, online findet man sie auf www.vestkystruten.dk/de.

Fantasie in Sand – **Sandskulptursˑkonkurrence:** Populärer Sandskulpturen-Wettbewerb für jedermann. Im Hochsommer mittwochs am Strand von Tranum mit wechselnden Themen. Teilnehmen kann jeder, und welches Kind nimmt nicht gern den gut dotierten Siegerpreis in Empfang, selbst wenn Papa mit Akribie alles allein gebaut hat?

›Gourmet‹-Reiten am unendlichen Strand – **LuksusRideferie:** Thorupstrandvej 102, Thorup, Tel. 96 50 80 94, www.luksusrideferie.dk. Angeboten werden kurze Strandritte auf Islandpferden (ab ca. 250 DKK/Std.) mit Gourmet-Snacks unterwegs oder mehrtägige Reiterferien gern in Kombination mit Gourmet-Mahlzeiten.

Infos

Sommerbureau Fjerritslev: i-Büro im Bryggeri- og Egnsmuseum, Østergade 1, 9690 Fjerritslev, Tel. 98 21 31 92, www.visitjammerbugten.dk, Mitte Juni–Mitte Aug. Mo–Fr 9.30–16.30 Uhr.

XTERRA Slettestrand: xterranordic.com/events/slettestrand, Start/Ziel Slettestand. Extremsport-Wochenende Mitte August mit Triathlon (So) sowie Kinder- und Erwachsenen Duathlon und Triathlon-Sprint mit verkürzten Strecken (Sa), Startgebühren je nach Strecke 175–750 DKK.

Die Limfjordküste von Han Herred ▸ E/F 4/5

Aggersborg ▸ E 5

Die flachen Gebiete westlich des Svinkløv-Plateaus werden von Historikern als Ausfahrt eines zur Wikingerzeit schiffbaren Wasserwegs vom Limfjord nach Norden zur Jammerbugt betrachtet. Das erklärt, warum auf dem südlichen Zipfel von Han Herred, der den Limfjord ganz schmal werden lässt, um 980 die Aggersborg entstand. Es war die größte von fünf Ringburgen im heutigen Dänemark aus der Zeit der Gründung eines gesamtdänischen Königreichs unter Harald Blauzahn, der auch Norwegens Krone beanspruchte, und seines Nachfolgers Svend Tveskæg, der Dänemarks Macht nach England ausdehnte – beide brauchten schiffbare Zugänge zur Nordsee.

Der Durchmesser des nur in seinen Umrissen angedeuteten, früher aber befestigten Ringwalls war mit 240 m doppelt so groß wie der der anderen vier Burgen. In der Aggersborg könnten bis zu 5000 Menschen in den 48 zeittypischen Langhäusern gelebt haben, die durch Ausgrabungen belegt sind. Alle waren baugleich wie aus einem Fertighauskatalog, deutliches Zeichen für ein Militärlager. Und da alle anderen dänischen Ringburgen der Zeit nur jeweils 16 Langhäuser besaßen, war es ohne Zweifel ein bedeutender Standort. Eine Schautafel-Ausstellung in einem Nebengebäude der benachbarten Kirche informiert über die Burg (Aggersborgvej, 9670 Løgstør, immer zugänglich, gratis).

Den Limfjord entlang ▸ E/F 4

Auch andere Epochen hinterließen Spuren im Süden von Han Herred: In der **Husby Hole** erinnert ein wuchtiger Gedenkstein an eine hier ausgefochtene Schlacht des heroischen, aber blutig niedergeschlagenen Bauernaufstands von 1441 (Husbyvej 67B, 9690 Fjerritslev). Und bei **Attrup** darf man im Hvisselhøj Dänemarks einziges Drei-Kammer-Grab aus der Steinzeit erkriechen, vorausgesetzt, man hat Licht dabei (Alsbjergvej 14, 9460 Brovst). Das **Kokkedal Slot** mit seinem markanten Stufengiebel entstand 1560 als Herrensitz an einen Ort, wo schon zur Wikingerzeit eine Wallanlage bestand und eine erste Burg den Wirren des Bauernaufstands von 1441 zum Opfer fiel. Heute dient es als Schlosshotel, gern genutzt für romantische Hochzeiten (s. Übernachten).

Was zwischen Attrup und Øland glückte, scheiterte zwischen Øland und Gjøl: Landgewinnung durch Trockenlegung eines flachen Seitenarms des Limfjord. **Ølands Vejle,** lokal auch Ulvedybet, blieb als Feuchtgebiet erhalten und steht als Vogelreservat unter Naturschutz. **Gjøl,** Dorfidylle in Sichtweite von Aalborg, ist beliebtes Ziel von Freizeitskippern auf dem Limfjord. Die legen gern in der Marina an und gehen die paar Schritte zum **Gjøl Kro** hinauf. Seit 1901 gibt es ihn, weit über Dänemarks Grenzen berühmt für seinen gebratenen Aal mit *flødestuvede kartoffler,* in Sahne gekochten Kartoffeln. Ob es daran lag, dass die nicht mehr zu modernen Diäten passen, auf jeden Fall sollte der Kro Ende 2016 schließen. Das machte das Dorf mobil und ›Freunde des Gjøl Kro‹ gründeten eine Aktiengesellschaft. In knapp drei Monaten verkauften sie für fast 2,5 Mio. Kronen Anteile, genug um den Kro als Mittelpunkt des Dorflebens zu retten, zu renovieren und neu zu verpachten – bei Redaktionsschluss war die Wiedereröffnung Ostern 2017 sicher. Schauen Sie nach, ob es dauerhaft geklappt hat, die Lage mit Blick auf den Limfjord lohnt auf jeden Fall einen Besuch, von See her sowieso, aber auch über Land.

Brovst ▸ F 4

Der **Herrensitz Bratskov** aus dem 16. Jh. dient der Stadt Brovst als Kultur- und Ausstellungshaus, im Sommer residiert auch ein i-Büro in einem Seitenflügel. In der Hochsaison erlebt man jeden Donnerstag von 10 bis 13 Uhr eine Zeitreise, wenn altes Handwerk demonstriert wird und Mägde, Knechte, Burgfrauen und Gutsbesitzer in historischen Gewändern durch die Räume wuseln und zeigen, was es an Arbeit und Müßiggang in herrschaftlichen Häusern gab. Im Rahmen der ›Levendegørelser af Herregården Bratskov i Brovst‹ gibt es Führungen durch das Gebäude (Fredensdal 8, in der Regel gratis).

Nordöstlich Brovst, an der Landstraße zwischen Tranum Enge und Birkelse, zeigt sich das **Harmonikamuseet** als Mischung aus Musikantenstadl und Museum: Hier hat ein liebenswertes Paar ein Leben lang Schifferklaviere gesammelt. Rund 1000 kamen zusammen, die ältesten über 150 Jahre alt, viele sind noch spielbar. Wer sich für dieses Instrument interessiert und eine Sammlung akzeptiert, die mehr von Leidenschaft als von Museumskonzepten geprägt ist, sollte vorbeischauen. Das Museum, von Ehrenamtlichen eines Vereins geführt, bietet an Öffnungstagen in der Regel abends Musik und Tanz – sehr oldschool, authentisch, ländlich (Tranum Engevej 250, Tel. 98 23 81 46, Mi 17–23 Uhr, www.harmonikamuseet.dk).

Übernachten

Komfort in historischen Mauern – **Kokkedal Slot:** Kokkedalsvej 17 (ca. 5 km südwestlich Brovst), Tel. 98 23 36 22, www.slotshotel.dk. Das Schlosshotel ist stilvoll, aber nicht so versnobt, dass Urlauber sich fehl am Platze fühlen. DZ So–Fr ab 900 DKK, Sa/So ab 1100 DKK, Frühstück optional 100 DKK/Pers.; viele Paket-Angebote sowie Ferienwohnungen in den ehemaligen Wirtschaftstrakten.

Infos

Sommerbureau Brovst: i-Büro auf Gut Bratskov, Fredensdal 8, 9460 Brovst, Tel. 41 91 39 75, www.visitjammerbugten.dk, Mitte Juni–Mitte Aug. Mo–Fr 9–16 Uhr.

Nördliche Jammerbugt

Ab Rødhus Klit Richtung Norden wird die Bebauung mit Ferienhäusern und Campingplätzen wieder dichter, ab Blokhus ist man dann im muntersten Abschnitt der Jammerbugt, der sich bis Løkken die Küsten entlangzieht. Beide Orte haben über hundert Jahre Erfahrung mit dem Tourismus.

Wer hier Ferien machen will, findet im Küstenabschnitt Blokhus–Løkken über ein Dutzend Campingplätze mit unterschiedlichem Standard, Tausende Ferienhäuser sowie Ferienparks mal ›stadtnah‹ in Blokhus und Løkken, mal abgelegen in den Dünen – klassische Hotels sind hingegen Mangelware.

Das Publikum ist in diesem Teil der Nordseeküste internationaler als im Süden, hier machen auch Norweger und Schweden gern Urlaub, unter ihnen viele junge Gäste, die es genießen, in Dänemark Alkohol frei von staatlicher Gängelei und dazu relativ preiswert einkaufen zu können – man merkt's zu später Stunde.

Auf Entdeckungstour: Nordjütlands lebenslustige Hauptstadt – Aalborg

Aalborg ist die Hauptstadt Nordjütlands: quirlig, voll Kunst und Architektur, voller Genüsse. Übermütige Stadtwerber schwärmen schon mal vom Paris des Nordens, eher passen Vergleiche mit Städten im Rheinland: Aalborg ist Skandinaviens Karnevalshochburg und hat mit der Jomfrue Ane Gade Dänemarks längste Theke.

Reisekarte: ▶ G 4

Planung: Aalborg Turistbureau, Kjellerups Torv 5, 9000 Aalborg, Tel. 99 31 75 00, www.visitaalborg.com
Dauer: Tagesausflug
Fahrzeiten: Auto ab Blokhus ca. 35 Min. (40 km), Løkken 40 Min. (50 km), Lønstrup und Hirtshals ca. 45/50 Min. (65 km via E 39), **Bus** z. B. ab Blokhus 50 Min, Løkken 60 Min., **Bahn** ab Hirtshals ca. 90 Min.

›Paris des Nordens‹, ›längste Theke Dänemarks‹ – Marketinggetöse mit wahrem Kern. Aalborgs Name steht für Genuss und Feierlaune. Ein Wermutstropfen mit Kümmelgeschmack: Aalborg steht synonym für den Nationalschnaps Akvavit: ›Rød Aalborg‹ für den Alltag, ›Aalborg Jubilæums Akvavit‹ für die feineren Momente. Über 100 Jahre wurde er in der Stadt gebrannt, aber Norweger kauften Firma und Marke, seit 2015 wird er bei Oslo produziert.

Aalborgs pralles Leben

Umsäumt von Kneipen und Restaurants mit viel Biergartenatmosphäre vor der Tür pulsiert der **C. W. Obel Plads,** an dem eines der in Dänemark so trendigen Brauhäuser deftiges Essen und selbstgebraute Spezialbiere serviert: **Søgaards Bryghus.** Die nicht einmal 200 m lange **Jomfru Ane Gade,** wenige Straßen weiter, begründet Aalborgs Ruf als Kneipenstadt: kaum eine Nacht, in der nicht ein paar Lokale bis zum Grauen des neuen Tages offen haben. Mehr Gasse denn Straße wird sie von Tischen und Bänken eingeengt, die jede Disco, jeder Club, jedes Bierlokal und jedes Restaurant vor der Tür hat. Die Kategorien sind dabei fließend: Manches biedere ›Speiselokal‹ dreht in langen Wochenendnächten richtig auf. Sicher dominiert ein junges Publikum, aber auch feierfreudige 40plus-Gäste finden ihre Lokale und ihre Musik. Das Angebot reicht von **Sprutten** (Nr. 5, tagsüber kleine Küche) mit dänisch-maritimer Atmosphäre über die anglo-amerikanisch getrimmte **O Leary's Sportsbar** (Nr. 6) oder die exotische Cocktailbar **The Drunken Flamingo** (Nr. 14) und die Old-Style Disco **Hr. Nielsen** (Nr. 11) bis zu ganz trendy auf Aprés-Ski-Stimmung gestylten Stimmungs-Kneipen wie **Heidi's Bierbar** (Nr. 5) oder **Zwei Große Bier Bar** (Nr. 10) – da dröhnt Alpenpop am Limfjord-Ufer. Die Restaurants haben täglich ab mittags geöffnet und in der Regel gibt es irgendwo ein traditionelles Frokost-Buffet. Von den Clubs, die mehr auf Party aus sind, haben die meisten nicht alle Tage geöffnet, aber von Donnerstag bis Sonntag machen sie die Nächte lang.

Nach Norden Richtung Limfjord setzt sich die Lifestyle-Zone in **Ved Stranden** fort, wo man die Küchen der Welt entdecken oder im Aalborg Casino die Urlaubskasse verzocken kann.

Kultur- und Freizeitmeile

Von den Kneipen der Jomfrue Gade und den Restaurants an Ved Stranden bummelt man nach Osten vorbei am verkehrsberuhigten Toldbod Plads, der einen Blick auf die Prachtstraße Østergade freigibt, und vorbei am alten Stadt- und Verwaltungsschloss Aalborghus mitten hinein in Aalborgs neues Gesicht. Am Limfjordufer gönnte sich die Stadt eine niegelnagelneue Kultur- und Freizeitmeile auf Metropolen-Niveau: Das ›Ponton‹-Freibad **Havnebad** ist kostenlos und eine Demonstration: Schaut her, unser Limfjord ist so sauber, dass wir darin baden können.

Dann fällt direkt am Ufer ein architektonisch extravagantes Gebäude ins Auge, mit dem Aalborg einen großen Sohn würdigt: Jørn Utzon, Architekt der Oper von Sydney. Das in seinem Todesjahr 2008 eröffnete **Utzon Center** war einer seiner letzen Entwürfe – da schließt sich ein großer Lebenszyklus wieder mit einem Bau am Wasser, der erneut die Silhouette einer Stadt prägt (Slotspladsen 4, www.utzoncenter.dk). Sie wollen jetzt verschnaufen und dabei Utzon spüren? Die Beton-Sofas im **Utzon Park** neben dem Center gehen auf Entwürfe des weltberühmten Architekten zurück.

Etwas weiter östlich, nahe der Promenade, wurde ein altes Kraftwerk zum Kultur- und Aktivitätscenter **Nordkraft,** in dem auch Aalborgs Turistbureau residiert neben Hallen zum Klettern, für Konzerte und Kunstausstellungen und natürlich mit noch mehr Gastronomie – statt Turbinen surrt hier jetzt Leben. Und weil man in Dänemark von Kultur nie genug bekommt, entstand zwischen Nordkraft und dem Hafen das **Limfjord Musikkens Hus,** ein edles Konzerthaus für ganz Nordjütland, das 2014 fertig wurde.

Und was mehr in Aalborg?

Zum Livestyle der Stadt gehören exzellente Shopping-Optionen im Zentrum, in dem Dänemarks schönste Renaissance-Bürgerhäuser unübersehbar sind. Brand-Shops dänischer und internationaler Modemarken säumen **Bispensgade** und **Østerågade,** Boutiquen und Delikatessenläden die Fußgängerzone **Algade–Bredegade–Nørregade** nebst abzweigenden Gassen.

Aalborgs bedeutendstes Museum **Kunsten** im Süden der Stadt zeigt moderne Kunst mit allen wichtigen Strömungen des 20. und 21. Jh.; das lichtdurchflutete Gebäude von 1972 ist selbst ein Kunstwerk der klassischen Moderne, eine Arbeit des finnischen Architekten Alvar Aalto (Kong Christians Allé 50, www.kunsten.dk, Di–So, dän. Ferien auch Mo). Auf der Anhöhe hinter Kunsten erlaubt der Aussichtsturm **Aalborgtårnet** die ultimative Aussicht auf Stadt und Limfjord – selbst zwar nur 55 m hoch, aber inklusive ›Basis-Hügel‹ schafft die Besuchskanzel 105 m über dem Meeresspiegel (Søndre Skovvej 30, April–Mitte Okt. tgl.). Sind sie mit Kindern unterwegs? Der Aalborg Zoo ist berühmt für seine afrikanischen Elefanten und arktischen Eisbären (Mølleparkvej 63, www.aalborgzoo.dk). Weit im Westen zeigt das **Springeren – Maritimt Oplevelsescenter** alles über zivile und militärische Schifffahrt, Publikumsrenner sind ausgemusterte Schiffe der Marine, darunter ein bis 1988 benutztes U-Boot (Vestre Fjordvej 81, www.springeren-maritimt.dk, tgl.). Und am Nordufer des Limfjord machen fast 700 Steinsetzungen aus Eisen- und Wikingerzeit, viele in Schiffsform, die Hügelkuppe **Lindholm Høje** zu einer der bedeutendsten Nekropolen der Vorzeit in Nordeuropa (Vendilavej 11, Nørresundby, Gräberfeld frei zugänglich).

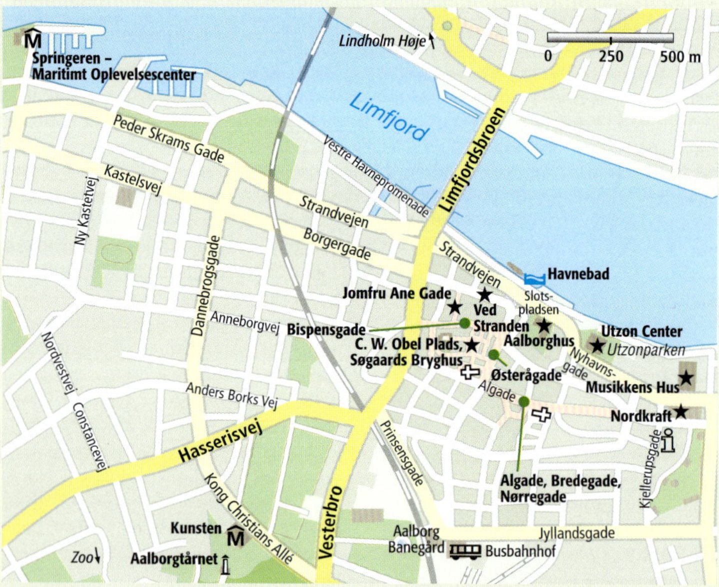

Blokhus ▸ F 3

Blokhus ist rund ums Jahr gut besucht, in der Hochsaison gar brechend voll mit jährlich rund 1 Mio. Gästen. Mitten durch den erst in jüngerer Zeit aufgehübschten Ort mit Restaurants, Kneipen, Shops und Einkaufspassagen windet sich die Hauptstraße, die den Verkehr schließlich durch einen schmalen Durchlass auf den breiten Strand spült. Der ist zum Glück groß und breit genug, jeden sommerlichen Ansturm zu bewältigen, außerdem gibt es autofreie Abschnitte und einige pittoreske Motive wie die weißen Strandhütten unter der rostrot aus den Dünen aufragenden **Blokhus Bake.** Die ist in diesem Fall kein Original aus den 1860er-Jahren, sondern eine 2006 aufgestellte Rekonstruktion des ursprünglichen Seezeichens, das deutsche Truppen während der Besatzungszeit zerstörten.

Kein Nachbau, sondern eine echte Vorderlader-Schiffskanone britischer Herkunft ist die **Blokhuskanone,** die nach einer der vielen Havarien vor der Küste 1808 an den Strand gespült wurde. Nach sorgfältiger Restaurierung schießen damit in der Hochsaison jeden Abend Mitglieder der rührigen Kanonengilde Blokhus Kanonlaug die Sonne ab – kleine Kanone, großer Knall und viel Tamtam (ca. Juli/1. Hälfte Aug. tgl. 21 Uhr am Strandkiosk).

Fårup Sommerland

Pirupvej 147, Saltum, 7 km nordöstl. Blokhus, Tel. 98 88 16 00, www.faarupsommerland.dk, Mai–Mitte Juni und Mitte Aug.–Sept. nur an ausgewählten Tagen, Hauptsaison und Woche 42 tgl. 10–17, 18, 19, 20 oder 20.30 Uhr. Je nach Saison 240–265 DKK/ab 3 Jahre, Rabatte ab 65 Jahre, bei Buchung, Bezahlung 7 Tage vorab und ab 2. Tag

Fårup Sommerland war der erste und ist der größte Freizeitpark seiner Art im Lande. In den letzten Jahren wurde er international u. a. zum drittbesten Familienpark der Welt und zum besten Sommerland-Freizeitpark in Nordeuropa gekürt. Rund 50 Attraktionen, darunter ein Open-Air-Spaßbad mit großen Wasserrutschen, diverse Achterbahnen, ein gigantischer Rafting-Fluss, Bahnen für Go-Karts und Moon-Cars sowie ein See mit Speed-Booten, sorgen dafür, dass alle Altersstufen auf ihre Kosten kommen.

Strandstraße

Der mit Autos meistbefahrene Strandabschnitt entlang der dänischen Küste sind die rund 15 km zwischen Blokhus und Løkken. Der Strand ist bei fast jedem normalen Wasserstand nutzbar und auch für Radfahrer fest genug. Gänzlich frei von weichen Passagen und Furten durch kleine Wasserläufe ist er aber nicht – fahren Sie konzentriert, sonst sitzen Sie irgendwann doch fest. Darauf warten manchmal ›Helfer‹ mit PS-starken Geländewagen, und nicht alle sind mit einem freundlichem ›Tak‹ zufrieden – gehen Sie kein unnötiges Risiko ein. Offiziell gilt am Strand maximal 30 km/h, ganz normale Verkehrsschilder zeigen weitere Abfahrten an, u. a. in **Saltum, Grønhøj** und **Rødhus,** südlich von Blokhus. Auf dem Strand sind auch Strandsegler und Kite-Buggy-Fahrer unterwegs – Autofahrer müssen den vom Wind Getriebenen Vorfahrt gewähren.

Und trotz all dem Verkehr kann man auf dem Strand natürlich spielen, toben und baden: Vor Blokhus und Løkken gibt es jeweils autofreie Areale und professionelle Rettungsschwimmer bewachen von ihren charakteristischen, weithin sichtbaren Beobachtungstürmen in den Wochen

26–33 Badeabschnitte direkt neben der Strandzufahrt in Blokhus und am Strand südlich der Zufahrt vom Ny Strandvej in Løkken.

Übernachten

Wohnblock-Ferienpark – **Feriecenter Nordsøen:** Høkervej 5, Tel. 98 24 93 33, www.feriecenternord.dk, Vermarktung in Deutschland vor allem durch www.danland.de. Bausünde der 1970er-Jahre mit Badeland, Fitness-/Wellnessabteilung und Restaurant zwischen Zentrum und Strand. Alle Wohnungen mit Aufstellbetten im Wohn-/Speiseraum, die kleinsten sind für mehr als zwei Erwachsene kaum zu empfehlen. Mindestmiete für 2 Tage je nach Saison und Standard ca. 1270–3300 DKK, ab dem 3. Tag deutlich günstiger, zusätzliche Rabatte bei längerer Miete – (21 Tage wohnen, 19 bezahlen) – und an wenig nachgefragten Terminen (3 Tage wohnen, zwei zahlen).

5-Sterne-Camping am Fårup Sommerland – **Jambo Feriepark:** Solvejen 60, 9493 Saltum, Tel. 98 88 16 66, www.jambo.dk. Maß aller Dinge in Sachen Camping an der Jammerbugt mit viel Entertainment für Kinder in- und outdoor; über ein Dutzend Luxushütten (3 Schlafräume/6 Pers., je nach Saison 6900–11450 DKK/Woche), auch Pakete inkl. Fårup Sommerland.

Ferienhäuser der lokalen Büros – **Simosol:** Aalborgvej 31, Tel. 98 24 89 99, www.simosol.dk, ist seit Jahrzehnten an der Jammerbugt verwurzelt. Mit etwa 700 Häusern im Angebot ist es inzwischen die lokale Marke eines großen Vermittlers, in Deutschland über www.sonneundstrand.de buchbar.

Feriepartner Blokhus: Aalborgvej 17, Tel. 96 18 02 00, www.feriepartner.de/blokhus vermittelt über 450 Häuser vornehmlich rund um Blokhus.

Essen & Trinken

Fein und maritim – **Strandingskroen:** Høkervej 2, Tel. 98 24 90 07, www.strandingskroen.dk. Der Traditions-Kro, in dem schon Könige speisten, steht für die edlere Küche in Blokhus, mit Gutem aus dem Meer und von den Weiden, Hauptgerichte ab ca. 200 DKK.

Urig unterm Reetdach – **Restaurant Futten:** Høkervej 2, Tel. 98 24 82 03, www.futten.dk. Maritimes Ambiente und das ganze Jahr Livekonzerte, Schwerpunkt Jazz (Sa meist zum Frokost, sonst abends); die Küche ist dänisch-bürgerlich von Schollenfilets mit Pommes rotweiß zum Frokost bis Jägerschnitzel am Abend (ca. 130–215 DKK), äußerst populär das dänische Lunch-Buffet, die ›Fut-Krokost‹, für knapp 150 DKK.

Einkaufen

Fischhändler mit Restaurant – **Klausen Fisk & Skaldyr:** Ilsigvej 11, Hune, Tel. 98 24 88 72, www.klausenfiskogskaldyr.dk, tgl. im Sommer 10–17, Fr/Sa–19 Uhr, im Winter kürzer. Die Adresse für alles aus dem Meer mit Laden, eigener Räucherei und Restaurant, das schon mittags neben Fischfrikadellen auch in Weißwein gedämpften *jomfruhummer* (s. S. 29) serviert. Frokost ab ca. 95 DKK, abends Hauptgerichte – darunter viele mit Schalentieren – um 200 DKK.

Frisches vom Lande – **Råvaremarked i Blokhus:** Di ca. 10–14 Uhr in der Hochsaison im malerischen Innenhof neben dem Restaurant Futten (s. o.) mit Frischem und Eingemachtem vom Land, etwas Kunsthandwerk und Trödel.

Infos & Termine

VisitJammerbugten: Springvandstorvet 4, 9492 Blokhus, Tel. 72 57 89 70, www.visitjammerbugten.dk

Konzerte auf Blokhus Torvet: in der Hauptsaison. Stars und Sternchen der dänischen Musikszene heizen Di ab ca. 19.30 Uhr auf dem zentralen Platz in Blokhus der Menge ein.

Løkken ▸ F 3

Løkken ist einer der muntersten Orte an der ganzen dänischen Nordsee mit Kneipen, Pubs, Discos, Imbissbuden, Straßencafés und Souvenirshops. Das Städtchen hat aber auch eine lange Geschichte als Landungsplatz für Schutenhandel und später für die Strandfischerei. So ist viel Altes, in manchen Winkeln geradezu Pittoreskes bewahrt. Løkkens Markenzeichen ist die ›Weiße Stadt‹: Fast 500 weiße Badehäuschen stehen jeden Sommer wie Perlen am Strand aufgereiht, eine Art Schrebergartenkolonie am Wasser. Viele der Häuser sind seit Generationen in Familienbesitz – an Touristen werden sie offiziell nicht vermietet.

Der kürzeste Weg vom lebendigen Ortsmittelpunkt Torvet mit seinen Straßencafés und Restaurants zum Strand führt an der Musikkneipe Peder Baadsmand und am rustikalen Shop Surfboard- und Wetsuitverleihs ›North Shore Surf‹ (northshoresurf.dk, auch Kurse für Wellen-Surfen, SUP sowie Skim- und Bodyboarding!) vorbei auf die jüngst aufgehübschte **Løkken Mole** zu. Sie ragt fast 250 m in die Nordsee hinaus. Auf der Spitze bringen Angler gern ihre Rute in Stellung und Paare bummeln zum Sonnenuntergang hier heraus, nur bei Sturm sollte man sie meiden. Auf der Leeseite der Mole betreiben noch einige Fischer mit ihren Kuttern Strandfischerei. In den Dünen dahinter stehen die **Løkken Bake** von 1884 sowie ein Signalmast, von dem aus in Vor-Funk-Zeiten heimkehrenden Fischern mit Flaggen die Wind- und Strömungsverhältnisse am Ufer angezeigt wurden. Zwischen dem Søndre Strandvej und dem nächsten Strandzugang weiter nördlich erstreckt sich einer der feinsten und kinderfreundlichsten Sandstrände Nordjütlands und er ist autofrei!

Gleich neben diesem Zugang über Nordre Strandvej zeigt das **Kystfiskerimuseet** in der alten Rettungsboot-Station von Løkken, wie Küstenfischerei funktioniert. Die kleine Ausstellung gehört zum kulturhistorischen **Løkken Museum,** das im Johanne Grønbechs Hus u. a. über den traditionellen Schutenhandel mit Norwegen informiert (Nørregade 12, Tel. 98 99 64 54, Juni–Aug. tgl. 13–16 Uhr, auch um Osten und Woche 42, 10 DKK).

Mein Tipp

Erlebnisse für alle Sinne

Die **Galleri Munken** südlich von Løkken definiert sich oft neu und ist immer wieder anders zu erleben: Man kann hier bei einer Radtour zum Kaffee halten, sich in der aktuellen Ausstellung umsehen oder eine Flasche Wein kaufen, nicht nur von dem, der vor der Tür wächst, sondern auch exklusiv importierten aus Spanien und Italien. Oder man taucht in die kreative Welt dieses privaten Kulturzentrums ein, vielleicht bei einem Mal- oder Skulpturenkurs oder an einem der Kultursonntage, die sich mit Lesungen, Musik, Theater oder Tanz einem Thema nähern. Oder man genießt abends eines der Konzerte, gern Jazz, Blues, Folk oder auch mal Rock (Munkensvej 11, Ingstrup, Tel. 70 26 90 50, www.gallerimunken.dk, Ostern–Woche 42 Do–So, Juli/Aug. tgl. 11–17 Uhr).

Übernachten

Ferienpark südlich Løkken – **Dayz Grønhøj Strand:** Ingeborgvej 2, Ingstrup, Tel. 98 88 32 22, www.landal.de/parks/gronhoj-strand. ›Schön ist etwas anderes‹, sagt man sich, wenn man die eng nebeneinanderstehenden Reihenhäuser sieht, aber Badeland, Kinderspielland und Sportanlagen sind gut und die Wohnungen großzügig geschnitten. Flexible Wechseltage, Mindestmietzeit 2 Tage ab ca. 1460 DKK, günstiger ab 3. Tag, 1 Woche in der Hochsaison bis ca. 11 500 DKK, Pakete für Mini- und Wochenendferien.

Traditionshaus im Süden von Løkken – **Kallehavegaard Badehotel:** Søndergade 80, Tel. 98 99 10 30, www.kallehavegaard.dk, Ostern–Okt., 800 m vom Zentrum, 600 m vom Strand. Sowohl einfache Zimmer ohne als auch mit Bad/WC (Hochsaison ab 750 DKK), preiswertes Restaurant mit solider dänischer Küche.

Campen stadt- und strandnah – **Løkken By Camping:** Søndergade 69, Tel. 98 99 17 67, www.loekkenbycamping.dk/de. Ganzjährig geöffnet! Komfortable Familieneinrichtungen, beliebtes Imbiss-Restaurant, gut ausgestattete Gästeküche, Fahrradverleih und knapp drei Dutzend Hütten verschiedener Standards ab 400 DKK/Tag, 2000 DKK/Woche plus Strompauschale.

Rund 250 Ferienhäuser – **Feriepartner Løkken:** Søndergade 26, www.feriepartner.de/loekken, starkes lokales Büro mit Häusern rund um Løkken.

Essen & Trinken

Familienrestaurant mitten im Leben – **Restaurant Løkken Badehotel:** Torvet 8, Tel. 98 99 22 00, www.restaurantlb.dk, ganzj. außer Wochen 2–5, tgl. Frokost, Kaffee, Abendessen, an Feiertagen besondere Öffnungszeiten. Viele Tische vor der Tür am zentralen Platz von Løkken – da sitzt man an schönen Sommertagen mitten im Leben. Die Küche bietet Mainstream mit Frokostklassikern ab 100 DKK und diversen Smørrebrød, abends Hauptgericht um 200 DKK, viele Kindergerichte, samstags populärer Brunch (129 DKK) und an Sonntagen außer Juni–Aug. Kuchenbuffet (inkl. Kaffee ca. 70 DKK).

Einkaufen

Ganz viel Süßkram – **Bolcheriet:** Torvet 1, Tel. 98 99 00 07, www.bolcheriet.dk. Hier gibt es nichts, was der Zahnarzt seiner Familie empfiehlt und der Fitnesstrainer auch nicht, eher das Gegenteil: ›Bolcher‹, Karamellbonbons usw. Das Bonbonmachen wird auf traditionellen Maschinen zelebriert – darf man das Kindern vorenthalten?

Käse in Handarbeit gemacht – **Ingstrup Mejeri:** Hovedgaden 48, Ingstrup (südl. Løkken), Tel. 98 88 30 13, Di–Fr 9–17, Sa 8.30–13 Uhr. Im Land der alles beherrschenden Großmolkereien ein liebenswertes Relikt: Hier wird Käse in Handarbeit produziert und im Molkereiladen verkauft.

Abends & Nachts

Musikkneipe mit Tradition – **Peder Baadsmand:** Sdr. Strandvej 4, Tel. 98 99 13 87, www.peterbaadsmand.dk. Musikkneipe ›hvor de voksne mødes‹ – wo die Erwachsenen hingehen – für Folk bis Rock bei gutem Bier am Übergang von Zentrum zum Strand. Mittags preiswerte Frokost-Klassiker, abends solides Bar-Food.

Rasen, Ballern, Abtanzen – **Action House:** Industrivej 1, Tel. 99 67 67 10, Programm: www.actionhouse.dk, in der Saison tgl. 10 Uhr bis Mitternacht. Wie der Name verspricht: Action ohne Ende u. a. auf Gokarts, beim Bowling,

Die ›weiße Stadt‹ am Strand von Løkken

bei einer Paint-Ball-Ballerei oder beim Tanz durch die Nacht in der Großdisco New York (Saison Di–Sa 23–05 Uhr).

Infos

Løkken Turistbureau: Jyllandsgade 15, 9480 Løkken, Tel. 98 99 10 09, www.loekken.dk

Im Hinterland der Jammerbugt ▸ F/G 2/3

Brønderslev ▸ G 3

Brønderslev steht in Dänemark geradezu als Synonym für Provinz, hat aber den Ruf einer günstigen Einkaufsstadt. Von hier wurde Dänemarks größtes Hochmoor, das **Store Vildmose,** Anfang des 20. Jh. kultiviert. Ein bescheidener Rest ist südwestlich der Stadt im ›Rohzustand‹ erhalten und steht unter Naturschutz – Elfen und Erlkönige sollen dort leben. Am Rande von Brønderslev informiert das **Vildmosemuseet** über dieses Moor und seine Urbarmachung (Pavkjærvej 15, Tel. 98 82 43 44, Mitte Mai–Mitte Sept., Di–Fr 10–16, Sa, So 13–16 Uhr, 50 DKK/ab 18 Jahre).

Børglum Kloster ▸ F 3

Børglum Klostervej 255, 9760 Børglum, Tel. 98 99 40 11, www.boerglumkloster.dk, Wochen 7 u. 8, Ostern–Woche 42 und ausgewählte Tage in der Adventszeit tgl. 10–16/17 Uhr, 85 DKK, 40 DKK/7–16 Jahre

Auf einem Hügel 5 km östlich Løkken ragt der kantige Bau des Børglum Kloster aus der Landschaft. Noch zur Wikingerzeit gründeten Augustiner das Kloster, das 1220 zum Prämonstratenserorden kam, als Børglum schon Bischofssitz für Nordjütland war. Der letzte katholische Bischof Stygge Krumpen galt als Despot und Weiberheld, nicht einmal Nonnenkutten waren vor ihm sicher. Da störte kaum, als das Anwesen mit der Reformation in weltliche Hände kam. Im 18. Jh. wurde das Anwesen im Stil des Barock renoviert, nur die alte Klosterkirche behielt romanische Elemente. Sie kann ebenso wie die Teile des Gutes besichtigt werden, die jeden Sommer für Kunst- und Geschichtsausstellungen genutzt werden.

Mittelalter-Graffitis in Kirchen

Das Hinterland der Jammerbugt ist Jütlands Hochburg der Kalkmalerei in mittelalterlichen Kirchen. Besonders flächenfüllend in Kirchenschiff und Chor ist die **Jetsmark Kirke** (▶ F 4) östlich von Blokhus verziert, Fresken »ausgeführt im Jahre des Herrn 1474«. Mit derart drastischen Szenen wie dem Kindermord zu Bethlehem im mittleren Gewölbe oder der Ausdärmung des heiligen Erasmus von Antiochia im westlichsten bekäme ein Film von heute keine Jugendfreigabe.

Die weiter nördlich gelegene **Saltum Kirke** (▶ F 3) besitzt einen prächtig ausgemalten Stammbaum Jesu und ein paar unchristliche Motive im Chorgewölbe: Da hat ein Mann seine Hosen heruntergelassen und streckt dem Betrachter den blanken Hintern hin mit eindeutigem Fingerzeig auf den Mittelpunkt: ›Du kannst mich mal …‹. An anderer Stelle hat sich einer zur Notdurft hingehockt, streckt dabei aber noch kräftig die Zunge raus.

In der **Vrå Kirke** (▶ G 3) dokumentiert eine Malerei im Chor die Sitten der Entstehungszeit um 1500: Ein alter Mann liegt auf dem Sterbebett. Um seine Seele streiten ein Engel mit dem Schwert in der Hand und der Teufel mit Gesichtern überall am Körper, sodass ihm nichts entgeht. Neben dem Totenbett kuschelt die junge Witwe mit ihrem jugendlichen Liebhaber. Der aber hat anderes im Sinn: Er wühlt in der Goldkiste des Alten, wendet eher geistesabwesend den Kopf zur Liebsten und beide beachten nicht einmal den Diener, der ihnen Wein einschenkt: »Mach Dir keine Gedanken über seinen Tod, wir haben ja das Gold sicher« steht in Dänisch auf einem Spruchband – alle anderen Worte im Freskengewirr der Kirche sind Lateinisch. Junge Frauen wurden früher aus wirtschaftlichen Gründen oft in Ehen mit reichen alten Männern gezwungen und man drückte dann ein Auge zu, wenn sie sich einen Liebhaber in ihrem Alter hielten.

Übernachten, Essen

Ambitionierter Traditionskro – **Luneborg Kro:** Luneborgvej 310, Tylstrup, Tel. 98 26 51 00, www.luneborg.dk, Feb.–Ostern Mi, Do 18–23, Fr/Sa sowie Ostern–Mitte Dez. tgl. 12–23 Uhr. Im alten Moor Store Vildmose wird dänische Küche gern mit Bezug auf die Region und die Jahreszeiten auf höchstem Niveau gepflegt. Hauptgericht um 250 DKK, außerdem oft Themen-, Gourmet- und Weinmenüs sowie fast jede Woche ein Buffet-Abend, im Sommer meist Fisch und Schalentiere, im Herbst Wild und im November um St. Martin Gans und Ente. In zwei Gebäuden Doppel- und wenige Dreibett-Familienzimmer, je nach Standard und Saison ca. 800–1400 DKK.

Einkaufen

Frisch vom Bauern – **Vildmosekartofler:** www.storevildmosekartofler.dk. Kartoffeln aus dem Hochmoor Store Vildmose sind in Dänemark kulinarischer Qualitätsbegriff. Viele Bauern verkaufen sie tagesfrisch geerntet in Treu-und-Glauben-Ständen an der Straße – halten sie Kleingeld bereit, Wechselkassen gibt es nicht.

Lønstrup Klint!

▶ F 2/3

Nördlich Løkken wird der Strand schmaler und schmaler vor höher und höher aufragendem Steilufer. Die gut 15 km langen Lønstrup Klint bieten perfekte Thermik für Paraglider – bei schönem Wetter tanzen sie als bunte Tupfer durch den Himmel über der Küste. Die besteht aus relativ harten Ton- und weichen Sandschichten und wirkt durch die unterschiedliche Erosionsgeschwindigkeit ungemein zerklüftet. Nur wenige Treppen und eine Rampe in **Nørre Lyngby,** die auch Autos nutzen, erlauben Auf- oder Abstieg zwischen Strand und Land. Nørre Lyngby ist ein Dorf auf der Kippe, einige Häuser sind bereits abgestürzt, andere hängen als Ruinen über dem Steilhang – darunter sollte man nicht unbedingt sonnenbaden.

Lønstrup ▶ F 2

Das Dorf Lønstrup zwängt sich in ein Dünental, fast eine Schlucht, geformt vom Lønstrup Bæk. Durch Regenmassen eines Unwetters zum reißenden Strom angeschwollen, riss der unscheinbare Bach 1877 das halbe Dorf ins Meer. Beim Wiederaufbau bedachte man bereits den seinerzeit aufkommenden Tourismus und vom mondänen Stil der frühen Jahre hat Lønstrup viel bewahrt. Bescheiden sind die Bademöglichkeiten an einem kleinen, von Buhnen geschützten Strand nördlich des Landungsplatzes, den noch wenige Fischer für ihre Boote nutzen. Er liegt unterhalb der Rettungsstation am Ende des Strandvejen, direkt vor den Fenstern des Juwels der Gastronomie von Lønstrup: Das Restaurant Villa Vest bietet 5-Sterne-Meerblick und eine nicht minder gute Küche und ist das Tüpfelchen auf dem i einer Reihe von Restaurants, Cafés und Galerien mit Kunst und Kunsthandwerk, die sich quer durch den Ort entlang der leider allzu oft verstopften Hauptstraße zieht.

Mårup Kirke

Gleich südlich des Dorfes demonstriert die Natur ihre Macht gegenüber Menschenwerk, selbst wenn dies Gott geweiht ist: Die Mårup Kirke stand acht Jahrhunderte hoch über den Klippen, vor 200 Jahren noch einen halben Kilometer von der Abbruchkante entfernt. Aber die kam näher und näher. Vor allem im Herbst und Winter rutschten jedes Jahr Teile der Steilküste in die Tiefe. Als Gotteshaus wurde die Kirche 1928 aufgegeben. Später stritten Denkmalschützer, die Küstenschutz zu ihrer Rettung forderten, und Dänemarks Naturschutzbehörde, die der Natur freien Lauf lassen wollte und sich durchsetzte. Damit das Gebäude nicht unkontrolliert abstürzte, wurden ab 2008 die Mauern sukzessive abgetragen, sodass immer ein Mindestabstand von 6 m zur Abbruchkante blieb. Ende 2015 musste alles ganz schnell gehen und letzte Teile wurden entfernt. Archäologen konnten noch den Untergrund untersuchen und datieren den Ursprung der Mårup Kirche jetzt auf das frühe 13 Jh. kurz nach der Wikingerzeit.

Inzwischen erinnern nur noch wenige Gräber des alten Friedhofs daran, dass hier einmal eine Kirche stand und auch die werden bald verschwunden sein. Immer wieder geben Landabbrüche sterbliche Überreste derer frei, die dort ihre letzte Ruhe finden sollten, darunter 226 Opfer der Havarie der britische Fregatte ›The Crescent‹, die 1808 in der Brandung vor Lønstrup zerschlagen wurde. Fallen Skelettteile

Lieblingsort

Im Würgegriff der Naturgewalten ▶ F 2

Keine Fahrt entlang der Nordseeküste ohne Besuch am **Rubjerg Knude Fyr.** Jedes Jahr neue Fotos, jedes Jahr sehen sie anders aus. Eine flüchtige Landschaft. Der Sand wandert und die Klippenkante kommt näher. Ich trank noch Kaffee in einem der Nebengebäude am Fuß des Turms, inzwischen sind die Gemäuerreste des Cafés schon wieder unter dem Sand hervorgekommen, nachdem sich die Düne einmal darüber gewälzt hat – daran merke ich, wie lange ich den Platz schon liebe. Und diese Wechselbäder der Gefühle: Anfang 2016 bekam der Turm innen eine neue Treppe und ein Kaleidoskop, das geradezu künstlerische Eindrücke erzeugte – wunderbar! Dann am Jahresende 2016 der Megasturm ›Urd‹, der die Wetterfahne abbrach (sie wird wohl nicht ersetzt) und das Kaleidoskop schwer beschädigte (soll repariert werden). Und wann stürzt der Turm ganz ab (brutal für meine Seele: http://rubjergknude.dk/fileadmin/templates/APP/fyretsFald.html)? Kann das meine Liebe zu dem Ort erschüttern? Ich glaube nicht wirklich! (s. S. 256)

auf den Strand, werden sie auf dem neuen Kirchhof in Lønstrup wieder bestattet. Auch der große Anker, der 1940 vom Wrack der ›The Crescent‹ geborgen wurde und lange vor der Westfassade der Mårup Kirche stand, ist noch da, aber nach Osten auf sicheres Terrain versetzt.

Rubjerg Knude ▸ F 2

Auch der ehemalige Leuchtturm **Rubjerg Knude Fyr** (siehe Lieblingsort S. 254) ist vom Absturz bedroht. Sein Licht strahlte Weihnachten 1900 das erste Mal aufs Meer, im August 1968 wurde es wieder abgeschaltet, weil es draußen auf See niemand mehr sehen konnte. Sand, von Regen und Wellen aus dem 50 m hohen Steilufer herausgespült, wehte sich ausgerechnet vor seiner Linse zu einer gewaltigen Düne zusammen, zeitweilig doppelt so hoch wie der 23 m hohe Leuchtturm. Dann schob sich der Sand in seine Richtung, verschüttete alle Nebengebäude, aber direkt um den viereckigen Bau verfing sich der Wind so wild, dass der immer seine Spitze im Freien behielt.

Inzwischen ist die Düne weiter ins Land gezogen und der Turm steht wieder frei, aber gefährlich nah an der Klippenkante. Er wird – Geologen rechnen damit Anfang bis Mitte der 2020er-Jahre – abstürzen oder ähnlich wie die Mårup Kirche zurückgebaut werden müssen, um nicht zur Gefahr für Menschen zu werden, die unten am Strand entlanggehen. Trotz der nur noch kurzen Lebenserwartung wurde Rubjerg Knude Fyr zur Saison 2016 renoviert und als Aussichtsturm auf die spektakuläre Landschaft zugänglich gemacht.

Eine solide Metalltreppe erlaubt innen den Aufstieg und als besonderer Effekt sammelt ein Kaleidoskop in der alten Lichtkanzel das natürliche Licht und schickt es ins Turminnere. Viele Besucher übersehen aber den tollsten Effekt, weil sie gleich die Treppe hinaufgehen, statt links hinter dem Eingang in dem dunklen Loch nach oben zu schauen. Und die Klappen, an denen man auf der Treppe vorbeikommt und ins Innere blicken könnte, wirken wie getarnt (Parkplätze an Fyrvejen 30, Rubjerg, von dort ca. 1,5 km Fußweg teils über die Düne).

Das Flugsandmuseum, das lange im ehemaligen Leuchtturmwärterhaus am Fuße des Turms zu Hause war, wurde schon vor Jahren vom Thema seiner Ausstellung überrollt und zog um auf den ehemaligen Hof des Strandvogts von Rubjerg weiter landeinwärts (Langelinie 2, Rubjerg, Tel. 98 96 01 60, www.rubjergknude.dk, nur Juli So–Fr tgl. 11–17 Uhr; 40 DKK/ab 18 Jahre).

Skallerup Klit ▸ F 2

Nördlich Lønstrup wird das Land wieder flach. Buhnen versuchen, die Küste zu schützen und machen den Strand

Mein Tipp

Klassik im Ferienland

Das Vendsyssel Festival – Vorbild des inzwischen bekannteren Schleswig-Holstein Musik Festival – bringt seit 1971 jedes Jahr von Mitte Juli bis Mitte August fast jeden Tag mit stimmungsvollen Konzerten hochkarätige Klassik vorrangig in Stadt- und Landkirchen der Region. Programm und Infos (auch dt.): www.vendsysselfestival.dk. Tickets – Einzelkonzerte ca. 75–200 DKK – in den i-Büros der Region oder bei www.vendsysselbilletten.dk (nur dän.); Klassik-Fans nutzen Dauerkarten für alle Konzerte (600 DKK/Pers., 1000 DKK/Paar).

badefreundlich, aber was vor Lønstrup und Skallerup des einen Freud ist, ist im Lee der Buhnen bei Nørlev des anderen Leid (siehe auch S. 53). Dort verstärkt sich die Erosion, erste Ferienhäuser wurden schon unterspült. Ein Ferienpark mit Geschichte ist **Skallerup Seaside Resort,** und nicht etwa, weil er gerade seinen Traditionsnamen Skallerup Klit Feriecenter aufgab, um Missverständnisse auf dem englischsprachigen Markt zu vermeiden: Als Dänemark nach dem Zweiten Weltkrieg auf Wunsch der Alliierten Lager für deutsche Flüchtlinge bereitstellen sollte, witterten Lokalpolitiker ihre Chance und machten sich für ein Lager stark, vorausgesetzt, sie dürften die Unterkünfte später für Urlauber nutzen. So wurden 150 schwedische Waldarbeiterhütten erst einmal für rund 2400 Flüchtlinge ausgestattet, aber schon ab 1947 umgerüstet. Die ersten Feriengäste kamen 1949. Eine Originalhütte ist als Museum erhalten, die eine Hälfte wie zu Lagerzeiten, die andere im Stil der ersten ›Sommerhäuser‹.

Übernachten

Charme des frühen 20. Jh. – **Villa Vest Badehotel:** Rubjergvej 2, 9800 Lønstrup, Tel. 98 96 00 66, ca. Ostern bis Woche 42. Die Macher hinter der Villa Vest (s. Essen & Trinken) haben hier eine weitere Perle geschaffen, die moderne, geschmackvolle Interpretation eines traditionellen Badehotels im Stil der Jahre vor dem Ersten Weltkrieg, als dieses Haus entstand. DZ ohne Bad/WC ab ca. 1100 DKK, mit Bad/WC 2100 DKK, Gourmet-Pakete in Zusammenarbeit mit Villa Vest.

Mitten in Lønstrup – **Hotel Marinella:** Strandvejen 94, Lønstrup, Tel. 98 96 07 00, www.hotel-marinella.dk. Liebevoll zum Hotel restaurierter alter Handelshof. DZ ca. 850–1350 DKK.

Ex-Flüchtlingslager – **Skallerup Seaside Resort:** Nordre Klitvej 2, Skallerup Klit (4 km nördl. Lønstrup), Tel. 99 24 84 00, www.skallerup.dk. Rund 275 moderne, über ein großes Gelände verstreute Einzel- oder Doppelhäuser; im Zentralkomplex Restaurant, Spaßbad, Spielland, Wellness, Bowling, Sportplätze out- und indoor sowie ein Supermarkt; außerdem gehört der Reiter- und Besuchsbauernhof Klithusegaarden zum Feriecenter (s. u.).

Ferienhäuser – **Feriepartner Lønstrup:** Strandvejen 66, Tel. 96 18 02 04, www.feriepartner.de/loens trup mit gut 150 Häusern.

Ferienhäuser und Privatzimmer – **Toppen af Danmark:** www.feriehuse.dk, gut 200 Häusern vermittelt das örtliche Touristenbüro (s. u.), das auch Privatzimmer vermittelt.

Essen & Trinken

Aussicht und Essen vom Feinsten – **Villa Vest:** Strandvejen 138, Lønstrup, Tel. 98 96 05 66, www.villavest.dk, Ostern–Woche 42, Di–So abends, Fr–So Frokost, Hochsaison tgl. Frokost & abends. Die Küche serviert Gourmetklasse, wird aber von der Aussicht aufs Meer, den kleinen Landungsplatz und die irren Sonnenuntergänge noch getoppt. Das kostet natürlich: 3–5-Gänge-Menü ab ca. 560 DKK, passendes Weinmenü ab 450 DKK. Preiswerter ist **Café Havblik** gleich gegenüber mit Dänemarks spektakulärsten Open-Air-Sitzplätzen hoch über dem Meer und bodenständig, dänischer Küche (Tel. 98 96 07 98).

Einkaufen

Romantische Atmosphäre und anspruchsvolle Klientel – das lockt viele Galeristen und Kunsthandwerker nach Lønstrup:

Originell – **Glashuset:** Strandvejen 68, Lønstrup. Verbindet Gastronomie und eine Glasbläserei unter einem Dach.
Bernstein – **Ravgården:** Skallerupvej 525, 9800 Sønderlev, Mo–Fr 10–17 Uhr. 5 km landeinwärts von Lønstrup vermischen sich in dieser Bernsteinschleiferei die Grenzen zwischen Shop und Museum.

Aktiv

Reiter- und Besuchsbauernhof – **Skallerup Seaside Resort Ridecenter:** Klithusevej 116, Skallerup Klit, Tel. 30 70 54 23, www.skallerup.dk. Der Hof gehört zwar zu einem Ferienpark, steht aber allen offen, Ponyreiten ab 50 DKK/15 Min., Strandtouren mit Islandpferden ab 225 DKK/1 Std.

Infos & Termine

Lønstrup Turistbureau: Strandvejen 90, Lønstrup, 9800 Hjørring, Tel. 96 25 22 20, www.loenstrup.dk
Rubjerg Knude Løbet: www.rubjerg knudeloebet.dk. Ein Sonntag Ende August. Anstrengender Marathon der auf dem Hin- und Rückweg über die Dünen von Rubjerg Knude führt, aber auch kürzere Strecken – nicht alle mit dem Dünenabschnitt – und ein Kinderlauf (2,5 km auch ohne Dünen!), Startgebühr je nach Länge 50–300 DKK.

Hjørring ▸ G 2

Hjørring ist Hauptstadt des historischen Vendsyssel und wichtigste Einkaufs- wie Kulturstadt im Hinterland des Küstenabschnitts von Løkken bis Hirtshals. Mit Stadtrechten seit dem frühen Mittelalter konnte es sich prächtig entwickeln; drei Kirchen aus romanischer Zeit nah beieinander in der Altstadt belegen die frühe Bedeutung. In der Nachbarschaft der Kirchen nutzt das kulturhistorische **Vendsyssel Historiske Museum** Gebäude einer alten Schule und der ehemaligen Probstei: Vorzeit, Kirchenkunst, historische Landwirtschaft, bürgerliche Wohnkultur und im Innenhof Heilkräuter – viele Themen werden angesprochen (Museumsgade 3, Tel. 98 92 06 77, www.vhm.dk, Mitte Juni–Aug. tgl., sonst nur Di–Fr, So 11–16 Uhr, 80 DKK/ab 18 Jahre).

In der Stadt stößt man überall auf moderne Skulpturen bekannter Künstler. Den Vogel schießt der **P. Nørskjærs Plads** ab. Bjørn Nørgård (geb. 1947), längst etablierter, aber in seinen jungen wilden Jahren auch umstrittenster Multikünstler Dänemarks, schuf hier ein exzentrisches Wasserspiel, umgeben von meterhohen Figuren, die Elemente afrikanischer Kunst mit Symbolen der nordischen Mythologie verbinden.

In diesem Umfeld bezog das **Vendsyssel Kunstmuseum** eine sorgfältig für diesen Zweck umgebaute ehemalige Textilfabrik und zeigt vorrangig Arbeiten zeitgenössischer Künstler aus Nordjütland, schaut aber auch über diesen regionalen Tellerrand hinaus, vor allem bei regelmäßig Aufsehen erregenden Sonderausstellungen (Tel. 98 92 41 33, www.vkm.dk, Di–Fr 12–16 Uhr, Woche 8 und 42 sowie Pfingsten und Ostern auch Mo, 60 DKK/ab 18 Jahre).

Übernachten

Sportlich, sportlich! – **Park Vendia Hostel:** Børge Christensens Vej 5, Tel. 98 92 67 00, www.danacupsportscen ter.dk (Overnatning bzw. rooms anklicken). Doppel- und Familienzimmer bis max. 6 Pers. je nach Saison und Personenzahl 560–1095 DKK. Im Garten komplett mit Bad/WC und Mni-Küche ausgestattete Zimmer.

Infos

Hjørring Turistservice: Østergade 30, 9800 Hjørring, Tel. 72 33 48 78, www.visithjoerring.dk (in Hjørring Bibliothek, 1. Etage des Shoppingcenter Metropol).

Hirtshals ▸ G 2

Hirtshals hockt auf einem alten Moränen-Plateau wie auf einem Ausguck. Wegen dieser Lage bauten 1941 deutsche Truppen 69 Bunker und Stellungen am Südwestrand der Stadt ins Gelände, heute als Museum zugänglich. Ein **Ausstellungsbunker** neben dem Leuchtturm informiert über die Anlage und mögliche Rundgänge (Fyrbakken, Tel. 96 24 10 50, www.vhm.dk, Mai–Sept. Di–Sa, Juli/Aug. und 42. Woche auch Mo 10–16 Uhr, Ausstellung gratis, Führungen Hochsaison Mo–Do, Woche 42 auch Fr 14–15.30 Uhr 50 DKK/ab 18 Jahre; Rundweg frei zugänglich).

Der 1862 gebaute Leuchtturm **Hirtshals Fyr** verschafft einen Ausblick der Extraklasse über Bunkeranlagen, Hafen und Stadt, den man sogar vorab schon testen kann: hirtshals-fyr.dk/cam3.htm. Hat man die Aussichtsplattform nach 144 Stufen selbst er-

Mein Tipp

Skandinavische Landschaften genießen

Tagesausflüge über Skagerrak oder Kattegat nach Norwegen oder Schweden kosten ab ca. 100 DKK und alle Überfahrten bieten Passagen durch skandinavische Schärenlandschaften: Color Line (Tel. 99 56 19 00, www.colorline.dk) fährt ab Hirtshals nach Kristiansand und Larvik, wobei die Fahrpläne keinen Landaufenthalt zulassen, während bei Fjordline (Tel. 97 96 30 00, www.fjordline.com) der Sommerfahrplan der Katamaran-Fähre Hirtshals–Kristiansand einige Stunden Aufenthalt in Norwegen erlaubt. Je nach Saison und Wochentag lässt auch der Fahrplan der Stena Line manchmal ein paar Stunden für einen Bummel in Göteborg oder man bucht eine Kurzreise mit Hotelübernachtung (Tel. 96 20 02 00, www.stenaline.dk, Überfahrten ab Frederikshavn).
Mini-Kreuzfahrten mit Übernachtung an Bord bietet Stena Line auf der Route Frederikshavn–Oslo inkl. Passage durch den beeindruckenden Oslofjord, in der Regel in 22 Std. hin und zurück ohne Landgang und an ausgewählten Tagen mit zwei Nächten auf dem Schiff inkl. Landgang in der Nebensaison schon ab 99 DKK inkl. Kabine, im Sommer ab ca. 400 DKK. Zwei Nächte an Bord erfordert die längste Seereise ab Hirtshals mit Fjordline nach Bergen mit Stopp in beiden Richtungen in Stavanger (wer dort aussteigt hat ca. 13 Std. Landgang), dafür erlebt man beeindruckende Passagen durch die Schären- und Fjordwelt Westnorwegens (tgl. ab ca. 900 DKK/2 Pers. in Doppelkabine). Tickets bei den Reedereien (online jedoch nur auf deren dänischen Webseiten) oder in i-Büros der Region. Auf Strecken nach Norwegen gibt es noch Duty-free-Verkauf, alle Preise an Bord orientieren sich aber am extrem hohen norwegischen Preisniveau!

Überblick vom Leuchtturm: Die kleine Stadt Hirtshals mit dem Tor nach Norwegen

klommen, steht man 54 m über dem Meeresspiegel, 35 m davon misst der Leuchtturm. (Fyret 2, tgl. 10 Uhr bis Sonnenuntergang, 20 DKK/ab 16 Jahre, 10 DKK 6–15 Jahre).

Hafen

Der Hafen von Hirtshals wurde erst 1919 angelegt und schon mehrfach erweitert. Hier ist eine große Fischereiflotte zu Hause, die Servicebetriebe fertigen aber auch fremde Boote unter teils exotischen Flaggen ab, die in der Nordsee unterwegs sind. So zeigt sich der Hafen immer international und geschäftig. Ein zweites Standbein ist der Fährverkehr nach Norwegen und auf den Nordatlantik bis zu den Färøer-Inseln und weiter nach Island. Ein schöner Aussichtsplatz auf das Hafentreiben ist die moderne, einen Wellenschlag symbolisierende Freitreppe, die von der höher gelegenen Stadt zum Sydvestkaj hinunterführt. Leider sind nicht mehr alle Bereiche im Hafen frei zugänglich, auch nicht die Fischauktionen – fragen Sie das i-Büro, ob es wieder Hafenführungen inkl. Auktionsbesuch gibt! Viel über die Fische der Nordsee und die Fischerei erfährt man in Nordsøen, einem der schönsten und größten Ozeanarien Europas (s. Auf Entdeckungstour S. 262).

Hirtshals Museum

Sophus Thomsensgade 6, Tel. 98 94 34 24, www.vhm.dk, Di–Do 11–16, Mai–Woche 42 auch Fr 11–14, Juli Mo–Fr 10–16, Sa 10–14 Uhr, 30 DKK/ ab 18 Jahre

Das Hirtshals Museum, eingerichtet in einem Fischerhaus von 1880, befasst sich mit den Menschen am Meer zu früheren Zeiten. Gezeigt werden tradi-

tionelle Fischerboote und im Sommer das Handwerk, das zur Fischerei gehört, wie Flicken und Präparieren der Netze. Die Abteilung ›Bjesk‹ befasst sich mit dem Aufgesetzten der Region. Sie können gern Klaren mitbringen, er wird dann nach alter Tradition mit Kräutern und Heilpflanzen aufgesetzt.

Tornby Strand

Vorläufer der Fähren, die zwischen Hirtshals und Norwegen verkehren, waren ein- oder zweimastige Lastkähne mit flachem Rumpf, die am Strand aufsetzen konnten. Vom Mittelalter bis weit ins 19. Jh. pendelte eine Flotte dieser Schuten über den Skagerrak. Die Skipper kauften auf eigene Rechnung landwirtschaftliche Produkte in Jütland, segelten damit nach Norwegen und brachten von dort Holz, Granit, Kalk oder Eisen mit. Tornby Strand, der große weite Sandstrand südwestlich von Hirtshals, war früher eine Hochburg dieses Schutenhandels, der nahe der Strandzufahrt am alten Packhaus der Schutenhändler auf Schautafeln erläutert wird: **Skudehandel i Tornby** ist frei zugänglich.

Knoten zwischen dem exportorientierten Schuten- und dem lokalen Landhandel war der **Tornby Gamle Købmandsgaard** und er ist bis heute wie Mitte des 19. Jh. eingerichtet. Eine Ausstellung erzählt vom Schutenhandel und den Kindertagen des Tourismus. Im Laden kann man neben Souvenirs eines der Elixiere aus der hauseigenen Kräuterschnapsproduktion kaufen (Hovedvejen 61, Tel. 98 97 71 66, Jan.–März tgl. 12.30–17, sonst Mo–Fr 11–17, Sa/So 12.30–17 Uhr; Mitte Juni–Anfang Aug. So 10–17 Uhr Flohmarkt).

▷ S. 265

Auf Entdeckungstour: Schwarmfische, Robben und Meer – Nordsøen

Hinter dickem Glas ziehen Schwärme von Heringen, Makrelen und dünnen Hornhechten ihre Bahnen, dazwischen Dorsche, Glattbutte, Nagelrochen und verschiedene Haie – alle Fische sind heimisch in unseren Breiten. Das trifft im Sommer sogar auf eine exotisch wirkende Art zu, deren Exemplare, wann immer sie hier Runden drehen, zu Stars des Ozeanariums avancieren: Mondfische. Geht ein Exemplar dänischen Fischern ins Netz und überlebt, landet es meist hier – eine Garantie, Mondfische zu sehen, gibt es aber nicht.

Reisekarte: ▶ G 2
Info: Willemoesvej, Tel. 98 94 44 44, de.nordsoenoceanarium.dk, Mitte Jan.–Nov. tgl. mind. 10–16, an Spitzentagen 9–17 oder 18 Uhr, 160 DKK, 85 DKK/3–11 Jahre, Rabatte bei Online-Kauf. Robbenfütterungen: 11 und 15 Uhr; Taucher im Ozeanarium: 13 Uhr, Juli/Aug. auch 16 Uhr.
Dauer: mindestens 3 Std.

Das Meer lässt sich in Hirtshals nirgendwo ausblenden. Ganz nah kommt man seinen Geheimnissen und Bewohnern im **Nordsøen,** einem der größten Salzwasseraquarien Europas, angegliedert einem angesehenen meeresbiologischen Forschungszentrum. Die Meeresfauna der Nordsee steht im Fokus, sogar alle sechs Hai-Arten, die hier leben, sind *locals* – auf Hauptsache-bunt-und-spitze-Zähne-Exoten verzichtet man bewusst.

Nordsøen gibt sich Mühe, das Meer vor der Tür mit seiner ökologischen wie ökonomischen Bedeutung auch Kindern nahezubringen und bietet Erklärungen wie Animationen auf Deutsch. Man sieht die Dinge aus verschiedenen Blickwinkeln: Ein virtueller Skipper erzählt über das Meer an sich, ein Forscher über die Meeresbewohner, ein Fischer davon, welche Fische er wie fängt, und ein Koch, welche sich auf dem Teller am besten eignen.

Von der Mole zur Tiefseerinne

Der erste Saal mit einem Schiffsbug als Blickfang präsentiert fünf typische Nordsee-Lebensräume: Die **Mole von Hirtshals** ist von Menschen zum Schutz von Küste und Hafen geschaffen, aber in ihrer Nähe treiben sich immer Plattfische, junge Dorsche und zu bestimmten Jahreszeiten Heringsschwärme herum. Auch **Wracks** vor der Küste, wie das der »Stornoway«, sind Menschenwerk. Einmal auf Grund, werden sie von Bewohnern des Meeres übernommen.

Zu den buntesten Unterwasserwelten unserer Breiten gehören die steinigen Inseln des **Jyske Rev,** des Jütland-Riff, eine unterseeische Endmoräne der letzen Eiszeit. Kleinfische fühlen sich hier wohl, auch Seeigel, Seesterne und die markante orangefarbene Korallenart Dødningehånd, die Hand des toten Mannes. Sie ist für Stein- und Felsküsten des Nordens typisch und zählt in Dänemark sogar zum nationalen Naturkanon.

Mit den bunten Unterwasserwelten der Steininseln kontrastieren gigantische Sandwüsten der **Doggerbank** – Sand so weit das Taucherauge reicht, aber fruchtbarer als Sandwüsten an Land. Krebse, Würmer und Muscheln bilden hier die Nahrungsgrundlage vieler ökonomisch wichtiger Fischarten wie Scholle und Seezunge, Kabeljau und Schellfisch. An der Doggerbank ist die Nordsee noch relativ flach, nur etwa 50 m tief. An ihrem Westrand fällt der Meeresgrund jedoch in die mehr als 700 m tiefe **Norwegische Rinne,** Heimat der bekanntesten Delikatesse der dänischen Küste, dem Jomfruhummer – auf Deutsch Kaisergranat.

Dänemarks größte Raubtiere

Das von großzügig angelegten Spiel- und Picknickplätzen umringte **Robbarium** liegt unter freiem Himmel und wird von Säugetieren der dänischen Nordseeküste bewohnt: weit verbreitete Seehunde und seltenere, aber bis zu dreimal so dicke Kegelrobben – Dänemarks größtes heimisches Raubtier. Zweimal täglich wird ihre Fütterung in einer Show zelebriert. Suchen Sie unbedingt den etwas versteckten Eingang zum Glastunnel durch das Robbarium: Dort steht man mitten im ewigen Spiel der Tiere und kann mit ihnen nur durch das Glas getrennt regelrecht interagieren.

Ozeanarium: ›Das offene Meer‹

Durch den Tunnel erreicht man den Höhepunkt von Nordsøen, das Ozeanarium. Das elliptische Groß-Aquarium ist eine Klasse für sich: In längster Ausdehnung 33 m, in breitester 22 m, fasst es 4 500 000 l Wasser. Wie in einem Theater sitzt man vor der 70 m² großen Acrylglasscheibe. 41 cm ist sie dick und wurde zum Frühjahr 2015 erneuert – nur eine Firma in Japan konnte sie in diesen Maßen herstellen. Die Akteure dahinter sind 2000 bis 3000 Fische, die hier leben wie im offenen Meer. In nur wenigen Aquarien der Welt beobachtet man Schwarmfische wie Hering, Makrele und Hornhecht so gut wie in

Hirtshals. Und auch die Vielfalt der Haie beeindruckt Laien. Dorn- und Hundshai kommen optisch dem Klischee am nächsten, das viele Menschen von Haien haben, weniger passt dazu der kleinere gefleckte Katzenhai – ungefährlich für Menschen sind sie aber alle, und sie sind Fische der Nordsee.

Große Brocken

Eine Art stiehlt immer wieder den anderen die Show: Zum ersten Mal kam 2001 ein Exemplar der unförmig-exotischen, aber gutmütigen Mondfische ins Ozeanarium, Fischern als Beifang vor Dänemark ins Netz gegangen. Ihr europäisches Hauptverbreitungsgebiet sind Gewässer vor Spanien und Portugal, in Nord- und Ostsee sind sie selten, aber nicht ungewöhnlich. Mondfische brauchen Wassertemperaturen über 16 °C und kommen nur im Sommer so weit nach Norden. Die, die vor dem Winter nicht rechtzeitig den Weg zurück nach Süden finden, können in unseren Breiten jedoch nicht überleben.

Mondfische sind eine Art schwimmender Kopf mit zwei großen Finnen oben und unten sowie zwei kleinen ›Brustflossen‹. Die Schwanzflosse ist zu einer Art Ruder verkümmert, mit dem sie allenfalls die Richtung beeinflussen können. Nur eine Handvoll Aquarien weltweit halten Mondfische, in Hirtshals hat man aber große Erfahrungen damit. So wuchs hier schon ein Exemplar, das Fischern nahe Kopenhagen ins Netz gegangen war, in gut zweieinhalb Jahren vom 20 kg Fischchen zum 4 Zentner Brocken heran, im offenen Meer können Mondfische sogar gut 1 t schwer werden. Damit gilt der Mondfisch als schwerster Knochenfisch überhaupt. Und die Art sorgt noch für einen weiteren Weltrekord: Die Weibchen, in der Regel größer als die Männchen, legen bis zu 300 Mio. Eier auf einmal ab.

Der Mondfisch, den die Dänen wenig charmant Klumpfisk nennen, ist kein Jäger, sondern schwimmt gern wie im Schlaraffenland mit offenem Mund durchs Meer und saugt ein, was ihm hineinkommt – hauptsächlich kleine Quallen und Plankton. Davon gibt es im Ozeanarium nicht genug, aber einfach ins Wasser geworfenes Futter ignoriert er. Also muss der Taucher, der jeden Tag ins Ozeanarium steigt, die gutmütigen Fische direkt füttern, aber auch Haie fressen ihm schon mal aus der Hand.

Noch größere Lebewesen der Meere sind Wale, denen sich eine neue Ausstellung widmet. Deren Star lebt nicht mehr: Ein gewaltiger Finnwal von über 17 m strandete im Februar 2016 am Strand von Blokhus, sein Skelett wurde präpariert und ist die meiste Zeit des Jahres in Nordsøen in einem speziellen Glascontainer zu sehen. Aber das Ozeanarium muss ihn sich teilen, so steht er 2017 ein paar Monate in Blokhus, wo sein Leben endete. Die Ausstellung rund um Wale und wie ein so riesiges Skelett präpariert werden kann, ist aber permanent zu sehen.

Übernachten, Essen

Große Zimmer – **Montra Skaga Hotel:** Willemoesvej 1, Tel. 98 94 55 00, www.skagahotel.dk (Small Danish Hotels s. S. 25). Modernes Komforthotel gegenüber Nordsøen mit Hallenbad und Fitnesseinrichtungen; DZ ab 895 DKK, viele Zimmer für Familien 2+2 geeignet, bei 4 Pers. dann ab ca. 1200 DKK. Das Restaurant im Obergeschoss punktet mit Sonnenuntergangspanorama, gekocht wird dänisch zu moderaten Preisen (Hauptgericht ab ca. 190 DKK).

B&B mit 5-Sterne-Blick – **B&B by the Sea Hirsthals:** Kystvejen 53, Tel. 98 94 12 48, bbhirtshals.com/de. Zur Saison 2017 renoviert, nicht weit von Zentrum und Hafen und nah zum Leuchtturm. Grandiose Aussicht vom Frühstücksraum mit Panoramablick aufs Meer, dazu ein üppiges Frühstück. DZ ab 900 DKK, auch Familienzimmer für bis zu 4 Pers.; wer sehr frühe Fährabfahrten hat, kann gegen einen kleinen Rabatt das Frühstück abbestellen.

Essen & Trinken

Edel mit Schwerpunkt Fisch – **Restaurant Lilleheden:** Hjørringgade 2, Tel. 98 94 45 38, www.restaurantlilleheden.dk, ab 11.30 Uhr. Im 1. Stock am zentralen Grønne Torv innen und außen mit Hafenblick. Hauptgericht ab 160 DKK, Menüs ab 380 DKK; zum Frokost Herings- und Smørrebrød-Klassiker ab ca. 60 DKK, Hauptgericht ab ca. 150 DKK. Kulinarisch etwas einfacher versteht sich **Café Lilleheden** im EG mit Außengastronomie, das neben Scholle u. Stjerneskud auch Burger u. Schnitzel serviert (Hauptgericht abends 140–210 DKK).

Einkaufen

Fleisch in der Fischstadt – **Slagter Winther:** Hjørringgade 5, www.slagterwinther.dk, tgl. bis 20.30 Uhr. In Hirtshals wird viel Fleisch angeboten und bei Slagter Winther gibts noch Schnaps im Sonderangebot dazu – spätestens da merkt man, dass Norweger auf der Heimreise oder Tagesausflug die primäre Zielgruppe sind. Eine Umfrage in Norwegen ergab, dass Slagter Winther hinter H. C. Andersen und Königin Margrethe der drittbekannteste Däne im Lande ist! Die Qualität stimmt und Spezialitäten wie Knoblauchwurst mit Læsø-Salz sind schon etwas Besonderes.

Aktiv

Hochseeangeln – **Angeltouren:** bieten mehrere Kutter: ca. 300–900 DKK küstennah, zum Anglerparadies ›Gule Rev‹ (s. S. 223) ca. 900–1600 DKK, mit Übernachtung ab ca. 1600 DKK, Infos u. a. www.lystfiskerture.dk, fisketur.com, www.sea-service-express.dk (schneller Katamaran) oder beim i-Büro.

Lebensretter im Dienst – **Tornby Strand:** Hier steht in den Wochen 26–33 ein Rettungsturm mit professionellen Rettungsschwimmern. Unbewacht, autofrei, aber gut geeignet für Kinder ist **Husmoderstranden** unterhalb des Leuchtturms von Hirtshals.

Infos & Termine

Hirtshals Turistbureau: Jyllandsgade 10, 9850 Hirtshals, Tel. 98 94 22 20, www.visithirtshals.dk, vermittelt auch Ferienhäuser (www.visittoppen.dk/de).

Hirtshals Fiskefestival: www.hirtshalsfiskefestival.dk, Do–Sa am Wochenende mit dem 1. Sa im Aug.; Feiern und Futtern im Zentrum sowie am Hafen an Ständen, die Fisch auf vielfältigste Art zubereiten, und bei begehrten Fischbuffets am Freitag- und Samstagabend (Tickets ca. 200 DKK vorab u. a. beim i-Büro).

Das Beste auf einen Blick

Tannis Bugt und Halbinsel Skagen

Highlights!

Wanderdüne Råbjerg Mile: Fast ein Kilometer breit ist die Sandwalze, schiebt sich Meter für Meter von der Nordsee zur Ostsee und gibt hinter sich eine von kleinen Seen bedeckte Ebene frei, die Råbjerg Stene. S. 272

Grenen, Dänemarks ›Land's End‹: Ganz, ganz oben in Dänemark, wo sich auch Mitteleuropa im Meer verliert und wo Kattegat und Skagerrak miteinander ringen, findet man inmitten einer spektakulären Dünenwelt ein Kunstmuseum, das Grab eines bekannten Skagenmalers und ein Gourmetrestaurant. S. 279

Auf Entdeckungstour

Mit den Skagenmalern durch Skagen: Das Gemälde »Sommeraften ved Skagen Sønderstrand« von P. S. Krøyer mit zwei Frauen im blau schimmernden Licht eines Sommerabends zählt zu den am häufigsten reproduzierten Gemälden der europäischen Kunst und ist *das* Bild der Skagener Malerschule. Wo die Mitglieder der international bedeutendsten Künstlergruppe, die Dänemark je hervorbrachte, lebten, wo sie malten und wo ihre Bilder heute hängen, erschließt diese Entdeckungstour. S. 280

Kultur & Sehenswertes

Skagens Bamsemuseum: Neben all der Kunst in Skagen übersieht man leicht diese Perle für kindliche Seelen. Unter rund 1000 Teddys aus aller Welt war einer sogar Kuscheltier eines kleinen Prinzen, der später König der Dänen wurde. S. 278

Aktiv unterwegs

Kanutour auf der Uggerby Å: Nordjütlands beliebteste Kanu-Reise führt die letzten 5 km von Uggerby das Flüsschen stromabwärts zur Mündung in die Nordsee – besonders populär zum Sonnenuntergang. S. 269

Wandern in der Tversted Klitplantage: Der abwechslungsreiche Rundweg durch einen Dünenforst, über den Strand und an versteckten Seen vorbei schaffen selbst kleine Kinder, und als Bonus sieht man eine kuriose Windmühle. S. 270

Genießen & Atmosphäre

Badehotels: Skagen erlebte nach der Jahrtausendwende die Wiedergeburt traditioneller Badehotels. Ganz luxuriös mit einer Gourmetküche der Topklasse begeistert das Ruths Hotel, idyllisch in faszinierend rauer Landschaft liegen Hjorths Hotel und Kokholms Hotel in Kandestederne. S. 284, 285

Abends & Nachts

Havnevej: Skagen ist beim Nachtleben eine Klasse für sich. Fiskehuskaj, Havneplads und Havnevej bilden die längste Theke der Stadt mit Kneipen und Clubs für alle Generationen und Geschmäcker. S. 289

Das nördlichste Dänemark

Die breiten, langen Nordseestrände setzen sich an der Tannis Bugt fort. Die schwingt sich von Hirtshals (s. S. 259) erst sanft Richtung Osten, dann deutlich nach Norden. Hinter Strand und Dünen pflanzte man ab dem 19. Jh. Dünenforste gegen den verheerenden Sandflug an. Rad- und Wanderwege erschließen die Wälder. Je weiter man nach Norden kommt, desto näher kommt die sanfte Ostsee. Das Land ist kaum mehr als 5 km breit, wo die Düne Råbjerg Mile von einem Meer zum anderen wandert. Die quicklebendige Hafenstadt Skagen ist bekannt für ihre Strände an beiden Meeren und für so viel Lifestyle, wie kein anderer Urlaubsort Dänemarks zu bieten hat.

Tannis Bugt ▸ G/H 2

Tversted ist Zentrum des Tourismus an der Tannis Bugt, ein ansehnliches 600-Einwohner-Örtchen mit dem weit und breit besten Zugang, besser gesagt der besten Zufahrt zum Strand.

Infobox

Im Internet

www.visitnordjylland.de: Ganz Nordjütland nördlich des Limfjord
www.toppenafdanmark.de: Der hohe Norden ca. von Løkken bis Skagen
www.visitnordjylland.de/de/aktiv/radwege: Links zu Infos und Karten aller wichtigen, markierten Radrouten und zu Fahrradverleihern

»Skagen Pas«

Eher Rabattsystem denn echter Spar-Pass: Beim gleichzeitigen Kauf mehrerer Tickets beim i-Büro Skagen oder in den wenigen beteiligten Unterkünften für Skagener Attraktionen, (u. a. Skagens Museum, Skagen Odde Naturcenter, Stadtwanderungen) bekommt man bis zu 30 % Rabatt.

Anreise und Weiterkommen

Auto: Zur Tannis Bugt E45/E39 via Autobahnkreuz Aalborg Nord bis Kreisverkehr am Autobahnende vor Hirtshals (ab Grenze 350 km), von dort über Straße [597] (Tverstedvej/Skagensvej) in die Zielorte. Über diese Route sind auch Aalbæk und Skagen (ab Grenze ca. 400 km/4–4.15 Std.) schnell erreicht, ähnlich lang ist die Alternativroute über die E 45 bis Frederikshavn und weiter auf der [40] in die beiden Orte.
Bahn/Bus: Wichtigster Bahnhof der Region ist Frederikshavn mit regelmäßigen Direktverbindungen ab Aalborg (Bahn ca. 75 Min., Bus ca. 65 Min.) und mit Umsteigen ab Hamburg (Bahn ca. 8–10 Std.). Ab Frederikshavn fahren Regionalbusse und die Lokalbahn **Nordjyske Jernbaner** bis zu 20 x tgl. nach Skagen (www.njba.dk).
Flugzeug: Der nächste Flughafen mit internationalen Verbindungen via Kopenhagen ist Aalborg, von dort Taxi z. B. nach Skagen ca. 105 km, 1350 DKK/180 €.
Sparen im öffentlichen Nahverkehr in ganz Nordjütland s. **NT travel pass** S. 236

Der kann ab hier auf längeren Abschnitten befahren werden, Richtung Norden sogar bis zur Ausfahrt am Skiveren Campingplatz – als Transitstrecke ist das aber nicht zu empfehlen.

Kanutouren auf der Uggerby Å

Strecke: Bindslev–Strand ca. 14 km/ 3–4 Std., Uggerby–Strand ca. 5 km/ 1–1,5 Std., flußabwärts, familiengeeignet. Kanuverleih: Uggerby Kanofart, Skagen Landevej 849, Uggerby, Tel. 98 97 53 04, www.uggerby-kanofart.dk (dort weitere Tour-Vorschläge), Mai–Sept., nur Miete ab Uggerby 125 DKK/bis 2 Std. plus 65 DKK/ab 3. Std., 275 DKK/Tag. Pauschalpreise pro Kanu inkl. Kanutransfers 170 DKK für Uggerby–Strand, 350 DKK für Bindslev–Strand. Mit eigenem Kanu/ Kajak: Gastlizenz für Uggerby Å 50 DKK/Tag, u. a. bei Uggerby Kanofart. Personentransfers: Uggerby Kanofart vermittelt Personentransfer oder Leihfahrräder (40 DKK), um z. B. ein am Startplatz deponiertes Auto abzuholen, Radstrecke Strand–Uggerby ca. 4 km, Strand–Bindslev ca. 8 km

Die Uggerby Å mäandert schmal und gemächlich durch das Hinterland der Tannis Bugt. **Uggerby,** ein Dorf östlich von Hirthals, ist Einstieg für viele Kanutouren auf dem Fluss, ein großer Bootsverleih ist hier zu Hause. Insgesamt ist die Uggerby Å knapp 70 km lang, etwa 50 km davon ab Ilbro nahe Hjørring bis zur Mündung in die Nordsee sind mit Kanus befahrbar.

Und nicht nur Kanuten lieben die Uggerby Å, hier lassen sich auch leicht Meerforellen angeln. Um den Fischen den Aufstieg im Fluss am alten Wasserkraftwerk von Bindslev vorbei zu ermöglichen, entstand dort Dänemarks höchste Fischtreppe, dort ist auch der Einstieg in diese Tagestour. Nebenan ist das alte Wasserkraftwerk **Bindslev Gl. Elværk,** ein Kleinod spätindustrieller Ingenieurskunst. 1919 in Betrieb genommen, wurde es schon zweimal als zu klein und veraltet abgeschaltet, produziert heute aber, von einem Verein betreut, wieder als wahrscheinlich letztes Gleichstrom-Kraftwerk in Europa Strom. Der muss nur umgewandelt werden, bevor er ins öffentliche Netzt eingespeist wird. Das Kraftwerk kann besichtigt werden (Sdr. Bindslevvej 2, 9881 Bindslev, Spende erbeten), und vielleicht sind gerade Bodil und Christian Lautrup zu Hause, ein älteres Paar, das im ehemaligen Wärterhaus lebt, malt und Bilder verkauft – das ist Dänemark von einer liebenswerten, traditionellen Seite.

Je nach Können und sportlichem Einsatz ist man in 2 bis 3 Std. von Bindslev an der Zentrale von **Uggerby Kanofart.** Sicher der populärste Abschnitt der Uggerby Å sind die letzten 5 km von hier bis zur Mündung in den

Kanutouren auf der Uggerby Å

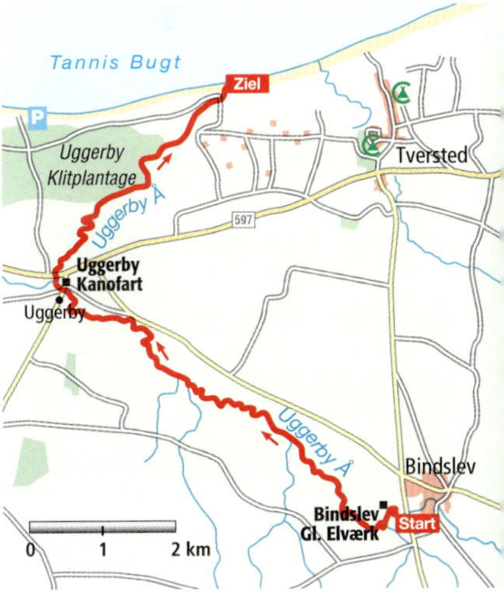

Skagerrak. Etwa anderthalb Stunden ist man da unterwegs, sogar wenn man kaum paddelt, sondern die Strömung den Job machen lässt. Populär ist diese Tour am späten Nachmittag, sodass man zum Sonnenuntergang am Meer ist – perfekt, wenn man dann einen Picknickkorb im Boot hat!

Wanderung durch die Tversted Klitplantage

Strecke: ca. 3 km, mit Verlängerung 5,5 km, flach, Zufahrt über Plantørvej bis zum Parkplatz am Forsthaus

Die kurze, küstennahe Wanderung in der Tversted Klitplantage, die auch mit kleineren Kindern gut zu bewältigen ist, bietet auf etwa drei Kilometern so viel Abwechslung wie nur wenige Kurzwanderungen sonst an dieser Küste: Dünen, Dünenforst, Heide, Strand, kleine Strandseen.

Als Bonus sieht man ein ungewöhnliches Bauwerk: Die reetgedeckte Scheune des ansonsten verschwundenen Hofes **Østerklit.** Auf dem Dachfirst thront eine kleine Bockwindmühle, **Stokmøllen Tversted.** Gebäude und Mühle wurden weitgehend aus angeschwemmtem Strandgut gebaut (Plantørvej 7, 9881 Bindslev).

Wanderung durch die Tversted Klitplantage

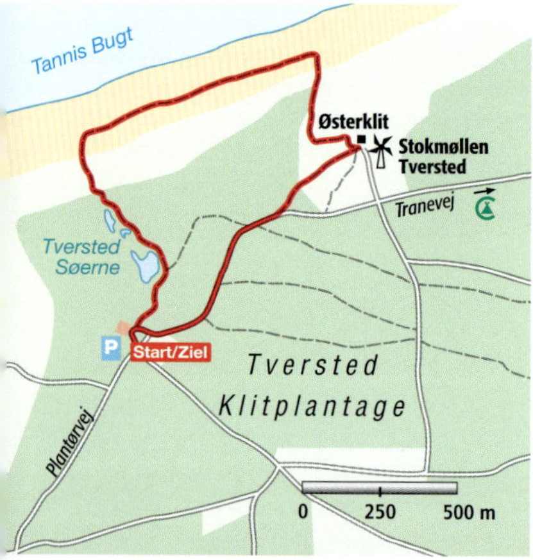

Mygdal ▸ G 2

In Mygdal, einige Kilometer landeinwärts, arbeiten in der Bernsteinwerkstatt, **Rav-Værkstedet,** zwei der innovativsten Bernstein-Schmuckdesigner entlang der gesamten Küste (s. Mein Tipp S. 271).

Am Rande des Dorfes zeigt **Herregården Odden** (Gutshof Odden) die umfangreiche Victor Petersens Willumsen Samling von Studien und Skizzen des Multikünstlers Jens Ferdinand Willumsen (1863–1958). Der Maler, Grafiker, Fotograf, Bildhauer, Keramiker und Architekt gilt als einer der Väter der dänischen Moderne (Oddenvej 31, Tel. 98 97 52 02, jfwillumsenodden.dk, April–Woche 42, tgl. 10–17 Uhr, 70 DKK/ab 16 Jahre).

Ørnereservatet Tuen ▸ H 2

Skagensvej 107, Tuen, 9881 Bindslev, Tel. 98 93 20 31, www.eagleworld.dk, April–Okt. je nach Saison 2 x wöchentl. bis 2 x tgl. (nie Mo), genaue Daten s. Website oder in überall in der Region ausliegenden Broschüren, 145 DKK, 80 DKK/4–12 Jahre, online billiger! Gelände und Ausstellung sind nur während der Vorführungen plus 60 Min. vorher geöffnet

Östlich von Tuen sieht man am Himmel oft Raubvögel kreisen. Königs- und Seeadler leben dort zusammen mit verschiedenen Falken in einer Adlerwarte, die der Naturfotograf Frank Wenzel aufgebaut hat. Im Sommer wird die

Mein Tipp

Peppiger Bernstein
Andreas und Beate Wörner emigrierten 2009 aus der Schmuckstadt Pforzheim nach Nordjütland und übernahmen eine alteingesessene Bernsteinschleiferei, die heutige **Rav-Værkstedet,** Bernsteinwerkstatt. Die beiden gehen mit ihrer Arbeit weit über das pure Schleifen hinaus und bringen mit einem die natürliche Schönheit der Steine betonenden Design Pepp in die sonst oft altbackene Branche. Sie mischen für ihren extravaganten Schmuck Bernstein mal mit Treibholz vom Strand, mal mit Silber oder mit Gold. Beide teilen gern ihr Wissen über Bernstein und dessen Verarbeitung und lassen sich bei der Arbeit zusehen – unbedingt einen Umweg wert (Højtvedvej 7, Tel. 98 97 52 23, www.rav-vaerkstedet.dk, Mo–Fr 10–17 Uhr)!

hohe Kunst der Falknerei vorgeführt, zu bewundern sind u. a. Königs- und Seeadler beim Flug sowie Auge in Auge auf den Armen der Falkner. Das Gelände ist so günstig für die Könige der Lüfte, dass sich gelegentlich wilde Adler angezogen fühlen und Vorführungen in großer Höhe beiwohnen. In einer Ausstellung werden Fotos der Tiere gezeigt, die im Reservat gebrütet haben – in solcher Nähe zu Menschen ein seltenes Ereignis.

Übernachten

Fast 120 Jahre Erfahrung – **Tannishus:** Tannisbugtvej 123, Tversted Strand, Tel. 98 93 13 00, www.tannishus.dk. Direkt an der Strandzufahrt liegt das Aparthotel mit Wohneinheiten von kaum mehr als Hotelzimmergröße bis zum 50 m²-Apartment für 4–6 Pers. Je nach Größe ab 570–840 DKK/Tag, in der Hochsaison Mindestaufenthalt drei Tage (ca. 2100–3100 DKK), Frühstückspaket 55 DKK.

Camping mit Erlebnisbad – **Aabo Camping Vandland:** Aabovej 18, Tversted, Tel. 98 93 12 34, de.aabo-camping.dk. Großer Platz mit Erlebnisbad im Zentrum und dem Meer gut 1,5 km entfernt.

Aktivcamping – **Skiveren Camping:** Niels Skiverensvej 5, Aalbæk, Tel. 98 93 22 00, www.skiveren.dk. Im Norden der Tannisbucht bilden fast 600 Stellplätze und Hütten unterschiedlichen Standards eine ›Campingstadt‹ mit allem, was Camper brauchen inkl. Supermarkt (den auch Kunden aus umliegenden Ferienhäusern nutzen können), Pool, Sport- und Wellnesscenter, Café etc. Als Aktiv-Camp wird besonders viel Wert auf sportlich-aktive Angebote und Anregungen gelegt. Und das Meer liegt gleich hinter den Dünen ...

Einkaufen

Kunst und Kunsthandwerk der Region – **Mygdalhus:** Skagen Landevej 658, Mygdal, Tel. 44 40 21 06, www.mygdalhus.dk, Di–Fr 13–17, Sa, So sowie an allen dänischen Ferientagen inkl. Mo 11–17 Uhr. Kooperative Verkaufsgalerie von über einem Dutzend Künstlern und Kunsthandwerkern aus der Umgebung mit Malerei, Keramik, Glas, Bernsteinschmuck und mehr.

Infos

Tversted Turistbureau: Østervej 10, Tversted, 9881 Bindslev, Tel. 98 93 12 93, www.tversted.dk

Halbinsel Skagen

▶ H 1

»Wer das Meer in seiner ganzen Kraft und Fülle sehen will«, schreibt der spätere Literaturnobelpreisträger Henrik Pontoppidan 1890 in seinen »Reisebildern aus Dänemark«, »der muss nach Skagen reisen. Dort lernt er zugleich die Dünen in ihrer größten Ausdehnung kennen und macht schließlich Bekanntschaft mit einem Städtchen, das an Eigentümlichkeit seines Gleichen sucht. Skagen ist nämlich der Name eines armen Fischerdorfes von über zweitausend Seelen, das draußen auf dem äußersten, öden Ende von Jyllands Nordspitze einsam zwischen den Dünen liegt, von zwei großen Meeren umgeben, deren unaufhörlich vorrückende Wellenreihen dort auf einandertreffen und mit einander ringen wie zwei lärmende Heere, – übrigens mit der umgebenden Welt verbunden (oder von ihr getrennt) durch die schmale, meilenlange, ganz unbewohnte Dünenwüste, wo nur eine Reihe trauriger Telegraphenstangen an menschliche Tätigkeiten erinnert.«

Skagen hat seit 1890 gut 10 000 Einwohner hinzubekommen und ist mittlerweile auch kein armes Fischerdorf mehr, sondern eine Stadt der Jachten und Luxuslimousinen, in der nicht Schmalhans Küchenmeister ist, sondern Gourmetköche an den Herden stehen und wo einheimische *jomfruhummer* (s. S. 29) beliebte Delikatessen aus dem Meer sind. Und zu der traurigen Reihe der Telegrafenstangen haben sich eine Bahnlinie, eine perfekt ausgebaute Straße sowie ein Radwanderweg gesellt. Aber sonst trifft die Beschreibung noch immer den Kern. Die Meere, der allgegenwärtige Sand in den Dünen, der Wind, der ihn treibt, und das ungewöhnliche Licht sind die Elemente, die in Skagen intensiv ineinandergreifen. Ende des 19. Jh. kam ein fünftes Element hinzu, die Kunst.

Skagens Naturphänomene

Mit jedem Meter weiter nach Norden bekommt man jüngeres Land unter die Füße. Wo heute die Wanderdüne **Råbjerg Mile** über das Land kriecht, ist die Halbinsel 5000, bei Gammel Skagen knapp 1400 Jahre alt – und Grenen, die Nordspitze, verändert sich noch Tag für Tag. Auf diesem jungen, nach Norden weisenden Finger Kontinentaleuropas treffen die Hauptflugrouten aller Vögel zusammen, die auf Zügen zwischen Brutgebieten im Hohen Norden und Überwinterungsgebieten im Süden den Küsten von Nord- und Ostsee folgen. So ist hier die Vielfalt der Arten größer als irgendwo sonst auf unserem Kontinent.

Wanderdüne Råbjerg Mile !

Ganz im Süden der Halbinsel kuschelt sich die romanische **Råbjerg Kirke** mit ältesten Teilen aus dem 13. Jh. in die archaisch wirkende Landschaft. Sie reckt keinen Turm in den Wind, ihre Glocke hängt neben dem Chor in einem Balkengerüst (Råbjergvej 246, 9982 Ålbæk). Weiter nördlich wird das Bild von der Wanderdüne **Råbjerg Mile** 1 dominiert, eine Filiale der Sahara in Dänemark: 2 km lang, fast 1000 m breit und rund 40 m hoch schiebt sich die Walze aus etwa 4 Mio. m³ Sand über das Land, hat die Halbinsel fast bis zur Hälfte überquert (Råbjerg Mile Vej 2, 9990 Skagen). Jedes Leben erstickend, schafft sie in normalen Jahren 8 bis 10 m, weht viel Wind, können es auch 20 m werden. Lässt man sie ungehindert – also auch über die Hauptstraße und die Bahnlinie – weiterwandern, dürfte sie in 100–150 Jahren in der Ostsee verschwunden sein und stellt man sein Auto heute vor der Front ab, kann man die Reste in etwa 40 Jahren hinter der Düne wieder abholen – so lange braucht sie, um sich in ganzer Länge vorwärtszuwälzen.

Hinter sich gibt die Wanderdüne eine karge Steinebene frei, die **Råbjerg Stene,** mit ungewöhnlichen Feuchtbiotopen, den Milesøer. Die Dünenseen entstehen, weil nur trockener Sand weggeweht wird, also immer nur bis auf Höhe des Grundwassers. Fällt das in trockenen Jahren, werden Senken ›ausgeweht‹, die in Jahren mit viel Regen voll Wasser laufen.

Am Nordrand der Råbjerg Mile vorbei erreicht man bei **Kandestederne** eine Zufahrt auf den hier sehr einsamen Nordseestrand (Kandestedvej, 9990 Skagen). Ca. 2,5 km südlich der Zufahrt gelangt man vom Strand aus leicht auf den ›Hinterhof‹ der Wanderdüne, die Råbjerg Stene.

So wie Råbjerg Mile sahen bis Ende des 19. Jh. weite Teile der Halbinsel Skagen aus – eine annähernd vegetationslose Sandwüste von Meer zu Meer. Erst ab 1888 stabilisierten systematisch angepflanzte Dünenforste die Landschaft.

Den Tilsandede Kirke 2

Gammel Landevej 63, Skagen Klitplantage, Aufstieg Hochsaison tgl. 10–16 Uhr, 10 DKK, 5 DKK/Kinder; vom Parkplatz ca. 500 m Fußweg zum Kirchturm

Mahnmal für die Katastrophe von gestern und Wahrzeichen für das Skagen von heute ist der Turm der versandeten Sct. Laurentii Kirke, Den Tilsandede Kirke; pittoresk ragt er in der Skagen Klitplantage auf: Die Kirche war im Mittelalter größtes Gotteshaus in weitem Umkreis, immerhin war Skagen um 1400 mit 3000 Einwohnern im damaligen Jütland eine Großstadt. Neben Fischerei konnte Ackerbau betrieben werden, bis der Sand kam und sich über Äcker, Weiden und Teile der Stadt legte. Als Ursache der Sandflugkatastrophe von Mitte des 15. bis ins 19. Jh. gilt das Zusammenspiel menschlichen Umweltfrevels – Abholzung der Wälder – und einer Klimaverschlechterung. Viele Quellen belegen eine Kleine Eiszeit, die ab dem 14. Jh. weite Teile West- und Nordeuropas heimsuchte. Der Wasserspiegel der Meere sank und legte an der dänischen Nordseeküste – verstärkt noch durch die dortige Landhebung (s. S. 51) – weite Sandflächen frei, die dann von Stürmen auf Wanderschaft übers Land geschickt wurden.

Irgendwann erreichte eine Wanderdüne die Laurentius-Kirche. Die Skawboer kämpften noch ein paar Jahre mit Schippe und Besen für ihren Weg zu Gott, doch 1795 gaben sie auf, schlossen die Kirche und versteigerten ein paar Jahre später das Inventar. Zu dieser Zeit lebten gerade noch 1000 Menschen in Skagen. Den Verbliebenen kam in ihrer Not der Abriss der Kirche gerade recht, gute Steine konnte jeder gebrauchen. Nur der Turm blieb als Seezeichen stehen.

Naturhistorisk Museum Skagen/ Skagen Naturcenter 3

Flagbakkevej 30, Tel. 98 45 07 06, www.naturmuseum-skagen.dk, Juli–Mitte Sept. Di–Fr, Juli u. 1. Hälfte Aug. tgl. 12–16, 42. Woche tgl. 11–15 Uhr, 50 DKK, 10 DKK/bis 15 Jahre

Im alten Bahnhof Højen Station weit südlich der Stadt versteht sich das Naturhistorische Museum auch als Naturvermittlungszentrum. Die junge Geologie der Halbinsel, die ungewöhnliche Flora und das reiche Vogelleben sind Themen seiner Ausstellung. An allen Öffnungstagen gibt es geführte Naturwanderungen (jeweils 10–12 Uhr/40 DKK).

Skagen Grå Fyr – Center for trækfugle 4

Fyrvej 36, tgl. ab 10 je Dez.–März bis 16, April, Okt.–Nov. bis 17 und Juli, Aug. bis 19 Uhr, je nach Saison 60–75 DKK/Erw., 30–35 DKK/Kinder, auch Familientickets 2+4

Zugvögel, ihre beindruckenden Flugleistungen und das Phänomen, wie sie ihren Weg zweimal im Jahr via Skagen zwischen sommerlichen Brut- und Überwinterungsquartieren finden, stehen im Fokus des im Mai 2017 eröffneten Naturerlebniszentrum zum Vogelzug. Es hat die Nebengebäude des als Leuchtturm nicht mehr benötigten Skagen Grå Fyr (grauer Leuchtturm, s. S. 278) bezogen. Der 1858 gebaute, 46 m hohe Turm kann bestiegen werden: Hat man die 210 Stufen im Inneren geschafft, wartet oben eine beeindruckende Aussicht auf Stadt, Halbinsel und beide Meere.

Naturcenter Skagen Odde 5

Bøjlevejen 66, Tel. 96 79 06 06, Mai–42. Woche Mo-Fr/Sa, So 10/11–16, Juli tgl. 10/11–17 Uhr, Sept./ Okt. Mo geschl., 70 DKK/Erw., 30 DKK/Kinder

Ein weiteres Naturerlebniscenter informiert mit interaktiven Konzepten über die vier natürlichen Elemente Skagens, zeigt in wechselnden Ausstellungen das fünfte Element, die Kunst, und ist dabei selbst ein Kunstwerk: Die Architektur stammt von dem 2008 verstorbenen Jørn Utzon, der dem australischen Sydney mit der Oper seinen Stempel aufgedrückt hat. Das ›Wüstenfort‹, wie es die Skawboer tauften, dominiert jedoch keinesfalls die Landschaft, sondern verschwindet eher darin, duckt sich scheinbar unnahbar in die Dünen. Steht man im Inneren, wundert man sich, wie viele Ausblicke diese Festung auf die faszinierende Umgebung bietet – auch mit dem Genie Jørn Utzon befasst sich eine kleine Ausstellung im Haus.

Skagen Stadt ▸ H 1

Aus dem Katastrophenkaff ist inzwischen eine gestylte Perle geworden, die aber auch deshalb besonders glänzt, weil sie sich immer ein wenig vom Hauch des Untergangs umwehen lässt – Råbjerg Mile und die versandete Kirche sind gern herausgestellte Attraktionen. Im Sommer ist Skagen quicklebendig mit einem deutlich internationaleren Publikum als in anderen Urlaubsgebieten entlang der dänischen Nordseeküste. Vor allem Norweger und Schweden kommen gern, viele mit dem eigenen Boot. Das färbt auf Nightlife und Entertainment ab, zu dem die hellen Nächte ein besonderes Ambiente schaffen – Skagen schläft im Sommer kaum.

Ein besonderes Merkmal Skagens ist die Architektur. Vor allem in den Nebenstraßen sieht man noch die typischen Häuser mit gelb getünchtem Mauerwerk, roten Dächern und weißen Fugen an deren Rändern und am First. Viele der schönsten Bauten verdankt Skagen Ulrik Plesner (1861–1933), zur aktiven Zeit der Skagenmaler der Stararchitekt am Orte. Er ordnete repräsentative Bauten der Boomzeit dem Stil der alten Fischersiedlung unter und verband so das vergangene mit dem neuen Skagen. Eigentlich kam Plesner 1891 nur, um einen Leuchtturm für Gammel Skagen zu planen. Bald baute er Privathäuser für die in den Ort strebende

Jachthafen vor Skagens Fiskepakhusene: Immer munter, immer international

Schickeria, darunter südlich der Stadt die **Sommervilla Klitgården** 6 (nicht zugänglich), die bis zur Jahrtausendwende der königlichen Familie gehörte, sowie deren Pendant **Admiralgården** 4 am Østre Strandvej, heute Hotel. Richtig berühmt wurde Plesner durch öffentliche Bauten wie **Skagens Gamle Posthus** 1909 (Sct. Laurentii Vej 33, heute eine Bank), den Bahnhof **Skagen Station** 1919, **Skagens Bank** 1918 (heute Nordjyske Bank, Sct. Laurentii Vej 39) und das **Skagens Museum** 1928 (s. S. 278).

Im Hafenviertel

Darüber hinaus gilt Skagen nach Menge und Umsatz als Dänemarks größter Fischereihafen. Der wird von Trawlern aus der halben Welt angelaufen, mehr als die Hälfte des angelandeten Fischs stammt von ausländischen, meist norwegischen und schwedischen Schiffen. Immer populärer wird die Stadt für Kreuzfahrtschiffe. 2012 kamen sieben mit gut 3200 Gästen, für 2018 haben sich bei Redaktionsschluss schon 40 angemeldet, darunter einige der größten der Welt wie die »Queen Elisabeth« oder die »Britannia«, die allein weit mehr Gäste transportiert, als die sieben Schiffe 2012 zusammen an Bord hatten (aktuelle Schiffsliste: www.skagenhavn.dk/en/cruise/cruise-calls). 2015 nahm Skagens Hafen dafür einen zweiten **Cruise-Ship-Kai** 7 in Betrieb, den Schiffe bis 400 m Länge anlaufen können. Dazu kommen Tausende privater Jachten. Die Fischerei schätzt derweil die modernen Verarbeitungs-

anlagen von Filetier- bis zu Europas größtenFischmehl- und Fischölfabriken. Wichtiger Umschlagplatz für Hummer und andere Schalentiere ist **Auktionshallen** 8 – Frühaufsteher dürfen dort den hektischen Auktionen folgen (Mo–Fr 7 Uhr, bei großen Mengen ab 6.30 Uhr).

Am Fiskehuskaj treffen Freizeit- und Arbeitswelt aufeinander. Die rot

Skagen

Sehenswert

1 Råbjerg Mile
2 Den Tilsandede Kirke
3 Naturhistorisk Museum Skagen/ Skagen Naturcenter
4 Skagen Grå Fyr – Center for trækfugle
5 Naturcenter Skagen Odde
6 Sommervilla Klitgården
7 Cruise-Ship-Kai
8 Auktionshallen
9 Fiskepakhuse
10 Nordjyllands Kystmuseum – Museet i Skagen
11 Drachmanns Hus
12 Skagens Museum
13 Michael und Anna Anchers Hus
14 Skagens Bamsemuseum
15 Vandtårnet
16 Hvide Fyr
17 Vippefyret
18 Skagen Vest
19 Solnedgangskiosken
20 Grenen
21 Skagen Bunkermuseum
22 Holger Drachmanns Grav
23 Grenen Kunstmuseum

Übernachten

1 Ruths Hotel
2 Color Hotel Skagen
3 Brøndums Hotel
4 Admiralgården
5 Hotel Petit
6 Danhostel Skagen Vandrerhjem
7 CampOne Grenen Strand
8 Skagen-feriebolig
9 Skagenferie.dk
10 Hjorths Badehotel/ Kokholms Hotel
11 Råbjerg Mile Camping

Essen & Trinken

1 Aavangs Fiskehus
2 Skagen Fiskerestaurant
3 Bodilles Kro
4 Restaurant Kokkenes
5 Skagen Bryghus
6 Jørgens Spisehus
7 De 2 Have

Einkaufen

1 Bolcheriet
2 Pier 1
3 Skagen Store

Aktiv

1 Hafenmolen (Angelplätze)
2 Skagen Cykeludlejning

Abends & Nachts

1 Kulturhus Kappelborg
2 Jacobs Café og Bar
3 Green's
4 Pakhuset

gestrichenen **Fiskepakhuse** 9 mit ihren weißen Fenstern und Türen sind Skagens Lifestyle-Aushängeschild – Fischlokale und Imbisse füllen die Häuser und frischen Fisch gibt es in einem Laden auch noch. Der Architekt und Designer Thorvald Bindesbøll (1864–1908) schuf die markanten Gebäude 1907 in Anlehnung an norwegische Hafenbauten. Vor den Packhäusern reihen sich die Straßencafés und direkt davor liegen die Jachten der Hobby-Skipper.

Altstadt und ihre Museen

Parallel zum Hafen zieht sich Skagens schmale Altstadt hinter der Küste entlang, zum Land hin vom Sct. Laurentii Vej begrenzt, der in Zentrum Fußgängerzone wird. Die verwinkelten Gassen dazwischen sind verkehrsberuhigt. Man kann hier gut von Museum zu Museum bummeln, angefangen im volkskundlichen Freilichtmuseum **Nordjyllands Kystmuseum – Museet i Skagen** 10, das Lebensbedingungen der Menschen im alten Skagen authentisch erlebbar macht (P. K. Nielsenvej 10, Tel. 98 44 47 60, www.kystmuseet.dk/skagen, Nov.–Feb. Mo–Fr 11–15, März–Okt. Mo–Fr 10–16, Juni–Aug. auch Sa/So 11–16 Uhr, 75 DKK/ab 18 Jahre). Gleich drei Museen befassen sich mit Skagens Stolz, den Skagenmalern (s. Entdeckungstour S. 280, alle Details dort): **Drachmanns Hus** 11, **Skagens Museum** 12, **Michael og Anna Anchers Hus** 13. Zwischen all die Kunst haben sich 1000 Teddybären gedrängt, der älteste über 100 Jahre alt: **Skagens Bamsemuseum** 14. Im ersten Stock sind in einem Diorama königliche Kuscheltiere vereint, einer soll dem späteren Frederik IX. als Kind gehört haben (Oddevej 2 a, Tel. 98 44 21 08, skagensbamsemuseum.dk, Mai–Sept. Di–So, Juni–Aug. auch Mo 10–17, sonst Mi–So 11–15, 40 DKK/Erw., 10 DKK/Kinder).

Skagens Türme

Skagen wirkt mit seinen typischen Häusern und rot-weißen Dächern von oben betrachtet wie eine Modellbaustadt und der 1934 gebaute, 34 m hohe **Vandtårnet** 15 gleich neben dem Michael und Anna Anchers Hus ist für solch einen Blickwinkel die ideale Plattform – vorausgesetzt, man steigt seine 120 Stufen im Inneren hinauf. Bis 1983 war er als Wassertum in Betrieb und fasste 150 000 l Wasser (Markvej 1, Juni–Aug. tgl. 11–17 Uhr).

Dort wo nach Norden die Bebauung abrupt endet, wird die Hauptstraße zum Fyrvej, dem Weg der Leuchttürme. Passend steht gleich am Anfang **Hvide Fyr** 16, das ›Weiße Feuer‹, der älteste im Original erhaltene Skagener Leuchtturm. Bei Bedarf wurde in einem Eisenkorb auf der Spitze Feuer gemacht. Heute kann er von Künstlern oder Kunsthandwerkern für Ausstellungen oder als Galerie gemietet werden (Fyrvej 2).

Auf einer nahen Düne reckt **Vippefyret** 17, Nachbau eines noch älteren Leuchtfeuers aus dem 17. Jh., seinen ausgestreckten Arm mit einem Eisenkorb – auch hier zur Aufnahme von Feuer oder glühender Kohle – in den Himmel. Zum Nachfeuern wurde der Korb auf den Boden gelassen und anschließend wieder in die Höhe gewippt, immerhin auf 25 m über dem Meeresspiegel.

Kurz bevor man Grenen erreicht, reckt sich seit 1858 **Skagen Grå Fyr** 4, 46 m in die Höhe. Über ein Jahrhundert war er Dänemarks höchster Leuchtturm, ehe ein ›Betonspargel‹ auf Bornholm einen Meter höher gebaut wurde. Nautisch ausgemustert ist er Teil des Naturzentrums über Zugvögel (s. S. 274).

Von oben sieht man im Westen den jüngsten im Bunde der Leuchttürme: **Skagen Vest** 18, ein dünnes, 25 m hohes Betonminarett von 1956, ferngesteuert und irgendwie charakterlos.

Zur Sicherung der gefährlichen Gewässer um Skagen, insbesondere zur Warnung vor Skagens Rev, der submarinen Verlängerung der Halbinsel, reichten die Leuchttürme in Prä-GPS-Zeiten nicht, und so lag von 1878 bis 1979 noch ein Feuerschiff vor Grenen und ein weiterer Leuchtturm, Højen Fyr, strahlte bis 1956 bei Gammel Skagen aufs Meer.

Gammel Skagen

Während die Halbinsel Skagen nach Norden durch angespülten Sand immer länger wird, leiden andere Abschnitte unter Schwund: Ausgerechnet wo sich das schmucke Gammel Skagen in die Dünen schmiegt, tragen Strömungen besonders viel Land ab. Buhnen sollen den Strand befestigen, trotzdem stehen einige Häuser verdächtig nah am Abgrund, andere fielen im Laufe der Jahre dem Landfraß bereits zum Opfer, darunter der genannte Leuchtturm Højen Fyr.

Gammel Skagen – manchmal Højen genannt – war einst Fischerlager, heute ist es Schickeria-Treff mit edlen Restaurants und Hotels sowie vielen Time-Share-Apartments. Feste Einwohner sind jedoch Mangelware: Etwa 30 Menschen sind hier noch ganzjährig gemeldet. Trotzdem blieb Gammel Skagen ein pittoreskes Dorf in den Dünen, konsequent im Skagener Stil: rote Dächer mit weißen Fugen über gelb getünchten Hauswänden – Farben, die im goldenen Licht der untergehenden Sonne geradezu explodieren. Diese Stunden, wenn die Sonne zu einem goldenen Ball wird und langsam in die Nordsee sinkt, bis man meint, es zischen zu hören, haben in Gammel Skagen Kultstatus und **Solnedgangskiosken** 19, der Sonnenuntergangskiosk, ist die Institution für diesen Augenblick (Solnedgangen 2, Ostern–Okt. tgl. 9 Uhr bis Sonnenuntergang, Süßigkeiten, Eis usw., siehe Lieblingsort S. 286).

Grenen !

Kein Besuch in Skagen ohne Abstecher nach **Grenen** 20: Mit 57° 45′ 06″ Nord ist der nördlichste Punkt Dänemarks und Mitteleuropas einer jener geografischen Eckpunkte, auf denen man einmal im Leben gestanden haben will. Das Ende ist auf einer Sandzunge erreicht, die von Strömungen mal mehr nach Osten, mal mehr nach Norden gewendet wird, aber dabei immer weiter wächst. Zum Ritual eines Besuchs gehört der breitbeinige Stand genau dort, wo das Wasser über die Spitze schwappt: Geht Ihr Blick jetzt aufs Meer, dann steht Ihr rechtes Bein im Kattegat und damit in der Ostsee, das linke im Skagerrak und damit in der Nordsee.

Auf den Zwei-Meere-Stand sollten Sie verzichten, wenn Sie bei Sturm kommen, dafür erleben Sie dann ein brodelndes Ringen der Meere. Genaugenommen sind es aber nicht Wellen der zwei Meere, die da aufeinander losstürmen, sondern die unterseeische Topografie des **Skagens Rev** sorgt dafür, dass Wellen der Nordsee bei Westwind eine Wende von 180° schaffen und von beiden Seiten gegen die Landspitze schlagen. Doch gleichgültig, ob das Meer brodelt oder spiegelglatt ist, Baden ist rund um Grenen wegen der gefährlichen Strömungen immer verboten.

Im Zweiten Weltkrieg befestigten die deutschen Besatzer Dänemarks Nordspitze mit rund 150 Bunkern, einige davon auf Grenen. Viele Einheimische lachten sich dabei ins Fäustchen, denn sie kannten die Plage ihrer Stadt, den Sandflug. Prompt hatten die Besatzer ihre liebe Not, die Zugänge zu den Schutzbauten freizuhalten.

Unter anderem davon erzählt das **Skagen Bunkermuseum** 21 am Rande des Grenen Parkplatzes in einem ehemaligen Sanitätsbunker, zeigt aber auch – eher naiv als ideo- ▷ S. 283

Auf Entdeckungstour: Skagens fünftes Element – die Kunst

Archaische Natur, ärmliches Fischermilieu und einzigartiges Licht in und um Skagen treffen Sehnsüchte der Kunstszene im späten 19. Jh. und machen den Ort zwischen den Meeren zum Künstlertreff. Hier erreicht der Impressionismus die dänische Malerei, die wichtigste Malerschule des Landes entsteht.

Die Kunst Museen: Drachmanns Hus 11, Hans Baghs Vej 21, April–Sept. Di–So, Osterferien, Mai–Aug und Woche 42 auch Mo 11–16 Uhr, 50 DKK; **Skagens Museum** 12, Brøndumsvej 4, Nov.–Feb. Do–So, März–Okt. Di–So, Mai–Aug. sowie Wochen 7, 8 und 42 tgl. 10–17 Uhr, Hochsaison Mi bis 21 Uhr, 100 DKK; **Michael og Anna Anchers Hus** 13, Markvej 2–4, Feb., März u. Nov. Sa/So 11–16, April u. Sept. Di–So 10–16, Mai–Aug. tgl. 10–17, Okt. Di–So, Wochen 7, 8, 42 auch Mo 11–16 Uhr, 80 DKK. Für alle: Tel. 98 44 64 44, skagenskunstmuseer.dk/de, Sammelticket 180 DKK/ab 18 Jahre

Dauer: Min. einen halben Tag für alle Museen, Skagens Museum allein 2 Std.

Eines der frühesten Werke im Fundus des Skagens Museum stammt aus dem Jahr 1848. Vilhelm Melbye fing in »Aussicht über Skagen von den Dünen nördlich der alten Kirche« die ganze Tristesse der Skagener Landschaft Mitte des 19. Jh. ein: Hier und dort ein paar Halme Strandhafer. Ein Mann schleppt sich mit einer Last auf dem Rücken durch die Sandberge. Häuser und Leben ahnt man nur geduckt hinter den Dünen, am Horizont das Meer mit ein paar Segeln. Vor allem aber sieht man Sand, Sand, Sand. In dem ist der alte Turm der Laurentius-Kirche längst tief versunken. Dahinter eine kleine Kapelle, das ›Hvide Fyr‹, Skagens damaliger Leuchtturm, und die kleine Windmühle, die heute im Stadtmuseum steht.

Holger Drachmann – der Initiator

Als Prinz, der Skagen wach küsste, gilt Holger Drachmann, Schriftsteller, Journalist, Kunstrezensent, Übersetzer, Dichter, Marinemaler, Lebemann und Frauenversteher – kurz gesagt eine der schillerndsten Persönlichkeiten Dänemarks zu seiner Zeit. 1872 kommt er zum ersten Mal den Sommer über nach Skagen, dann immer wieder, bis er sich 1902 im Ort niederlässt und ihm über seinen Tod 1908 hinaus treu bleibt – seine Urne ist in einer Düne auf Grenen beigesetzt, **Holger Drachmanns Grav** 22.

Drachmann ist auch einer der bekanntesten Bohemiens seiner Zeit in Dänemark, ein VIP und Trendsetter. Wer in Kopenhagens Kunstszene ›in‹ sein will, folgt ihm nach Skagen. Dort ist er ungemein beliebt, weil er kein Dünkel hat, bestens mit den einfachen Leuten, vor allem mit den Fischern, auskommt und sogar Namen und Renommee nutzt, sich für deren Belange einzusetzen. **Drachmanns Hus** am Südrand der Stadt, nur ein paar Minuten Fußweg vom Stadtmuseum entfernt, wird schon 1911 Gedenkmuseum und ist auch in der Einrichtung kaum verändert seit Drachmanns Lebzeiten.

Peter Severin Krøyer – das Aushängeschild

Von Drachmans Hus kann man über den Sct. Laurentii Vej, die in langen Abschnitten verkehrsberuhigte Hauptstraße, zum bedeutendsten Museum der Stadt bummeln, das **Skagens Museum**. Bis ins frühe 20. Jh. bildet Skagen einen künstlerischen Gegenpol zur Hauptstadt mit ihrer erstarrten Kunstakademie. Aus den Ateliers ziehen die Maler zum Arbeiten unter den freien Himmel.

Peter Severin Krøyer, Däne mit norwegischen Wurzeln, wird das bekannteste und heute höchstgehandelte Aushängeschild der Skagenmaler, obwohl er nach seiner aktiven Zeit erst einmal in Vergessenheit gerät. Krøyer kommt 1882 nach Skagen und lebt dort mit wenigen Unterbrechungen bis zu seinem Tod 1909 – er wird nur 58 Jahre alt. Depressionen und Verfolgungswahn prägen seine letzten Jahre, in denen sein Genie nur noch periodisch aufblitzt. Seine Motive sind Fischer, Künstlerkollegen und Ehefrau Marie.

Einige seiner Bilder sind weit mehr als Gemälde. So trägt sein »Hip, Hip, Hurra« von 1888 als Symbol dänischer Lebensfreude viel zur nationalen Identität der Dänen bei: Die ›Brüderschaft‹, wie Krøyer die Malergruppe in Skagen nennt, feiert im Garten des Kollegen Michael Ancher. Auf dem Tisch schon etliche leere Flaschen, die Gesellschaft ist ›i godt humør‹, in bester Stimmung. Gastgeber Michael Ancher erhebt das Glas zum Hip Hip Hurra zusammen mit Hotelier und Kunstmäzen Degn Brøndum, Krøyer selbst und den Malern Viggo Johansen, Thorvald Niss, dem Norweger Christian Krohg und dem Schwede Oscar Björck. Während sie sich stehend zuprosten, sitzen drei Frauen mehr beobachtend am Tisch, erheben zaghaft ihre Gläser und die heute bekannteste Malerin der Skagener Schule, Anne Ancher, schaut auf ihre Tochter im Arm statt hinauf zu den lauten Männern. Zur fröhlichen Stimmung kommt das Licht, es gibt dem Bild unendlich Wärme und man spürt geradezu, wie angenehm dieser Sommerabend ist – eine Stimmung, die Dänen über alles lieben. Hip, Hip, Hurra!

Zwar kaufte ein schwedischer Sammler das Gemälde, noch bevor es ganz fertig war und vermachte es später zum Ärger der Skagener Museumsleute der Kunsthalle Göteborg, aber trotzdem ist es in Skagen allgegenwärtig. Dort wo es entstand, in Krøyers erstem **Atelier,** das heute im Garten des Skagens Museum liegt, wird es ausführlich gewürdigt.

Ein anderes Krøyer-Gemälde des Skagener Museums war auch schon viele Jahre außer Landes, kam aber zurück: »Sommeraften ved Skagen Sønderstrand«. Zwei Frauen – Krøyers Ehefrau Marie und die Malerkollegin Anna Ancher – gehen in langen weißen Kleidern im blauen Licht eines Sommerabends am Skagener Südstrand spazieren. Dieses Bild, in Reproduktionen ein Megaseller, war bis 1986 im Besitz des Berliner Verlegers Axel Springer. In seinem Vermächtnis bestimmte der die Rückgabe des Gemäldes nach Dänemark, ausdrücklich als Dank an die Dänen für die Rettung der in ihrem Land lebenden Juden vor dem Holocaust.

Degn Brøndum – der Mäzen

Treffpunkt der Skagener Künstlerszene um die Jahrhundertwende ist das noch heute existierende **Brøndums Hotel** 3, gleich neben Skagens Museum und das stilechte Etablissement, um sich bei diesem Rundgang zu stärken. Mit Degn Brøndum als Förderer und der Malerin Anne Brøndum, spätere Anne Ancher, wird die Hoteliersfamilie Teil der Szene. Degn ist auch einer der Initiatoren des Skagens Museum. Das wird 1908 gegründet und bekommt 20 Jahre später ein eigenes Gebäude, nur wenige Schritte von Brøndums Hotel entfernt.

Sein Hotel vermacht Degn Brøndum testamentarisch dem Museum und so wechselt 1946 der von Thorvald Bindesbøll entworfene Speisesaal mit seinen in die Wandpanele eingelassenen Gemälden – manches Bild beglich ausstehende Hotelrechnungen – zwar den Standort vom Hotel ins Museum, aber nicht den Besitzer.

Anne Ancher – die Verkannte

Anne Ancher blieb das bedeutendste Skagener Eigengewächs unter den Künstlern. Zu Lebzeiten spielt sie eher die Rolle der bescheidenen, nebenbei malenden Frau und Mutter an der Seite des großen, aber eher konservativ agierenden Künstlers Michael Ancher. Erst Jahre nach ihrem Tode werden viele ihrer impressionistischen Bilder überhaupt erst entdeckt und gewürdigt. Längst ist ihr Werk in der dänischen Kunst neu positioniert – posthum überflügelt ihr Ruhm den ihres Mannes.

Das Œuvre der beiden wird wiederum nur wenige Schritte von Brøndums Hotel und Museum entfernt im **Michael og Anna Anchers Hus** mit vielen Nebenwerken und Skizzen – über 200 Arbeiten insgesamt – präsentiert, ihre Hauptwerke hängen im Skagens Museum.

logisch motiviert – markante Nazi-Symbole (Fyrvej 59, Grenen, Tel. 98 44 40 40, www.skagen-bunkermuseum.dk, Wochen 7 u. 8, Ostern, April–Woche 42 Kernzeit 11–15, Juni–Aug. 10–17 Uhr, 50 DKK, 20 DKK/Kinder).

Kunst in den Dünen

Wie überall in und um Skagen begegnet man auch auf Grenen der Kunst. Eine der Dünen wurde für Holger Drachmann (s. S. 281) zum Grabhügel, **Holger Drachmanns Grav** 22, die Entwürfe für Urne und Portal lieferte Künstlerkollege P. S. Krøyer.

Das 2012 mit neuem Konzept und einer Zusammenarbeit mit der bekannten Gallerie Rasmus wiedergeborene **Grenen Kunstmuseum** 23 befasst sich in einer kleinen ständigen Sammlung mit dem Lebenswerk des 2011 kurz vor seinem 104. Geburtstag verstorbenen Museumsgründers Axel Lind, eines Marine- und Landschaftsmalers. Darüber hinaus ist es Dependance einer der wichtigsten Kunstgalerien Dänemarks mit skandinavischer Gegenwartskunst (Fyrvej 40, Tel. 98 44 22 88, www.grenenkunstmuseum.dk bzw. www.gallerie-rasmus.dk, ganzjährig ausgewählte Wochenend-, Feier- und Ferientage 11–15, Juli–Aug. tgl. 11–16/17 Uhr, Details auf den genannten Web-Seiten).

Vom Parkplatz vor dem Museum fährt **Sandormen** ab. Dieser ›Sandwurm‹ besteht aus einem kräftigen Trecker mit Passagieranhänger und windet sich durch die Dünen bis zur äußersten Spitze Grenens hinaus (www.sandormen.dk/de, ca. Ostern–Okt. wetterbedingt ab 10 Uhr solange Bedarf, 30 DKK, 15 DKK/bis 11 Jahre pro Strecke). Einen Weg sollte man auf jeden Fall zu Fuß gehen, am besten raus zur Landzunge am Dünengrab von Holger Drachmann vorbei und dann auf der ›Ostseeseite‹ am Strand entlang – so hat man Grenen die ganze Zeit vor Augen.

Übernachten

Zweiter Frühling mit 100 – **Ruths Hotel** 1: s. Mein Tipp S. 285

Modern und weiträumig – **Color Hotel Skagen** 2: Gammel Landevej 39, Tel. 98 44 22 33, www.skagenhotel.dk. Im Motelstil am Südrand der Stadt mit Pool, Wellness- und Fitnesseinrichtungen – gleich hinter den Häusern beginnen die Dünen. DZ und Suiten ab ca. 1100 DKK, auch Familienzimmer für 2+2 und Apartments für bis zu 6 Pers; verschiedene Angebote für Mini- und Aktivferien.

Hier trafen sich die Künstler – **Brøndums Hotel** 3: Anchersvej 3, Tel. 98 44 15 55, www.broendums-hotel.dk. Sie kommen wegen der Skagenmaler? Dann müssen Sie hier wohnen: Das Hotel direkt neben dem Skagens Museum war Treffpunkt der Malerclique zu ihrer größten Zeit. Woche 7–Dez. DZ ca. 900–2400 DKK (Bad/WC auf dem Gang). Dependance im 200 m entfernten **Admiralgården** 4, dort auch DZ mit Bad, ca. 800–2100 DKK, drei weitere Dependancen. alle liebevoll im Detail.

Zentral, familiär und hilfsbereit – **Hotel Petit** 5: Holstvej 4, Tel. 98 44 11 99, www.hotelpetit.dk. Das Hotel Petit wird seinem Namen gerecht, liegt ruhig aber nah am pulsierenden Leben von Skagen. Nachfrageorientierte Tagespreise: DZ ca. 885–1800 DKK, auch Familienzimmer 2+2.

Bestens ausgestattete Herberge – **Danhostel Skagen Vandrerhjem** 6: Rolighedsvej 2, Tel. 98 44 22 00, www.skagenvandrerhjem.dk, März–Nov. Zentrumsnahes, modernes Haus mit vielen Bad/WC-Zimmern. Einzelbett ab ca. 170 DKK, DZ ab ca. 325–635 DKK, auch Familienzimmer für bis zu 5 Personen, Frühstück 60 DKK.

Camping ortsnah – **CampOne Grenen Strand 7**: Fyrvej 16, Tel. 98 44 25 46, www.campone.dk/grenen. Von den drei Campingplätzen in Skagen liegt dieser am Nordrand der Stadt mit Blick auf Grenen am nächsten zum Meer – mit über 300 Stellplätzen ist das Areal optimal genutzt, freien Raum gibt es wenig, das gilt aber auch für die beiden anderen ortsnahen Plätze (www.skagencamping.dk, www.pouleegcamping.dk); alle drei Campingplätze haben auch Hütten.

Ferienhäuser und Stadtwohnungen – **Skagen-feriebolig 8**: Sct. Laurentii Vej 96B, Tel. 98 44 15 02, www.skagen-feriebolig.de, kleiner lokaler Anbieter u. a. mit Stadtwohnungen; **Skagenferie.dk 9**, Jens Vævers Vej 8, Tel. 98 44 22 23, www.skagenferie.dk, ähnliches Angebot. Ansonsten gibt es in und um Skagen weniger Ferienhäuser als sonst an Dänemarks Nordseeküste üblich: »Die Deutschen kommen immer nur bis Aalbæk, weil wir nicht so viele Ferienhäuser haben«, erklärte mir ein Skawboer, weshalb seiner Ansicht nach deutsche Urlauber in der Stadt fast Exoten sind. In der Tat findet man viele Ferienhäuser südlich entlang der Kattegatküste um Hulsig und Bunken (► H 1; ca. 15 km südl. Skagen), um Aalbæk (► H 2; ca. 20 km) und reichlich am Bratten Strand (► H 2; ca. 30 km) oder ziemlich exklusiv an der Nordseeseite in der einsamen Landschaft von Kandestederne (► H 1; 18 km, s. u.).

Privatzimmer und B & B – In Skagen werden traditionell so viele Privatzimmer – mal mit Teeküche, mal mit Frühstück – vermietet wie nirgendwo sonst in Dänemark und man bekommt außer an wenigen Spitzentagen wie in Woche 29 fast immer spontan ein Zimmer. Das Onlineportal **www.skagenguide.dk** liefert Adressen und Beschreibung meist auf Dänisch, aber das reicht, sich ein Bild zu machen und die Telefonnummer gibt es dazu. Ansonsten sucht man über Schilder an der Straße oder lässt sich ein Zimmer gegen Gebühr im i-Büro vermitteln (DZ ab 400 DKK).

Südliche Halbinsel

Paradies in wilder Landschaft – **Hjorths Badehotel/Kokholms Hotel 10**: Kandebakkevej 17, Kandestederne (ca. 18 km südwestl.), Tel. 98 48 79 00, www.hjorthshotel.dk, Ostern–Sept. Zwei traditionelle Badehotels von 1890 und 1906 in einer Hand, restauriert zu Perlen im nordischen Landhausstil. DZ ohne Bad ab 1090 DKK, mit Bad ab ca. 1150 DKK, verschiedene Wohlfühl-Pakete.

Camping vor der Wanderdüne – **Råbjerg Mile Camping 11**: Kandestedvej 55, Skagen, Tel. 98 48 75 00, www.raabjergmilecamping.dk, ca. 15 km südl. der Stadt. Großzügiger als die ortsnahen Plätze (s. o.) in spannender Naturlandschaft angelegt; auch Hütten.

Essen & Trinken

Skagen Stadt

Einige Lokale sind tagsüber Café oder Restaurant und abends munterer Musikclub, deshalb lohnt auch ein Blick in die Rubrik Abends & Nachts (s. u.).

Von Imbiss bis edel – **Fiskepakhuse 9**: In den historischen Packhäusern am Hafen kann man aus einem halben Dutzend Lokalen von **Aavangs Fiskehus 1**, dem Deli-Imbiss mit gut sortiertem Fischladen (Fiskehuskaj 1–3, Tel. 98 44 14 33, www.aavangsfiskehus.dk) bis zum edlen **Skagen Fiskerestaurant 2** wählen (Fiskehuskaj 13, Tel. 98 44 35 44, www.skagen-fiskerestaurant.dk).

Für Kunstfans – **Brøndums Hotel 3**: (s. Übernachten) Hier atmet man Kunstgeschichte und isst dänische Klassiker mit französischer Note modern interpretiert: mittags u. a. Smørrebrød (Stück ab ca. 100 DKK), abends Hauptgericht ca. 220–425 DKK, auch immer ein Menü nach Jahreszeit (3-Gänge ca. 500 DKK).

Typisk dansk – **Bodilles Kro 3**: Østre Strandvej 11, Tel. 98 44 33 00, www.bodilleskro.dk. Die Küche experimentiert ungern, warum auch, voll wird's immer: Gebratene und gefüllte Scholle, Stjerneskud oder Wiener Schnitzel, das ist alte dänische Küche. Hauptgericht um 200 DKK.

Zwei Konzepte unter einem Dach – **Restaurant Kokkenes / Kokkenes Kød Skagen 4**: Sct. Laurentiivej 54, Tel. 98 48 88 48, kokkenes.dk. Ganzjährig, nur im Sommer tgl. ab 11 Uhr. Zentraler geht's nicht: Das Bistro-Restaurant an einem munteren Platz der Fußgängerzone gehört zum Kulturhaus Kappelborg (s. Abends & Nachts). Die Küche ist Mainstream mit kleinen kulinarischen Extras von *Fish n'chips* bis Béarnaise-Burger (Frokost ca. 100–150 DKK, abends Menüs ab 385 DKK). Als Restaurant im Restaurant grillt im ersten Stock ›Kokkenes Kød‹ Steaks und Koteletts von Rind, Schwein und Lamm (ca. 200–375 DKK) und dazu gibt's ein großes Salatbuffet, an dem sich Vegetarier und Veganer auch fleischfrei bedienen können (ca. 120 DKK).

Brauhaus mit Frokost-Küche – **Skagen Bryghus 5**: Kirkevej 10, Tel. 98 45 00 50, www.skagenbryghus.dk, Jan. Fr/Sa sonst tgl. Kernzeiten Mo–Sa/So 10.30–16/18, Juli tgl. 10–19 Uhr, nur Frokost. Hier kann man zu deftigen Frokost-Happen hausgebraute Spezialbiere mit lokalen Namen wie *Skawskum* – Skagenschaum, ein Dunkel im bayerischen Stil – oder *Sandmilen* – Sanddüne, ein helles Starkbier – genießen (Hauptgerichte ab ca. 120 DKK), Führungen mit Probe an einigen Tagen ab 150 DKK (Anmeldung!). Oft Livemusik.

Mein Tipp

Zweiter Frühling mit 100: das Ruths Hotel

Wohl dem, der mit über 100 so frisch aussieht wie das **Ruths Hotel 1** in Gammel Skagen. 1904 öffneten Emma und Hans Christian Ruth ihre Bade-Pension und kamen mit dem Boom, den die Skagenmaler losgetreten hatten, zu Wohlstand. Bis 1978 blieb das Ruths in Familienbesitz. Nach einigen Jahren des Stillstands erfolgte zum 100. Geburtstag ein Neustart als luxuriöses Badehotel mit Wellness- und Beautyabteilung. Das Ruths besitzt heute 52 Zimmer, Suiten und Mini-Apartments, verteilt auf das Haupthaus und drei benachbarte Gebäude, jedes mit eigenem Stil, aber alles in exklusivem Rahmen. Seit dem Neubeginn gehört es zum Ruths-Erlebnis, dass Spitzenköche am Herd stehen. 2015, nach einem sehr experimentellen Intermezzo, übernahm der langjährige Souschef des Hauses Dennis Juhl das Zepter, der die neue nordische Küche mit einer sehr auf Skagen bezogenen DNA interpretiert – man schmeckt die Stadt zwischen den Meeren (nur abends, Hochsaison Di–Sa, Winter nur Fr/Sa). Deutlich relaxter geht es in **Ruths Brasserie** zu (tgl. 11–21, Hochsaion bis 22 Uhr, Reservierungen nur bedingt möglich), wo bewusst französische Einflüsse zu schmecken sind – und natürlich gibt's täglich frische Austern. Trotz Luxus ist das Ruths im Ort verwurzelt, so kann hier jeder morgens frische Brötchen kaufen (Hans Ruths Vej 1, Gammel Skagen, Tel. 98 44 11 24, www.ruths-hotel.dk, DZ/Suiten ca. 1750–3850 DKK, Gourmet-, Golf-, Wellness- und Miniferien-Pakete).

Lieblingsort

Kiosk vor glühendem Himmel ▶ H 1

Kuschelige Plätzchen für zärtliche Momente unter Sonnenuntergangshimmel gibt es in Skagens Dünen reichlich, für kollektive Erlebnisse steuert man zur entscheidenden Stunde den **Solnedgangskiosken** 19 an – für mich bei jedem Skagenbesuch ein liebgewonnener Pflichttermin. Gleich neben dem eher unromantischen Kiosk schaut man auf Strand, Wellen, das goldene Glitzern der Sonne im Meer – und auf Hunderte, die dieselbe Idee haben. Übrigens: Bier zum Anstoßen gibt es am Kiosk, wer Sekt für angemessener hält, muss ihn mitbringen (s. S. 279).

Bodenständig statt Schickimicki – **Jørgens Spisehus 6**: Sardinvej 7, Di–Fr/Sa/So 10/11–19.30 Uhr, Saison auch Mo. Das Lokal im Cafeteria-Stil liegt in dem Teil des Hafens, in dem noch Arbeit statt Müßiggang angesagt ist, und hier kriegen Fischer, Werftarbeiter und Seeleute ordentlich was auf den Teller: jeden Tag von 12–19 Uhr z. B. ein wechselndes Tagesgericht *(Dagens Ret)* mit Hausmannskost für 75 DKK, ansonsten sind Wienerschnitzel Spezialität des Hauses (Hauptgerichte ca. 60–180 DKK), auch super die Smørrebrød zum Frokost (40 DKK/Stück).

Rest der Halbinsel

Gourmetrestaurant trifft Gastropub – **De 2 Have 7**: Fyrvej 42, Tel. 98 44 24 35, www.restaurantde2have.dk. In den Dünen der Landspitze Grenen findet man im Obergeschoss des Grenen Kunstmuseum (s. S. 283) auf der einen Seite ein Gourmetrestaurant (ca. Juni–Aug.), auf der anderen einen legereren Gastropub im Strandbar-Stil (ca. Ostern–Mitte Sept.). Die Aussicht auf die Meere und Sonnenuntergänge ist exorbitant. Das kulinarische Grundkonzept schwankt von Saison zu Saison: Mal sehr experimentell, mal konservativer, bodenständiger – selbst bezeichnen die Macher ihre Küche als ›Cool Climate‹ mit Bezug auf die Herkunft der meist von lokalen Produzenten stammenden Rohwaren aus dem Norden Jütlands, aus dem ›kalten Klima‹ – manche Zutat wird gleich auf Grenen gesammelt. Zum Frokost (ca. 100–250 DKK) gibt's dänische Klassiker aber auch die Edel-Fish-n'-Chips sind nicht zu verachten. Nach dem Essen empfiehlt sich ein *Bjesk,* ein für Nordjütland typischer Aufgesetzter von lokal gesammelten Kräutern und Früchten. Schwierig sind die Öffnungszeiten anzugeben: Frokost immer, abends nur wenn genug Buchungen vorliegen (Gourmetseite) oder in der Saison bis Sonnenuntergang (Pubseite)!

Landhausatmosphäre – **Hjorths Badehotel 10**: s. Übernachten, Juli tgl. 12–22 Uhr, sonst Mitte Mai–Sept. an ausgewählten Tagen Frokost, Kaffee & Kuchen, Dinner. An Romantik ist diese Oase in rauer Dünenlandschaft im Süden der Halbinsel unübertroffen, die Küche verarbeitet Frisches aus der Region, Hauptgerichte mittags ab ca. 125 DKK, abends um 200 DKK.

Einkaufen

Kalorien und Karies, aber lecker – **Bolcheriet 1**: Havnevej 6, Woche 7–42, nur Hochsaison tgl., nicht an allen Shop-Tagen auch Produktion: aktuelle Zeiten: www.bolcheriet.dk. ›Bolcher‹ mit Lakritz, Himbeer, Erdbeer oder was auch immer für einen Geschmack Sie mögen. Fast alles, was im Shop verkauft wird, wird vor den Augen eines meist kindlichen Publikums auf uralten Bonbonmaschinen wie eine Show zelebriert hergestellt. Und hinterher Zähneputzen nicht vergessen ...

Mode casual bis maritime – **Pier 1 2**: Nordkajen 2, Tel. 98 44 53 01, www.pier-1.dk. Direkt am Hafen mit angesagten dänischen Modemarken und internationalen Brands für Frauen und Männer wie Henri Lloyd oder Ralph Lauren, die die Kunden von den Jachten im nahen Hafen gern tragen.

Skagen Design Born in the USA – **Skagen Store 3**: Sct. Laurentii Vej 6, Tel. 45 96 09 92, www.skagen.com. Die Designermarke für Lifestyle-Accessoires – am bekanntesten sind die Uhren – stammt eigentlich aus den USA, gegründet von Auslands-Dänen. Seit sie in Europa verkaufen, war ein Brand-Shop in der Stadt, deren Namen sie benutzen, ein Muss.

Aktiv

Hochseeangeln – **www.skagen-hav fiskeklub.dk:** Tel. 42 80 10 46. Skagens Angelclub nimmt bei Angeltouren mit Kuttern auch Nicht-Mitglieder mit. Andere Anbieter von Angelfahrten und ihre Termine kennt das i-Büro (s. Infos). Beliebt als Angelplätze sind ansonsten die **Hafenmolen** 1.

Leihräder – **Skagen Cykeludlejning** 2: Banegårdspladsen, Sct. Laurentii Vej 22, Ostern–Sept. am Bahnhof, sonst Fiskergangen 8–10, Tel. 98 44 12 14, skagen-cykeludlejning.dk.

Abends & Nachts

Am Fiskehuskaj, Havneplads und Havnevej brummt von Mittsommer bis August das Leben tags wie nachts, oft klingt Livemusik aus Kneipen und Bars, auch aus Lokalen, die tagsüber Café oder Restaurant sind. Im Rest des Jahres ist es ruhiger, aber nie still.

Kommunales Kulturhaus, internationales Programm – **Kulturhus Kappelborg** 1: Skolevej 5, Ticket-Tel. 70 20 20 96. Skagens ehemalige Grundschule beherbergt heute u. a. die Bibliothek, ein Kino (www.skagenbio.dk) sowie eine Bühne mit Programm von Comedy bis Rock, Folk und Jazz (www.kappelborgskagen.dk).

Tagsüber Café, nachts Club – **Jacobs Café og Bar** 2: Havnevej 2, www.jakobs.dk. Die Partygeher treffen sich hier in der Saison bei Konzerten und Nightclub-Atmosphäre, dazu serviert die Küche internationales von Cheeseburger bis zu Hummer-Schwänzen.

Country-Rock bis Blues – **Green's** 3: Havnevej 3, Tel. 98 45 15 85, ganzj., Hier ist das Stammpublikum sichtlich über 40. In der Saison täglich Livemusik, sonst eher Kneipenatmosphäre mit vielen Spezialbieren und rustikaler Küche u. a. mit guten *Fish n' Chips.*

Hier tanzt die silberne Generation – **Pakhuset** 4: Rødspættevej 6, Tel. 98 44 20 00, www.pakhuset-skagen.dk. Im Juli tgl., sonst an ausgewählten Wochenenden werden um 22 Uhr die Tische im Havne Cafén an die Seite geschoben, um Platz für die Band zu machen. Dann erlebt man, wie Nordleute feiern können, auch wenn sie die 40 überschritten haben. Viele bleiben vom Essen sitzen, dann hat man einen Platz sicher. Pakhuset hat neben seiner populären Außengastronomie zwei Restaurants mit maritimer Atmosphäre: Fiskerestauranten im ersten Stock versucht es edel (3-Gänge-Menüs ab ca. 375 DKK), das HavneCafén im Erdgeschoss ist einfacher, wird in der Saison aber oft überrannt und dann leidet die Qualität – ich aß hier schon ordentlich, aber auch katastrophal.

Infos & Termine

Skagen Turistbureau: Vestre Strandvej 10, 9990 Skagen, Tel. 98 44 13 77, www.skagen-tourist.dk. Das i-Büro bietet Themen- und Stadtteilrundgänge (ca. 100 DKK/ab 13 Jahre, meist dän., selten dt. oder engl.) und ein Kinderprogramm in den dänischen Sommerferien. Darüber hinaus listet es auf seiner Webseite einen vollen Terminkalender mit Kunstevents, Konzerten und Festivals. Highlights:

Sankthansaften: 23. Juni. An Skagens Stränden sind Feuer zum Sankthansaften (s. S. 34) spätestens seit P. S. Krøyers monumentalem Gruppenbild »Sct. Hansblus på Skagens strand« von 1906 Kult und stets eindrucksvoll.

Skagen Festival: Anfang Juli. Eines der wichtigsten Folk-Festivals in Europa mit viel nordischer Musik und immer ein paar bekannten Namen aus der anglo-amerikanischen Folk-Szene (Tel. 98 44 40 94, skagenfestival.dk).

Sprachführer

Alphabet und Aussprache

Geschriebenes Dänisch versteht man relativ leicht, wehe aber, Dänen sprechen: Sie sind Weltmeister im Verschlucken von Silben. Zudem werden einige Buchstaben ungewohnt ausgesprochen: das S immer stimmlos, das G gelegentlich wie J. Dänische Sonderbuchstaben sind Æ/æ, gesprochen wie Ä, und Ø/ø, wie Ö. Å/å entspricht Aa/aa, wird jedoch bei Eigennamen uneinheitlich verwendet. So heißt es manchmal Åbenrå, meist aber Aabenraa. Gesprochen werden Å/å bzw. Aa/aa wie ein offenes O: Aalborg also am Anfang wie Oldenburg, nicht wie Aachen.

Wichtig bei der Suche in Registern: Æ, Ø und Å/Aa rangieren hinter XYZ, das W – Dänisch ›Doppel-V‹ – kommt im dänischen Alphabet nicht vor und wird dem V zugeordnet.

Allgemeines

Du/Sie	du/De
Guten Morgen	god morgen
Guten Tag	goddag
›Tachchen‹	davs
Auf Wiedersehen	farvel
Wir sehen uns!	Vi ses!
Entschuldigung	undskyld
Danke	tak
Danke für letztens!	tak for sidst!
Bitte sehr	værsågod

Im täglichen Umgang hat das ›Du‹ das förmliche ›De‹ (Sie) weitgehend ersetzt. Ein direktes Pendant zum ›Bitte‹, wie in ›Ich möchte bitte …‹ ist unbekannt, ihm entspricht das ›tak‹ (danke) am Satzende: ›Jeg vil gerne …, tak!‹. Auch heißt es ›Ja, tak‹, wo man im Deutschen eher ›Ja, bitte‹ sagt.

Unterwegs

(Stadt-)Bus	(by)bus
S-Bahn/Zug	S-tog/tog
Haltestelle	stoppested
Bahnhof	banegård
Fahrplan	køreplan
Abfahrt	afgang
Ankunft	ankomst
ab/an	fra/til
Pkw-Platz (auf Fähre)	bilplads (på færgen)
Fähre(hafen)	færge(havn)
Auto(verleih)	bil(udlejning)
Fahrrad	cykel
Durchfahrt	gennemkørsel
Parkplatz	parkeringsplads
(nach) rechts	(til) højre
(nach) links	(til) venstre
Flughafen	lufthavn
Charter-/Linienflug	charter-/rutefly
Einbahnstraße	ensrettet
Brücke	bro
Fußgängerzone	gågade
Platz	plads
Radweg	cyklesti
Einfahrt/Zugang	adgang
geschlossen	lukket
geöffnet	åbent

Zeit

Minute/Stunde	minut/time
Tag/Woche	dag/uge
Monat/Jahr	måned/år
heute/gestern	i dag/i går
Morgen/Mittag	morgen/middag
Nachmittag	eftermiddag
Abend/Nacht	aften/nat
täglich (außer)	dagligt (undtagen)
werktags	hverdage
außer	undtagen
Feiertag	helligdag

Notfall

Hilfe!	hjælp!
Polizei(-station)	politi(gården/station)
(Zahn-)Arzt	(tand-)læge
Zahnarzt	tandlæge
Apotheke	apotek
Unfallstation	skadestue
Krankenhaus	sygehus

Unfall/Panne	ulykke/uheld
Rettungswagen	ambulance

Übernachten

Ferienhaus-vermietung	Feriehusudlejning
Einzel-/Doppel-/Familienzimmer	enkelt-/dobbelt-/familieværelse
Bett	seng
Dusche	brusebad
alles belegt	alt optaget
zu mieten	til leje
(Nicht-)Raucher	(ikke)ryger
Rechnung	regning

Einkaufen

Geschäft	forretning
Markt	marked/grøntorv
Kreditkarte	kreditkort
Geld (-automat)	penge (-kontanten)
Bäckerei	bageri
billig/teuer	billigt/dyrt
Größe	størrelse
bezahlen	betale

Zahlen

1	en	17	sytten
2	to	18	atten
3	tre	19	nitten
4	fire	20	tyve
5	fem	21	en-og-tyve
6	seks	30	tredive
7	syv	40	fyrre
8	otte	50	halvtreds (femti)
9	ni	60	tres (seksti)
10	ti	70	halvfjerds (syti)
11	elleve	80	firs (otti)
12	tolv	90	halvfems (niti)
13	tretten	100	ethundrede
14	fjorten	225	tohundrede-femogtyve
15	femten		
16	seksten	1000	ettusinde

Die wichtigsten Sätze

Allgemeines

Sprechen Sie Deutsch/Englisch?	Taler du tysk/engelsk?
Ich verstehe kein Dänisch.	Jeg forstår ikke dansk.
Ich heiße ...	Jeg hedder ...
Wie geht's?	Hvordan går det?
Gut. Und wie geht es Dir?	Fint! Og hvordan går det med dig?
Wie viel Uhr ist es?	Hvad er klokken?
Es ist drei Uhr	Klokken er tre.
halb/viertel vor	halv/kvart i
zehn Minuten nach	ti minutter over

Unterwegs

Wo kann ich das Auto parken?	Hvor kan jeg parkere bilen?
Wo finde ich ...?	Hvor er ... ?
Wo fährt der Bus/ die (S-)Bahn ab?	Hvor går bussen/ (S-)toget fra?

Notfall

Können Sie mir bitte helfen?	Kan du hjælpe mig?
Ich brauche einen Arzt.	Jeg har brug for en læge.
Hier tut es weh.	Jeg har smerter her.

Übernachten

Haben Sie ein Zimmer?	Har Du et værelse?
mit Frühstück?	med morgenmad?
Kann ich mit (dieser) Kreditkarte bezahlen?	Kan jeg betale med (dette) kreditkort

Einkaufen

Wie viel kostet ...?	Hvor meget koster ...?
Wann öffnet/ schließt ...?	Hvornår åbner / lukker ...?
Nehmen Sie Kredit-karten?	Tager Du kreditkort?

Kulinarisches Lexikon

Allgemeines

ad libitum	›nach Belieben‹, eine kulinarische Flatrate
bagt	gebacken
dampet	gedämpft
fra panden	aus der Pfanne
fra grillen	vom Grill
frisk	frisch
fyldt	gefüllt
gennem	durch
hvidvinsdampet	in Weißwein gedämpft/gekocht
rå	roh
røget	geräuchert
smørstegt	in Butter gebraten
stegt	gebraten
torve-/fra torvet	frisch vom Markt
egnsretter	regionale Gerichte
gammeldags	traditionell(e)
kæmpe	große Portionen
kolde retter	kalte Gerichte
lune retter	lauwarme Gerichte
varme retter	heiße Gerichte
vegetar	vegetarisch
krydderier	Kräuter
hvidløg	Knoblauch

Frühstück

flute	Baguette
franskbrød	Weißbrot
oste(tallerken)	Käse(-teller)
Danbo	beliebter Schnittkäse
gammel ost	alter, gereifter Käse
gårdoste	Bauernkäse aus privater Herstellung
rullepølse	Presswurst aus Bauchspeck
rundstykke	Brötchen mit Mohn
røræg	Rührei
skinke	Schinken
smør	Butter
spanske	Brötchen ohne Mohn
spegepølse	Pökelwurst
tebirkes	süßes Blätterteiggebäck mit Mohn

Lunch

fiskefrikadeller	Fischfrikadellen
frokostanretning	Lunchplatte
håndmadder	Schnittchen
jomfruhummer	Königsgarnelen
landgangsbrød	belegtes Baguette
(fjord)rejer	Krabben
pil selv	zum selber Pulen
pillede	gepulte
rogn	Rogen
røget torskrogn	geräucherter Dorschrogen
stenbiderrogn	Seehasenrogen (dän. Kaviar)
sild	Hering
carry –	in Curry-Sauce
krydder –	in Kräuterlake
marrineret –	mariniert
stegt –	in Butter gebraten
sildeanretning	Heringsplatte
smørrebrød	belegte Brote

Fisch und Meeresfrüchte

fisk(eretter)	Fisch(gerichte)
(blå-)muslinger	(Mies-)Muscheln
blæksprutte	Calamaris
fjordlaks	Fjordlachs (Zucht)
fjæsing	Petermännchen
havkat	Seewolf
havtaske	Seeteufel/Angler
havørred	Meerforelle (lachsähnlich)
hellefisk	Schwarzer Heilbutt
helleflynder	Heilbutt
kammusling	Kammmuscheln/ Jakobsmuscheln
kuller	Schellfisch
makrel	Makrele
pighvar	Steinbutt
pighaj	Dornhaj
rejecocktail	Krabbencocktail
rødspætte(filet)	Scholle(nfilet)
rødfisk	Rotbarsch
stenbider	Seehase
søtunge	Seezunge

torsk	Dorsch
sej	Seelachs
ål	Aal
østers	Austern
østersølaks	Ostseelachs (Wildfang)

Fleisch und Geflügel

fjerkræ	Geflügel
hønsesalat	Hühnersalat
kylling(ebryst)	Hähnchen(brust)
kød(retter)	Fleisch(gerichte)
dansk bøf	s. hakkebøf
engelsk bøf	Rumpsteak
entrecôte	marmoriertes Rindersteak
fransk bøf	kurzgebratenes Rindersteak vom Filet
frikadelle	Frikadelle
pølser	Würstchen (Pl.)
hakkebøf	Hacksteak (Rind)
hamburgerryg	Kassler
mørbrad	Schweinefilet

Gemüse und Beilagen

grøntsager	Gemüse
gulerødder	Karotten
peberfrugt	Paprika
rødkål	Rotkohl
salat(bord)	Salat(buffet)
svampe	Pilze
kartofler	Kartoffeln
bagt kartoffel	Backkartoffel
flødestuvede k.	Bechamelkartoffeln
hvide kartofler	Salzkartoffeln
stegte kartofler	Bratkartoffeln
nudler	Nudeln
ris	Reis
surt	saure Beilagen (Rote Beete, Gurken)

Nachspeisen und Kuchen

is	Eis
rødgrød	Rote Grütze
æblekage	Apfelkompott
vanilleis m/syltetøj	Vanilleeis mit Erdbeersauce
kage	Kuchen
flødeskum	Schlagsahne
lagkage	Schichttorte
(små)kager	Gebäck
tærte	(Frucht)torte

Getränke

dansk vand	Mineralwasser
kildevand	stilles Wasser
saft/juice	Saft
hyldebær (saft)	Holunderbeeren(saft)
hyldeblomst (saft)	Holunderblüten(saft)
øl	Bier
vin (hvid/rød)	Wein (Rot-/Weiß-)
snaps (akvavit)	Schnaps (Aquavit)

Im Restaurant

Ich möchte einen Tisch reservieren.	Jeg vil gerne bestille et bord.
Die Speisekarte, bitte.	Må jeg bede om menukortet.
Die Rechnung, bitte.	Må jeg bede om regningen.
Frühstück	morgenmad
Mittagessen	frokost
Abendessen	middag
Vorspeise	forretter
Suppe	suppe
Hauptgericht	hovedretter
Nachspeise	desserter
børnetallerken	Kinderteller
Beilagen	tilbehør
Tagesgericht	dagens ret
Messer/Gabel	kniv/gaffel
Löffel	ske
Glas/Flasche	glas/flaske
Salz/Pfeffer	salt/peber
Öl/Essig/Senf	olie/eddike/sennep
Zucker/Süßstoff	zukker/sødestof

Register

Das Register richtet sich nach dem dänischen Alphabet, bei dem die Buchstaben Æ/æ, Ø/ø, Å/å sowie dessen Synonyme Aa/aa am Ende stehen

Autor/Abbildungsnachweis/Impressum

Der Autor: Nach dem Studium der Publizistik und Skandinavistik arbeitete Hans Klüche einige Jahre als Auslandskorrespondent in Dänemark und blieb dem Land auch später als Autor und Fotograf treu. Dänemarks Nordseeküste besucht er regelmäßig, oft begleitet von seiner Familie. Sohn Rasmus sorgt dafür, dass er die Interessen jüngerer Dänemarkurlauber im Auge behält. Für den DuMont Reiseverlag schrieb er u. a. die Reise-Handbücher »Dänemark« und »Neuseeland« sowie »DuMont Direkt Kopenhagen«.

Abbildungsnachweis
DONG Energy A/S: S. 72
Glow Images, München: S. 24, 80/81
Huber-Images, Garmisch-Partenkirchen: S. 52, 148 li., 168, 198 re., 214 (Gräfenhain)
Hans Klüche, Bielefeld: Titelbild, Umschlagklappe vorn, S. 6, 8 (2 x), 10, 11, 12 (4 x), 13 (4 x), 16/17, 29, 32, 47, 50/51, 60/61, 66, 68/69, 74/75, 78/79, 82 (2 x), 83, 92, 98/99, 104, 107, 112, 120, 132/133, 140/141, 144/145, 146, 148 re., 149, 156/157, 160, 172, 176, 178, 181, 186/187, 194, 198 li., 199, 204, 207, 211, 220, 222, 226, 230/231, 234 (2 x), 235, 240, 251, 254/255, 260/261, 262, 266 (2 x), 275, 286/287, 296
laif, Köln: S. 86 (Galli)
Mauritius Images, Mittenwald: S. 125 (Alamy); 59 (Diederich); 7, 42/43 (Schön)
picture alliance, Frankfurt a. M.: S. 267, 280 (abaca); 48 (dpa); 65 (Wildlife)
Visit Denmark: S. 55, 244

Kartografie
DuMont Reisekartografie, Fürstenfeldbruck

Umschlagfotos
Titelbild: Strandfischerkutter vor Løkken
Umschlagklappe vorn: Leuchtturm Noerre Lyngvig nördlich von Hvide Sande

Hinweis: Autor und Verlag haben alle Informationen mit größtmöglicher Sorgfalt geprüft. Gleichwohl erfolgen alle Angaben ohne Gewähr. Bitte schreiben Sie uns! Über Ihre Rückmeldung und Ihre Verbesserungsvorschläge freuen wir uns: **DuMont Reiseverlag,** Postfach 3151, 73751 Ostfildern, info@dumontreise.de, www.dumontreise.de

3., aktualisierte Auflage 2018

Grafisches Konzept: Groschwitz/Blachnierek, Hamburg
Printed in China

FSC www.fsc.org
MIX
Papier aus verantwortungsvollen Quellen
FSC® C124385